나를 바꾸는
글쓰기 공작소

나를 바꾸는 글쓰기 공작소

초판 1쇄 발행 _ 2009년 4월 30일
초판 10쇄 발행 _ 2019년 7월 10일

지은이 _ 이만교

펴낸이 _ 유재건
펴낸곳 _ (주)그린비출판사 · 신고번호 _ 제2017-000094호
주 소 _ 서울시 마포구 와우산로 180, 4층
전 화 _ 702-2717 | 팩 스 _ 703-0272

Copyright ⓒ 2009 이만교
저작권자와의 협의에 따라 인지는 생략했습니다.
이 책은 지은이와 그린비의 독점계약에 의해 출간되었으므로
무단전재와 무단복제를 금합니다.
책값은 뒤표지에 있습니다.

ISBN 978-89-7682-106-5 03800

이 도서의 국립중앙도서관 출판시 도서목록(CIP)은 e-CIP홈페이지
(http://www.nl.go.kr/ecip)에서 이용하실 수 있습니다.(CIP제어번호: CIP2009001247)

그린비 출판사 나를 바꾸는 책, 세상을 바꾸는 책
홈페이지 www.greenbee.co.kr
전자우편 editor@greenbee.co.kr

나를 바꾸는 글쓰기 공작소

이만교 지음

그린비

.책을 내며.

2006년부터 〈연구공간 수유+너머〉에서 '욕망의 안팎에서 탐색하기'라는 이름으로 글쓰기 강좌를 진행해 왔다. 일반인을 대상으로 하는 강좌였는데, 등단 지망생뿐 아니라 기자·의사·교사·공무원·주부·대학원생 등이 함께 수강했다. 글쓰기가 문학의 전유물일 수는 없다는 생각에서, 반대로 글쓰기 공부의 가장 좋은 전범은 문학이라는 믿음에서, 등단 지망생과 다만 글쓰기 자체를 배우고 싶어 하는 일반 수강생 비율을 대체로 5대5 정도로 유지했다.

그러다 보니 어떻게 하면 시인이나 소설가로 등단할 것인가를 고민하기에 앞서, '대체 글쓰기란 무엇인가?', '나는 왜 글을 쓰려 하는가?', '글쓰기를 하면 무엇이 달라지나?', '바람직한 글쓰기란 무엇인가?', '자유로운 글쓰기란 무엇인가?' 등 글쓰기의 첫 단추를 어떻게 꿰어야 하는가 하는, 가장 기본적인 질문들을 다시금 던져 보지 않을 수 없었다.

그렇다고 해서 이런 의문들을 공개적으로 제기하거나 토론을 벌인 것은 아니다. 우선 나 자신부터 글쓰기 작업이 꽉 막혀 버린 시기여서, 이들 의문에 대한 답을 조금도 제시할 수 없었다. 글을 쓰러 월악산으로 들어가서는 아무것도 쓰지 못한 채 마냥 외롭고 힘겹게 칩거하던 무렵이었다. 정말로 어떻게 해야 좋은 글을 쓸 수 있는지 나 자신이야말로 배울 수만 있다면 배우고 싶었다. 그러면서 내가 수행한 거의 유일한 사회 활동이 바로, 이 글쓰기 강좌였다.

　글을 쓰지 못하면서 글쓰기를 가르치다니, 한편으로 생각하면 말도 안 되는 모순이었다. 솔직히 이 무렵 글쓰기에 대해 내가 알고 있는 거의 유일한 진실은 '어떻게 해야 좋은 글을 쓰는지 나도 모른다'라는 사실뿐이었다. 하지만 아이러니하게도, 좋은 글을 쓰는 방법에 대해 나 자신부터 무지하다는 절급한 자각이야말로 글쓰기를 가르치는 가장 좋은 밑천이 되어 주었다. 좋은 글쓰기 방법을 탐색하고 싶은 절박한 마음으로, 다른 어느 때보다 글쓰기 문제를 진지하게 고민하고 열의를 다해 강의에 임했던 것이다.

　이전부터 대학 강단이나 사회교육원 등에서 학생들에게 글쓰기를 가르친 경험이 있지만, 그때는 글쓰기 방법에 대해 내가 뭘 좀 안다고 착각하고 가르쳤다. 하지만 기실은 제대로 아는 것이 없다는 것을 깨닫게 되자, 사뭇 조심스러워지지 않을 수 없었다. 나는 다른 무엇보다도 학생들이 써 온 글부터 우선 꼼꼼하게 읽어 보았다. 마치 전문 평론가들이 유명작가 작품을 꼼꼼히 분석하듯, 학생들 작품의 문장이나 표현, 구조와 주제까지 여러 각도로 조목조목 뜯어보았다. 무지한 사람이 할 수 있는 최선책은 남의 말부터 경청하는 것이듯, 내가 우선 할 수 있는 일은 학생들이 써 온 글들부터 성실하게 읽어 보는 것이라 생각했다.

　학생들 작품을 HWP파일 그대로 읽고, 밑줄 긋고, 형광펜으로 표시하고, 괄호 치고, 표현이 좋지 않은 문장을 찾아내 특징별로 색깔을 표시하는 등의 작업을 거친 다음, 수업 시간에 빔 프로젝트로 쏘아서 학생들과 함께 텍스트를 직접 보며 재독하는 방법으로 강좌를 진행했다. 강의가 끝나면 또 자연스럽게 새벽까지 뒤풀이 자리가 이어졌다. 번번이 새벽까지 이야기를 나누는 일정이 당연한 시간표처럼 되어 버렸다. 그러다 보면 한 사람

한 사람의 살아온 서사, 그늘과 빛이 함께 보였다. 비로소 제대로 '사람'을 만나고 있는 기분이 들었다.

이 책은 이들 시간의 축적물이다. 돌이켜 보면 참으로 신기하다. 글쓰기가 꽉 막힌 순간에 글쓰기를 가르치고, 이제 이렇게 버젓이 글쓰기에 대한 글을 써서 출간하게 되다니, 과연 생은 때로, 아니 거의 언제나, 아이러니하고 역설적이다.

* * *

말한 대로, 뭔가를 알고 있어서 글쓰기를 가르친 것이 아니라, 글쓰기를 가르치는 과정을 통해 보다 바람직한 글쓰기가 무엇인지를 하나씩 알아 나가는 식으로 진행한 수업이었다. 학생들 작품을 읽은 다음, 좋은 부분과 그렇지 못한 부분을 칭찬하거나 비판하려다 보니까 어떤 이유로 그 부분이 좋거나 그렇지 않은지를 설득력 있게 설명해야 했고, 그러다 보니 나도 미처 생각지 못한 일례나 문장, 설득 방법이 떠올랐다.

그러면서, 글쓰기 수업이 단지 등단을 위한 과정이나 절차일 수만은 없다는 당연한 사실을 재삼 확인했다. 꼼꼼히 읽어 보면, 잘 쓴 글이든 못 쓴 글이든, 쓴 사람 특유의 감각과 사유, 상처나 희망 등이 언어습관을 통해 총체적으로 드러나기 마련이다. 그런 점에서 글쓰기를 배운다는 것은 단순히 작가 지망생의 습작 과정 그 이상을 의미한다. 글쓰기 훈련은, 감각하는 방법, 사유하는 방법, 상상하는 방법, 그리고 실천하는 방법까지도 스스로 다시금 점검하고 익혀 나가는, 무척이나 섬세하면서도 동시에 중요하고도 원대한 여정일 수밖에 없다.

이렇듯 글쓰기 강좌는 매우 세밀하고 복잡하고 본질적인 자기 창조의 과정을 동반하는 수업이어서, 몇몇 등단작이나 수상작 등을 살펴보거나 등단 가능성만으로 글쓰기 가치를 판별하던 수업 방식으로는 못내 부족하고 위험하기까지 하다는 사실을 절감하지 않을 수 없었다. 그러면서 등단을 위한 글쓰기나 솜씨를 익히는 공부보다는 자유로운 글쓰기, 진솔한 글쓰기, 설득력 있는 글쓰기, 색다른 글쓰기, 자기 목소리가 느껴지는 글쓰기, 자신 및 사회 갈등과 싸우는 글쓰기 등등, 글쓰기의 기초를 우선 중시하는 방향으로 수업의 방점이 찍히지 않을 수 없었다. 특히 글쓰기에 있어 가장 기초적인 자기 욕망이나 감수성, 독서하는 방법이나 습관, 언어의식이나 문장력 등과 같은, 너무나 초보적인 부분부터 하나하나 다시금 고민해야 했다. 그리고 이들 내용은 그대로 이 책의 목차가 되었다.

글쓰기를 공부하면서 스스로에게 그리고 우리 학생들에게 우선 바란 것은 등단 따위가 아니었다. 보다 좋은 글을 쓰려고 고민하고 노력하는 과정 자체로서, 보다 강렬하게 살맛 나는 상태를 지향했으면 싶었다. 그래야만 즐겁게 글을 쓸 수 있고, 최선을 다해 글을 쓸 수 있고, 자유롭게 글을 쓸 수 있고, 꾸준히 글을 쓸 수 있다. 물론 글쓰기를 통해 '보다 강렬하게 살맛 나는 상태'에 이르는 것은 결코 쉽게 성취될 수 있는 과제가 아니다. 말한 대로 스스로 새롭게 감각하고, 깊이 있게 사유하고, 자유로이 상상하고, 새로운 각도로 삶을 인식하고 실천하는 방법에 이르기까지 전인적으로 익혀 나가야 하는 과정인데, 이것은 참으로 매력적이면서도 참으로 지난한 일일 수밖에 없다. 십 년, 이십 년, 아니 평생에 걸친 싸움일 수밖에 없다.

그러나 인간이 언어로서 존재하는 한, 한 문장 한 문장 열심히 갈고닦으면 반드시 그만큼의 자기 변신 역시도 자신의 문장 변화와 더불어 그 순간 그 순간 일어나고 있는 것 또한 분명하다. 글쓰기로써 남이 나를 알아줄 만큼 변하기까지는 무척 오랜 분투와 시간이 필요한 것이 틀림없지만, 자기가 노력한 만큼 자신이 변하는 것은 매 순간순간에 그 즉시로 가능하다는 것 또한 자명하다.

인간은 언어를 익히면서 비로소 생각하는 존재가 되었다. 우리는 평소 언어를 통해 감각하고 사유하고 상상하고 표현한다. 그것도 악기처럼 몸에 밀착한 형태가 아니라 아예 자신의 머릿속, 마음속 심지어 무의식 속에까지 언어를 이식해 놓은, 매우 독특한 방식으로 생활한다. 엄밀한 의미에서 오늘날의 인간은, 자연적 생명체가 아니라 언어기계가 이식된 '언어＋생명' 사이보그로 살고 있다.

그럼에도 얼마나 많은 사람들이 피아노 같은 악기나 사진 찍는 기술은 좀 다룰 줄 알거나 다루고 싶어 하면서도, 자기 언어는 형편없이 다루며 살아가고, 그러면서도 그것에 대해서는 고민조차 하지 않는지. 얼마나 많은 사람들이 언어를 지나치게 거칠게 혹은 안일하게 혹은 편의적으로 사용함으로써 그만큼 거칠거나 삭막하거나 조악한 사유나 신념이나 인간관계에 스스로 시달리며 살고 있는지. 언어의 발견을 인류사의 가장 놀라운 사건이라 한다면, 언어에 대한 사람들의 무지야말로 인류사의 가장 놀라운 두 번째 사건이라 일컬을 만하다.

인간문화는 언어 없이 존립 불가능하다. 우리는 예수나 부처나 공자 같은 분들조차 경전을 통해 우선 언어로서 만난다. 언제부턴가 진리는 그야말로 말씀으로 존재한다. 잠시라도 생각하기 위해서는 언어가 필수적이다. 이런 점에서 보다 강렬하게 살맛이 나는 상태를 지향하는 창조적 글쓰기 수업은 가장 본질적이며 일상적이며 필수적이고도 절박한 공부가 아닐 수 없다. 창조적 글쓰기 수업은 일상생활 속에서의 자발성·예술성·종교성·혁명성까지도 아울러 성찰하고 고민하게 만드는 무척이나 본질적이고도 매력적인 작업이 아닐 수 없다.

다만 등단을 위한 글쓰기가 아니라, 보다 넓은 의미로서 혹은 본질적인 의미로서의 글쓰기 수업이 절급하게 필요하다. 시반이나 소설반처럼 장르를 미리 구분해 놓고, 해당 장르관습이나 열심히 익힘으로써 조급히 등단을 목적으로 하는 강의가 아니라, 보다 강렬하게 살맛 나게 하는 창조적 글쓰기 자체가 목적인 수업이 필요하다. 창조성이 강렬하다면 시든 소설이든 장르를 넘나들고, 프로 작가의 글이든 아마추어의 글이든 괘념치 않고, 문학이든 인문학이든 경전이든 비속어든 경계를 넘나들면서 배우고 익히는 공부야말로, 글쓰기 본질에 알맞은 수업일 것이다.

수업을 진행해 나갈수록 나는 이러한 창조적 글쓰기 수업을 만들어 보고 싶은 욕심을 떨칠 수가 없었다. 작가 지망생은 당연히 익혀야 하고 일반인들 또한 익히면 익힌 만큼 변하는 글쓰기 수업을 만들어 보고 싶다. 한 사람의 언어습관은 그 사람의 감각·사유·상상·실천 등과 매우 밀접한 연관을 맺고 있는데, 그런 지점까지 함께 고민하고 배우고 익히는, 글쓰기로서의 전인적 수업을 진행할 수만 있다면 얼마나 매력적이고 살아 있는 시간이 될 것인가.

하지만 안타깝게도 나는 이러한 창조적 글쓰기 수업에 대해 아직 제대로 된 커리큘럼조차 확보하지 못하고 있다. 나름대로 이런저런 실험이나 모색들을 해보고는 있지만 아직은 창공을 손뼘으로 재는 기분이다. 다만 글쓰기의 기초를 고민하는 이번 출간이 나 자신에게 새로운 촉발점이 되어, 앞으로 더욱 열심히 살아 있는 글쓰기 수업을 익히고 모색하고 세워 나가는 과정으로 이어졌으면 좋겠다. 또한 남다른 열의를 가진 분들이 학생 혹은 동료로 합류하여 함께 공부하며 좋은 글쓰기 공부 방법을 찾아보았으면 좋겠다. 그리하여 언젠가는 멋진 창조적 글쓰기 수업이 만들어졌으면 좋겠다.

*　*　*

　말씀드린 대로, 애초에 출간 기획을 하고 전개한 글이 아니라, 나 자신도 모르는 상태에서 하나하나 설득하거나 아이디어를 떠올리는 방식으로 만든 강의안 혹은 수강생들 작품 합평록이다 보니 글의 진행이 그다지 매끄럽지만은 않다. 거칠고 투박하고 때로 나의 개인적 바람이 지나치게 강조되기도 했다. 하지만 이 글의 장점 또한 바로 그런 점에 있는 듯해서, 다만 독자들이 읽기에 알맞도록 순서와 분량을 적절히 배분해 놓는 작업만 거쳐 출간키로 했다.
　이렇게 출간하기까지 그린비 사장님을 비롯한 주변 분들의 도움과 지지는 내게 큰 힘이 되어 주었다. 공부에만 전념할 수 있도록 배려해 주신 오정국 선생님, 유진월 선생님께도 깊이 감사드린다. 자상하고 넉넉한 배려 덕분에 낯선 학교생활 중에도 글쓰기 고민에 집중할 수 있었다. 자유롭고도 진정한 공부의 자세가 어떤 것인지를 보여 준〈연구공간 수유+너머〉의 고미숙, 고병권, 이진경 선생님을 비롯한 연구원들에게도 깊이 감사드린다. 이윤을 추구하지 않으면서도 게으름을 허락지 않는 연구소 특유의 자유롭고도 열정적인 분위기는, 내게 언제나 크나큰 자극이다. 내가 조금이라도 자유롭고도 성실하게 강의에 전념할 수 있었다면 그것은 순전히 연구실의 멋진 분위기 덕분이다.
　무엇보다 2006년 이후〈연구공간 수유+너머〉의 글쓰기 강좌에서 소중한 인연으로 만난 학생들, 그들과 교감한 한마디, 눈빛, 그리고 2008년 이후 만나 온 한서대 문창과 학생들에게 가장 큰 고마움을 전해야 할 듯싶다. 토요일이면 축제처럼 어김없이 벌어지던 수업과 뒤풀이, 조금만 성의껏 열강해도 반짝거리는 학생들 눈빛이야말로 내 강의의 살아 있는 바로미터였다. 학생들 눈빛 하나하나가 밤길의 별처럼 내 정신을 고양시켜 주었고, 오직 그에 힘입어 강좌를 여기까지 이어 오고 이렇게 출산까지 하게 되었다. 원고를 퇴고하는 내내 학생들 모습 하나하나가 새삼 스쳐갔다. 행복했고 고맙고 그립다.

2009년 월악산에서

이만교

차례

책을 내며 4

프롤로그 글쓰기와 꿈 : 글쓰기의 꿈은 어떻게 이루어지나? **14**

꿈은, 이루어진다 16 | 타르코프스키 감독의 「잠입자」 17 | 성철, 몽중일여 21 | 어떤 선승 이야기 24 | 정직과 자유의 시인, 김수영 25 | 도덕적 정직과 실질적 정직 31 | 실질적 정직과 산문적 글쓰기 35 | 전태일, 타락한 정신 36 | 전념 39 | 꿈은, 이미 이루어졌다 44

1 글쓰기란 무엇인가 : 글쓰기란 자신의 느낌을 솔직하게 표현하는 것이다 **48**

글쓰기란, '자신의 느낌'을 표현하는 것이다 50 | 글쓰기란, '솔직하게 표현'하는 것이다 62

2 글쓰기의 입구, 씨앗 문장과 씨앗 도서 : 독서를 어떻게 할 것인가 **68**

고양이 우화 70 | 글쓰기를 선택하는 세 가지 층위의 동기들 72 | 나의 경우 74 | 씨앗 문장 77 | 사무사思無邪 79 | 즐거운 필독, 1000권 81 | 줄탁동기 83 | 읽다 지루하면 접어라 85 | 씨앗 도서 지도 만들기 86 | 뷔페식 독서 87 | 열 권 이상 펼쳐 놓기 89 | 집중력 높이기 91 | 밑줄의 빈도와 공명의 강도 93 | 묵상, 재독, 따라 쓰기, 변주, 암송 95 | 운명적인 단 한 권의 책 98 | 과정을 즐겨라 100

3 새로운 창작 강의를 꿈꾸며 **102**

습작생이 경험하는 일반적 과정 104 | 지금·여기에서 창작하기 112 | 질문을 자기 자신에게 던지기 116

4 언치와 언어적 감수성 **118**

대부분이 언치다 120 | 소설가 지망생들조차 언치가 부지기수다 122 | 언어적 감수성, 글쓰기의 필수요건 128 | 언어 맛보기 131 | 언어로 존재하기 138

5 일상언어와 출판언어 **140**

말재주와 글솜씨는 서로 비슷하면서 다르다 142 | 일상언어와 출판언어 역시 같으면서 다르다 143 | 차이는 사소하지만 울림은 크다 145

6 일상언어 탈주하기 150

일상언어를 경계하라 152 | 관용구를 피하라 154

7 주인공 및 화자 되기 170

표현한 내용과 해석한 내용은 다를 수 있다 172 | 표현한 내용과 표현된 내용은 같아야 한다 173 | 주인공-되기 177 | '주인공-되기', '화자-되기', '주인공 및 화자 되기' 182 | 개성적 자아와 성찰적 자아 187 | '주인공 및 화자 되기'의 또 다른 일례들 189 | 문체 196 | 개인적 감성 199

8 다수언어와 창작언어 206

감수성이 무디어지면 다수언어가 된다 208 | 상투적 문장과 평이한 기록문 210 | 기성작가들의 창작언어 216 | 창작언어, 소수자 되기 234

9 구현적 글쓰기 : 실질적 사실을 보여 주기 240

전달 방식으로서의 구성 242 | 스토리와 플롯 243 | 구현으로서의 글쓰기 247 | 일관된 주제의식 251 | 은유와 환유 254 | 모티프 259 | 강렬한 문제의식으로 글쓰기 261

10 단계별 글쓰기 : 장르탐색 264

탐색과 모험으로서의 글쓰기 266 | 장르 이전의 글쓰기 267 | 낙서와 메모, 글쓰기의 시작 268 | 하이쿠와 아포리즘, 그리고 시 270 | 실질적 정직과 산문정신 276 | 사생글 284 | 산문화 289 | 산문 292 | 에세이 296 | 습작생 산문의 문제점 303 | 낯설게 하기와 정직하게 하기 313 | 서술 방식, 비유와 대구 321 | 단락 만들기 327 | 생활글 332 | 서사적 글쓰기 341 | 단락장 만들기 344 | 소설 353 | 글쓰기 기본훈련 358

에필로그 본질적 감수성 360

좌충우돌의 글쓰기 362 | 호흡지간의 글쓰기 363 | 개인적이면서 사무사한 글쓰기 366 | 전도몽상의 연쇄작용 369 | 본질적 감수성 377 | 지금·여기에서의 글쓰기 380

프롤로그

글쓰기와 꿈

: 글쓰기의 꿈은 어떻게 이루어지나?

꿈꾸는 사람은 반드시 변하기 마련이다. 만약 우리가 정말로 무엇인가를 꿈꾸는 사람이라면, 우리는 미미하게라도 자신이 꿈꾸는 방향으로 변하지 않을 수 없다. 의식뿐 아니라 의식과 무의식 전체로 꿈꾸는 사람은 반드시 자기 삶에 변화를 불러일으킨다. 자신의 내면세계 전체로 변화를 꿈꾸는데 어떻게 변화가 일어나지 않을 수 있겠는가. 변화는 당연히, 반드시, 그리고 자연스럽게, 그것도 현실에서 가능한 가장 빠른 속도로 일어나게 되어 있다.

.1.
꿈은, 이루어진다

2002년 월드컵 열기와 함께, 한국 사람이라면 누구나 이 문장을 또렷이 기억하고 있을 것이다. '꿈은, 이루어진다.' 우리 가슴을 무척이나 들뜨게 만들면서 하나로 응집시켰던 문장이었다. 하지만 진심으로 이 문장을 믿는 사람은 많지 않을 듯하다. 문장은 근사하지만, 그러나 이 문장을 곧이곧대로 믿기에는 우리에게 주어져 있는 현실이 결코 녹록지 않기 때문이다.

사실 살면서 품어 본 꿈 중에는 성취되었던 경우보다는 그렇지 못했던 경우가 훨씬 더 많을 것이다. 자신뿐 아니라 주변을 둘러보아도 형편은 마찬가지일 것이다. 꿈을 이룬 사람보다는 꿈을 이루지 못한 사람들이 한결 더 많을 터. 아마도 열에 아홉은 자신의 꿈을 이루지 못한 채, 나이 들어 가고, 늙어서 마침내 그대로 생을 마치고 마는 것이다.

기실 자신의 꿈을 이루는 사람은 열에 하나 아니, 백에 하나나 있을까 말까 싶다. 현실이 이렇게 폭폭한데 어떻게 '꿈은, 이루어진다' 라는 말을 진심으로 믿을 수 있을까? 대개는 다음과 같이 수정된 문장을 믿을 것이다.

- '꿈이 이루어지긴 이루어지는데, 저절로 이루어지는 게 아니라, 노력해야 이루어진다.'
- '현실 가능한 꿈만 이루어진다. 너무 허황된 꿈은 노력해도 쉬이 이루어지지 않는다.'
- '꿈은 한꺼번에 이루어지는 게 아니라 조금씩 혹은 한 걸음씩 다가가듯 이루어진다.'

이렇게 문장을 수정해 놓고 보면, 좀더 그럴듯하게 들린다. 대부분의 사람이 '꿈은, 이루어진다' 라는 문장을 곧이곧대로 믿기보다는 이렇게 수정된 문장으로 믿는 것 같다. 하지만 나의 경우 인생을 살아 보면 볼수록 '꿈은, 이루어진다' 라는 문장을 그대로 믿는다, 혹은 믿고 싶다, 혹은 믿어야 한다, 혹은 믿을 수밖에 없다.

.2.
타르코프스키 감독의 「잠입자」

타르코프스키 영화는 지루하다. 적어도 내게는 그렇다. 비유하자면, 너무 느리게 말하는 노스님의 법어를 듣는 듯한 기분이다. 너무 느려서, 법어가 끝나고 나서야 그 말뜻을 생각하는 것이 아니라, 이런저런 잡생각까지 하면서 법어를 듣도록 만든다. 그리고 바로 이 점이 타르코프스키의 매력이다. 그의 법어는 너무 느려서, 듣는 나는 그 말의 핵심을 곧잘 놓치고 만다. 그 대신 그 말 중간중간에 바람소리가 섞이고 아이들 떠드는 소리가 섞이고 새소리가 섞이면서, 어쩌면 이 소리들이야말로 법어가 아닐까 싶은 느낌이 들게 만든다. 일테면 약간 쌀쌀한 날씨에 자기 팔등을 쓸며 물가를 산책하던, 그러나 내가 왜 그 물가를 산책했었는지, 그때가 언제였는지는 잊어버린, 그런 느낌만이 기억에 남아 있는 경우와 같다.

하지만 「잠입자」는, 그의 또 다른 영화 「솔라리스」와 더불어 타르코프스키의 영화 중에서 가장 접근하기 용이한 작품이다. 이는 아마 SF소설을 원작으로 했기 때문일 텐데, 영화는 '금지구역' 속에 있는 '비밀의 방'을 찾아 탐험을 떠나는 공상과학적 설정을 기본 줄거리로 삼고 있다.

모험심에 불타는 과학자, 작가, 그리고 이들을 안내하는 안내인, 이들 세 사람이 금지구역으로 여행을 떠난다. 이 비밀스러운 금지구역은 오래전에 어떤 혜성이 떨어졌던 곳으로, 그 안에는 소원을 들어주는 비밀스러운 방이 있다. 그 방에 들어가면 그 사람의 진정한 소원이 실현된다는 것. 이야기 줄거리로만 보자면, 안데르센 동화로부터 할리우드 SF영화에 이르기까지 이미 무수히 반복되어 온, 소원 성취를 위해 탐험을 떠나는 일종의 여행담인 셈이다.

소원을 들어준다고 하는 '금지구역'은 향기가 나지 않는 꽃, 무너진 폐허와 건물, 너저분한 잡풀, 기름과 이끼가 많이 낀 도랑물, 쓰레기장, 비가 새는 하수구 터널 같은 곳들이다. 이곳을 지나야 소원을 들어주는 비밀의 방으로 들어갈 수가 있는데, 길을 찾기가 간단치 않다. 안내인이 경고한다.

"지시한 방향을 벗어나면 위험해요. 이 구역은 존경심을 요구해요. 안 그러면 벌을 받아요. 또 여기선 되돌아갈 수도 없고, … 여기선 지름길이 빠른 길이 아니에요. … 돌아가는 길이 가장 빠른 길이에요. 이 구역은 (죽음의) 함정들이 복잡하게 얽혀 있어요. … 사람들이 나타나면 즉시 모든 게 움직이기 시작해요. 먼젓번 함정이 사라지고 새 함정이 나타나고, 안전하던 길이 지나갈 수 없게 되고, 금방 길이 쉬워졌다가 어느새 말도 못하게 헷갈리게 돼요. 매 순간 우리 마음의 상태가 이곳을 그렇게 만들어 가는 것만 같아요. … 여기에서 일어나는 모든 일들이 우리에게 달렸어요."

안내인이 설명하는 금지구역이란 인생 그 자체에 다름 아니다. 우리네 인생이야말로 금지구역 이상으로 살아 있는 미로여서, 정답이 따로 존재하지 않는 역동과 심연의 세계이다. 그런데 이러한 장애를 이겨 내고 비밀의 방에 이르렀다 해도 문제다. 가령, 이전 안내인이었던 '고슴도치'라는 사내는, 비밀의 방에 이르러 소원을 빌고 난 뒤에 엄청난 부자가 되었다고 한다. 그러나 그는 자살하고 만다.

왜냐하면 그가 비밀의 방에 들이긴 목적은 그가 사랑하는 아픈 동생을 살려 달라고 하는 소원 때문이었는데, 정작 동생은 죽고 자신은 벼락부자가 된 것이다. 그의 무의식 속의 진짜 소원은, 그 자신조차 부인하고 싶었겠지만, 동생의 건강보다도 자신이 부자가 되었으면 하는 바람이었던 것. 금지구역 못지않게 인간의 욕망 또한 심연이고 미로였던 셈이다.

우리가 다른 것에 대해서는 무지할지라도 자신에 대해서는, 그것도 자신이 가장 원하는 것이 무엇인지에 대해서는 뻔할 정도로 명백히 알 수 있지 않을까? 그러나 알고 보면 인간은, 자신이 정말로 원하는 것이 무엇인지 알지 못하며, 또 자신이 진정 원하는 것이 자신이나 주변 사람에게 정말로 도움 되는 일인지를 알지 못하는 존재다. 자신이 정말 원하는 것이 무엇인지 모르고, 자기 소원이 자기 인생에 도움이 되지 않을 수도 있다니, 이 얼마나 놀랍고 끔찍한 노릇인가.

나는 종종 나를 소설가라고 소개하면, 자기가 원하는 일을 할 수 있으니 행복하겠다고 부러워하는 회사원이나 주부들을 자주 만난다. 그때마다 나는 심히 의심스럽다. '당신은 자신이 원하는 것을 하지 않고 있단 말인가? 어떻게 원하는 것을 하지 않을 수 있단 말이지? 당신이 무의식 중에 정말로 원하는 것은, **회사원이나 주부로서 안정된 삶을 살면서 소설가나 화가를 보면, "자기가 원하는 일을 할 수 있으니 행복하겠어요!"라고 말하는 바로 그 삶**이 아닐까?

한번은, 자사에 대한 자부심이 은근한 어떤 대기업 직원이 나에게 "저도 대학 때 문예 동아리 활동을 열심히 하던 소설가 지망생이었어요. 이제는 이렇게 평범한 샐러리맨이 되었지만……"이라고 말한 적이 있는데, 나는 이 말이, "나의 진짜 꿈은, 한때 나도 소설가 지망생이었던 적이 있지, 하고 말할 줄 아는 샐러리맨, 그래서 낭만성까지 갖춘 듯한, 그러나 어쨌든 경제적으로 안정된 대기업 충성-샐러리맨이 되는 것이었습니다"라는 소리로 들렸다.

이렇듯, 표면적으로 내세운 의식적 꿈과 실질적으로 욕망하는 자신의 무의식적 꿈은 전혀 딴판일 수도 있다. 이는 참으로 끔찍하고 경악할 일이 아닐 수 없다. 만약 내가 영화 「잠입자」의 '비밀의 방'에 들어갔다고 치자. 나, 이만교는 현재 훌륭한 소설가가 되는 것과 가족과 건강하게 안정된 생활을 누렸으면 하는 것이 소원이라고 의식하고 있다. 그런데, 정작 내가 그 방에 들어갔다 나오자, 백억 로또에 당첨되어 무위도식자가 되거나, 가족은 교통사고로 죽고 나는 미스코리아 출신의 어떤 여자와 새로이 열애에 빠진다면? "으악, 이건 악몽이야!" 하고 소리 지르며 깨야 할 것인가, "오우, 주님, 감사합니다!"라고 눈물 흘려야 할 것인가.

당신은, 당신이 그 '비밀의 방'에 들어갔다 나왔을 때, 세상과 다른 사람들이, 아니 하다못해 당신이 사랑한다고 자신하는 당신 주변 사람들과 당신 자신이 더 행복해질 수 있을 것이라고 자신할 수 있는가?

삶에 대한 이러한 인식 때문에, "당신을 가장 괴롭혀 온 그 소망이…"라든가, "당신은 확실히 불행한 사람이에요. 당신은 이제 백 살까지 살 겁니다"와 같은(오래 사는 것이 불행한 것이고, 자신을 괴롭혀 온 것이 다름 아닌 자신의 소망이라고?) 인생에 대한 통찰력을 획득한 역설적 대사가 영화 곳곳에서 빛을 발한다.

타르코프스키가 「잠입자」의 '금지구역' 및 '비밀의 방'을 통해 우리에게 보여 주는 것은 결국, 세계원리와 인간본성 모두가 심연이자 미로라는 사실이다. 고슴도치 자신은 동생의 완치를 소원했지만 그의 보다 강렬한 소원은 자신이 벼락부자가 되는 것이었듯이, 우리 인간이란 자신이 가장 원하는 것이 무엇인지도 모르는 존재다. 인간의 의식과 무의식 사이에는 이렇듯 언제나 크고 작고 견고한 간극이 놓여 있다. 「잠입자」의 '고슴도치 일화'는 우리에게 '내가 의식적으로 꾸는 꿈과 무의식적으로 욕망하는 실질적 내용이 전혀 다를 수 있다'는 사실을 분명하게 보여 주고 있다.

이렇게 의식적 꿈과 무의식적 욕망이 불일치한다면, 이것은 마치 다른 방향으로 달리는 두 마리의 말이 끄는 마차와 같다. 쉽게 그 목표가 성취될 리가 없다. 따라서 우리는 수시로 자기 자신이 의식적으로 표방하는 꿈과 무의식적으로 욕망하는 실질적 내용이 같은지 다른지를 점검해야 한다. 그러지 않으면 스스로 속고 속이는 기만을 자연스러운 일상으로 여기며 살게 된다.

.3.
성철, 몽중일여

아무리 스스로 정직하게 행동하더라도, 자신의 의식과는 전혀 다른 무의식적 욕망을 품고 있다면, 이미 정직과는 한참이나 동떨어진 거짓과 기만의 삶을 살고 있는 것이다. 숱한 정신분석 고찰에서 보듯, 자신이 의식하는 그대로 욕망하는, 순일하게 정직한 인간은 거의 전무하다 해도 과언이 아니다. 우리 일반인들은 모두 예외 없이 의식과 무의식 사이의 크고 작은 괴리와 간극으로 인해 일종의 신경증을 앓고 있다.

반대로 종교인이나 구도자들은 기도나 명상을 통해 이러한 괴리를 벗어나고자 노력한다. 특히 명상은 의식과 무의식의 괴리를 없애는 작업의 한 종류이다. 가령, 고요한 상태를 유지하면서 끝도 없이 '사티'(주시)하는 것으로 그 수행법을 요약할 수 있는 '위파사나 명상'은, 자기를 정직하게 바라보는 가장 곧고 빠른 정공법 같다. 앉아서 혹은 움직이면서 자기에게서 일어나는 일체의 것들, 소위 신수심법(身受心法)을 끝없이 주시하기!

재미있는 일화가 하나 있다. 성철은 8년 '장좌불와'(長坐不臥)와 12년 '동구불출'(洞口不出) 같은 엄격한 자기 수행으로 유명했던 스님이다. 이러한 수행 면모가 일반 대중에게 신화처럼 퍼지면서 친견하려는 이들이 몰리자, 그를 만나려면 불전에 나가 삼천 배를 먼저 올려야 한다는 규율을 세웠다. 대개는 담배 한 대 피우면 사라지는 것이 보통 사람들의 고민의 두께이니까, 삼천 배를 하다 보면 친견 욕심을 갖게 만든 웬만한 동기는 사라질 테고, 그러나 그럼에도 만나고 싶어 하는, 간절한 사람만 친견토록 문턱을 높인 것이다.

성철 회고록에 보면 칠십 고령의 할아버지 한 분이 스님을 찾는다. 오랜 수행을 통해 나름 득도한 듯하자 자신의 경지를 성철로부터 인가받고자 온 것이다.

"내가 40여 년 참선을 해왔는데 벌써 20년 전에 확실히 깨쳤습니다. 그 후 여러 스님을 찾아다니며 물어봐도 별 수 없어 이젠 찾아다니지도 않는데, '성철스님께 가 보라'고 하도 이야기해서 할 수 없이 찾아왔습니다."

"그래 어쨌든 잘 왔소. 들어 보니 노인은 참 좋은 보물을 갖고 있네요. 잠깐 앉아 있는데 모든 망상이 다 떨어지고, 몇 시간도 금방 지나가 버리니, 그런 좋은 보물이 또 어디 있겠소. 내가 한 가지 물어보겠는데, 딱 양심대로 말하시오. 거짓말하면 죽습니다. 그 보물이 꿈에도 있습니까?"

그러자 눈이 둥그래지는 것입니다.

"꿈에는 없습니다."

"뭐, 꿈에는 없다고? 이 늙은 놈아! 꿈에도 안 되는 그걸 가지고 공부라고 선지식(善知識)이 있니 없니 하고 있어? 이런 놈은 죽어야 돼. 하루에 만 명을 때려죽여도 괜찮아. 인과도 없어!"

그러고는 실제 주장자로 두들겨 패주었습니다.

(성철, 『자기를 바로 봅시다』, 장경각, 2008, 128쪽)

대부분의 사람들은, 낮 동안의 자기 일상과는 매우 다른 기이하고 난해한 내용의 꿈을 꾸게 마련이다. 노인도 다르다고 대답했다. 하지만 성철은 동정일여, 몽중일여, 숙면일여가 되어야 실제 견성이란다.

불교에서 수행하여 공부하는 단계를 보면, 첫째 동정일여(動靜一如) 즉 일상생활에서 가고 오고 할 때나 가만히 있을 때나 말을 하거나 안 하거나, 변함 없이 공부가 되어야 합니다. 여여불변(如如不變)하여야 합니다.

동정일여가 되어도 잠이 들어 꿈을 꾸면 공부는 없어지고 꿈속에서 딴짓하며 놀고 있는데, 꿈에서도 일여한 것을 몽중일여(夢中一如)라 합니다.

몽중일여가 되어도 앞에서 말했듯이 잠이 깊이 들면 아무것도 없습니다. 잠이 푹 들었을 때도 여여한 것을 숙면일여(熟眠一如)라 합니다.

숙면일여가 되어도 거기에 머무르지 않고 더욱 나아가야 합니다. 백척간두(百尺竿頭)에서 한 걸음 더 나아가야 된다 말입니다. 그리하여 깨쳐야만 그것이 실제 견성입니다.

(앞의 책, 127쪽)

동정일여, 몽중일여, 숙면일여를 해야만 그제야 우리는 의식과 무의식이 비로소 하나가 되었다고 할 수 있다는 것이다. 나로서는 살면서 한 번도 생각해 본 적도 없는 극단적 잣대였지만, 무척이나 타당하고 자연스러운 논리 같다. 마음의 안팎이 진정으로 일여하려면 움직임이나 행동, 꿈속 고민까지도 일여해야 할 것이다. 그런데 보통 사람으로 살아가면서 이러한 상태를 체득하는 일이 과연 가능할까. 나에게 이 일화는, 제 정신을 가진 정직한 상태로부터 우리가 얼마나 멀리 떨어져 나와 방황과 망상의 길을 걷고 있는지를, 얼핏 느끼게 해주었다.

「잠입자」의 '고슴도치'와 성철의 '일여'는 인간 정신상태의 양 극단을 보여 준다. 고슴도치는 의식과 무의식이 너무나 괴리되어 자신이 의식적으로 행한 행동과 무의식적으로 욕망한 내용의 간극으로 인해 파멸한다. 반대로 성철이 말한 '일여의 상태'에 이를 수만 있다면 참으로 순수하고 참으로 전일하여, 마치 사소한 이유로 떼를 쓰며 울 때조차도 온몸과 온 마음을 다해서 울기 때문에 보는 이로 하여금 너무나 행복하게 공감하도록 만드는 갓난아이와도 같은, 그런 강렬한 상태가 될 것이다.

.4.
어떤 선승 이야기

어떤 선승에 얽힌 재미난 에피소드가 하나 있다.

옛날 옛날에 산속 암자에 홀로 묻혀 사는 선승이 있었다. 그는 아침에 일어나면 우선 결가부좌하고 앉아 자기 법명을 호명한 후에 스스로 "네" 하고 대답했다. 그런 다음,

"오늘도 하루가 밝았구나. 아무도 속이지 말고 아무한테도 속지 마라" 하고 일컫고 나서 또 스스로, "네" 하고 대답했다.

그런 뒤에야, 하루 일과를 시작했다. 그는 이와 같은 의식을 잠들기 전에도

반복했다. 매일매일 아침저녁으로 아무도 속이지 말고 아무에게도 속지 말라고 스스로 타이르고 다짐했다.

그런데 정말 재미있는 것은, 사시사철 그 암자를 찾아오는 사람이 아무도 없었다는 사실이다. 그런데도 왜 선승은 하루하루 그렇게도 꼬박꼬박 자기 자신을 불러다 타일렀을까?

아무도 만나지 않으면서도, 제발 속고 속이지 말라고 매일같이 타일렀다는 위의 일화는, 정직과 기만의 문제가 나와 타자 사이의 인간관계에서만 생겨나는 사건이 아니라, 실은 그 이전에 이미 내 안에서, 자신과의 관계 속에서 벌어지는 내적 사건임을 확인케 한다.

우리 자신이 의식하는 희망과 자신이 무의식적으로 욕망하는 실질적 내용이 다르다면 우리는, 이 선승과도 같이 조석으로, 자기 마음을 점검해 봐야 한다. 내가 의식적으로 표명하는 나의 꿈이나 의견이, 과연 정말 내가 무의식적으로 욕망하는 것이며 무의식적으로도 견지하고 있는 의견일까? 진정한 의미에서 정직이란, 이처럼 자기 내부, 자기 마음 안에서 일어나는 어떠한 망상에도 경계를 늦추지 않을 때에야 비로소 가능한 일일 것이다.

.5.
정직과 자유의 시인, 김수영

시인 김수영은, 우리 시사(詩史)에서 이러한 자기 점검을 매우 혹은 가장 철저하게 수행한 시인이다. 그의 시의 기본정신은, 익히 많은 평론가들이 지적한 대로, 정직과 자유로 압축된다. 그중에서도 '정직'은 그의 가장 강렬한 시적 태도이다.

김수영의 초기시에서 '정직'은 대개, '바라봄'의 방식으로 나타난다. 서구 모더니즘의 세례를 강하게 받은 김수영 초기시는 매우 난해하다. 아마도 세상에 대한 시인의 인식 또한 그만큼 난해했을 것이다. 하지만 김현의 설명처럼, 초기시 곳곳에서 그는 그러한 혼란을 뚫고 세상을 "바로 보려고" 노력한다.

'나는 이 책을 멀리 보고 있다.'(「가까이 할 수 없는 서적」)
'오늘 또 활자를 본다.'(「아메리카 타임지」)
'나는 한 번도 아버지의 / 수염을 바로는 보지 / 못하였다.'(「이」)

그렇지만 '바로 보기'는 결코 쉬운 일이 아니어서, '멀리' 보거나 혹은 '또' 보려고 새삼 노력해야 하며, 그런데도 '아버지의 수염'조차 화자는 바로 보지 못하고 만다. 김현은 이런 점을 지적하며, 김수영의 초기시를 두고 "바로 보지 못하는 괴로움(설움과 비애)"을 노래한 것으로 해석하였다.

이렇게 초기시에서 김수영은 세상을 바로 보려 해도 바로 보지 못하였지만, 그래서 설움과 비애의 정서에 함몰되어 있었지만, 그러나 어느 순간부터인가 자기 자신에 대해서만큼은 철저하게 바로 보기 시작한다. 이러한 기점에 위치한 작품이 아마도 「헬리콥터」와 「구름의 파수병」일 것이다.

그는 헬리콥터를 두고, "남을 보기 전에 네 자신을 먼저 보이는 / 긍지(矜持)와 선의(善意)가 있다"(「헬리콥터」)라고 노래한다. 시인은 이제, 어떤 대상을 바로 보기 전에 자기 자신을 먼저 바로 드러내 보이는 작업을 바야흐로 시작하고 있음을 알 수 있다. 연단에 올라가 청중을 내려다보는 것이 아니라 무대에 올라가 스스로를 드러내 보이기랄까. 결국 시인은 「구름의 파수병」에서 다음과 같이 토로하기에 이른다.

만약에 나라는 사람을 유심히 들여다본다고 하자
그러면 나는 내가 시와는 반역된 생활을 하고 있다는 것을 알 것이다.

먼 산정(山頂)에 서 있는 마음으로
나의 자식과 나의 아내와
그 주위에 놓인 잡스러운 물건들을 본다.

어느 날 뒷산 정상에 올라가 자신이 살고 있는 세상을 내려다보면, 사람들 사는 모습이 참으로 장난이나 난장같이, 혹은 난쟁이 장난같이 느껴질 때가 있다. 그런데 이와 같이 정상에 올라서서 세상을 내려다보는 것과 같은 차분하고 공정한 시선으로, 자기 자신을 유심히 들여다보면, 스스로 시인으로 자부하며 시인인 체하며 살아가고 있지만 정작은 시와는 반역된 삶을 살고 있다는 것을 스스로 발견하게 된다는 것이다.

시와는 반역된 삶, 그저 "방 두 칸과 마루 한 칸과 말쑥한 부엌과 애처로운 처를 거느리고 / 외양만이라도 남과 같이 살아간다는 것"(「구름의 파수병」)은 시인에게 너무나 쑥스러운 일이다. 이러한 쑥스러움이 깊어질 때, 살아 있는 신호로서, 자신의 쑥스러움을 이겨 내기 위한 갈망으로서 시인은 '기침'(「눈」)을 한다.

눈은 살아 있다
떨어진 눈은 살아 있다
마당 위에 떨어진 눈은 살아 있다

기침을 하자

젊은 시인이여 기침을 하자
눈 위에 대고 기침을 하자

(「눈」 일부)

남과 같은 외양으로, 소위 통속적·타자적 욕망으로 살아가는 일을 그치고, 살아 있는 눈을 향해, 스스로 살아 깨어나기 위해서, "눈을 바로 보며 / 밤새도록 고인 가슴의 가래라도 / 마음껏 뱉자"고 호소한다. 김수영의 「폭포」는 이러한 강렬한 내면적 정직이 만들어 낸 수작이다.

폭포는 곧은 절벽을 무서운 기색도 없이 떨어진다

규정할 수 없는 물결이
무엇을 향하여 떨어진다는 의미도 없이
계절과 주야를 가리지 않고
고매한 정신처럼 쉴 사이 없이 떨어진다

금잔화도 인가도 보이지 않는 밤이 되면
폭포는 곧은 소리를 내며 떨어진다

곧은 소리는 소리이다
곧은 소리는 곧은
소리를 부른다

번개와 같이 떨어지는 물방울은

취할 순간조차 마음에 주지 않고

나타(懶惰)와 안정을 뒤집어놓은 듯이

높이도 폭도 없이

떨어진다

(「폭포」 전문)

　폭포는 "나타와 안정을 뒤집어놓은 듯이" 떨어진다. 시인이 취하고 있던 "외양만이라도 남과 같이 살아가는" 통속적 안정을 비난하면서, 폭포는 쏟아진다. 이와 같은 자기 폭로는 "곧은 소리는 소리이다 / 곧은 소리는 곧은 / 소리를 부른다"에서처럼 동어반복의 미학을 만들어 낸다. 동어반복이란, '콩은 콩이고 팥은 팥이다'와 같이 어떤 진실을 진실 그대로 주장하는 가장 간명하면서도 가장 강렬한 표현법이다. 이러한 동어반복을 통해 시인은 강렬한 정직의 정신을 이끌어 낸다.

　이후 김수영의 시는, 시와는 반역된 자신의 삶을 고스란히 드러내는 작업으로 이어진다. 가령, 「만용에게」에서는 양계장을 운영하며 겪는 금전적 계산을 그대로 시의 소재로 삼았다.

수입에 대해서 생각하는 것은 너나 나나 매일반이다.

모이 한 가마니에 430원이니

한달에 12, 3만 환이 소리 없이 들어가고

알은 하루 60개밖에 안 나오니

묵은 닭까지 합한 닭모이 값이……

(「만용에게」 일부)

「설사의 알리바이」에서는 "설파제를 먹어도 설사가 막히지 않는다"며 설사를 시의 소재로 삼는가 하면, 「잔인의 초」라는 시에서는 자기 집으로 놀러온 초등학생 아들 친구가 매우 불편해하면서 눈치를 볼 것을 뻔히 알면서도 아무 말도 걸지 않고 잔인하게 심통을 부리는 스스로의 모습을 적나라하게 표현하고 있다. 「성」(性)에서는 "그것하고 하고 와서 첫번째로 여편네와 / 하던 날은 바로 그 이튿날 밤은 / 아니 바로 그 첫날밤은 반시간도 넘어 했는데도 / 여편네가 만족하지 않는다"면서 자신의 은밀한 사적 성생활까지 그대로 드러내고, 「죄와 벌」에서는 지우산(紙雨傘)으로 아내를 때리면서 아내 걱정보다 지우산 고장난 것을 걱정하는 자신의 모습을 폭로한다. 그런가 하면, 어느 날 고궁을 나오면서 자신을 질타하기도 한다.

왜 나는 조그마한 일에만 분개하는가
저 왕궁 대신에 왕궁의 음탕 대신에
50원짜리 갈비가 기름덩어리만 나왔다고 분개하고
옹졸하게 분개하고 설렁탕집 돼지같은 주인년한테 욕을 하고
옹졸하게 욕을 하고

한번 정정당당하게
붙잡혀간 소설가를 위해서
언론의 자유를 요구하고 월남(越南)파병에 반대하는
자유를 이행하지 못하고
20원을 받으러 세 번씩 네 번씩
찾아오는 야경꾼들만 증오하고 있는가

(「어느 날 고궁을 나오면서」 일부)

이와 같은 적나라한 자신에 대한 고백은 결코 쉬운 일이 아니다. 분단과 6·25 이후 이데올로기적 성찰이 금기가 되다시피 하면서, '욕망을 감춘 순수 서정'과 '우아하고 난해한 관념'으로 후퇴해 버린 5,60년대 당시 한국시단의 관념적·기만적 분위기를 감안해 볼 때, 나아가 자기 욕망은 들여다보지 못한 채 사회 모순을 고발하던 80년대의 일부 감상적 민중시를 감안해 볼 때도, 이러한 시인의 행보는 전혀 새롭고 그만큼 위험하고 외로운 길이었다.

.6.
도덕적 정직과 실질적 정직

흔히 사람들은 다른 사람들에게 나쁜 의도로 거짓말하거나 사기를 치지 않으면 자신은 정직한 사람이라고 스스로 자부한다. 일반적으로 보면 맞는 말이다. 그러나 무릇 필부필녀가 아닌 예술가 혹은 자유인으로 살아가려면, 다른 사람들에게 나쁜 의도로 거짓말하거나 사기를 치기 이전에 자기 자신에게 거짓말하거나 사기를 치고 있지나 않은지 스스로 점검해 보아야 한다.

이 점이야말로 타인들과 적당히 얽혀 만수산 드렁칡처럼 살아가려는 '일반인'과 자유로운 영혼의 소유자로 살아가려는 '예술인/자유인'의 중요한 변별점이 아닐까 싶다(글쓰기를 시작하는 순간부터 모든 사람은 창의적 탐색을 시작한 예술가이자 자유인이어야 한다). 일반 필부필녀에겐 타자와의 무난한 관계가 매우 중요하다. 그래서 그들에게 정직과 부정을 가르는 잣대는 '타자에게 피해를 주었느냐, 아니냐'이다. 그들은 타자의 이해로써 나의 행동을 조절하며 살아간다. 소위 타자의 욕망을 내면화하면서 살기.

그렇다 보니 매우 도덕적인 규율들 가령, 도둑질하지 마라, 거짓말하지 마라, 사기치지 마라, 강간하지 마라 등과 같은 규율을 우선 중시한다. 그런데 이들 도덕적 규율이란, 말이 좋아서 윤리적·도덕적 규율일 뿐, 알고 보면 죄수들 혹은 범법자들이나 주입받을 만한 규율들 아닌가? 도둑질하고 싶은 인간, 거짓말하고 싶은 인간, 사기치거나 강간하고 싶은 인간, 다시 말해 죄수의 감수성이 몸 안에 들끓는 인간들에게나 강요할 만한 규율이 아닌가?

이렇듯 우리 일반 시민들의 도덕적 기준이란, 가령 푸코의 '팬옵티콘'이 적절하게 보여 주듯, 죄인의 감수성을 기초로 세워진 규율이다. 반대로 자유를 꿈꾸는 예술가는, 앞서 김수영의 시세계에게서 보았듯, 자기 내면의 정직을 우선시한다. '일반인'은 자신이 아닌 다른 사람들 시선을 중시하며 살아가지만, '예술가'는 스스로를 들여다보며 스스로의 시선과 생각을 중시하며 살아가는 존재다. 이것이 내가 「구름의 파수병」에서 "만약에 나라는 사람을 유심히 들여다본다고 하자/ 그러면 나는 내가 시와는 반역된 생활을 하고 / 있다는 것을 알 것이다"라는 구절을 접하며 받은 충격이었다.

자기 내면의 정직을 우선시하게 되면, 역설적이게도 윤리적·도덕적 차원의 선택에 앞서 자신의 욕망에 먼저 충실해질 수밖에 없다. '타자적 욕망을 내면화하면서 살기'보다는 자기 안의 꿈틀거리는 욕망을 먼저 인정하고 존중하게 된다. 물론 도덕이나 윤리를 중시하기도 하지만, 그조차 자신의 욕망일 경우에 중시한다.

가벼운 일례를 하나 들어 보자. 가령 누군가 떨어트린 지갑을 주웠을 때 그것을 주인에게 돌려주는 일은, 정직한 인간이라면 의당 실천해야 할 도덕적 규율이다. 하지만 글쓰기에서는 내면의 느낌과 생각까지도, 그러니까 지갑을 주웠을 때 마음속에서 벌어진 여러 유혹까지도 가감 없이 정직하게 드러낼 것을 요구한다.

뿐만 아니라, 다만 정직하게 지갑을 돌려주는 도덕적 인간보다는, 자신이 슬쩍 차지하더라도 차라리 그때 체험되던 일련의 인간적 느낌들——가령 자신이 슬쩍 챙기고 싶은 욕심과 돌려주고 싶은 선량한 의지 사이의 갈등, 지갑을 획득한 순간의 짜릿한 즐거움과 그것을 돌려주지 않고 차지해 버린 데 따른 죄책감 등——을 정직하고 자세하게 진술하는 태도가 글쓰기에서는 더 바람직하다.

단적으로 말하면 그 무엇을 해도 무방하다. 다만 그러기까지 이른 갈등이나 괴로움, 혼란이나 죄책감, 광기 등을 적실하게 표현하면, 물론 그것이 범죄일 경우 사회적 비난과 형사 처벌을 면하지는 못하겠지만, 글로서의 가치는 인정받지 않을 수 없다.

또 다른 일례를 하나 들어 보자. 가령, 옆집 여자가 샤워를 하고 있다. 작가라면 무릇, 이것을 훔쳐보아야 할까, 아니면 훔쳐보지 말아야 할까? 통념적 차원에서 그리고 도덕적 차원에서 보자면 훔쳐보는 것은 예의에 어긋나는 행동이므로 훔쳐보지 말아야 한다. 훔쳐보는 것은 무엇보다 옆집 여자에게 인격적으로나 도덕적으로나 정직한 행동이 아니다.

그런데 아이러니하게도, 옆집 여자에 대해 정직하게 행동하고자 훔쳐보지 않는 도덕적 행동이, 훔쳐보고 싶어 하는 자기 스스로의 욕망에 대해서는 정직한 행동이 아닐 수도 있다. 도덕을 함부로 무시하는 것도 곤란하지만, 마음속 욕망을 지나치게 무시하고 억압하면서 도덕적 잣대만 내세우는 것도 곤란하다. 자기 욕망을 억압하고 도덕적 실천을 감행한 후에는, 대개의 도덕론자들이 그렇듯이, 도덕적 자부심과 우월감에 빠져 심리적 보상으로서의 차별을 가하는 획일적 도덕주의에 빠질 우려 또한 다분하다.

무릇 자유로운 작가라면, 도덕적 잣대에 발 묶이지 않고 자신이 하고 싶은 대로 할 것이다. 훔쳐보고 싶으면 훔쳐보고, 훔쳐보기 싫으면 훔쳐보지 말아야 한다. 어느 쪽이든 자기 스스로 선택하는 것이고, 따라서 스스로 그 결과를 누려야 한다. 결과가 즐거우면 즐거운 대로, 괴로우면 괴로운 대로 누려야 한다. 그리하여 작가라면, 훔쳐보지 않았다고 해서 도덕적 우월감에 빠질 일도 아니고, 훔쳐보았다고 해서 단순한 죄책감에 빠질 일도 아니며, 마냥 즐거워할 일도 아니다.

훔쳐보았으면 훔쳐본 실질적 느낌을, 훔쳐보지 않았으면 훔쳐보지 않은 실질적 느낌을 그대로 직시해야 한다. 훔쳐보았을 때 느껴지는 온갖 느낌들—여인의 나체에 대한 구체적이고 정확한 관찰, 탐미적 표현, 심미적 고찰, 그리고 훔쳐보는 특유의 재미와 죄의식 등—을 면밀하게 서술할 것이다. 반대로 훔쳐보지 않았을 경우 느껴지는 온갖 느낌들—도덕적 우월감, 그럼에도 채워지지 않는 아쉬움, 훔쳐보지는 않았지만 머릿속에서 더욱 확산되는 도착적 상상 등등—에 대해 정직하고 면밀하게 서술할 줄 알아야 한다.

무릇 자율적 주체로서의 예술가에겐, 실질적 정직 외에 전제된 어떤 조건도 규율도 있을 수 없다! 예술가란, 온전한 자유를 추구하는 전적으로 자유로운 존재이며, 그에 따르는 결과 역시도 스스로 온전히 만끽하고 감내하는 존재다.

'도덕적 정직'은 행동 결과와 타자의 평가를 중시한다. 하지만 '실질적 정직'은 행동 과정의 실질적 내용을 중시한다. 자기 마음결에 교차하는 여러 다양한 이질적 느낌들 모두를 중시한다. 이러한 실질적 정직을 견지해야만, 도덕적 도그마에 갇히지 않고 비로소 풍요로운 진실에 가까이 다가갈 수 있다.

.7.
실질적 정직과 산문적 글쓰기

살아 있는 글쓰기 또한 실질적 정직을 통해서야 비로소 가능해진다. 글쓰기의 기본은 산문(散文)이다. 산문이란, 말 그대로, 풀어헤치는 방식의 글이다. 살면서 겪은 일에 대해 정확하게 풀어서 서술하고자 한 결과물이 산문이다. 우리가 일상에서 관습적으로 넘어가는 문제들, 대충 뭉뚱그려 생각하는 문제들, 혹은 순간적인 긴장·불편·짜증·통증 정도로 여기며 스쳐 지나가는 문제들, 혹은 두렵거나 난해하거나 복잡해서 마주하지 못하는 문제들을 언어로 촘촘히 풀어헤침으로써 그 문제들, 그 감정과 감각들 속에 숨어 있는 진실을 발견하고, 그것이 징후하고 예언하는 바를 찾아내는 언어행위가 산문적 글쓰기이다.

실질적 정직은 이러한 산문적 글쓰기를 가능하게 하는 가장 기본적인 동력이다. 자기 마음속에 일어나는, 통념과는 또 다른 여러 이질적 느낌들을 감지하는 실질적 정직의 자세를 견지하고 있다면, 무엇이든 매력적인 글감이 될 수 있다. 단지 앞서 걸어가는 미녀의 종아리에 대해서도 얼마든지 많은 것을 떠올리고 생각하고 비교하고 반성하고 상상하고 성찰할 수 있다. 단지 마을버스를 탄 경험을 통해서도 아주 많은 관찰과 느낌과 생각과 기억과 상상을 서술해 볼 수 있다. 단지 돈 잘 쓰는 부유한 친구에게 점심 한 끼 얻어먹은 경험을 통해서도 풍요로운 서술을 이끌어 낼 수 있다.

실질적 정직의 자세를 유지하면, 특별히 공부나 지식이 대단치 않더라도 그리고 경험이나 재능이 유별나지 않더라도 자신만의 개성적인 목소리를 만들어 낼 수 있다. 자기 자신의 실질적 느낌과 기분, 감성을 파악할 수 있기 때문에 자기만의 개성을 확보할 수 있다. 게으른 사람은 게으를 때 명멸하는 여러 느낌과 자의식에 대해서, 아픈 사람은 아픈 사람 특유의 감수성을 통해서, 못생긴 사람은 못생긴 사람으로 살아갈 때 교차하는 시선과 느낌들에 대해 꼼꼼하게 서술하면, 그 자체로 개성적인 글쓰기가 가능해진다.

이렇듯 실질적 정직은 글쓰기의 기본정신이다. 실질적 정직 없이는 글감 자체가 생겨나지 않는다. 반대로 실질적 정직을 유지한다면 삶의 모든 것이 글감으로 변한다. 동시에 자신만의 개성적 목소리가 가능해진다. 그런 점에서 우리는 끝없이 자기 마음속에 귀 기울여야 한다. 잠을 깬 순간 밤새 꾼 꿈을 차근차근 되새김하는 일로부터 시작해서 자신의 낮 동안의 머리와 마음속에 떠오른 크고 작은 미망과 생각과 행위 하나하나까지도, 다가오는 사물과 사람에 대한 느낌과 상상 하나하나까지도 놓치지 않으려고 애써야 한다.

.8.
전태일, 타락한 정신

전태일은 열사다. 익히 알려진 대로 그는, 한국 근대사에 있어 노동운동의 선각자일 뿐만 아니라 7, 80년대 민주화 운동의 기폭제이기도 하다. 그런데 이와 같은 역사적 내용과는 다른 측면에서 그는 내게 충격을 주었다.

전태일의 학벌은 초등학교 2년과 공민학교 1년 교육이 전부였다. 그는 유년기 때, "낮엔 구두 닦고, 저녁에 신문 팔고, 밤엔 야경꾼 눈을 피해 담배꽁초 줍고, 덕수궁 수위실 앞에서 가마니 덮고 자는" 걸인이나 다를 바 없는 절대빈곤에 시달렸다. 그리고 1965년 평화시장에 견습공으로 취직, 재단보조를 거쳐 1967년(19세)에 재단사가 되었다. 도봉산 기슭의 판잣집에서 어머니와 생활하며, 평화시장이 있는 청계 6가를 버스로 출퇴근했다.

이 무렵 전태일은 일하는 가게 주인의 처제를 보고 가슴이 설레기 시작하는데, 이것은 전태일의 고되고 짧은 생애에서 유일하게 찾아왔던 사랑의 감정이었지만, "내가 지금 이런 사치에 한눈 팔 때가 아니다"라고 자책하며 마음을 접는다.

그리고 바지와 곤로를 380원에 팔아 학원사 중·고등 통신강의록 『중학 1권』을 150원에 사서는 검정고시와 대학입시를 치를 꿈을 꾸었다.

마침내 생각대로 했다. 시청 뒤 보건사회부 옆 학원사 2층에 가서 연합 중고등 통신강의록 『중학 1권』을 1백 50원에 샀다. 이로써 희미해져 가는 배움의 정신을 내 마음 한 곳에 심한 타격을 줌으로써 다시 똑똑하게, 그리고 단단하게 붙들어 맨 것이다.

남은 다 하는데 나라고 못할 리가 어디 있어? 해보자. 그리고 내년 3월에는 꼭 대학입시를 보자. 앞으로 3백 76일 남았구나.

(조영래, 『전태일 평전』, 돌베개, 2002, 132쪽)

그런데 태일이 이 무렵 자꾸만 외박을 하고 새벽에나 귀가한다. 어머니가 그 이유를 묻자 이렇게 대답했다.

"오다 파출소에서 자고 왔어요. 어머니가 나 집 나올 때 차비 30원을 주잖아요. 시다들이 밤잠을 제대로 못 자서 낮이면 꾸벅꾸벅 졸고, 일은 해야 하는데 점심까지 쫄쫄 굶길래 보다 못해 그 돈으로 풀빵 30개를 사서 여섯 사람한테 나눠주었더니 한 시간 반쯤은 견디고 일해요. 그래서 집에 올 때 걸어왔더니 오다가 시간이 늦어서 파출소에 붙잡혔어요."

절대빈곤의 처지에서 자기 인생의 거의 유일한 사랑의 감정도 포기해 버리고, 통신강의록으로 검정고시를 보려 애쓰고, 그리고 자기 차비로 여공들 점심을 사 주는 참으로 갸륵한 생활을 한다. 요즘으로 보면 「칭찬합시다」나, 휴먼다큐의 주인공이 되어도 충분한. 우리 같으면 열심히 착하게 살아가는 자기 자신의 모습이 너무나 자랑스러웠을 것이다. 그런데 놀랍게도 이 무렵, 67년 2월 14일자 일기에 이렇게 적어 놓고 있다.

오늘도 보람 없이 하루를 보냈구나. 하루를 보내면서 아쉬움이 없다니, 내 정신이 이렇게 타락할 줄이야.

황지우 시인이 「나의 누드」라는 시에서 "전태일 같은 이는 성자다. 그의 짧은 삶이 치고 간 / 번개에 들킨 나의 삶, 추악과 수치, 치욕이다"라고 서술하고 있는데, 나에겐 위의 일기 문구가 정말이지 번개와도 같았다.

암울할 정도로 가난한 형편에서도, 성실하고 인간적인 마음 씀씀이를 잃지 않고 생활하고 있었음에도 불구하고, 그는 스스로를 '타락했다'라고 다그친다. 상상해 보라. 무척이나 가난한 집안에서 태어난 한 가난한 노동자가, 학벌이라곤 중학교 중퇴인 젊은이가, 하루 열네 시간의 노동과 허기에 시달리는 빈민층 청년이, 그럼에도 아랫사람들을 위해 풀빵을 사 주고 걸어서 귀가하느라 너무나 고단했을 사람이, 판자촌 방에서 아마도 몽당연필에 침을 묻혀 가며, 저와 같은 일기를 썼을 것이다.

이것 하나만으로도 세상은 얼마나 아름다운 곳이고, 얼마나 갸륵한 곳인가. 모르긴 몰라도, 적외선을 볼 수 있는 적외선 망원경같이 에너지의 흐름을 파악할 수 있는 에너지 망원경이 있다면, 67년 2월 무렵 우리 한국 근대사에 있어서의 인간애는, 전태일의 판잣집으로부터 강렬하게 촉발되고 있지 않았을까?

나는 전태일의 2월 14일자 일기를 읽으면서 젊음이란 바로 이런 것이 아닐까, 하고 젊음에 대한 가장 정확한 정의를 만난 기분이었다. 하루를 최선을 다해 열심히 살고 나서도 아쉬움 없이 잠자리에 들면, 스스로를 타락한 영혼이라고 다그치는 정신. 이 정신이 젊은이다운 정신이고, 청년다운 감성이고, 전태일을 영원히 아름다운 청년으로 남게 하는 힘이 아닐까.

일상적 통념으로 보면, 열심히 하루를 산 사람은 잠들기 전에 아무 후회도 없고, 그렇지 못한 사람은 아쉬움이 남아 있을 법하다. 하지만 우리가 무언가 진심을 다해 갈망하고 애쓴다면, 하루를 열심히 살고도 잠들 때가 되면 여전히 아쉬움이 남아서 전태일 같은 일기를 쓸 것이다. 그것은 후회막급의 아쉬움이 아니라, '아, 그때 이렇게 했다면 더 좋았지 않았을까?' 혹은 '그때 내가 조금만 더 강렬하게 몰입했더라면!' 하는 자기 각성에 의한 아쉬움이다. 이렇듯 열심히 살고도 스스로 아쉬워하고 후회하는 전념의 자세만 유지할 수 있다면 우리의 생은 얼마나 놀라운 폭발을 일으킬까.

.9.
전념

프로이트가 정신분석을 통해 살펴본 것처럼, 우리의 정신세계는 자신이 평소 스스로 의식하는 내용과 딱히 일치하지 않는다. 의식한 내용과는 또 다른 무의식의 심연이 자리하고 있다. 무의식의 심연에 이르는 프로이트의 방법은 꿈을 분석하는 것이었다. 하지만 굳이 꿈을 분석하지 않더라도, 다만 깨어 있는 상태로 자신의 머릿속에 끝없이 생멸하는 여러 미망·아이디어·공상들을 '샤티' 해 보기만 해도, 우리의 정신세계에는, 우리가 평소

의식한 것과는 또 다른 무수한 이질적 내용들로 뒤섞여 있음을 알 수 있다.

아니, 수고롭게 꿈을 분석하거나 사티할 것도 없다. 주변 사람들을 잠시 관찰해 보기만 해도, 그들이 말로 표명하는 내용과 그들이 실제로 실천하는 행동 사이에는 수시로 균열과 괴리가 존재한다는 사실쯤은 쉽게 알아챌 수 있다.

글쓰기 지망생들 모습 또한 예외가 아니다. 말로는 좋은 글을 쓰고 싶다면서, 실제로는 좋은 글을 쓰려는 노력을 하지 않는 사람들이 부지기수다. 글을 써 보고 싶어 하는 사람은 많지만, 정말로 글을 쓰고 싶어 하는 사람은 많지 않다. 말로는 소설가가 되고 싶다면서 사실은 연예인이나 직장인이 되고 싶어 하는 사람처럼, 언제나 겉멋을 내고 이런 모임 저런 모임에 기웃거린다. 말로는 언어를 잘 다루는 시인이 되고 싶다면서, 컴퓨터나 인터넷이나 MP3, 혹은 사진 찍기 따위의 기계조작에 더욱 흥미를 갖는다. 말로는 가난할지라도 자유로운 예술가의 길을 걷겠다면서, 언제나 돈과 브랜드에 민감한 채 필수불가결하지 않은 아르바이트 따위로 시간을 허비한다. 말로는 글을 쓰고 싶다면서 예술가의 감수성과 실험정신은 전무한 채로, 중산층의 모럴과 예의바른 행동만을 생활의 모범으로 삼는다.

정말이지 적지 않은 사람들이 포즈만 취하고 있다. 말로는 글을 쓰고 싶다고 하고, 또 실제로 의식적으로도 글을 쓰고 싶어 한다. 그러나 우리의 무의식 깊숙한 곳에서 글은 한낱 명분이거나 핑계일 뿐, 정작은 다른 욕심을 취하고 싶어 한다. 마치 사랑이라는 미명을 내세워 섹스를 하고 싶어 하는 젊은이처럼, 혹은 신앙을 사랑의 장소가 아니라 권력의 수단으로 삼으려는 사람처럼, 혹은 친절로써 잇속을 챙기려는 장사꾼처럼, 교묘하게도 자기 스스로를 속이고 있다(그리하여 육체적 욕망만 가득하면서 사랑에 빠졌다고 표현하는 젊은이는 얼마나 깜찍한지. 권력과 재물을 중시하는 신앙에 빠져 있으면서 자신이 믿는 종교야말로 위대하다고 주장하는 종교인은 얼마나 요지경인지. 자기 잇속을 챙기고 싶을 때마다 진절을 사용하는 버릇을 갖고 사는 사람을 보면 얼마나 귀여운지. 또한 구체적인 노력은 하지 않으면서 "나는 평범한 회사원이 아니라 문학을 해야 했을 사람인데" 하면서 회사를 다니는 사람을 보면 얼마나 마음이 느긋해지는지!).

산속 선승처럼 스스로 점검해 보자. 문학을 하고 싶다면서, 정작은 문학적 관심보다는 다른 문제들에 신경을 뺏기는 자기 기만의 생활에 빠져 살고 있지는 않은가. 나는 과연 정말로 글을 쓰고 싶어 하는 사람으로 하루의 계획표를 짜고 있는가. 모니터와 마주쳐야 하는 외로움으로부터 조금이라도 회피해 보려고 쓸데없이 오랜 웹서핑으로 시간을 흘려보내고 있지는 않은가. 비록 중요하지만 그러나 글쓰기보다는 덜 중요한 어떤 모임에 굳이 참석하여 하루를 낭비하지는 않았는가. 전철을 타고 혼자서 독서를 하며 갈 수 있는 시간에 괜히 조금 더 편하다는 이유로 친구 차를 얻어 타고는 말상대 해주느라 시간을 허비하지는 않았는가.

꿈과 현실은 다를 수는 있지만 분리될 수는 없다. 가령 사진작가를 꿈꾸는 샐러리맨이 있다면 그는 틈나는 대로 사진과 관련된 정보를 탐색할 것이다. 인터넷을 뒤져 보고 동호회에 가입하고 강의를 들어 보는 것은 물론, 무수한 사진을 직접 찍고 현상해 볼 것이다. 그리고 마침내 전시회를 열고자 애쓸 것이다. 만약 동호회에 가입하는 정도에서 머문다면 그는 엄밀히 말해 '사진작가'를 꿈꾼 것이 아니라 '사진작가를 꿈꾼다면서 동호회 활동으로 만족하는 사람'을 꿈꾼 것에 불과하다. 그가 만약 한 번의 전시회로 만족한다면 그는 '한 번의 전시회로 만족하는 사진작가'를 꿈꾼 것이 틀림없다. 그렇지 않고서야, 어떻게 거기서 그대로 멈출 수 있겠는가.

물론 현실적인 여러 가지 이유와 사정이 발목을 잡는다. 최소한의 사회 활동, 집안 형편과 경제적 현실, 체력적 한계 등과 같은 어쩔 수 없는 사정들로 인해 더 이상은 어쩔 수가 없다고 포기하고 싶어지곤 한다. 그러나 그렇다면, 그 사람은 '현실의 어쩔 수 없는 여러 사정이 발목을 잡으면 포기할', 그야말로 더는 '어쩔 수 없는' 사람이 틀림없다. 정말로 무엇인가를 꿈꾸는 사람은 말 그대로 꿈이라도 꾸지 않을 수 없다. 현실적 형편이 허락하지 않을 경우, 하다못해 꿈속에서라도 그 무엇인가를 하는 꿈을 꾸게 된다. 꿈은 말 그대로 꿈이어서 현실 조건에 얽매여 멈추지 않는 법이다. 멈추는 법을 모른다. 오늘 그려 보는 내일의 자기 모습은 그 모습 그대로 자신이 바라는 미래상이겠지만, 그러나 오늘의 내 모습은 어제의 내가 실제로 바란 그 모습이다.

그런 점에서 꿈이 없는 사람조차 나름의 꿈을 꾸며 살고 있는 셈이다. '오늘 잠을 자면 꿈을 꾸지만 오늘 공부하면 장차 꿈을 이룬다'라는 말이 있다. 이 구절을, '노력하지 않으면 잠자리 꿈으로 나타나고, 노력하면 현실에서 꿈으로 이루어진다'라고 바꿔도 무방할 것이다. 꿈은 어떤 형태로든 현현된다.

당신이 정말로 글을 쓰고 싶다면 메모지라도 항시 소지하고 다닐 것이다. 읽지는 못하더라도 현재 가장 읽고 싶은 책 한 권을 항상 갖고 다닐 것이다. 따라서 하다못해 매일 대변보는 시간만큼의 독서시간은 마련할 수 있을 것이다. 잠드는 쪽의 벽지 위에 자신이 좋아하는 시구나 문장들을 적어 놓고 읽다가 잠들 것이다. 당신이 정말로 꿈꾼다면 오늘 즉시 당신의 행동에, 그것이 미미한 변화일지라도 어떤 구체적인 변화가 오지 않을 수 없다. 그리고 진정으로 꿈을 꾸는 사람은 자신의 변화된 행동 그 자체만으로 엄청난 희열을 느끼지 않을 수 없다. 만약 자신이 최선을 다해서 변하고 있다면 그것은 곧 자신이 꿈꾸는 그 모습으로 이어지는 가장 빠른 지름길로 들어선 것이 틀림없을 터이기 때문이다.

꿈꾸는 사람은 반드시 변하기 마련이다. 만약 우리가 정말로 무엇인가를 꿈꾸는 사람이라면, 우리는 미미하게라도 자신이 꿈꾸는 방향으로 변하지 않을 수 없다. 의식뿐 아니라 의식과 무의식 전체로 꿈꾸는 사람은 반드시 자기 삶에 변화를 불러일으킨다. 자신의 내면세계 전체로 변화를 꿈꾸는데 어떻게 변화가 일어나지 않을 수 있겠는가. 변화는 당연히, 반드시, 그리고 자연스럽게, 그것도 현실에서 가능한 가장 빠른 속도로 일어나게 되어 있다.

정말로 좋은 글을 쓰고자 원한다면, 어제와 달리 오늘부터는 하다못해 전철 타는 시간에나마 책을 펼쳐 보기 시작할 것이다. 비록 그 변화가 미미하더라도 그러나 최선을 다해 변하는 것이라면 그때 접하게 된 어떤 한 구절이, 그때 알게 된 어떤 작가나 작품에 대한 정보로 인해 그 다음에 해야 할 일이 무엇인지 알게 된다. 그리고 그렇게 한 발자국씩 이제까지와는 전혀 다른 길로 접어들기 시작할 것이다.

의식뿐 아니라 의식과 무의식 전체로 꿈꾸는 사람이 되자. 의식과 무의식 전체로 꿈꾸는 '전념'을 실천하자. 전념을 실천해서 이루어지지 않을 꿈이란 없다. 하다못해 식당 서빙을 하거나 김밥집을 시작해도 10년 내로 반드시 성공할 것이다. 모든 천재들이란 자기 일에 '전념'한 사람들일 뿐이다. 천재란, 자기 일이 좋아서 하루 열 시간씩 십 년쯤 일한 사람에 다름 아니다.

십 년 전념을 하려는 사람은, 자신의 꿈을 이룰 수밖에 없으므로, 단순히 신춘문예나 문예지 당선이 꿈일 수 없다. 그는 한국문학이 주목하는 책을 출간할 수 있고, 세계문학으로 번역할 만한 책을 출간할 수 있다. 무엇보다 좋은 독자들이 공감하고 각성하고 즐거워하는 양질의 책을 출간할 수 있다. 그런 점에서 우리가 언제나 염려해야 하는 것은 단 한 가지뿐이다.

나는 정말로 내 꿈에 전념하고 있는가?

정말 놀라운 사실은 천재가 드문 딱 그만큼, 우리 주변에 자기 일에 전념하는 사람들이 희귀하다는 사실이다. 자신이 전념을 하고 있는지 그렇지 못한지를 살펴보는 매우 간단한 테스트 방법이 있다. 앞서 소개한 성철, 산속의 선승, 김수영, 전태일 등을 응용하는 것이다. 테스트는 다음과 같다.

1. 아침에 눈을 뜨면 소변을 누기 전에, 물을 찾기 전에, '여기가 어디지?' 파악하기 전에, '몇 시나 되었지?' 알아보기 전에, 먼저 자신의 꿈과 관련된 사념을 떠올리고 있는가?
2. 화장실에서 볼일을 보느라 맥없이 앉아 있거나 샤워하느라 마음을 놓고 있는 그 순간에, 자신의 꿈과 관련된 사념을 떠올리고 있는가?
3. 하루를 아무리 열심히 살았더라도, 잠자리에 들려고 하면, 꿈과 관련되어 스스로의 게으름을 다그치게 만드는 어떤 아쉬움이 남아 있는가?

이 정도 테스트에 합격한다면 그는 자신의 꿈에 전념하고 있는 사람이 틀림없다. 그리고 그는 10년 내로 자기 분야의 최고가 될 수밖에 없을 것이다.

.10.
꿈은, 이미 이루어졌다

단지 말로만 꿈꾸고 의식적으로만 꿈꾸는 게 아니라 무의식으로까지, 자신의 온몸을 다해서 '전념'한다면 꿈은 반드시 이루어진다. 그것도 장차 이루어지는 것이 아니라 지금 즉시 이루어진다!

전념의 꿈은, 참으로 놀랍게도, 장소와 시간에 구애받지 않는다. 언제 어디서든 그 즉시 이루어진다. 꿈이란 우선 자기 마음의 어떤 상태이기 때문이다.

시인을 꿈꾸는 사람은, 어느 순간에든 어느 장소에서든 시인의 눈으로 세상을 바라보고자 애쓴다. 멋진 자연 풍경이나 조용한 산속에서만 세상을 시인의 눈으로 바라본다면 그는 시인의 꿈에 전념하고 있는 것이 아니다. 그는 회사의 긴 복도에 울리는 동료의 구둣발 소리나, 성질 더러운 상사의 말투나 표정까지도 시적 대상으로서 응용할 수 있다. 이렇게 전념으로 시인을 꿈꾸는 사람의 정신이야말로 시인의 본래 모습에 가장 가깝다. 거꾸로 등단은 했지만 그리고 시집도 여러 권 냈지만 어느 순간 권위적으로 변하거나 속물로 변한 기성시인은 사실 시인답다고 할 수가 없다. 물론 사람들은 전자를 시인으로 인정하지 않고, 후자를 시인으로 인정하고 몰려든다. 일반인들은 타자적 욕망에 의해 움직이는 사람들이기 때문이다. 그들에겐 그 사람의 마음상태가 시인답냐 아니냐는 중요하지 않으며, 다른 사람들이 그를 시인으로 인정하느냐 하지 않느냐가 더 중요하다. 하지만 주체적 욕망에 의해 움직이는 사람들에겐 타인이 그 사람을 어떻게 평가하느냐 이전에 그 사람의 마음상태가 지금 현재 어떠하냐가 더 중요한 판단 잣대이다.

'실질적 마음상태'와 '타자들이 인정하는 상태'를 분리해서 생각해 볼 필요가 있다. 실질적 마음상태가 시인답다면 그가 누구든 그 즉시로 그는 시인이다. 다만 사회적 약속에 의해, 타인들이 그를 시인으로 인정하려면 등단·발표·출간 등과 같은 일정한 절차와 과정을 거쳐 공인되어야 한다. 그러고 나면 그는 시인으로 인정받는다. 그런데 그가 시인으로 사람들에게 인정받는다고 해서, 그 사람의 실질적 마음상태까지 시인이라는 보장은 전혀 없다.

따라서 타자가 인정하느냐에 기준을 두고 보면 꿈은 일정한 절차와 과정을 거친 끝에야 이루어지는 듯하다. 하지만 그 사람의 마음상태에 기준을 두고 보면 꿈은 그 즉시로 이루어진다. 그래서 시인을 전념으로 꿈꾸는 사람은 그 자체로, 그 즉시 시인답다. 다만 타인에게 아직 인정받지 못했을 뿐이다. 하지만 그가 그런 마음의 상태로 생활하고 언어를 다룬다면 결국엔 다른 사람들도 언젠가 그를 시인으로 인정할 것이다.

그런 점에서 전념을 다해 시인을 꿈꾸는 순간 이미 시인이다. 꿈은 이처럼, 그 즉시로 이루어진다. 다만 그것을 타인들에게까지 인정받으려면 얼마간의 정해진 테스트와 약속 절차를 거쳐야 하기 때문에 시간이 걸리는 것으로 보일 뿐이다.

이러한 원리는 부자를 꿈꾸는 사람들에게도 그대로 적용된다. 전념을 다해 부자가 되고자 하는 사람은 이미 부자답게 행동한다. 쩨쩨하게 소유하려 하지 않고, 쩨쩨하게 집착하려 하지 않는다. 끝없이 투자하고 겸허하게 절약한다. 설령 부도가 나서 감옥에 가도 그러한 상태조차 부자를 꿈꾸는 사람답게 초연하게 받아들이며 심기일전의 기회로 삼기까지 한다. 그의 모든 생각, 모든 처신이 과연 부자답다. 물론 그렇다고 해서 타자들이 그를 부자라고 인정하지는 않는다. 일정한 재산을 축적해야지만 그제서야 부자로 인정한다. 그러나 어쨌든 그 자신은 이미 부자를 꿈꾸던 순간부터 진정한 부자와 다를 바 없는 행동을 취한다.

이렇듯 시인을 꿈꾸는 사람은 시인과 같은 마음상태로 움직일 수밖에 없고, 열심히 부자를 꿈꾸는 사람은 열심히 사는 부자의 상태로 움직일 수밖에 없다. 그런가 하면 졸부를 꿈꾸는 사람은 졸부가 되든 안 되든 항시 졸부의 마음상태로 움직일 수밖에 없다. 타인들의 판단보다도 그 사람의 실질적 마음상태에 초점을 둔다면, 놀랍게도 꿈꾸는 그 즉시, 이미 그 사람의 꿈은 이루어진 것이다!

(그런 점에서 넓게 보면, 살아가는 모든 사람의 실질적 꿈은 이미 모두 실질적으로 이루어져 있는, 참으로 놀랍고도 기이한 세상에서 우리는 살고 있다. 일테면 김밥집으로 돈을 벌고 싶어 하면서, 정작은 틈틈이 연속극 보는 재미로 사는 김밥집 주인 아주머니를 예로 들어 보자. 그녀는 자기 욕심의 6할 정도 되는 수입밖에 못 올리고 있을지라도, 결국은 6할의 돈 버는 꿈을 실현하는 동시에, 4할의 연속극 시청 소원을 모두 고스란히 성취하고 있는 셈이다. 그녀의 꿈은 완벽하게 이루어지고 있는 것인지 모른다. 모든 사람들이 김밥집 아주머니와 흡사하다. 대부분이 여러 가지 형태의 의식과 무의식의 꿈으로 소망이 분산되어 있고, 분산되어 있는 비율에 맞게 각각의 꿈들이 그 나름대로 성취되고 있는 식이다. 커피 마시고 싶은 꿈＋데이트 하고 싶은 꿈＋취업하고 싶은 꿈＋친구 만나고 싶은 꿈……. 그렇다면 세상에! 살아가는 모든 사람의 실질적 꿈은 이미 모두 실질적으로 이루어져 있는, 참으로 놀랍고도 아름다운, 꿈이 이루어져야 할 세상이 아니라 꿈이 이루어지고 있는, 기이한 세상에서 우리는 살고 있는 것이다!)

이제까지 꿈에 대한 다양한 경우들을 살펴보았다. 그리고 이제 나는 '꿈은, 이루어진다'는 문장을 다음과 같이 수정하고 싶다. **'꿈은, 이미 이루어졌다!'** 우리가 전념을 다하고만 있다면! 다만, 타인들에게 인정받기에 시간이 걸릴 뿐이다. 그런데 저 장삼이사의 타인들이 우리를 어떻게 생각하든, 우리 예술가들에게, 그딴 판단이 무에 그리 중요하단 말인가!

1

글쓰기란 무엇인가

: 글쓰기란 자신의 느낌을 솔직하게 표현하는 것이다

나는 글쓰기를 어떻게 해야 하는지 알지 못한 채로 강의를 시작해야 했다. 그래서 글쓰기란 무엇인지를 가르쳐 주는 관련 서적들을 뒤적여 보았다. 글쓰기 개념에 대한 다양한 규정들이 있지만, 그중 가장 간명하면서도 가장 정확하게 정의한 것은 아무래도 초등학교 교과서였다. "글쓰기란, 자신의 느낌을 솔직하게 표현하는 것이다." 이 정의에 따르면 두 가지 층위가 제일로 중요하다. 먼저 '자신의 느낌일 것' 그리고 '솔직하게 표현할 것'!

.1.
글쓰기란, '자신의 느낌'을 표현하는 것이다

우리 각자의 마음속에서는 쉬지 않고 어떤 감각이 느껴지고, 생각이 펼쳐지고, 감정이 만들어지고, 상상이 이어지고 있다. 이러한 '자신의 느낌'을 글로 옮겨 쓰는 것이 글쓰기다. 아주 쉽고, 아주 간단하다. 모든 사람은 각자 자기만의 느낌·생각·감정·정서·상상력을 갖고 있다. 지금 내 강의를 듣고 있는 이 순간에도, 여러분 모두가 제각각의 느낌을 갖고 있다.

가령 나이가 제일 어린 수강생은 나이에 대한 생각을 할 것이다. 반대로 나이가 많은 학생은 나이가 많아 걱정일 것이다. 강의실 분위기가 마음에 차지 않은 학생도 있을 것이고, 강의 내용조차 마음에 들지 않는 학생도 있을 것이다. 그래서 다음과 같은 생각들이 제각각 일어날 것이다.

〈보기 1〉
① '수강생들 중에 내가 나이가 제일 어리군.'
② '수강생들 중에 내가 제일 나이가 많군. 그래서 그런지 내게 말을 걸어오는 친구도 없군.'
③ '강의실 분위기가 너무 딱딱하군. 이거 재미없겠는걸?'
④ '뭐야, 소설 쓰는 법을 배우려고 왔는데, 무슨 초등학교 글쓰기 얘기를 하고 있담! 그래도 저쪽 남학생은 제법 귀여운걸, 연애나 해봐?'

바로 이러한 '자기 생각'을 글로 쓰면 된다. 이러한 생각·감정·상상 하나하나가 바로 여러분의 글감이다. 여러분이 살면서 수시로 느끼는 이러한 느낌들을 글로 옮기는 것, 이것이 글쓰기다.

'글쓰기란 글을 통해 자신의 느낌을 솔직하게 표현하는 것이다'라고 정의했을 때, 특히 우리가 방점을 찍어야 할 부분은, 바로 '자신의 느낌'이라는 부분이다. 글쓰기는 타자에 대해 쓰는 것이 아니다. 언제나 자기 자신에 대해 쓰는 것이다. 우리가 타자에 대해 얘기할 때조차 글로 나타나는 것은 타자에 대한 자기 자신의 느낌과 생각이다. 또한 타인이 내 글을 어떻게 읽을까 걱정하며 써서도 곤란하다. 그냥 자기 자신의 느낌을 일단은 느낀 그대로 솔직하고 정직하게 옮겨야 한다.

우리는 글을 쓸 때 곧잘 타인들에게 잘 읽힐까? 공감을 얻을까? 등등을 서둘러 걱정하고, 심지어는 이렇게 쓰면 독자들이 좋아하지 않을까? 하는 식으로 글감을 선택하는데, 이러한 '타자적 욕망'으로는 진정을 다하는 글을 쓸 수가 없다. 글쓰기에 있어 타인을 의식해야 할 거의 유일한 부분은 오직, '내가 쓴 글이 내가 의도한 그대로 문장으로 옮겨지고 있는가?' 하는 부분이다.

이것만 이루어진다면 글쓰기는 누구나 그리고 언제나 가능하다. 혹은, 누구나 그리고 언제나 가능해야만 한다. 무엇을 쓸지 모르겠다고 푸념하거나 쓸 거리가 없다고 한숨 쉬는 것 역시 자신의 생각이라는 점에서 자신의 좋은 글감이기 때문이다. '무엇을 써야 할지 모르겠다. 습관처럼 컴퓨터 앞에 앉지만 마음만 초조할 뿐 딱히 써야 할 글감이 떠오르지 않는다. 특히 오늘은…' 하는 식으로, 그러한 생각을 풀어 나가면 된다.

이렇다 보니 글감은 언제나 존재한다. 재미있게도, 우리는 언제나 쉬지 않고 사유하고 있다. 내가 제법 명상이란 걸 해보는데, 명상할 때마다 매우 확실히 깨닫는 것 한 가지가 '나는 늘 망상을 하고 있구나' 하는 사실이었다. 방금 예를 든 대로 여러분은 지금 이 순간에도 느끼고 생각하고 반추하고 상상한다. 자신의 나이, 강사의 말투, 강의실 분위기, 앞에 앉은 남학생의 외모에 대해 반응하고 있다. 이 생각, 느낌, 상상을 그대로 옮기면 된다.

이제 내가 여러분에게 강의 시간에 느낀 점을 '글쓰기 강좌'라는 제목으로 써 보라고 하면 어떨까? 여러분은 귀찮고 당혹스러워하면서 '무얼 쓰지?' 하고 한참을 끙끙거리며 궁리할 것이다. 그리고 적지 않은 분들이, 아마도 여러분 자신의 독특한 느낌이나 상상들보다는, 매우 그럴듯하게 그러니까 강좌에 대해 만족스러운 점, 아쉬운 점 등을 매우 객관적으로 나열하는 대학 리포트 같은 글쓰기를 하지 않을까 싶다. 앞서 ①에서 ④와 같은 감정과 생각들은 유치한 것이라고 판단하고 글쓰기 재료로 삼지 않으려 할지 모른다.

물론 그대로 옮기면 자못 유치하게 읽힐 수도 있다.

〈보기 2〉

① '수강생들 중에 내가 나이가 제일 어리군. 하지만 글쓰기와 나이가 무슨 상관이야. 열심히 하면 되지!' + '나이 많은 게 무슨 감투람. 나이를 먹어서도 강좌나 들으러 다니는 거야말로 무슨 자랑은 아니지 않은가!'

② '수강생들 중에 내가 제일 나이가 많군. 그래서 그런지 내게 말을 걸어 오는 친구도 없군.' + '뭐 어린 애들이 말을 걸어 와도 귀찮거나 하지 무슨 도움이 되겠어? 친구를 사귀러 온 게 아니라 강의를 들으러 온 거니까 나는 차라리 그냥 나 혼자 다닐 거야!'

③ '강의실 분위기가 너무 딱딱하군. 글쓰기 교실은 제도권 교육과 달리 분위기가 화기애애할 줄 알았더니, 이거 재미없겠는걸?' + '그런데도 멍청하니 강사 말에 고개를 끄덕이며 앉아 있는 학생들 꼴 좀 봐!'

④ '뭐야, 단편소설 쓰는 법을 배우려고 왔는데, 무슨 초등학교 글쓰기 교실 같은 얘기를 하고 있담! 그래도 저쪽 남학생은 제법 괜찮은걸, 재하고 연애나 할까? 말을 걸어 볼까?' + '근데 헤어스타일이 좀 깬다. 게다가 옷차림이 너무 어두워!'

①과 ②의 화자는 자기 나이에 대한 괜한 자의식에 바짝 위축되어 있다. ③은 강의에 대한 괜한 불평이나 일삼는 태도 같고, ④는 염불보다 잿밥에 관심을 두는 한심한 학생 같다. 우리의 직감, 느낌, 감정 등은 이렇듯 유치하고 철이 없고 무익하게 느껴진다. 절제하고 감춰야 할 나의 부끄러운 부분 같다.

그러나 과연 그럴까? 내가 보기에, 우리가 평소 느끼는 모든 감정, 모든 직감, 모든 느낌 중에는 잘못된 것은 하나도 없다. 알고 보면 그 자체로 온전하고 독특한 진실이다. 가령 우리가 언제나 억제해야 할 좋지 못한 징후로만 여기는 화나 짜증, 신경질부리는 것조차도 알고 보면 잘못된 것은 없다. 거기에는 언제나 그럴 만한 이유나 동기나 목적이 들어 있지 않던가.

화, 짜증, 신경질 자체는 분명 불합리하고 유치하고 철없는 행동에 속한다. 이러한 행동을 통해서는 일이 제대로 풀리기는커녕 더욱 악화되기 일쑤다. 그러나 이러한 감정 자체까지 잘못된 것은 아니다. 살면서 자신도 모르게 불쑥 화가 나거나 신경질이 나서 스스로 놀라고 당황한 기억들이 한 번쯤은 있을 것이다. 그런데 그때, '내가 왜 이딴 일로 이렇게 신경질을 내고 있지?' 하고 스스로에게 물어보면, 그럴 만한 이유들이 떠오른다. 가령 지나치게 피곤해서, 혹은 연애가 잘 안 풀리고 있거나 취업 문제로 가뜩이나 스트레스를 받고 있는 중이어서, 혹은 촛불집회를 탄압하는 뉴스 때문에, 아니면 자신의 비밀스러운 콤플렉스를 건드렸기 때문이거나, 전부터 이미 여러 차례 참아 왔던 문제였기 때문에…….

화, 짜증, 신경질 자체는 백해무익하다. 유치하고 불합리한 행동이다. 그러나 그 속에 담겨 있는 이유와 동기들은 여러 가지가 잔뜩 엉켜 있을 뿐, 분명 그럴 만한 합리적인 이유들을 내재하고 있다. 그래서 함부로 화를 내서도 곤란하지만, 화를 참기만 하는 것 또한 어리석다. 화는 다만 곰곰이 들여다보아야 하는 감정이다. 자신의 화를 들여다보면, 거기엔 자신도 의식하지 못했던 자신에 대한 소중하고 비밀스러운 정보들이 가득 들어 있을 수 있다.

화조차도 이러한데, 우리의 나머지 감정들은 어떨까? 우리가 어떤 감정을 느끼면 거기에는 언제나 그만 한 이유가 들어 있다. 심지어 하릴없이 떠드는 한심한 수다나 일상에서 일어나는 사소한 오류들, 부조리하기 짝이 없는 잠 속 꿈조차도, 가만히 들여다보면 거기에는 우리가 평소 의식적으로 깨닫고 있는 사실보다도 더 많은 진실들이 숨어 있다. 프로이트는 이것을 훌륭하게 간파해 주었다. 정신분석학은 꿈, 말실수, 자유연상 등에 대한 많은 연구 업적들을 통해, 사람들이 하나같이 얼마나 신경증적인 환자인가를 보여 주면서 동시에 신경증적인 우리의 모든 증상에는 합리적인 이유가 숨어 있다는 사실을 역설적으로 드러냈다.

이제 앞서 예를 든 네 가지 생각들에 대해 이러한 분석을 해보면 어떨까? ①의 화자는 어떤가? 일면 자신의 나이에 대한 자의식이 느껴지지만 놀라운 진리 하나를 간파하고 있다. 바로 나이와 글쓰기는 무관하다는 사실이다. 특히 이 학생은 '글쓰기와 나이는 무관한 관계다. 열심히 하느냐 그러지 못하느냐가 문제다'라고 하는 무척이나 바람직하고 열정적인 인식을 선취하고 있다. 비록 뒷부분에서 나이 많은 수강생들을 함부로 폄하하고 있지만, 그만큼 기죽지 않으려고 애쓰는 노력으로 이해할 수 있고, 또한 나이에 대한 새로운 성찰로 이어질 동력일 수도 있다.

정말로 글쓰기와 나이는 무관하다. 아니 인간의 마음 자체가 나이와는 언제나 무관하다. 열두 살짜리 꼬마가 애늙은이 같은 생각을 할 때도 있다. 노인보다 더 무감각할 수도 있다. 일흔 살 먹은 노인이 젊은이보다 더 진보적인 정치관을 가질 수도 있다. 스무 살 청년이 조급한 욕심이나 노후 걱정에 사로잡혀서 보수꼴통 같은 인생관을 고집할 수도 있다. 하물며, 우리가 푸른 하늘을 눈부셔 하며 바라볼 때, 시원한 아침 공기를 느낄 때, 술자리에서 친구들과 논쟁을 벌일 때, 고단한 귀가 전철 속에서 꾸벅꾸벅 졸 때, 거기에 나이가 있는가? 우리가 가령, '어떤 대가나 보수를 생각지 않고, 다만 이 일이 좋으니까 그냥 일단 이 일을 열심히 해야지' 하고 결심하는 이 마음속에, 나이가 따로 있나? 그 자체로는 나이가 없다. 다만 어린애 같은 생각이냐, 젊은이다운 태도냐, 노인네 같은 고집이냐 등등에 따라 그 마음에 나이를 임의적으로나 매겨 볼 수 있을 따름이다. ①의 학생 역시, '글쓰기와 나이는 무관한 관계다. 열심히 하느냐 그러지 못하느냐가 문제다'라는 태도를 통해, 나이에 대해 우리가 평소에 갖고 있던 한심한 강박관념으로부터 벗어나 많은 것을 깨닫고 비판할 수 있다.

그런가 하면 ②의 화자는 ①과 마찬가지로 자의식에 빠져 있지만, 자신에게 말을 걸어 오는 친구가 없는 사실을 통해서, 자신에게 말을 걸어 오는 친구가 없을 경우에 느껴지는 외로움과 소외감을 깊이 체험해 볼 수 있을 것이다. 이렇게 체험된 외로움과 소외감을 통해, 끼리끼리 뭉치는 한심한 꼴을 비판하거나 그러한 인간 모습을 구체적으로 형상화해 볼 수도 있다. 이 경우에도 뒷부분 문장에서 지나치게 자기만의 고립된 세계로 함몰될 우려가 엿보이기는 하지만, 그렇게라도 혼자만의 시간을 보내는 동안 주변 인물에 대한 좀더 많은 관찰이 가능해질 수만 있다면 딱히 나쁘지만은 않을 것이다.

❸의 화자는 괜한 불평을 일삼는 듯이 보이지만, 이러한 불평을 통해, 제도 교육의 고질적 문제를 답습하고 있는 작금의 창작 교육의 현실에 대한 비판적 관점을 확보할 수 있다. 또한 제도 교육과는 다른 방법을 모색해 볼 수도 있을 것이다. 나아가 재미와 즐거움을 동반하지 않는 진리의 허위와 무기력을 간파할 수도 있다. 아니면 새로운 생동적 모험을 꿈꿀 수도 있다. 이 학생 역시도 뒷부분에서 여타 학생들을 폄하하고 있는 듯한 혐의가 있긴 하지만, 이러한 폄하 또한 성급하게 행동으로 드러나지 않고, 날카로운 관찰력을 바탕으로 인물에 대한 희화적 묘사로 나타날 수만 있다면 나쁘지 않다.

❹의 화자는 굿보다 떡에 관심을 갖고 있지만, 사랑에 빠진, 혹은 사랑에 빠지고 싶은 사람의 멜랑콜리하고도 우스꽝스러운 심리를 체험하고 묘파할 수도 있다. 이를 바탕으로 멋진 연애소설을 한 편 만들어 볼 수도 있다. 마찬가지로 뒷부분에서 다소 즉물적인 반응에 빠져 버린 듯한데, 이러한 반응을 좀더 적절하게 사용하면 재미있는 인물 형상화가 될 것이다. 뿐만 아니라 '외모만 보고 사람을 평가해서는 곤란하다' 라고 하는 외모지상주의에 대한 다소 상투적이고 도덕적인 비판에만 머무르지 않고, 그럼에도 외모에만 강렬히 사로잡히기도 하는 인간본성에 대한 또 다른 각도의 성찰로 이어질 수도 있다.

그래서 다음과 같은 글쓰기가 가능할 수 있다.

〈보기 3〉

①

나는 수강생들 중에서는 나이가 제일 어리다. 그래서인지 다들 나를 어린

애 취급이다. "막내"라고 부르면서 귀여워해 주는가 하면, 심부름시킬 일이 있을 때마다 "막내!" 하고 부른다. 셋째 중에 맏이어서 집에서는 나름 대우를 받는데, 이곳에서는 다들 아이 취급이다. 친척들은 언제나 맏이답게 의젓하다고들 말해 주는데, 이곳만 오면 막내 티가 줄줄 난다고 하는 사람도 있다. 어째서 이런 견해차가 생기는 것일까?

내가 볼 때 나보다 더 어린 사람들도 적지 않다. 나이만 먹었을 뿐, 주변 분위기에 아랑곳 않고 자기 주장만 편다든지, 반대로 노인네마냥 멀거니 앉아서 잔소리만 늘어놓는다든지 한다. 그러고 보면 나이는 주민등록번호와 무관하게 그 사람 몸에 밴 습관과 태도로 나타나는 것 같다. 수강생들 중에서 내가 제일 어린 만큼 세상을 바라보는 시선과 생각 역시 제일 참신하고 싶다.
……

②

수강생 K는 나보다 고작 두 살 어리다. 하지만 그녀는 언제나 캐주얼 복장이다. 구제 청바지에 박스 티셔츠를 입고 나온다. 한번은 최신 가요를 흥얼거려서 무슨 노래인지 궁금했다. 알고 보니 노래 제목은커녕 가수 이름도 내게는 생소했다. 처음엔 그녀 역시 Y처럼 다만 자기 나이보다 어려 보이고 싶어 하는 증후군에 시달리는 사람 중의 하나려니 폄하했다.

성격이 맞아서라기보다 다만 고등학교 동창이자 같은 대학을 나왔다는 이유로 지금까지도 가까운 친구 사이로 지내고 있는 Y는, 고등학교 때부터 남달리 어른스러워 보이려고 애를 쓰더니 이제는 남보다 조금이라도 어려 보이려고 애를 쓴다. 나를 포함해서 누구나 그러한 경향이 있긴 하지만 Y는 유달리 그 정도가 너무 심해서 한번은……

③

　강의실 분위기가 너무 딱딱하다. 처음엔 의자 탓인 줄 알았다. 나무의자여서 엉덩이가 이내 배기는 거였다. 게다가 다닥다닥 붙어 있는 의자배열도 답답했다. 하지만 가장 갑갑하게 여겨진 부분은 강사의 말투였다. 생김새로 보나 차림새로 보나 무척이나 수더분한 인상을 풍기던 강사는 강의 내내 작고 나직한 목소리로 강의를 하는 거였다. 마치 의미가 난해한 책이라도 읽어 나가는 듯한 고른 억양이다. 어쩌면 저렇게 고른 어조로 일관하실 수 있을까, 경이로울 정도다. 나는 말의 내용과 어조가 일치하지 않는 말을 들으면 아무리 좋은 말씀일지라도 하품을 참지 못하는 고약한 버릇이 있다. 그래도 첫 수업인 만큼 손으로 가린 얌전한 하품을 하며 주변을 둘러보았다. 다들 선생님 말씀에 코를 박고 있다. 적어도 겉모양만으로는 그런 모습들이다. 다만 대각선에 위치한 여학생 하나가 발을 꼼지락거리며 강의록에 낙서를 하고 있다. 선생님이 빤히 쳐다볼 때도 개의치 않고 낙서를 하고 있다.
　나는 선생님 눈치를 살피며 그녀 쪽을 쳐다보기 시작했다. 만약에 눈이 마주친다면 재빨리 눈웃음을 지어 보일 작정이었다. 지루한 수업에 대해 감내하지 않고 못내 따분해할 줄 아는 여학생이라면 틀림없이 생기 있는 친구일 것이다. 고등학교 때 친해져서 지금까지도 친형제 이상으로 절친하게 지내는 창구 녀석도 이런 식으로 만났다. 녀석은 내가 장난을 칠 때마다 동조해 주던 유일한 녀석이었다.……

④

　"집이 어디예요?" 그가 물었다.
　내가 대답하자, "마침 저와 같은 방향이네요!" 하며 반가운 표정을 지었다.
　"어쩌죠?" 잘 알지 못하는 사람과 함께 교통을 이용하려면 겪어야 할 긴장과 불편이 싫어서 둘러댔다. "오늘은 친구와 약속이 있어서 반대방향을 타야 해요!"

일부러 그를 먼저 보내고 다음 전철을 탔다.

돌아서는 어깨 가득 비듬이 떨어져 있는 것이 보였다. 둘러대길 잘했다는 생각이 들었다.

그런데 그가 다음 역에서 올라탄 것이다. ……

<보기 1>은 우리가 평소 느끼는 직관적 감각, 본능적 욕망, 체험적 생각, 자연스러운 상상력이다. <보기 2>는 이러한 느낌과 생각을 소모해 버리는 일상적 논법들이다. 반면에 <보기 3>은 보다 깊은 관찰, 사유, 상상력으로 문장을 전개한 것으로, 본격적인 글쓰기는 이때부터 비로소 가능해진다.

어쨌든 우리가 평소 느끼는 그 자체가 곧 자기 글쓰기의 씨앗인 것이다. 평소 느낌, 일상 화두, 자기 고민이 곧 자신의 글감인 것이다. 그런데 그것을 그대로 소모해 버리거나, 평소 자신이 느끼는 것에 귀를 기울이지 않거나, 혹은 평소 자신이 느끼는 것과 동떨어진 다른 것을 찾으려고 과욕을 부리면, 글감은 자연히 말라붙고 상상력은 샘솟지 않는다.

그런데 이런 경우들이 의외로 많다. 자신의 평소 느낌과는 무관한 소재나 장르를 글감으로 택해 글쓰기를 한다. 계약직 노동자 문제나 외국인 노동자 문제가 사회 이슈가 되니까 이것을 소재로 해서 단편을 쓴다. 혹은 페미니즘이 유행하니까 이것을 소재로 논문을 쓴다. 발상은 가상하지만, 태도는 기만적이다. 자신이 평소 느끼는 문제가 아니라면 이러한 글쓰기가 무슨 의미가 있고, 어떤 공감을 불러일으킬 수 있을까. 단편이나 논문의 장르형식을 그럴듯하게 차용했을 뿐, 리포트 인식 수준에 불과할 뿐이다.

그러나 반대로 뚱뚱하고 못생긴 여성이 뚱뚱하고 못생긴 여성으로서 갖게 되는 특유의 경험과 갈등을 묘사하면 그것이 에세이든 리포트든 단편소설이든 충분한 반향을 불러일으킬 수 있다. 또 백수 무명작가가 무명작가의 생활을 담담하게 서술하면, 이것으로 계약직 노동자 문제 이상의 반향을 불러일으킬 수 있다. 바람직한 모든 사회적 이슈나 인문학 담론들은 그 자체로 바람직한 것이 아니라, 우리 개개인이 일상에서 느끼는 내용과 맞물려 있어서 바람직한 것이다.

어떤 문제에 대해 글을 쓰려면 그 문제에 대해 깊은 감수성과 고민능력이 있어야 한다. 달리 말하면, 그 문제에 대한 깊은 감수성과 고민이 많은 사람이 그 문제에 대해 글을 가장 잘 쓸 수가 있는 것이다. 키 때문에 고민하는 사람은 키에 대해서, 게으름으로 일관해 온 사람은 게으름에 관해서, 학벌이 높지 않은 사람은 학벌 문제와 콤플렉스에 관해서, 몸이 아픈 사람은 몸이 아픈 사람의 감성에 대해서 가장 잘 이야기할 수 있다. 아이스크림을 좋아하는 사람은 아이스크림에 대해서, 사람 만나기를 좋아하는 사람은 사람 만나는 재미에 대해서 제일 잘 이야기할 수 있다. 그리하여 심지어 "나는 이러이러한 이유로 글을 잘 못 쓴다"고 한다면 바로 그 이러이러한 이유에 대해서, 그 사람은 매우 잘 쓸 수가 있는 것이다. "나는 이러이러한 이유로 시간을 뺏겨서 글을 못 쓴다"고 한다면 이러이러한 그 이유에 대해 나는 매우 잘 쓸 수 있는 것이다.

글쓰기란, 글로써 '자신의' 느낌을 솔직하게 표현하는 것이다. 자신의 평소 느낌을 존중하는 태도야말로, 글감을 찾는 가장 빠르고 유일한 길이다. 창조적인 글쓰기를 하려면 일단 섬세하고 민감한 감각·낌새·눈치만으로 문제를 간파하고 파고들어야 한다. 관련 담론은 다만 참조만 해야 한다. 이러고 나면 그것이 차차 유행 담론을 형성하고 특정 학풍이나 사회적

이슈로 발전한다. 무릇 창조적 글쓰기를 지향한다면 유행하는 담론이나 이슈에 미혹당하지 말아야 한다. 이미 한발 늦기 때문이다. 선승이라면 주장자로 삼십 방은 맞았을 것이다.

자신의 평소 감정, 지금·여기에서의 느낌에 몰두해야 한다. 모든 기미와 징후들이 이미 그 속에 모두 들어 있다. 나아가 '자신의 모든 평소 느낌은 언제나 옳다!' 라고 하는, 강한 자긍심을 가져야 한다. '나는 언제나 옳다!' 라고 자긍해야 한다. 억지로 자긍하라는 말이 아니다. 그저 자연스럽게 자긍하라는 얘기다. 생각해 보면 정말로 그러하다. 살아오는 동안 나의 느낌은 언제나 옳았다. 다만 그 느낌을 다루는 나의 방법이 적절치 못하거나 서툴렀을 뿐이다. 그리하여 자기 느낌의 긍정적이고도 폭발적인 잠재성을 스스로 무시해 왔을 따름이다.

'자신은 언제나 옳다' 라고 믿고, 자기 느낌을 스스로 존중해야 한다. 물론 아집을 가지라는 소리가 아니다. 자상한 부모가 아이를 보살피듯 평소 자신이 느끼는 느낌 하나하나에 세밀하고 민감하게 반응하여, 그 속의 바람직하고 긍정적인 잠재성들을 찾아내야 한다. 그러면 통상 나쁜 감각이나 감정이나 편견에 속하는 듯한 태도에도, 아니 이러한 태도일수록 우리가 간과해서는 안 될 보다 뜻깊은 인간적 진실이 숨어 있다는 사실을 알게 된다. 이러한 자기 자신에 대한 절대적 자긍을 바탕으로 자신의 평소 느낌에 귀를 기울여 보면, 여러분 자신이 쉬지 않고 놀라운 담론으로 싹틀 여지가 충분한 사유를 각자 전개하고 있는, 정말이지 놀라운 사실을 발견할 것이다.

물론 이러한 발견만으로는 좋은 글이 나오지 않는다. <보기 1>과 같은 느낌이 <보기 2>와 같은 상투적이고 소모적이고 대중적이고 이기적이고 신경증적인 몰적 일상성의 방향으로 소비되지 않고, <보기 3>이나 그 이상의 사유와 성찰, 상상력으로 뻗어 나가야 한다. 그러기 위해서는 당연히 이러한 사유와 성찰, 상상력을 보여 준 작품들과 접속해야 한다. 이들 작품들에게 자극받고 닮아 가고 반응해야 한다.

최소한 천 권의 독서는 필요할 것이다. 그러나 이 천 권의 독서조차 <보기 1>과 같은 나의 직관적 호기심, 본능적 욕망, 충동적 열정을 자극하고 추체험하게 만드는 것으로 이루어진다면, 천편일률적 필독서로 짜여 있는 도서목록이 아니라, 나의 평소 느낌이, 직관이, 욕망이, 과연 맞는 거였구나! 하게 만드는 도서목록으로 짜여 있어야 하고, 그렇기만 하다면 독서의 과정 그 자체는 이미 행복하고 즐겁다.

그런 점에서 나는 언제나 옳다는 믿음을 갖고, 나 자신으로부터 글감을 출발시킬 자세가 갖추어져 있다면, 자신에게 알맞은 독서를 시작할 각오가 되어 있다면, 이제 최선의 방향을 잡은 것이다. 남은 건, 그저 앞으로 꾸준히 걸어가는 일뿐이다.

.2.
글쓰기란, '솔직하게 표현' 하는 것이다

글쓰기란 자신의 느낌을 솔직하게 표현하는 것이다. 어떤 훌륭하고 모범적인 사람이나 번듯한 생각에 대해 표현하는 작업이 아니다. 불완전하면 불완전한 대로 바로 자기 자신의 느낌·정서·생각·상상력 등을 솔직하게 표현하는 작업이다. 자기 자신에 대한 '실질적 정직' 이야말로 글쓰기의 '첫 단추' 인 것이다.

이것은 그다지 어려운 일이 아니다. 자기 자신이 느끼는 것을 그대로 옮기면 되는 것이다. 자기 자신을 정직하게 드러내는 일이라는 점에서 글쓰기는 언제나 매우 쉬운 일일 수밖에 없다. 왜냐하면 그냥 진솔하게 느낀 그대로 서술하기만 하면 되기 때문이다.

오래전에 초등학생들에게 글쓰기를 강의한 적이 있다. 즐거운 경험이었지만, 1학년부터 6학년까지 학생 전체를 대상으로 진행해야 하는 다소 무리한 강의여서, 4~5학년 학생들 중심으로 강의를 이끌 수밖에 없었다. 그중에 1학년 학생도 하나 있었다. 인사성 밝고 명랑한 아이였다. 결석 한번 하지 않고 언제나 맨 앞자리 앉아 강의를 들었다. 하지만 내 얘기를 제대로 알아듣는 것 같지는 않았다. 그저 멍하니 듣고 앉았다가 볼이라도 꼬집어 주면 활짝 웃곤 했다.

당시 학생들 글을 묶어 낼 계획이 있었기 때문에 동시를 한 편씩 써 오라는 숙제를 냈는데, 아이는 숙제를 내준 사실조차 몰랐다. 사실 동시가 뭔지도 모르는 눈치였다. 그래서 '엄마' 하면 떠오르는 생각을 적어 오라고 일렀다. '엄마'라는 제목으로 제출한 아이의 동시는 다음과 같다.

〈보기 4〉

우리 엄마 얼굴에는 점이 나 있다.

근데 왜 엄마만 머리가 기냐.

우리 엄마는 참 여쁘에요.

시를 접하고 나는 한참이나 웃었다. 기분이 무척이나 상쾌했다. 일단 부모님 은혜 운운하는 식의 상투적인 상상력에 빠져 있지가 않았다. 다른 고학년들의 솜씨 좋은 동시들이 여러 편 있었지만, 그러나 나는 이 시가 제일 좋았다. 글 쓴 아이의 제 엄마에 대한 감정과 생각이 솔직하게 그대로 드러나 있기 때문이다.

아이는 아마도 '엄마'라는 제목의 글짓기 숙제를 앞에 놓고 한참을 고심했을 것이다. '뭐라고 쓰지?' 연필을 입에 물고 갸웃갸웃 했을 것이다. 그러면서 아이는 평소 '엄마' 하면 처음 떠오르는 제일 강한 인상을 첫 행으로 삼았다. 바로 엄마 얼굴에는 점이 나 있다는 사실이다. 아마도 아이 엄마 얼굴엔 점이 유난히 많거나 혹은 사마귀처럼 눈에 띄게 큰 점이 나 있을 것이 틀림없다. 아이 눈에 그 점은 제 엄마의 징표였을 것이다. 그래서 첫 행이 완성되었다. "엄마 얼굴에는 점이 나 있다!"

이렇게 써 놓고 보니 엄마의 특성은 확실하게 밝힌 듯하다. 그런데 어려서부터 '엄마' 하면 떠오르는 의문점이 하나 있다. 그것은 바로 아빠나 자신은 머리를 짧게 깎는데, 엄마는 언제나 머리를 나풀나풀 길게 기르고 있다는 사실이었다. '어째서 엄마만 머리가 길까?' 하는 평소에 가졌던 의문이 새삼 떠오르고, 그래서 이것이 두번째 행을 차지하게 되었다. "근데 왜 엄마만 머리가 기냐?"

아이는 이렇듯 평소 자신의 엄마를 떠올리면 가장 강하게 떠오르는 인상과 의문을 가감 없이 솔직하게 1행과 2행에 배치시켜 놓았다. 그런데 1행과 2행만으로는 내용이 너무 짧다. 마무리도 필요했을 것이다. 그래서 3행에 이르러서는 1행과 2행으로는 미처 다 표현하지 못한 부분을 보충 설명하며 마무리를 시도해야 했다. 그래서 떠올린 구절이 어쨌거나 '우리 엄마는 참 예쁘다'는 주장이다. 아무래도 점이 나 있고 머리카락이 긴 사실만으로는 자신이 평소 엄마로부터 느끼는 따뜻함과 아름다움을 충분히 표현하지 못한 것 같았나 보다. 그래서 확실하게 엄마에 대한 자기 소감과 마무리를 짓기 위해 '우리 엄마는 참 예쁘다'고 부연해 두었을 것이다.

그런데 '예뻐요'라고 하지 못하고 '여쁘에요'라고 썼다. 아마도 철자법에 아직 익숙지가 않아서일 것이다. 독자는 이 구절을 읽으면서 '철자법조차 익숙지 않은 어린아이가 쓴 동시구나' 하고 이해하게 될 것이다. 더불어 '여쁘에요'라는 표현은 부끄럽게 발음하는 듯한 연상을 일으킨다. 그러니까 다만 철자법을 몰라서가 아니라, 자기 엄마의 미모를 대놓고 선전하려니까 막상 부끄럽고 쑥스러워서 발음이 흐트러지는 아이의 모습을 연상해 볼 수 있다. 나아가 '여쁘에요'라는 구절은 '여우예요'라는 구절을 떠올리기도 해서 아이 엄마가 여우처럼 새침떼기 이미지이거나 혹은 여우처럼 화장술이 뛰어난 여성일지도 모른다는 상상도 해볼 수 있다. 아무튼 '여쁘에요'라는 어휘는 오문이지만, 많은 진실을 함유하는 독특한 표현력을 갖춘 구절로 읽히게 되고, 이러한 독법을 통해 아이가 자기 엄마에게 가지고 있는 평소의 인상과 감정이 가감 없이 독자에게 전달되고, 독자는 이러한 아이의 천진성에 웃음을 빼물지 않을 수 없다.

이처럼 위의 시는 독특하거나 새로운 기교·인식 없이 다만 자신의 평소 느낌과 감정을 정직하고 진솔하게 느낀 그대로 드러냄으로써 읽는 사람으로 하여금 웃음을 자아내게 만드는 힘을 갖는다. 이렇듯 정직하고 진솔하게 자기 마음을 표현하면 그것으로 작품은 독특한 아름다움을 발산한다. 비유나 수사는커녕 철자법조차 갖추지 못해도 좋은 것이다.

좋은 글을 쓰려면 참신하고 독특한 비유나 수사 아니면, 심오한 인식이나 사유가 필요하다고들 생각하는데, 맞는 말이다. 그러나 모든 좋은 글이 이를 필요로 하지는 않는다. 기본적으로 솔직하게 자기 느낌을 드러내면 그 자체로 훌륭한 글이 될 수 있다. 특히 좋은 글이란, 자기 느낌을 정직하고 진솔하게 드러냈는데, 그것이 결과적으로 참신하고 독특한 비유나 수사를 동반하거나, 심오한 인식과 사유로서 느껴지는 것일 뿐이다. 비유나 수사 혹은 인식과 사유가 '정직하고 진솔한 태도'보다 우선할 수는 없다.

다음의 동시 역시 엄마에 대해 이야기하고 있다.

〈보기 5〉 우리 엄마

엄마 눈은 옹달샘이지요.
조용히 조용히
꾸지람하실 때는
양 샘에 말간 물이 괴지요.
엄마 손은 솜털 손이지요.
살며시 살며시
머리를 만져 주실 때는
마음 속까지 포근해지지요.

아이를 나무랄 때의 엄마 마음을 매우 섬세하게 포착하고 있다. 엄마의 꾸중을 듣기 싫어하기보다는, 사랑하는 자녀를 꾸중해야 하는 엄마의 아픈 마음을 포착하는 웅숭깊은 시선이 갸륵하다. 눈물을 글썽이면서 꾸지람할 줄 아는 엄마라면, 아이는 언제나 엄마로부터 따뜻한 포근함을 느낄 것이다. '옹달샘, 솜털, 조용히, 살며시' 등의 부드럽고 따뜻한 이미지가 잘 겹쳐져 있다. 반복과 변주를 통해 동시다운 운율도 획득하고 있다. 그런 점에서 따뜻하고 포근한 동시라 할 수 있다.

하지만 지나치게 따뜻하고 포근한 이미지로 일관하고 있다고도 볼 수 있다. 게다가 어머니의 사랑을, 눈물 글썽이며 꾸지람하시는 모습으로 섬세하고 포착하고는 있지만, 거꾸로 어머니는 곧 사랑이라고 하는 일반 등식을 고수할 뿐, 아이 특유의 시선이나 반응은 보이지 않는다. 전반적으로 동시를 이끌고 있는 화자는 아이답기보다 지나치게 웅숭깊은 어른처럼 느껴진다. '옹달샘'이나 '솜털' 같은 단어들은 더욱더 그러하다. 또 '괴지요'

라는 단어는 어린이들이 거의 쓰지 않는 단어 아닌가. 요즘 어린이들의 느낌이기보다 다소 고루하고 낡은 어른스러운 비유로 읽힌다. 그리고 보면 반복을 통한 리듬도 지나치게 안정적이고 상투적이다.

어쨌거나 위의 시는 '눈물을 글썽이면서 꾸중하시는 어머니'라고 하는 모성애를 섬세히 포착하고는 있지만, 다소 낡고 고루한 비유에 기대어 일종의 모범 동시처럼 느껴지는 측면이 없지 않다. 잘 다듬어져 있음에도 불구하고 앞의 시에서 획득하고 있는 아이다운 천진성이나 진솔한 생기는 전해지지 않는다.

글은 우선 솔직하게 쓰는 것이다. 물론 딴에는 솔직하게 썼지만, 아니 솔직하게 쓰면 쓸수록 이상한 문장이 튀어나오기 십상이다. <보기 4>처럼 '여쁘에요'라는 맞춤법 실수가 풍요롭게 해석되는 행운은 좀처럼 오지 않는다. 오히려 다듬어지지 않은 문장, 어색하거나 상투적인 표현, 유치하거나 주관적인 내용 등이 여과없이 드러나곤 한다. 하지만 이러한 발견을 두려워해서는 곤란하다. 우리의 말실수가 종종 무의식적 욕망을 드러내듯, 글쓰기로 나타난 문제점은 글 쓰던 순간의 자기 모습을 속절없을 만큼 정확하게 드러내 준다. 이들 문제점은 모두 감추고 해결해야 할 자신의 결점으로 느껴지지만, 그러나 바로 그러한 결점 속에 자신의 장점과 잠재성이 내재해 있다는 점에서 드러내 놓고 살펴야 한다.

습작생이든 기성작가의 글이든, 가장 갑갑한 구제불능의 글은 별다른 결점이 눈에 띄지 않는, 그러나 하나의 기지조차 보이지 않는 매끈하게 다듬어지기만 한 글이다. 매끈하지는 않지만 한 구절이라도 살아서 반짝이는 문장이 좋다.

2

글쓰기의 입구,
씨앗 문장과 씨앗 도서

: 독서를 어떻게 할 것인가

글 쓰기 힘이 들 때, 자신의 글쓰기가 별다른 진전 없이 자꾸만 제자리를 맴돌고 있다고 느껴질 때, 혹은 지나치게 초조해질 때, 다시금 이들 '씨앗 문장'에게로 돌아가 보자. 제발 자신과 비교하면서 스스로를 초조하게 만드는 유명작가를 떠올리지 말고, 자신을 위축시키는 이유들에 집착하지 말고, 자기 재능을 의심하게 만드는 우울증에 사로잡히지 말고, 이들 '씨앗 문장'에게로 돌아가자. 자기에게 영향을 준 작가를 떠올리지도 말고, 자신에게 감동을 준 책 제목을 떠올리지도 말고, 보다 구체적으로 이들 '씨앗 문장'에게로 돌아가 보자.

.1.
고양이 우화

인도 우화 중에 다음과 같은 이야기가 있다.

마을 사람들이 모여 신에게 찬양과 기도를 올리기로 하였다. 하지만 마을에는 기도를 집전할 만한 사람이 없었다. 결국 산속에서 수도하는 수도사를 초대하여, 그의 집도 하에 저녁마다 예배를 드렸다.

그런데 언제부터인가 저녁기도 시간이면 떠돌이 고양이가 나타나 훼방을 놓았다. 예배 시간 내내 주변을 어슬렁거리며 심하게 울어대는 것이었다. 고양이 울음이 신경에 거슬려서 방해가 되는 한편으로, 간혹 고양이 울음이 들리지 않으면 '어째서 들리지 않나?' 하고 궁금해져서, 이래저래 기도에 방해가 되었다.

주민들이 고양이 울음에 신경을 빼앗겨 명상과 기도에 집중을 하지 못하자 결국 구루는 기도 시간이면 고양이를 멀찍이 묶어 놓으라고 시켰다. 이렇게 해서 매일 기도를 올리는 시간이 되면 사람들은 문제의 고양이를 잡아 예배 장소로부터 멀리 떨어진 올리브나무 숲에 고양이를 묶어 놓게 되었다.

구루가 세상을 떠나고 나서도 저녁기도를 올리는 시간이면 사람들은 어김없이 고양이를 묶어 놓았다. 얼마 후 고양이마저 늙어 죽었다. 그러자 사람들은 다른 떠돌이 고양이를 잡아 와서라도 고양이를 묶어 놓고 나서야 기도를 올렸다. 그렇게 예배를 드리던 사람들도 마침내 모두 늙어 세상을 떠났지만, 남은 후손들은 저녁 시간이 되면 어김없이 기도를 올렸다. 묶어 놓았던 떠돌이 고양이도 죽고 마을을 떠도는 다른 고양이조차 보이지 않게 되자, 후손들은 이웃 마을로 가서 고양이를 비싼 가격에 사다가 올리브나무에 단단히 묶어 놓은 다음에야 기도를 올렸다. 그리고 마침내 그 마을 사람들은 고양이를 묶어 놓지 않고 행하는 기도나 예불은 상상할 수가 없게 되었다.

오랜 세월이 지난 후, 구루의 유식한 제자들이 학구적인 전례 규범에 대한 연구서를 출간했다. 주제는 '저녁기도를 올리는 시간에 고양이 한 마리를 올리브나무에 묶어 두는 일의 중요성'에 관한 것이었다.

다시 더 오랜 세월이 흐르면서, 고양이와 올리브나무에 대한 연구가 이어졌고, 그에 따른 다양한 학파가 생겨났다. 고양이를 기도 시간 삼십 분 전에 묶어 둬야 하는지 아니면 한 시간 전에 묶어 둬야 하는지. 고양이를 올리브나무에 묶어 둬야 하는지 아니면 물푸레나무에 묶어 둬야 하는지. 나무에 묶을 때 몇 미터 지점에 묶어야 하는지 등을 두고, 이들 학회는 지금도 나름대로 치밀하고 세밀한 각종 의견을 개진하고 있다.

만약 고양이 울음이 들리지 않으면 기도를 올리기에 좀더 좋은 조건이 되었을 것이다. 그러나 고양이 울음이 들려도 충분히 기도를 올릴 수 있었다. 그러나 어느 순간 고양이 울음에 마음을 빼앗기게 되면서 점차 기도의 본래 의미와는 무관한 절차와 관습이 사람들을 지배하기 시작한다.

참으로 우스꽝스럽기 짝이 없는 이야기지만, 모든 전통과 관습과 절차에는 이러한 독소가 숨어 있게 마련이다. 당장 내 주변만 둘러봐도, 여러 대학과 학회를 중심으로 내적 동기가 부족한 논의를 위한 논의들, 실상은 'BK21'이나 논문점수를 위한, 권력으로 다가가기 위한 모임이나 세미나가 무척이나 많다. 이를테면 '저녁 기도를 올리기 삼십 분 전에 고양이를 묶는 제의적 의미에 대해', '고양이와 올리브나무의 탈구조적 상관성에 대하여', '기도소와 올리브나무 사이의 간격과 규칙에 대한 에코페미니즘적 일고'…….

.2.
글쓰기를 선택하는 세 가지 층위의 동기들

작가 지망생이나 작가들 또한 마찬가지다. 글을 쓰고자 결심했던 맨 처음의 내적 동기는 무척이나 순수 혹은 순진했을 것이다. 또한 꽤나 절박하고 단호했을 것이다. 그런데 막상 글쓰기를 하다 보면, 처음 동기의 순정과 결연함은 사라지고, 신인상 당선이나 문학상 수상, 문단 뒷담화, 저널리즘의 인터뷰 따위의 세속적 내용이 주된 관심 대상이 되고 만다.

기도와 고양이는 무관하다. 기도란 고양이를 묶는 절차가 아니라 신을 통해 자신의 가장 내밀하고 간절한 심성과 마주하는 행위이다. 마찬가지로 우리가 글을 읽고 글을 쓰고 싶어 하는 가장 내밀하고 근본적인 동기 역시, 나름 무척이나 고독하고 웅숭깊으면서 또한 자유롭고 결연한 결단을 통해 이루어졌을 터이다.

단순한 돈벌이나 출세욕이 아니라, 일반 직종 이상의 것 일테면, 세상 무엇에도 구속받지 않는 자유인 모습, 새로운 인식과 감성을 담아내는 예술가의 모습, 고독하더라도 자신의 주체적 진실을 포기 않는 구도자의 모습, 부조리한 현실 앞에 끝내 굴복하지 않는 혁명가의 모습 등등을 책 속에서 확인하면서 책읽기에 매료되고, 글쓰기를 택했을 것이다.

하지만 어느 순간부터인가 이런 자유인의, 예술가의, 혁명가의, 구도자의 정신은 사라지고, 신춘문예 당선작이 어떻다는 둥, 문학상 심사 경위가 어떻다는 둥, 인기작가의 인터뷰가 어떻다는 둥 스스로의 무한 잠재성을 쥐처럼 갉아먹는 지엽말단적 사안에 관심을 기울인다.

기도를 하려면 고양이에게 관심을 기울이지 말고 신에게 관심을 집중해야 하듯이, 글쓰기를 하려면 다른 데 관심을 쏟지 말고, 글의 마력에 집중해야 한다. 물론 등단이나 문학상을 통한 출세나 돈벌이를 위해 글쓰기를 선택한 사람들도 적지 않을 것이다. 하지만 하필이면 출세나 돈벌이와는 가장 인연이 먼, 도리어 가장 지난하고 엄격한 분야 중의 하나인 글쓰기를 선택한 이유는 무엇일까. 틀림없이 출세나 돈벌이 그 이상의 이유가 모두에게 제각각 있을 것이다. 어렸을 때 엄마 품에서 들었던 동화의 세계에 대한 순수한 향수일 수도 있고, 감명 깊게 읽은 시집이나 명작 때문일 수도 있고, 왠지 멋스럽고 자유로워 보이는 어떤 예술가의 모습에 반해서일 수도 있다. 이를 근거로 사람에 따라 어떤 특정한 추억을, 혹은 작가를, 혹은 인연을, 혹은 명작을 자기 글쓰기의 주요 동기로 꼽을 것이다.

살펴본 대로, 우리가 굳이 글쓰기를 선택한 데에는, 대략 세 가지 층위의 동기가 존재한다.

① 신인상 당선이나 문학상 수상, 저널리즘을 통한 유명세 등과 같은 세속적 성공을 위해서
② 성장하면서 향유한 문학 세계에 대한 순수한 향수, 시집이나 명작, 혹은 사상서를 읽으면서 받은 감동, 멋스럽고 자유로운 작가의 모습에 매혹되어서
③ 세상 무엇에도 구속받지 않는 자유인 모습, 새로운 인식과 감성을 담아내는 예술가의 모습, 고독하더라도 자신의 주체적 진실을 포기 않는 구도자의 모습, 부조리한 현실 앞에 끝내 굴복하지 않는 혁명가의 모습 등을 책 속에서 확인하면서

①은 가장 세속적이고 현실적인 동인이지만, 그만큼 유혹적인 동기이기도 하다. ②는 당사자에겐 매우 소중한 운명이면서 무척이나 사적인 경험

일 것이다. ③은 가장 본질적이고도 궁극적인 동인이면서 다소 버겁고 거창한 동기 같다.

어쨌거나 우리가 예술가로서 살아가려면 이 세 가지 동인 모두가 내적으로 필요한 듯싶다. 세 가지 층위 모두가 동인으로 작용할 때 가장 강력한 동기부여와 추동이 이루어질 테니까.

.3.
나의 경우

작가가 되기 위해서는 적지 않은 노력이 필요하다. 의당 웬만한 취업 공부보다 더 많은 공부를 요구한다. 수년 동안 책과 씨름하고 습작을 위해 책상에 앉아 있어야 한다. 운 좋게 등단을 하게 되더라도 가야 할 길은 멀다. 등단했다고 발표기회가 제대로 주어지는 것도 아니고, 기본생계가 보장되는 것도 아니다. 다시금 지면확보 경쟁과 작품발표를 거쳐 어느 정도의 작품성을 인정받은 다음 자기 이름의 책 한 권을 세상에 내기까지는, 습작 과정보다도 더 힘겹고 지난한 노력과 행운이 따라야 한다.

마침내 이렇게 등단〉발표〉출간의 수순을 밟아도 대개의 연봉이 샐러리맨의 한 달 봉급만도 못한 수입으로 그치고 만다. 특별히 돋보여 판매에 성공한 한두 작가만이, 공무원 연봉만큼의 수입을 얻는다. 내 경우엔 운이 좋아서 내가 쓴 책이 베스트셀러에도 끼고 이런저런 상금도 받았지만, 그래서 얻은 수익금조차 일찌감치 공무원 시험을 치른 친구의 경우보다 결코 많지 않았다.

노력하고 경쟁하고, 노력하고 경쟁하고, 또 노력하고 경쟁해야만 그중에서도 극소수, 그러니까 고작 두세 사람만이 전업작가로서 월급쟁이 못지않은 생활을 유지할 수가 있다. 그러나 전업작가의 길 또한 험하고 힘들다. 그래서 대부분의 유명작가들도 샛길로 빠진다. 강단이나 영화판을 기웃거리거나, 프리랜서로 뛰거나 하면서 자신의 잠재성을 잃어버린다.

이렇게 버거운 길을 어째서 나는 여태 포기하지 않고 있는 것일까. 포기 않을뿐더러 때로 선택하기를 잘했다고 스스로 자위하면서, 힘들고 고달프더라도 종종 기꺼이 즐거워하면서 이 길을 고집하고 있는 것일까. 물론 생계가 위협받을 만큼 어려울 때나, 욕심만큼 글이 나오지 않을 때는 죽을 맛이다. 하지만 하루 이틀 한숨을 내쉬고 나면, 또 언제 그랬냐 싶게 태평하니 누워서 책을 읽거나 일어나 앉아 무엇인가를 써 보면서 즐거워한다.

나는 곧잘 누워서 책을 읽는다. 베개로 턱을 바치고 배를 방바닥에 깔고 누워 책을 읽다 보면, 금세 졸음이 쏟아지는 책도 있지만, 천성이 게으른 탓에 어쨌거나 눕거나 엎드려서 혹은 이리저리 뒤척이며 책 읽는 것을 좋아한다. 이렇게 누워 읽으면 재미없는 책은 이내 졸려 중단할 수 있다는 장점이 있다.

그런데 귀찮고 피곤하더라도 결국 일어나서 샤프로 밑줄을 긋게 만드는 책이 있다. 나는 책을 읽다 좋은 구절을 만나면 반드시 밑줄을 긋는 버릇이 있다. 그렇게 그어 두면 나중에 다시 찾아보거나 재독이 필요할 경우에 한결 효율적이다. 특히 습작기 때부터 밑줄 그어 둔 문장을 일기장에 메모 삼아, 습작 훈련 삼아 따라 적어 두는 버릇이 있다.

나태한 정신을 일깨우는 한마디 말은, 타인의 질투심이나 불러일으키는 보석보다 수백 배 더 소중하다. 어떤 문장은 그저 누운 채로 밑줄을 긋게 만드는 데서 그치지만 어떤 문장은 벌떡 일어나게 만들기도 한다. 일어나 책상에 정좌하고 앉아 읽게 만든다. 또 어떤 문장은 도중에 책을 덮고 집 밖으로 나가 한참이나 산책을 하도록 만든다.

묘하게 나를 흥분시키면서 잠들어 있던 나의 감수성을 흔들어 깨우던 문장들, 나의 고정관념을 일거에 부숴 버리던 문장들, 내가 표현하고 싶었던 바로 그 기분을 고스란히 재현해 놓은 문장들, 내가 한 번쯤 상상했던 것을 그러나 내가 미처 상상하지 못한 부분까지 거침없이 탐색하고 상상하는 문장들, 내게 견고한 질문을 던지던 문장들, 내게 날카로운 질문을 던져 보도록 부추기는 문장들, 내가 한 번도 생각해 보지 못한 이야기를 담은 문장들, 나를 참회하게 혹은 긍정하게 만드는 문장들, 나를 한없이 보잘것없는 존재로 만들어 놓는 문장들, 나를 처음부터 다시 시작하고 싶은 마음으로 만들어 놓는 문장들, 어떤 혜안이 느껴지는 문장들, 나를 자긍하게 만드는 문장들, 묵과했던 옛날의 어떤 슬픔을 고스란히 다시 느끼도록 만드는 문장들…….

앞서 말한 대로 작가의 길은 힘겹기 짝이 없는 분투의 노력과 경쟁의 길이다. 나 역시 그러한 노력과 경쟁을 거쳤고, 아직도 겪고 있다. 그러나 정작 내가 내적으로 누려 온 습작의 길은 사실 문장에 즐거이 밑줄 긋는 과정이었다. 남들은 다 하기 싫은 취업 공부할 때, 남들은 바삐 출근할 때, 혼자 누워서 빈둥거리며 책 읽기. 남들이 상사와 고객의 비위를 맞추고 참고 견디며 월급날을 기다릴 때, 나는 내 흥을 돋우는 문장, 내 기운을 되살리는 문장, 내 호기심을 자극하는 문장, 내 지혜를 살찌우는 문장들과 만나 반갑고 즐거운 시간을 누리고 있었다.

인생을 주체적으로 받아들인다는 것은 바로 이러한 것인지 모른다. 객관적으로 보면 작가의 길은 분명 고달픈 노력과 분투와 경쟁의 연속이지만, 작가 자신에게 체험되는 실질적 내용으로 보자면 한가롭기 그지없고 즐겁기 그지없는 길일 수 있지 않을까.

.4.
씨앗 문장

기도와 고양이를 혼동하지 말아야 하듯, 엄마 젖과 플라스틱 젖꼭지를 혼동하지 말아야 하듯, 문장과 장르형식, 문장과 실제 작가, 문장과 자신의 출세욕을 동일시하지 말아야 한다. 그런데도 적지 않은 사람들이, 외국 여행을 갔다가 친절한 사람을 만나게 되면, 언제나 그 나라에 가면 그렇게 친절한 사람이 있을 것이라고 착각하듯, 자신이 받은 감동을 그 책의 장르형식이나 작가 프로필이나 그 책과 관련된 문학상 등과 혼동한다. 그러다 보면 어느새 글쓰기의 깊고 큰 매력은 잊고, 신춘문예에 목을 매는, 문학상에 목을 매는, 유명해지기 위해 목을 매는 자신을 발견하게 된다.

그런데 작가나 작품, 문학상 등의 단위로 독서 체험을 인식하다 보면, 다소 거친 혼동이 수반되곤 한다. 일테면 32살의 작가가, 혁명가의 비장한 일생을 담은 장편소설로 문학상을 수상하여 책을 출간하였는데, 이 책을 읽고 감명을 받았다고 가정해 보자. 그러고 나면 우리는 감동의 실체를 곧잘 작가나 장르나 문학상과 동일시하곤 한다.

만약 그 책을 읽고 받은 감명의 핵심이 '불가능한 줄 알면서도 혁명을 꿈꾼 주인공의 비장미'에서 비롯된 것이라면, 우리가 그 책을 통해 전유해야 할 중심 내용은 비장한 정신 그 자체일 터. 혹은 그 책에 대한 감동이 '온갖 시련 속에서도 인간에 대한 연민과 따뜻한 유머 감각을 잃지 않는 주인공의 인고'에서 비롯된 것이라면, 우리가 그 책을 통해 전유해야 할 중심 내용은 그러한 인고적 인간미일 터. 혹은 자유로운 젊은 영혼의 방랑을 탐미적으로 그려 냈다면, 그 책을 통해서 우리가 전유해야 할 것은 '방황하는 정신의 매혹'일 터. 그런데 작가 지망생들은 곧잘 이러한 실질을 잊고 곧장 작가의 프로필을 좇거나, 문학상을 탐내거나, 같은 장르의 글을 쓰려고 든다.

그런 점에서 차라리 작품이나 작가보다 문장에 먼저 주목할 필요가 있다. 자신의 독서체험을 면밀하게 돌이켜 보면, 사람에 따라 어떤 특정 장르를 편애하더라도, 또는 어떤 특정 작가의 글을 편애하더라도, 그리고 어떤 특정 책 한 권을 각별히 편애하더라도, 그렇다고 해서 그 장르의 모든 책을, 그 작가의 모든 글을, 그 책의 모든 부분을 좋아하는 것은 아니다.

그중에서도 특별하게 자신에게 충격이나 감동을 준 핵심 부분이 있을 것이고, 그중에서도 가장 인상 깊은 중심 문장이 있을 것이다. 연필로든 마음으로든 짙은 밑줄을 그어 놓지 않을 수 없던 각성의 문장이 있을 것이다.

마음으로라도 밑줄 쳐 놓은 이들 문장을, 우리로 하여금 손에서 책을 떼지 못하게 만들고, 나아가 자신도 그런 글을 써 보고 싶게 만든 문장이라는 뜻에서 '동기 문장' 혹은 '씨앗 문장'이라고 불러도 좋을 것이다. 이 '씨앗 문장' 이야말로 우리로 하여금 글을 쓰게 부추기는 가장 기본적인 동인이 아닐까.

'초발심시도'(初發心是道)라는 말이 있다. 삶의 궁극을 깨닫고자 초발심을 내어 출가를 결심한 사람이, 불가의 어려운 공부와 수행을 거쳐 마침내 확연대오(廓然大悟)해서 보니, 그가 깨달은 마음 상태는 다름 아닌 바로 처음 깨닫고자 출가를 결심하던 때의 마음 상태와 같더라는 것이다. 그럴 법하다. 출가까지 결심할 정도라면 그 순간 그의 마음은 얼마나 결연하고 초연했을까. 그래서 방황하는 수행승에게 곧잘 선사들은 초발심으로 돌아가라고 일렀을 것이다.

글을 쓰고자 하는 사람 역시 방향과 희망이 보이지 않을 때는, 이와 같은 초발심으로 돌아가야 하는데, 이 초발심이 위치하는 곳이 바로 '씨앗 문장'이다. 글 쓰기 힘이 들 때, 자신의 글쓰기가 별다른 진전 없이 자꾸만 제자리를 맴돌고 있다고 느껴질 때, 혹은 지나치게 초조해질 때, 다시금 이들 '씨앗 문장'에게로 돌아가 보자. 제발 자신과 비교하면서 스스로를 초조하게 만드는 유명작가를 떠올리지 말고, 자신을 위축시키는 이유들에 집착하지 말고, 자기 재능을 의심하게 만드는 우울증에 사로잡히지 말고, 이들 '씨앗 문장'에게로 돌아가자. 자기에게 영향을 준 작가를 떠올리지도 말고, 자신에게 감동을 준 책 제목을 떠올리지도 말고, 보다 구체적으로 이들 '씨앗 문장'에게로 돌아가 보자.

.5.
사무사思無邪

자신으로 하여금 글을 좋아하게 만든, 나아가 글을 쓰게 만든 '씨앗 문장'들을 면밀히 음미해 보자. 놀랍게도 거기에는, 삿된 동기가 조금도 들어 있지 않다.

관찰력이 뛰어난 문장들, 묘사가 세밀하고 정확한 문장들, 정교하고도 날렵하게 다듬어진 문장들, 독특한 감성과 정서가 전해지는 문장들, 이제까지의 생각을 전복시키는 새로운 사유의 문장들, 미처 의문을 품지 못했던 것들에 대해 새로운 의문과 시각을 제공하는 문장들, 기발한 상상력이 펼쳐지는 문장들, 인간에 대한 깊은 연민과 해학이 느껴지는 문장들, 사사롭고 잡된 생각들을 일거에 잠재우는 잠언들, 생동감과 감칠맛이 느껴지는 문장들, 인식을 전환시키고 새로운 각오를 하게 만드는 문장들, 허심탄회하게 웃게 만드는 문장들…….

모두가 그것을 음미하는 자체로 자유롭고 즐겁고 소중한 문장들이다.

엄밀히 생각해 보면, 우리로 하여금 글을 쓰도록 만든 주체는 '나'가 아니라 어쩌면 이들 '씨앗 문장' 속의 치열하고 사무사(思無邪)한 정신들 아닐까?(기실, 글쓰기의 동인은 '나'가 아니라 '사무사'다. 똑같은 글감도 '내'가 욕심으로 잘 쓰려 하면 어딘가 어쭙잖지만 '사무사'한 마음으로 다가가면 비록 어쭙잖은 글이어도 매혹적으로 읽히곤 한다). 그 자체로 우리를 감동하게 만들고, 그 자체로 우리를 자유롭게 만들고, 그 자체로 우리를 멜랑콜리하게 만드는 이들 씨앗 문장의 순수 에너지야말로 우리의 독서와 글쓰기의 원동력이자 밑천이 아닐까.

우리는 흔히 재능이 뛰어난 사람이 글을 잘 쓴다고 생각한다. 혹은 많은 지식을 갖춘 사람이 더 좋은 글을 쓸 수 있을 거라고 생각한다. 혹은 많이 써 본 사람이 그만큼 더 좋은 글을 쓸 것이라고 생각한다. 혹은 체력이 좋은 사람이 그만큼 더 잘 쓸 것이라고 생각한다. 부분적으로는 모두 옳은 말이다. 그렇지만 부분적으로는 맞지 않다. 그렇지 않은 조건에서 좋은 글을 써낸 또 다른 예외적 실례들이 얼마든지 많다.

그러나 이제까지 좋은 글을 써낸 모든 이들의 어김없는 공통점이 한 가지 있다. 그가 훌륭한 작가라면, 그만큼 많은 씨앗 문장을 품은 사람이 틀림없다는 사실이다. 왜냐하면 그가 쓴 책이 훌륭하다면, 그것은 그 책에 우리가 밑줄 그어 둘 만한 대목이나 문장이 그만큼 많다는 뜻일 테니까. 그래서 심지어 글쓰기에 대해 이렇게 말해 두어도 조금도 비약이 아니다. **모든 글쓰기는 바야흐로 '씨앗 문장'에서 비롯되었으며 마침내 '씨앗 문장'으로 돌아가야 한다!**

이제 다시금 천천히 자신이 가장 좋아하는 저자를 한 사람씩 떠올려 보자. 그리고 그들 저서 중에서 가장 좋아하는 작품을 떠올려 보고, 그 작품을 완성하기까지 그 작가가 겪었을 방황과 좌절과 도전을 떠올려 보자. 또,

자신이 가장 좋아하는 책을 한 권씩 떠올려 보자. 그 책을 읽으면서 내가 느꼈던 감동이나 즐거움, 흥분이나 충격을 되살려 보자. 그리고 이제 무엇보다도, 자신에게 특히 인상 깊은 대목이나 밑줄 그어 둔 문장들을 구체적으로 하나씩 떠올려 보자. 아예 그 대목이나 문장들을 통째로 외워 보자. 그러면서 떠오르는 느낌으로 현재의 나 자신을 비교해 보자. 그러면 현재의 내가 어느 부분에 있어 얼마나 부족한지가 여실하게 느껴질 것이다.

이때 자신의 부족한 부분을 느껴야 하는 기분은 절망적이겠지만, 그 절망은 열등감에 사로잡히게 만드는 절망이 아니라, 기꺼이 서둘러 좀더 많은 고통을 감내해야지! 하는, 새로운 의욕과 각오를 다지게 만드는 역설적인 절망일 것이다.

.6.
즐거운 필독, 1000권

수업 중에, "좋은 글을 쓰려면 적어도 천 권의 책은 읽어야 합니다"라고 말하면 입을 떡 벌리는 학생들이 적지 않다. 물론 그러면, "아니, 그것도 읽지 않고 작가가 되려 하다니!" 하고 나도 입을 떡 벌리고 만다. 심정은 이해간다. 아마도 머릿속으로 재빨리 계산을 해보았을 것이다. '돈벌이도 포기하고 습작도 않고 방에 처박혀 책만 부지런히 읽어도 하루 한 권 남짓 읽기가 빠듯하니, 천 권이면 3년은 꼬박 걸리겠는걸?' 싶을 테니, 입을 떡하니 벌릴 만도 하다.

하지만 거꾸로 생각하면 도리어 군침을 삼키지 않을 수 없다. 서점이나 도서관에 가 보면 우리의 흥미를 돋우고 우리의 잠든 의식과 가능성을 깨워 줄 양서들이 얼마든지 많다. 그리고 그중에는 오늘 자신이 찾아 읽어야만 하는, 읽을 만한, 읽으면 좋을, 읽지 않을 수 없는, 그중 제일 탐나는 책 한 권이 있게 마련이다. 그 한 권을 오늘 찾아 읽을 수만 있다면, 긴장하지 않을 수 없고, 신나지 않을 수 없고, 유익하지 않을 수 없을 터!

세상으로 쏟아져 나오고 있는 수많은 책들 중에서 지금의 내게 가장 재미있고 유익할 책 한 권, 오늘 읽지 않으면 죽어 천국에 가서도 억울하고 아쉬울 그 한 권, 자신이 읽어야만 하는, 읽을 만한, 읽으면 좋을, 읽지 않을 수 없는, 나의 '씨앗 문장'이 가득 들어 있을, 자신에게 값진 보물과도 같을 '씨앗 도서' 한 권을 오늘 읽지 못한다면 도리어 억울하고 아쉬운 노릇이지 않은가.

오늘 '씨앗 도서'를 찾아 읽고, 다음 날 다시 내게 가장 재미있고 유익한 '씨앗 도서'를 다시 한 권 찾아내어 읽고 …… 하는 식으로 즐겁고 뿌듯한 시간을 매일같이 누리다 보면, 천 권의 독서는 결코 어렵게 감내해야 할 과정이 아니라, 도리어 놀부가 곳간 늘리는 과정만큼이나 즐겁고 쏠쏠한 재미일 것이다. 이렇게 하루하루를 보낼 수만 있다면 3년이 아니라 10년이 걸리고 평생이 걸려도 즐거울 터!

물론 이러한 '씨앗 도서' 한 권을 매일같이 찾아내기란 쉽지 않다. 곧잘 책을 잘못 선정하기 일쑤인 것이다. 하지만 이것만큼은 분명히 해두자. '씨앗 도서'를 매일같이 찾아내지는 못할 수 있다. 반대로 '씨앗 도서'만 찾아내면 우리는 매일같이 책을 열심히 탐독하지 않을 수 없다. 따라서 독서에 있어서 문제는 나의 독서능력이 아니다. 명심하자, 능력이 아니라 방법이 문제다. 내가 책읽기를 힘겨워하고 책 읽는 속도가 느린 이유는 나의 독서능력 때문이 아니라 책을 제대로 선정하지 못한 때문이다. 문제는 '씨앗 도서'를 고르는 방법이다.

.7.
줄탁동기

'씨앗 도서'를 어떻게 찾을 수 있을까. 어떻게 하면 '씨앗 도서'를 매일같이 제대로 찾아낼 수 있을까. 이것만 찾아낼 수 있다면 독서는 주변에서 하지 말라고 말려도 하지 않을 수 없는, 한결 가슴 두근거리고 즐거운 '곳간 속 곶감 찾기'일 수 있다. 그런 점에서 어쩌면 뛰어난 작가가 되는 첫번째 걸음은, 타고난 재능이나 기발한 상상력이 아니라, 다만 '씨앗 도서' 한 권을 제대로 선정하여 읽는 일이다.

흔히 타고난 재능, 뛰어난 상상력, 날카로운 인식, 풍부한 감수성, 빼어난 문장력 등이 좋은 작가로서 갖춰야 할 요소들이라고 사람들은 생각한다. 그런데 이러한 좋은 작가로서의 재질은, 바로 독서에서 온다. 다독은 곧 다작 및 다상량이기도 하다. 독서를 하면 매끄럽고 유연한 문장에 자연스럽게 익숙해진다. 독서를 열심히 하다 보면 자연히 생각도 많아진다. 상상력이나 감수성이나 문장력이 저절로 훈련되다시피 한다. 이와 같은 훈련이 어느 정도 이루어지고 나면 그때는 자신이 혹시 글 쓰는 재능을 천부적으로 타고난 게 아닐까 하는 착각을 하게 되는 것뿐이다. 독서가 곧 재능이다.

그런데 적지 않은 습작생들이 정작 '씨앗 도서'를 선정하는 방법에는 얼뜨기 문외한이나 다를 바 없는 경우가 대부분이다. 대개 단순히 주변 추천과 입소문에 의지해서 책을 읽기 때문이다. 혹은 언론의 각종 도서정보나 유명인사, 혹은 선배나 전문가들이 추천하는 도서목록을 참고한다. 소위 고전, 스테디셀러, 베스트셀러 등이 이와 같은 책들이다.

이들 도서가 일반적으로 누구나 읽어 볼 만하고, 읽어야만 하고, 읽으면 좋을 책인 것은 자명하다. 하지만 이러한 자명성은 일반론적 통계와 추론에 의한 것이다. 그것이 일반적인 잣대로 볼 때 좋은 책일지라도 그렇다고 자신에게 '씨앗 도서'가 될 수 있는 바로 그 책일 거라는 보장은 없다.

고대 그리스 도서관 입구에는 '영혼을 치유하는 곳'이라는 문구가 쓰여 있었다고 한다. 독서란, 치유의 약을 복용하는 일이다. 그런데 자신의 현재 감성이나 관심사와 무관하게 일반적 추천도서를 읽는다면, 자신의 체질이나 병세를 고려하지 않은 채 약탕을 내는 짓과 다를 바 없다. 텔레비전 아침방송에 무작위로 과장되게 소개되는 식품을 구입하는 생각 없는 대중처럼, 이러한 독서는 정신 건강에 도움이 되기는커녕, 시간을 앗아 가고 독서 흥미를 잃게 만들 뿐이다. 따라서 일반적인 제도권이나 추천도서, 친구의 추천서와 교양서 등은 일단 참고자료로만 사용해야 한다.

직업 탓에 좋은 책을 추천해 달라는 부탁을 자주 받는데, 좋은 책은 어디 따로 있는 게 아니라, 책과 독자가 서로 인연이 잘 맞아야 좋은 책이 되는 것 같다. 같은 책을 추천해도 사람에 따라 아무런 감동도 받지 못하는가 하면 다른 사람은 엄청난 감동을 받았다며 고마워하기도 한다. 심지어 추천한 나보다 더 정확하고 강렬하게 그 책을 접한 사람도 있다. 이러한 시기적절한 인연을 가리켜 불가에서는 '줄탁동기'라 일컫는다. 좋은 스승과 제자의 인연을 가리킬 때 쓰는 말이다. 본래, 병아리가 알 속에서 깨어나려고 하는 바로 그 순간에 맞춰, 밖에서 어미닭이 알을 쪼아 주는 것을 뜻하는 말로, 떠들 줄(啐), 쪼을 탁(啄) 자를 쓴다.

책과 독자도 어미닭과 병아리처럼 시기적절하게 인연이 맞아야 한다. 좋은 책이란 따로 존재하는 게 아니라, 각자 자기 상황과 자기가 하고 있는 고민에 맞는 책이다. 그런 점에서 책은 반드시 자기가 직접 스스로 주체적으로 골라야 한다.

.8.
읽다 지루하면 접어라

남들이 좋다고 해서, 혹은 널리 알려진 명저라고 해서, 아니면 한창 유행하는 담론과 관련된 저서라는 이유로, 별다른 재미도 흥미도 느껴지지 않는 책을 꾸역꾸역 읽는 짓보다 딱하고 답답한 노릇도 없다. 그런데 대부분의 습작생들이 이렇게 추천받은 책 한두 권을 가방에 넣고 다니며 읽는다. 그리고 설령 기대했던 것보다 재미가 없거나, 너무 어렵거나, 별로 공명이 일지 않더라도 인내심을 갖고 끝까지 읽고야 만다. 책값이 아까워서라도 끝까지 읽는다. 혹은, 중도에 포기해 버리면 자기 자신과의 싸움에서 패배한 듯한 기분이 들기 때문에 억지로라도 끝까지 읽으려고 무진 애를 쓴다. 미련퉁이가 따로 없다.

이렇게 공명이 일지 않는 책은 아무래도 읽는 속도가 한결 느리고 더디게 마련이다. 흔히 양서로 꼽는 책만도 수만 권이고, 필독서로 꼽는 책만 해도 수천 권이다. 이렇게 공명이 일지 않는 책을 인내심을 발휘하여 끝까지 읽으려고 하다가는 나머지 책들을 언제 다 읽을 수 있을지 난감하여 조급해질 뿐이다.

글쓰기를 꿈꾸는 사람이 독서에 대한 흥미를 잃으면 그것으로 만사가 끝이다. 재미없고 유익하지도 않은 책을 붙잡고 있다가 의욕과 시간을 모두 잃어버리는 안타까운 경우를 수없이 보아 왔다. 누구나 이런 경험을 한 번쯤 해보았을 것이다. 책을 잘못 선정하면, 일주일 혹은 한 달이 무미건조하고 답답하게 지나가 버리기 일쑤다. 재능과 의지가 부족한 게 아니라 다만 도서목록을 잘못 선정한 것인데, 그것이 모든 의욕과 자신감을 떨어트릴 수 있다. 독서를 방해하는 것은 소음이 아니다. 주변 소음 때문에 책에 집중이 되지 않았다면, 그 이유는 거꾸로 자신이 덤벙대며 안일하게 선정한 도서여서, 소음을 이겨 내지 못할 만큼 구미가 당기지 않았다는 반증일 수 있다. 독서를 방해하는 첫번째 요인은 언제나 나 자신의 잘못된 도서선정이다.

어느 정도 읽어 봐서 구미가 바짝 당기지 않으면 접어야 한다. 밑줄을 그어 대면서 자신의 눈을 반짝거리게 하는 책이 아니라면 일단 접어야 한다. 물론 구미가 당기는 대로만 읽다 보면 만화책이나 대중소설에만 머무를 위험이 있다. 그러나 그것이 정말 재미있다면 우선은 그것부터 읽어야 한다. 마음이 거기로 끌린다면 거기에는 반드시 그럴 만한 이유가 있다. 자신을 믿고 마음 끌리는 대로 가야 한다. 어정쩡한 교양서적이나 유행 담론 서적들을 폼 나게 끼고 읽은 끝에 결국 폼이나 잡는 교양인이 되는 것보다는, 무협소설만 읽다가 무협소설 계통에서 새로운 혁신을 일으키는 무협소설 작가가 되는 것이 백 배는 더 낫지 않을까.

9.
씨앗 도서 지도 만들기

사람 마음은 천 길 물속보다 모호하고 변덕스럽다. 하지만 마음은 천 길 물속처럼 숨겨져 있는 것이 아니라 세상 밖의 것을 향해 정직하게 공명한다. 꽃을 좋아하는 마음은 꽃으로 눈이 가게 마련이다. 돈을 좇는 마음은 꽃을 보고도 가격을 먼저 떠올리면서 돈으로 환산해 보게 마련이다. 그런 점에서 자기 마음이 어떤 책 혹은 어떤 문장에 공명하는지를 눈여겨보면, 자신에게 맞는 줄탁 인연의 책이 무엇인지 쉽게 파악할 수 있다.

지금까지 읽은 책을 다시 살펴보자. 그리고 입수하고 있는 추천도서 목록을 펼쳐 보자. 제목을 읽고 저자를 살피고 차례 등을 살펴보면 이상하게 더 마음이 공명하면서 끌리는 분야나 작가나 스타일이 있을 것이다. 우선은 거기에 집중해야 한다. 특히 최근에 자신이 읽은 책들 중에 감동을 받고 밑줄을 그어 둔 문장이 있으면 그 문장을 재삼 음미해 보자. 그 문장의 어떤 부분이 내 마음과 공명을 일으켜 나로 하여금 밑줄을 긋게 만들었을 것이므로, 내가 우선 읽어야 할 줄탁의 인연이 되어 줄 '씨앗 도서'를 찾는 단서는 그 문장 속에 들어 있을 것이 틀림없다.

씨앗 도서 지도를 만드는 가장 간단하고 손쉬운 방법은 다음과 같다. 우선 최근 자신이 가장 즐겁고 유익하게 경험한 '씨앗 도서'를 가운데 놓자. 그리고 그 '씨앗 도서'의 이웃 책들을 찾아가 보자. 일단 해당 저자의 다른 책들이 그 책의 가까운 이웃일 것이다. 그리고 그 책과 같은 주제를 다루고 있는 같은 분야의 책들이 그 책과 가까운 또 다른 이웃일 것이다. 또한 그 책이 참고하거나 언급한 다른 책이나 작가가 있다면 그 책들 또한 이웃 책이다.

.10.
뷔페식 독서

국내 출판계만 따져도 하루 서른 권 이상의 양서가 쏟아지고 있다. 세상에는 좋은 책이 수천수만 권이다. 마치 각종 음식이 풍성하게 차려진 뷔페식당과 같다. 그런데도 우연히 소개받은 책 한두 권만을 구해 놓고 읽는 것은 너무나 미련스럽고 우매한 일이다. 뷔페식당에 가서 전체를 둘러보지 않고 처음 눈에 띈 한두 음식만을 잔뜩 퍼다 끝까지 우적우적 먹는 꼴과 같다. 배급식이나 주문식과 달리 뷔페에서는 우선 많은 음식을 고루 살펴보고 그중 나은 음식을 골라야 하듯이, 수천 권의 읽을거리가 있는 요즘 시대에는 도서선정 방법이 독서 못지않게 중요하다.

일단 전반적인 도서정보를 확보한 다음에, 그중에 가장 구미가 당기는 책을, 적어도 열 권 이상의 책을 책상에 놓고 읽어야 한다. 가령 앞서 말한 대로 '씨앗 도서'의 이웃 책들을 수집하자. 그런데 동일 작가의 작품일지라도 우열이 있게 마련이다. 따라서 무조건 모두 읽을 것이 아니라 그중 뛰어난, 공명이 제일 많이 울리는 작품 중심으로 읽어야 효율적이다. 또 마음에 끌리는 분야가 생겼으면 그 분야의 대표 서적들을 모두 살펴보아야 한다. 하나만 알면 결국은 아무것도 모르는 것이다. 그러나 같은 분야의 책일지라도 어떤 책은 흥미롭기 그지없고 또 어떤 책은 무료하기 그지없다. 그런데 운이 나빠서 무료한 책부터 손에 잡히면 그 분야에 대한 흥미가 떨어질 뿐만 아니라 독서 자체가 힘겨운 고문으로 돌변하고 말 것이다.

그러므로 독서의 첫 단계는 주변 권유로 책을 고르는 것이 아니라 일단은 도서관과 서점 전체를 살펴보는 일이다. 설사 구미가 당기는 책이 발견되어도 우리는 마치 쫀쫀한 소식가가 뷔페식당에 갔을 경우처럼 조심하고 절제해야 한다. 절대로 구입하지 말고 전체를 먼저 둘러보아야 한다. 이때 주변 권유나 각종 기관에서 권장하는 추천도서 목록은 다만 좋은 참고자료로 활용할 수 있을 뿐이다.

서점과 추천목록 전체를 먼저 살펴보는 일은 분명 수고스럽다. 교보문고나 인터넷 서점에서 출판물을 나누는 기본 장르만 해도 문학이나 철학서로부터 시작해서 자기계발서에 이르기까지 이십여 종에 이른다. 그리고 각 분야별로 들어가 보면 또 십여 분야 이상으로 나뉜다. 문학 코너만도 그림책과 동화부터 평론서나 이론서에 이르기까지 실로 다양하다. 이렇기 때문에 각 분야의 베스트 서적 한 권씩만 꼽아도, 가령 제일 재미있는 추리

소설 한 권, 제일 매혹적인 시집 한 권, 제일 유명한 영미 단편 한 권, 제일 뛰어난 동양철학사 소개서 한 권을 꼽는 식으로만 도서목록을 작성해도 천 권은 족히 될 것이다. 부담스럽고 수고스러운 일이 아닐 수 없다.

하지만 이러한 전체 지도를 만들어 두어야만, 특정 장르나 국내문학에 함몰되지 않을 수 있다. 작가를 지망하는 학생들 대개가 너무 일찍 자신의 독서범위를 한국소설, 혹은 고작해야 일본소설 기웃거리는 정도에서 그친다. 그러고는 "누구 소설이 좋네", "요즘 소설은 재미가 없네" 한다. 장르조차 일찌감치 단편소설로 정해 버림으로써 자신의 또 다른 다양한 가능성을 살펴볼 기회를 놓치고 만다. 참으로 우스꽝스러운 독서습관이 아닐 수 없다.

.11.
열 권 이상 펼쳐 놓기

이렇게 전체를 먼저 둘러본 다음에, 구미가 당기는 책들을 적어도 이삼백 권 정도 체크해 두자. 이제 이 이삼백 권의 책들은, 마치 내가 감독을 맡아 치르게 될 경기의 유능한 후보 선수들 숫자와도 같아서 이들을 떠올리면 기분이 들뜨고 마음이 든든할 것이다. 그러나 그중 가장 구미가 당기는 책만으로 출전 선수를 가려내야 한다. 구미의 강도가 약한 것들부터 하나씩 떼어 내서, 우선 다급하게 읽어야 할, 혹은 가장 간절하게 읽고 싶은, 혹은 가장 기대가 되는 책 권수를 이삼백 권에서 오십 권으로, 오십 권에서 이십 권으로 이십 권에서 열 권 남짓 정도로 압축해야 한다.

심사숙고해서 압축하는 과정이 끝나면, 이제 그 최소 열 권 이상의 책을 한꺼번에 구입하자. 한꺼번에 열 권씩이나 구입하기가 경제적으로 곤란하면 도서관에서 빌려서라도, 자신의 '씨앗 도서'가 될 가능성이 가장 높은 책 열 권 이상이 책상 앞에 놓여져 있어야 한다. 내 경험으로 미루어 오십 권 정도를 마련해 둘 것을 추천하고 싶다. 이렇게 신중하게 고르고 추려내도 막상 읽어 보면 재미나 의욕을 잃을 가능성이 8, 90%이기 때문에 열 권 이상을 준비해 놓고 있어야만 마음을 가다듬고 책상에 앉은 수고가 제 보상을 받을 수 있다.

물론 이렇게 책을 구입하자면 목록을 추스르는 일만도 며칠 이상 걸리고, 구입하는 데만도 반나절 이상 걸린다. 인터넷 서점을 이용하는 편이 좀 더 시간을 아낄 수 있지만 아무래도 책을 섣불리 구입할 확률이 높다. 개방식 도서관을 이용하는 것도 좋은 방법인데 책이 충분히 소장되어 있지 않기 일쑤다. 아무튼 책을 구입하는 데만도 적지 않은 공력과 발품이 든다. 하지만 그만큼 다른 효과를 접하게 될 것이다.

가령 요즘 월악산의 내 공부방에는 칠팔백 권의 책이 여기저기 널려 있는데 이제까지 말한 방식으로 책을 사다 놓았기 때문에 그중에 절반 이상이 읽으려고 샀지만 아직 읽지 못하고 있는 책들이다. 읽어야 좋은 책들이 삼사백 권이나 내 방에 널려 있는 것이다. 이렇게 구미 당기는 책을 늘어놓고 나서부터는 독서가 두렵지 않게 되었다. 추리소설에서부터 경전에 이르기까지 잘만 고르면 언제든 독서로 몰입하게 만드는 책들이 손 뻗으면 닿을 위치에 놓여 있기 때문이다. 이것은 마치 서점을 하나 갖고 있는 꼴이다. 사실 동네 서점에 가 보면 구미를 당기는 책들이 이삼십 권에 지나지 않는다. 그런데 내 방에는 구미가 당기는 책이 삼사백 권이나 나를 에워싸고 있는 것이다.

.12.
집중력 높이기

읽고 싶은 책을 열 권 이상 구입한 뒤에는, 주변 환경이나 실내 분위기 또한 책을 읽기에 알맞은 모드로 바꾸도록 하자. 집중력을 강화시키기 위해서다. 집중력은 사람 능력에 따라 차이가 있지만, 외부 환경을 정리하면 집중능력이 약한 사람도 얼마든지 집중력을 높일 수 있다.

집중력이 떨어지는 내 공부 방법의 문제가 어디 있나 곰곰이 살펴보던 나는 전에는 생각지도 않았던 공부방 구조에 몇 가지 문제점이 있음을 깨닫게 되었다. 대부분의 공부하는 학생들 책상처럼 내 책상 위에도 책꽂이가 놓여 있었는데, 바로 책꽂이에 문제가 있다는 것을 발견했다. 공부하다가 고개를 들어 책꽂이를 쳐다보곤 하는 것이었다. 책꽂이에 꽂힌 책들의 빨강 노랑 파랑 등 화려한 제목을 읽다 보면 순간적으로 공부하던 것을 잊어버리게 되었다. 조금 전 내가 어떤 공부를 했던가? 모든 신경을 다 써도 될 듯 말 듯한데 다른 곳에 정신을 팔게 되는 것이다. 나는 책상 밑으로 책꽂이를 내려놓았다.

그런데 책꽂이가 없어지자 나도 모르게 눈길이 책상 앞 창쪽으로 갔다. 책상 앞에는 절대로 창문이 없어야 한다는 사실도 알았다. 책으로 가야 할 눈길이 자꾸 밝은 창쪽으로 가길래 밖에서 들려오는 차 소리도 차단할 겸 창문을 봉쇄하고 커튼도 쳤다. 하지만 거기에도 문제가 있었다. 고개를 들면 커튼의 주름이 보이는 것이었다. 하나, 둘, 셋, 넷. 나도 모르게 주름의 숫자를 세게 되니 생각이 다른 쪽으로 빠졌다.

나는 책상을 벽쪽으로 다시 옮겨 보았다. 그랬더니 벽에도 엄청난 문제가 있어서 집중력을 떨어트렸다. 공부하는 벽에는 절대로 꽃무늬 도배지를 바르지 말아야 한다. 도배지를 잇는 부분의 꽃무늬가 비뚤어진 게 보이고, '도배할 때 조금만 신경을 썼더라면 꽃이 안 비뚤어졌을 텐데' 하는 생각이 드는 것이다. 공부할 때는 공부만 신경 써야지 왜 도배지 무늬에 신경을 쓰는가? 이것은 집중력을 떨어뜨리는 또 하나의 결정적인 환경이었다. 나는 책상 앞 전면을 검은 종이로 발랐다. 그랬더니 눈길은 한 곳, 책상 위쪽에만 닿았다.

그런데도 책상 앞에 앉으면 이상하게 조바심이 나고 소변이 마렵고 집중이 되지 않았다. 그렇다면 무엇이 문제인가? 연구에 연구를 거듭하다 뜻하지 않은 곳에서 문제점을 발견했으니, 바로 책상 위에 깐 유리였던 것이다. 스탠드의 밝은 불빛이 반사되어 눈이 부시니 책상에 앉기가 싫고 거부감이 느껴졌던 것이다. 나는 유리를 치우고 검은 융단으로 된 천을 덮어 고정시켰다. 그랬더니 눈도 부시지 않고 그 부드러움 때문에 책상이 몸에 착 붙는 느낌이었다. 공부보다는 공상을 하게 되기 때문에 책상 앞에는 어떤 구호나 사진을 붙여서도 안 된다. 그리고 다른 공부를 할 때 집중력을 떨어뜨리는 요인이 되기 때문에 암기용 메모는 다른 곳에 붙여야지 책상 앞에는 절대로 붙이지 말아야 한다. 공부는 무조건 집중력이었다. 사방은 깜깜하고 책상 위는 부드럽고 스탠드를 켜도 눈이 부시지 않으니 최고의 공부 환경이 되는 것이고 이런 곳에서 공부하면 책 속에 아주 푹 빠지는 것 같았다.

초등학교 졸업 학력이 전부인 김규환 씨가 뒤늦게 기능대학에 입학하여 5개 외국어 공부에 몰두하던 시절을 회고한 대목이다(김규환, 『어머니 저는 해냈어요』, 김영사, 2001). 기능직 직업인 생활을 하다가 늦은 나이에 대학에 들어간 그로서는 책상에 꼼짝 않고 앉아서 행해야 하는 독서행위조차 여간 어려운 일이 아니었다. 그러나 그만의 독특하고 깐깐한 방법으로 남다른 집중력을 키웠다. 이처럼 남다른 방법을 스스로 창조해 내지 못하는 한, 남다른 집중력이나 독서는 불가능하다.

  더구나 '씨앗 도서'를 찾는 과정은, 세상에서 가장 매력적인 영혼과 조우하게 될지 모르는 순간이다. 조금이라도 자신의 잇속을 차리게 해줄 것 같은 사람 앞에서는 비굴하게 성의를 다하면서, 정작 '씨앗 도서'를 만나는 순간에 산만하다면, 잘 차려진 음식을 딴 걱정하며 먹어야 하는 경우처럼, 억울한 노릇이 아닐 수 없다.

.13.
밑줄의 빈도와 공명의 강도

이제 이 열 권 이상의 책 중에서 가장 기대가 되는 책을 꺼내 들자. 말했듯이 반듯한 자세로 읽을 필요는 없다. 벽에 기대도 좋고 엎드려 읽어도 좋다. 표서와 머리말과 차례를 읽어 보고 첫 단원을 읽어 나간다. 읽으면서 흥미가 당기는지, 긴장을 시키는지, 호기심을 자극하는지 살펴보자. 밑줄을 긋고 싶은 공명이 가는 문장을 찾아보자. 만약 찾을 수 있다면 다행이다. 그런데 찾지 못할 가능성도 적지 않다.

  흥미가 당기지 않더라도 한두 단원까지는 참고 읽어 보자. 참고 읽으면서 밑줄 긋고 싶은 빈도수와 강도를 체크하자. 대개 한두 단원만 읽어 봐도 공명의 강도를 쉽게 느낄 수가 있다. 한두 단원 정도는 참고 읽어야겠지만, 그러나 계속해서 공명이 없으면 접어 버려야 한다. 한두 단원을 읽었는데도 밑줄의 빈도수와 공명의 강도가 너무 약하면 거기서 그만 접어 버리자. 첫 부분은 뛰어나지만 후반으로 갈수록 흥미가 떨어지는 책들은 많다. 그러나 첫 부분에 흥미가 일지 않는데, 후반에 가서 흥미가 당기는 책은 거의 없다. 따라서 거기서 그만 미련 없이 접어야 한다. 그것이 필독서로 꼽히는 고전이나 스테디셀러일지라도 일단은 포기하는 것이 낫다. 세미나 등을 통해 주변 도움을 받거나 자신에게 맞는 해설서라도 참고한 뒤에나 다시 도전해야 한다.

물론 이런 방법으로 읽다 보면, 끝까지 읽는 책보다 앞부분만 읽어 보고 도중에 접는 책이 더 많게 된다. 내 경험으로 보면 심사숙고해서 구입한 열 권의 서적 중에서 막상 기대했던 만큼의 결과를 안겨 주는 서적은 한두 권에 지나지 않는다. 대개 그중 두세 권은 예상 외로 허접해서 접는다. 나머지 두세 권은 읽어도 그만, 안 읽어도 그만인 수준이어서 접는다. 그리고 그 나머지 두세 권은 읽어 볼 만한데, 나의 지적 수준이나 현재의 관심 방향과 맞지가 않아서 다음 기회로 미뤄 둬야 할 책이다.

그러니까 딴에 신중을 다해 구입을 해도 성공률은 3, 40%에 머문다. 특히 당장의 성공률은 1, 20%에 지나지 않는다. 하지만 이 정도면 대단한 성공이다. 만남의 성공률이 1, 20%면 인생은 충분히 살 만하다. 세상 사람들을 만날 때 열 중에 한둘이 내게 좋은 영향을 끼치는 인물이라면 그는 반드시 훌륭한 사람으로 성장할 것이다. 고만고만한 영향력을 끼치는 친구나 선후배나 스승은 얼마든지 많지만, 강한 긍정적 영향을 끼치는 인물을 만나기는 쉽지가 않다. 학교를 다닐 때 엉터리 교사가 수두룩하더라도 존경하는 스승 한 분만 만나면 그것으로 더없는 행운이고 학교 다닐 맛이 나는 것과 같은 이치이다. 열 권의 책 중에서 한두 권만이라도 내게 긍정적 자양분을 제공해 준다면 독서는 충분히 투자할 만한 일이다.

열 권을 구입했는데 일고여덟 권을 읽다가 접었다고 해서 책 선정을 잘 못했다고 생각하지 말자. 열 권을 구입해서 한두 권만 정독했더라도 밑줄의 빈도와 강도수가 높았다면 성공한 것이다. 우리 독서의 목적은, 좋은 책의 좋은 대목이나 문장을 찾아 만나는 것이지, 구입한 책을 다 만나 보는 것에 있지 않다.

이렇게 읽고 난 뒤에는, 그중 가장 좋았던 한두 권의 책을 중심으로 다시금 앞서와 같은 방법의 도서선정 절차와 도서구입 과정을 반복하자. 하지만 항상 읽는 권수에 집착하지 말고 밑줄의 빈도수와 강도, 묵상의 시간 등에 주목해야 한다.

나는 책을 읽을 때 그 책의 작가 이름뿐 아니라 책 제목조차 잘 외우지 못하기 일쑤다. 그런데 다만 밑줄은, 행여 샤프를 빼먹고 외출했을 경우에는 문방구에 들러 샤프를 새로 사서라도 긋는다. 내게 있어 책에 대한 가치는 작가나 제목이나 판매 부수에 있지 않고, 내가 그은 밑줄의 빈도수와 강도에 있다. 내가 밑줄과 별표를 많이 해둔 그만큼 그 책은 내게 있어 강렬하게 살아 있는 책이다. 내가 그 책을 읽으면서 또 다른 문제의식과 생각에 빠진 그 묵상의 시간이 길고 강렬해야만 살아 있는 독서다. 어쨌든 독서에 있어서만큼은, 책을 읽은 권수가 문제가 아닌 것이다.

.14.
묵상, 재독, 따라 쓰기, 변주, 암송

열 권 읽어서 한 권 정도의 '씨앗 도서'만 만나더라도 그것은 큰 행운일 수 있다. '씨앗 도서'란, 말 그대로 내게 씨앗 역할을 해줄 터여서 장차 예상되는 결과는 한결 폭발적일 것이다. 텃밭에 야채를 심어 본 사람은 알겠지만 씨앗 하나의 미래는 무한하다. 무슨 먼지 쭉정이같이 생긴 상추씨 하나에서 푸르고 싱싱한 상추 이파리들이 봄내 여름내 자꾸만 자꾸만 생겨나는 것을 보고 있으면 마치 기적처럼 신기하다. 고추 씨앗 하나가 성장하면 무려 이백 개 가량의 고추가 열리는데, 고추마다 대체 몇 개의 고추 씨앗이

들어 있던가!

 마찬가지로 '씨앗 도서' 혹은 '씨앗 문장'을 만나게 되면 그 씨앗을 내 몸과 마음에 잘 심어 두는 일이, 독서행위에서 가장 중요한 부분이다. 읽은 권수가 문제가 아니라 씨앗을 내 몸과 마음에 심었느냐 그러지 못했느냐가 독서의 가장 중요한 바로미터다. 그런데 대개의 아마추어 독서가들은 이 과정을 생략해 버린다. 그 바람에 씨앗을 발견하고도 장차 열매는 맺지 못한다.

 '씨앗 도서' 혹은 '씨앗 문장'을 몸과 마음에 심어 두는 첫번째 방법은 씨앗 표시를 해두는 일이다. 즉 공명이 울리는 문장에 밑줄을 긋는 일일 것이다. 어떤 대목이나 단원 전체가 마음에 들면 그곳에 별표를 해두면 된다. 일독하고 나면 이렇게 표시해 둔 부분만을, **재독**한다. 이때 따라 써 두면 더욱 좋을 것이다. **따라 쓰기**에는 너무 많은 분량일 경우엔 다만 눈을 감고 소리 내어 문장을 읽어 보는 것도 하나의 방법이다.

 재독과 따라 쓰기 외에 밑줄 부분을 **묵상**하는 방법도 있다. 문장을 읽은 다음 침묵의 상태로 연상되는 이미지나 이야기, 변형 문장, 궁극적 의미 등을 떠올려 보는 것이다. 기독교인이라면 성경 묵상을 한 번쯤 해보았을 것이다. 특정 구절을 접할 경우, 그 구절을 여러 번 반복해 읽으면서 그 문장에서 유추해 낼 수 있는 가장 깊은 뜻, 그 문장에서 유추해 낼 수 있는 가장 적절한 이미지나 기억이나 사건을 끌어내어, 문장을 최대한으로 만끽하는 독서 방법이 묵상이다. 기독교인들은 성경을 깊이 묵상하면 놀라운 지혜를 접할 수가 있다고들 주장하는데, 맞는 말이다. 뿐만 아니라 어떤 책이든 그 책을 깊이 묵상하면 우리는 거기서도 역시 놀라운 울림을 받을 수 있다.

 글을 읽을 때 행간을 읽어야 한다는 말이 있는데, 묵상은 행간을 더욱 적극적으로 창조해 내는 작업이다. 그런 점에서 묵상으로 독서가 중단되는 시간은 독서행위보다 한결 값지고 소중한 시간이다. 책을 읽을 때는 언제나 책을 그만 접고 많은 생각에 잠기는 상황과 맞닥뜨리기를 원해야 한다.

알고 보면 우리가 작가가 되려고 하는 이유 역시 마음의 순간적 공명에서 비롯되었다. 서정주 시를 읽다가 혹은 김수영 시를 읽다가, 혹은 헤밍웨이 소설을 읽다가 혹은 마르케스 소설을 읽다가, 아니면 니체를 읽다가 반해서 우리는 글쓰기에 관심을 갖게 되었던 것이다. 개인사나 가정사로 보면 저마다 이유가 다르겠지만, 그러나 결국은 어떤 책, 어떤 '씨앗 문장'에 공명하면서 글쓰기의 욕망을 갖게 된다.

물리적으로도 그렇지만 심리적으로도 같은 성질과 파동을 내재하고 있어야만 그것에 공명하는 법이다. 우리가 어떤 문장에 대해서 공명을 하였다면, 그 문장과 맞닿는 욕망이나 정서나 지혜를 우리 마음 역시 품고 있을 것이 틀림없다. 어떤 문장에 대해 공명했다면, 그 문장에 공명하게 된 이유가 자신의 내면에 잠재해 있을 것이다. 그런 문장은 곧 나의 문장이기도 하다. 자신이 표현하고 싶었던 문장이거나, 자신의 통념을 해방시켜 주는 문장이거나, 이제까지의 생각과는 다른 각도로 생각하게 만드는 문장일 것이다. 따라서 맛있는 음식일수록 천천히 음미하며 만끽해야 하듯, '씨앗 문장'을 충분히 음미하면 할수록 문장의 표면적 의미 이상의 의미들을 이끌어 낼 수 있다.

특히나 글을 쓰려고 하는 사람들은 묵상을 통해 비슷한 새로운 문장으로 **변주**하는 재미를 맛볼 수 있다. 씨앗 문장을 인용하지 않은 채로, 씨앗 문장과 같은 의미를 담을 수 있는 구절을 만들어 보거나, 이미지나 사건을 만들어 보는 것도 글쓰기 훈련의 한 방법이다. 지극히 사소한 기술적 예에 불과하긴 하지만, 가령 '영혼을 깨우는 한마디 말은 보석보다 소중하다'라는 문장을 '나태한 정신을 일깨우는 한마디 말은, 타인의 질투심이나 불러일으키는 보석보다 수백 배 더 소중하다'라고 응용해 볼 수 있다. 또 가령, '남의 떡이 더 커 보이는 법이다'라는 속담을 '자기가 골라 놓은 떡이 더 작아 보이는 법이다'라고 응용해 볼 수 있고, '언제나 반대편 전철이 더 한산해 보이는 법이다' 혹은 '친구의 애인이 더 상냥해 보이는 법이다' 등으로 변주해 볼 수 있다. 이러한 변주기술은 얼마든지 가능한데, 자신이 발견한 밑줄 문장을 변용해 보게 되면, 그 문장의 실질적 의미를 어느덧 자신의 언어감각으로 받아들이는 훈련이 될 수 있고, 인식과 표현기술 훈련에도 많은 도움이 될 수 있다.

재독, 따라 쓰기, 묵상, 변주 외에 아예 '씨앗 문장'을 **암송**하는 것도 좋은 방법이다. 암송까지는 힘들면 복사해서 따로 저장해 두는 것도 좋다. 습작을 해보면, 곧바로 자신의 개성을 직접 표현하는 경우도 있지만, 대개는 매료당한 유명작가들의 문체를 하나씩 하나씩 흉내 내는 일정한 시기를 거친 다음에야, 자신의 개성적 문체를 발견하게 된다. 이러한 과정조차 거치지 않고 재능 운운하는 것은 얼마나 우스꽝스러운 노릇인가.

.15.
운명적인 단 한 권의 책

책을 읽을 때는 결코 권수에 쫓기지 말아야 한다. 권수가 중요한 것이 아니라 밑줄이 중요하다. 밑줄의 빈도수와 강도, 묵상의 시간, 변주능력이 더 중요하다. 그리고 무엇보다도 마음가짐이 제일 중요하다. 독서량만 따진다면 나는 남부끄럽지 않게 책을 읽었다. 고등학교 때까지는 문학은커녕 독서 자체에 조금도 취미가 없었다. 대학 입학 때까지 나의 독서량은 일곱 권 남짓이었다(그나마 6권까지 읽다 담임 선생님에게 뺏긴 김홍신의 『인간시장』을 포함시켜야 가능한 권수다). 나는 심지어 『어린왕자』나 『갈매기의 꿈』
도 읽지 않았을 정도다. 하지만 대학 내내 방학이면 산중 절간이나 고시원
에 들어가 날짜 수만큼 책을 읽고 나왔다. 그러다 보니 언제부턴가 나도 남
들 앞에서 바야흐로 내 독서량을 자랑할 수 있게 되었다.

하지만 요즘은 다시 독서량 자랑을 하지 못하게 되었다. 독서량만으로
따지면 이제 조금 자랑해도 괜찮을 만큼은 읽었는데, 이렇게 많이 읽고도
사유의 깊이나 인품에는 별다른 변화가 없는 것이다. 언제부턴가 독서량
은 나의 성실성을 자랑하는 표시가 되지를 못하고, 나의 발전 없는 인성을
드러내는 지표 같아서 얼마나 읽었냐고 물으면 그저 웃어넘겨야 할 판이
되었다. 특히나 전태일의 독서량과 비교해 보면 참으로 부끄럽기 짝이 없
고 난감하기 짝이 없다.

독서의 가치와 독서량과는 아무런 상관관계가 없음을 여실히 보여 주는
대표적 일례가 바로 전태일이다. 『전태일 평전』에 의하면 그는 거의 책을
읽지 못한 듯하다. 학력은 고작 고등공민학교(지금의 중학교) 1학년 중퇴
였고, 배고프고 가난한 현실 탓에 책 읽을 여유가 없었다. 그럼에도 꿈을
잃지 않고 그는, 값비싼 책을 한 권 구입한다. 그 책값은 2700원이었다. 전
태일에겐 엄청난 거액에 해당되는 액수였다. 폭압적인 노동 현실에 눈을
뜨면서 2700원이라는 엄청난 거금을 들여 전태일이 구입한 책은 바로 한
문투성이 문장으로 이루어진 어느 노동법 학자의 근로기준법 해설서였다.

한문과 법률용어 투성이여서 그는 하룻밤을 꼬박 세워 한 장밖에 못 보기
도 했다. 그럼에도 그는 꾸준히 읽어 나갔고, 책을 읽다가 흥분하여, 옆자리
에 누워서 잠자고 있는 어머니를 깨워서 어머니에게 그것을 읽어 보라고 권
하기도 하였다.

전태일이 다른 누구도 감히 흉내 낼 수 없는 인생을 살기까지 읽은 책은 고작 이 책, 한문투성이 법률해설서 한 권뿐이다. 책 읽는 권수나 시간이 중요한 것이 아니란 사실을 전태일은 우리에게 명백하게 보여 주고 있다.

독서는 양적 문제가 아니다. 옆자리에 누워 자고 있는 고단한 어머니를 흔들어 깨울 만한 열정이 중요하다. 질이 아니라 양에 치우치는 독서라면 그만 멈추는 것이 더 낫다. 적게 읽었다고 부끄러워할 것도 아니고 많이 읽었다고 좋아할 일도 아니다. 밑줄 긋는 부분, 혹은 자세를 곧추세우고 일어나 바로 앉는 각성의 빈도수와 강도가 바로 독서의 핵심이다.

이와 같은 전태일 모습은, 바빠서 책을 읽지 못하는 직장인들에게 많은 것을 시사한다. 특히 마음속 열정은 가득한데 현실적인 여건으로 인해서, 가령 가난한 형편에 생계를 유지하느라 자신의 학력이나 지식, 독서시간이 부족하여 글쓰기에 엄두를 내지 못하는 사람들에게 많은 것을 시사한다. 그리고 나처럼 책 읽는 일이 전문적인 직업이면서 실질적인 자기 변화의 의지와 실천력이 부족한 사람에게는 더욱 많은 것을 시사해 준다.

.16.
과정을 즐겨라

법률해설서야말로 전태일에게 '씨앗 도서' 였다. 스스로 밑줄을 그으며 읽게 만들고, 읽으면서 자신의 자세를 바로 곧추세우도록 만든 책이었다. 자신의 자세만 곧추세운 것이 아니라, 옆에서 주무시고 계신 어머니뿐만 아니라 모든 노동자까지도 깨어나도록 만들었다. 우리도 이러한 씨앗 도서를 만나야 한다.

이제까지 살펴본 대로, 독서 방법에서 가장 중요한 핵심은 자신에게 적합한 책을 스스로 찾는 것이다. 최대한 방대한 자료조사를 한 뒤, 숙고와 발품과 비용을 아끼지 말고, 자신에게 가장 적합한 줄탁 인연의 '씨앗 도서'를 찾되, 이 모든 과정을 스스로 이끌어 가야 한다.

좋은 글을 쓰기 위해 책을 읽는 사람이라면 힘들고 수고스럽더라도 이 방법을 스스로 터득해야 한다. 글쓰기 행위는 창조적 행위이다. 창조란 이제까지의 일반적 관습을 벗어나 자기만의 개성을 확보할 때만이 가능하다. 일반적 관습에서 벗어나 자기만의 개성을 확보하는 일은, 생활 전반에 걸쳐 요구되는 자세이며, 독서행위 역시 예외가 아니다. 일반적인 추천목록에 의지하거나 주변 권유로만 읽는다면, 이미 이러한 태도 자체가 평균적이고 아마추어적인 행동일 뿐이어서 자기 개성, 자기만의 스타일을 성취할 수가 없다.

언제나 목적은 과정을 넘어 성취되는 것이 아니라 과정을 통해, 과정과 더불어 생겨나는 것이므로, 자신에게 알맞은 주체적인 도서선정을 하지 못하면, 장차 자신의 개성이 뚜렷한 주체적인 글쓰기도 불가능할 것이다.

3

새로운 창작 강의를 꿈꾸며

좋은 글을 쓰려고 강의를 듣는 학생과 선생이 함께 해야 할 가장 첫번째 작업은 바로 기존 글쓰기 강의의 관습으로부터 탈피하는 일이다. 이제까지의 글쓰기 통념으로부터 벗어나, 우리에게 맞는 글쓰기 강의 방식과 강의실 분위기를 창작해야 한다. 좋은 글을 쓰기 위한 우리의 첫번째 과제는 기존 강의의 관습과 통념을 넘는 강의 방식을 이렇게도 해보고 저렇게도 더듬어, 우리 스스로 '창작'하는 일이다.

.1.
습작생이 경험하는 일반적 과정

어려서부터 제도 교육에 길들여지면서 사람들은 정답이 자신과는 무관하게 어딘가에 따로 있다고 믿는 듯하다. 다만 초등학교 때는 미처 길들여지지 않아서 나름의 엉뚱한 기지를 발휘하곤 한다. 가령, '**화장실 앞에서 화장실 문을 열기 전에 해야 할 일은?**' 정답은 '노크를 한다' 이다. 그런데 '자꾸를 내린다' 고 적은 학생이 있다. '**약속한 시간과 장소를 잊지 않기 위해서는 어떻게 하면 좋을까요?**' 정답은 '메모' 이다. 그런데 '잘 기억해 둔다' 라고 적은 학생도 있다. '**샌드위치를 만들 때 식빵 한 면에 버터를 바르는 이유는 무엇인지 쓰시오.**' 정답은 '속 재료의 수분이 빵 속에 스며들지 않게 하기 위해서' 이다. 그런데 '두 면에 바르면 너무 느끼해서' 라고 적은 학생도 있다. 괄호 속에 알맞은 단어를 써 넣어야 하는 다음과 같은 문항도 있다. '**찐 달걀을 먹을 때는 (   )을(를) 치며 먹어야 한다.**' 물론 정답은 '소금' 이다. 그런데 '가슴' 이라고 쓴 학생도 있다.

사실 학생들 답변도 나름대로 재치 있는 정답이다. 더구나 질문 자체가 잘못된 경우도 적지 않다. 그럼에도 학생들 답변을 틀렸다고 하는 것은, 다만 미리 약속하고 정해 놓은 답이 아니기 때문이다. 다시 말해 실제로는 그것만이 꼭 정답은 아니라는 말이다. 일반적이고 평균적인 경우를 바탕으로, 이렇게 물을 땐 이렇게 답변하기로 사전에 '약속' 한 것일 뿐이다.

미리 정해 놓은 진리란 있을 수 없다. 그런데 이러한 제도 교육에 길들여지면서 사람들은 자기 글쓰기에 대한 질문조차 스스로에게서 구하지 않고 정답이 어딘가에 따로 있다고 여긴다. 그러나 생각해 보라. 글쓰기란 창작 행위이다. 창작은 창조적 행위이다. 말 그대로 이제까지는 없던 어떤 것을 새로 만들어 낸다는 뜻이다. 새로 만들어 내야 하는데, 정해진 어떤 방법을 반복해서 사용할 수 있을까? 불가능한 일이다. 정해진 방법을 반복하는 창작은 이미 창작일 수가 없다.

그럼에도 불구하고 우리의 창작 교육은 엉뚱한 방향으로 진행되고 있는 듯하다. 가령 대학이나 사회교육원에서 글쓰기를 배우려면 ①우선, 시나 소설 (혹은 시나리오나 드라마) 중에서 하나의 장르를 먼저 선택한다. 그리하여 스스로를 시인 지망생, 소설가 지망생, 시나리오 지망생으로 명명한다. ②다음으로 해당 장르의 강의를 듣는다. 강의는 각 장르의 일반론, 소위 시론, 소설론, 아동문학론 등등의 작법이론을 듣는 과정과 해당 장르 창작품을 제출하여 합평을 받는 절차로 이루어진다. 합평에서 제출한 작품에 나타난 여러 문제점들이 지적되면, 그것을 수정하고 보완하는 새로운 작품을 구상하는 과정으로 이어진다.

이러한 훈련 과정 자체에는 별다른 문제가 없다. 그런데 적지 않은 습작생들이 이 과정을 거치면서 글을 쓰고자 했던 처음의 순수한 열정 혹은 동기를 곧잘 잊는 듯하다. 특히 다음과 같은 실수를 공통적으로 겪는 듯하다.

①우선, 글쓰기 자체의 재미에 몰입하기보다 장르규칙을 습득하는 데 더 열중한다.

②각 장르의 일반론, 소위 시론, 소설론, 아동문학론 등등의 작법이론을 듣고, (자기 욕망이나 관심사가 아니라) 일반론에 부합하는 작품을 쓰려고 노력한다.

소설·시·희곡·시나리오·동화…… 등의 장르 구분은 다만 시대적 산물이다. 이들 구분은 시대에 따라 언제든지 달라질 수 있다. 장르의 어떤 성격은 매우 본질적이어서 변화하지 않지만, 어떤 측면은 시대에 따라 생겨나기도 하고 온전히 사라지기도 한다. 이러한 장르의 이중적 측면을 조동일은 장르류와 장르종으로 나누어 설명하고 있다(조동일의 『한국소설의 이론』, 김준오의 『한국현대쟝르비평론』 참고).

장르류

1. 서정: 작품 외적 세계의 개입이 없는 세계의 자아화
2. 교술: 작품 외적 세계의 개입으로 이루어지는 자아의 세계화
3. 서사: 작품 외적 자아의 개입으로 이루어지는 자아와 세계의 대결
4. 희곡: 작품 외적 자아의 개입이 없는 자아와 세계의 대결

"장르란, '자아와 세계의 관계에서 존재하는 대립의 체계'이다."

장르종

서정: 향가·시조·한시……

교술: 경기체가·악장·가사·창가……

서사: 설화·판소리·전·야담, 소설……

희곡: 민속극……

장르류는, 인간이 언어를 통해 사유하는 한, 그리고 자아와 세계 간의 갈등이 존재하는 한 언제까지 영원할 장르다. 하지만 장르종은, 시대나 사회에 따라 계속 변한다. 가령 한 시대를 풍미했던 향가와 시조, 판소리 소설 등은 이제 모두 사라졌다. 특히 오늘날과 같이 사회변화의 속도가 빠른 시대에 장르종은 매우 가변적일 수밖에 없다.

사실 장르 자체가 우리의 글쓰기를 촉발하는 것 같지는 않다. 소설이든

시든 시나리오든 그것은 글쓰기의 하위 장르일 뿐이다. 우리가 익히고자 하는 것은 '장르규칙' 이전에 '글쓰기 기술과 정신'이며, 글쓰기 이전에 '삶을 고양시키는 언어능력 자체'일 것이다. 아래 표에서 보듯 'NOVEL 로서의 소설'이란 근대적 산물로서, 언어로부터 파생된 매우 많은 잔가지 중의 하나일 뿐이다.

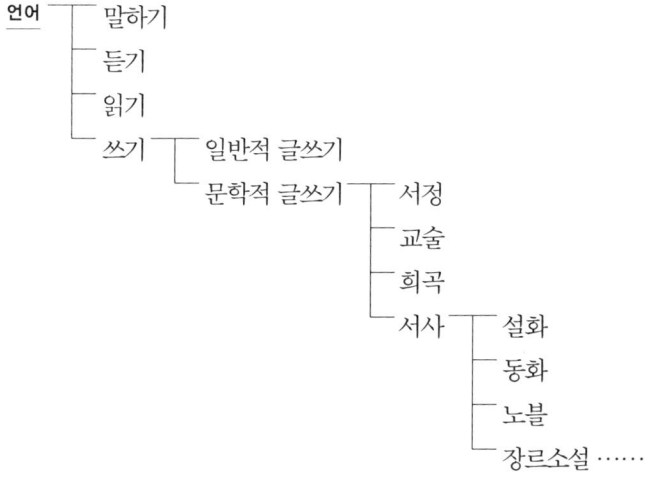

표에서 보듯 'NOVEL'은 서사의 한 가지이고, 서사는 문학의 한 가지이며, 문학은 글쓰기의 한 종류이고, 글쓰기는 언어 수행의 한 방법이다. '글쓰기' 및 '언어' 자체에 대한 폭넓은 이해와 훈련 없이 'NOVEL' 공부만 해서는 자유로운 사유와 탐색을 실천할 수 없다. 자기가 선택한 장르종에만 매달리지 말고 문학 장르 전체를, 나아가 문학 너머의 일반적 글쓰기, 인문학·사회학·정치경제학·철학·신화·종교 등을 폭넓게 공부해야 한다. 뿐만 아니라 말하기·듣기의 훈련까지 겸해서 '언어를 통한 자유로운 사유 그 자체'를 향유하려고 노력해야 한다.

그런데 장르종을 미리 정해 놓으면 이와 같은 폭넓은 공부보다는, 다만 해당 장르종의 규칙만을 먼저 습득하게 된다. 그 바람에 시인 지망생은 소설을 읽지 않고, 혹은 소설가 지망생은 시는 잘 모르겠다고 뇌까리는 한심한 경우까지 생기고 있다. 이처럼 이웃한 문학 장르에 대해서도 무지하다면, 이들의 사유나 언어능력은 보지 않아도 알조다.

심지어 작가가 되기로 결심한 습작생들의 경우, 적지 않은 숫자가 NOVEL조차 폭넓게 공부하지 않고, 다만 신춘문예 응모용 작품을 만드는 데에 골몰한다. 결국 신춘문예나 문예지로 등단은 했지만 평생 일반 독자들의 관심은 끌지 못하는 '문예지 발표용 단편소설'만을 쓰는 작가들이 우리 주위에는 얼마나 많은가.

이렇게 이미 ①에서 첫 단추가 잘못 꿰어 있으니 ②의 과정이 효율적일 리가 없다. 시반이니 소설반이니 해서 장르관습에 맞게 배분되어 있기 때문에 이제 글쓰기 강의를 듣는 일은, 글쓰기 자체의 재미와 매력을 습득하는 과정이 아니라, 해당 장르의 규칙을 습득하는 시간이 되어 버렸다. 시반 학생은 시만을, 소설반 학생은 소설만을 공부한다. 이웃 장르나 문학 이외의 글쓰기, 시대 변화에 대해서는 함구하거나 고작 강사 재량에 의해 조금씩 참조될 뿐이다. 결국, 글쓰기 강의는 창작 정신을 고양하는 창작 강의가 되기보다는 장르규칙과 관습을 기술적으로 익히는 테크닉 훈련 중심의 수업으로 전락하기 십상이다.

가령 소설론 강의의 경우, 대개 학문적·이론적 연구 성과들을 바탕으로 진행된다. 기성작가 작품 및 습작생들 작품을 각종 문학연구 이론으로 분석하고 비평하는 것이다. 이때 사용되는 잣대는, 아리스토텔레스의 『시학』에서 출발하여 근대문예 비평가들에게서 다듬어진 근대소설미학 즉 NOVEL 미학이론들이다. 소위 채트먼(Seymour B. Chatman), 와트(I.P.

Watt), 프라이(N. Frye), 브룩스(C. Brooks)·워렌(R.P. Warren), 루카치(G. Lukács) 등의 이론으로 창작원리를 파악하는 것이다. 국문과 혹은 문창과 출신 소설가 지망생들은 귀가 따갑도록 들었을 것이다. '보다 짜임새 있는 플롯을 만들라', '독특한 문체와 개성적인 화자를 확보하라', '유기적인 스토리 구조를 구축하라', '입체적이고 전형적인 인물을 만들어 내라' 등등.

물론 이들 논리는 창작물을 효과적으로 비평하는 잣대가 되어 줄 수 있다. 그러나 이들 이론에는 엄청난 맹점이 있다. 바로 '기존 창작물'에 대한 연구라는 사실이다. 창작은 새로운 창조적 행위여야 하는데, 기존의 창작물 연구를 바탕으로 삼아서 과연 새로운 창조적 방법을 만들어 낼 수 있을까? 기존 창작물의 '공통된 일반적·보편적 특성'에 대한 연구를 통해, 과연 기존의 특성과는 다른, 자기 자신만의 독특한 개성이 드러나는 글쓰기를 만들 수 있을까?

모든 이론이란, 다만 보다 보편적이고 평균적인 통계를 바탕으로 만든 일종의 가설일 뿐이다. 그것이 아무리 훌륭한 이론일지라도 그것을 권위로 삼아서 글쓰기 방법을 탐색하는 것은 신발에 발을 맞추려는 것만큼 어리석다. 더구나 창조적 행위인 글쓰기에 있어서 일반적이고 표준적인 잣대란 있을 수 없다. 그런데 많은 학생들이 아직도 이러한 방법으로 문학 창작을 공부하고 있다.

나 역시도 그렇지만, 가르치는 선생님 입장에서는 알아듣기 쉽도록 일반론을 활용하여 합평을 전개한다. 그래서 어떤 학생이 소설을 써 오면 으레, 보다 짜임새 있는 플롯을 만들어야 한다, 독특한 문체와 개성적인 화자를 확보해야 한다, 유기적인 스토리 구조를 구축해야 한다, 입체적이고 전형적인 인물을 만들어 내야 한다…… 하고 지적하게 된다.

결국 좋은 작품에 대한 '일반적 기준'을 세워 놓고, 그것에 비해 부족한 부분, 미흡한 부분들을 지적하는 방식인 것이다. 이렇게 좋은 작품에 대한 일반적 기준을 세워 놓고 학생들 작품을 살펴보면, 대부분의 작품이 부족한 부분투성이다. 그래서 합평 과정은 늘 답답하고 폭폭하다. 학생들은 내 지적에 대해 동의하면서도 다음 글을 써 오면 여전히 문제가 많았다. 그래서 비판하면, "선생님이 지난번에 이런저런 지적을 해서 이번엔 그러지 않으려고 그것에 대해 고민하면서 써 보긴 했는데, 생각처럼 잘 안 되네요" 하는 답답한 변명을 하는 것이었다.

이러한 변명에 귀를 기울이면서, 내가 가르치는 방법과 우리가 진행하는 수업 방식에 심각한 문제가 있다는 사실을 인정하게 되었다. 우리가 당연시해 온 이 우스꽝스런 과정을 간단하게 압축해 보자. ⓐ학생이 글을 써 오면 ⓑ일반론적인 문학이론으로 분석해서 ⓒ부족한 점을 지적해 준다. ⓓ그러면 학생들은 돌아가 부족한 부분을 고민·보완하고, 새로운 글을 써 온다.

이런 방식으로 창작행위가 진행된다면, 이것은 마치 자기가 쓰고 싶은 것을 선생님이 요구하는 방식으로 쓰겠다는 것인데, 혹은 창작형식을 똑같이 하면서 그 내용을 조금씩 보강하겠다는 식인데, 과연 방법을 바꾸지 않으면서 새로운 창작이 가능하기나 할까? 문학이론의 시각으로 창작을 하겠다는 것인데, 이런 일이 가능할까? 사정이 이렇다 보니, 자유로운 탐색과 모험으로서의 글쓰기가 아니라, 보다 짜임새 있는 플롯을 만들기 위해, 독특한 문체와 개성적인 화자를 확보하기 위해, 유기적인 스토리 구조를 구축하기 위해, 입체적이고 전형적인 인물을 만들어 내기 위해, 다시 말해 연구자들이 발견한 NOVEL의 보편적 미학에 충실하기 위해 글을 쓰는 꼴이 되고 만다.

어쩌다가 이러한 답답한 수업 방식이 생겨난 것일까? 이러한 소설 창작 수업의 기원을 살펴볼 필요가 있다. '누군가 좋은 글을 썼다. 읽어 보니 즐겁고 감동적이었다. 그래서 그것을 읽은, 다시 말해 그런 좋은 글을 써 본 적은 없는 사람들이, 즐겁고 감동적인 이유에 대해 분석해 보았다. 그러자 즐거움과 감동을 주는 좋은 글의 공통된 특성들이 한두 가지씩 나타났다.'

좋은 소설의 경우 대개 문체·시제·화법·스토리라인·구성법 등에서 어떤 공통된 특성이 발견된다. 그런데 이러한 공통 특성은 정작 좋은 소설을 쓴 그 소설가들은 분석적으로 '인지' 하지 않았던 사실들이다. 그들은 다만 자기만의 방법으로 글쓰기 과정을 감각적으로 체득하고 육화해서 써냈을 뿐이다. 그런데 학생들은 그것을 감각적으로 체득하지 못하고, 다만 강단에서 가르치는 공통된 특성에 대한 이론을 바탕으로 그것에 대해 머리로 익힌다. 국문과의 경우, 아예 창작 경험이 없는 교수들이 소설론을 가르친다. 결국은, 다만 좋은 글을 읽어 본 사람이 좋은 글을 쓰는 방법에 대해서까지 왈가왈부하는, 비유하자면 농담을 해본 적이 없고 들어 본 적만 있는 사람이, 농담의 기술을 가르치는 꼴이 당연시되는 것이다. 강의가 재미있기는커녕 지루할 수밖에 없다.

정말로 농담을 즐기는 사람은, 농담을 분석하는 따위의 따분한 짓을 하지 않는다. 창작하는 사람 역시 창작 방법에 대해 돌이켜 분석하지 않는다. 그럴 겨를이 없다. 오직 최선을 다해 창작을 실행하기에 바쁠 뿐이다.

사실 자기 소설만큼 좋은 창작론을 펼친 좋은 소설가는 없으며, 좋은 소설창작론을 펼친 사람 중에 좋은 소설 쓴 사람도 드물다. 물론 좋은 평론집을 낸 교수들은 있다. 그러나 그들도 어떻게 해야 좋은 평론집을 낼 수 있는지 분석적으로 인지하고 있지 않고, 그 또한 다만 전력을 다해 좋은 글을 쓰려고 노력을 거듭했을 뿐이다.

영화감독은 촬영하면서 매번 수백 가지 선택의 문제에 맞닥뜨린다고 한다. 소설가 또한 결코 그에 못지않다. 단어·문장 길이·문장 유형·어조나 톤을 기초로 해서 인물 이름·성격·습관·등장횟수·대화 내용 등등, 선택할 일은 수백 수천 가지다. 그런데 어떤 보편기준을 세워 놓고 문장마다 거기에 맞는지 분석하고 가늠하면서 글을 구사할 수 있을까? 불가능하다. 그런 점에서 창작은 머리로 인식하고 쓰는 것이 아니라, 일종의 '감'으로 쓰는 것이다. 정서나 감수성으로 쓰는 것이다. 머리를 포함해서 몸 전체, 인생 전체로 쓰는 것이다.

그런데 언제부터인가 우리의 문학 창작 수업은 어떤 보편기준과 잣대를 세워 놓고, 거기에 맞춰서 자신의 글쓰기 기술을 익혀 나가는, 머리로 짜 맞춰 나가는 괴이쩍은 훈련 과정을 당연시해 왔다. 이로 인해 학생들은 '문예지 발표용 단편소설' 쓰기에 여념이 없게 되었다.

2.
지금·여기에서 창작하기

'문예지 발표용 단편소설'을 쓰는 훈련을 하면서부터, 이제 글쓰기는 자신의 재능을 확인하는 과정이 아니라 자신의 재능을 의심하는 과정으로까지 전락한다. "저한테 글쓰기에 대한 재능이 있어 보이나요?", "글을 쓰려면 타고난 재능이 있어야 하는 거 아닌가요?" 글쓰기를 가르치다 보면 무척이나 자주 접하는 질문이다.

재능이라니! 이런 질문을 받을 때마다 참으로 난감하다. 왜냐하면 나는 스무 살이 되고 나서야 글쓰기를 시작했기 때문이다. 열아홉 살까지는 글쓰기는커녕 책읽기에조차 흥미가 없어서 나의 독서량은 고작 일곱 권 남짓이었다. 늦깎이로 문학 공부를 시작한 나로서는 제일 듣기 싫은 소리가 "글을 쓰려면 타고나야 한다"는 소리였다. 적지 않은 사람들이 이렇게들 말했다. "좋은 작가가 되려면 타고나야지!"

참으로 많은 사람들이 재능이나 천재성은 타고나야 한다고 말한다. 그런데 놀라운 사실은, 이제까지 재능이나 천재성이 느껴지는 사람으로부터 이런 소리를 들어 본 적은 다행히도 한 번도 없다는 것이다. 여러분도 주변을 선입견 없이 가만히 관찰해 보라. 재능을 타고나야 한다거나 천재는 만들어지는 것이 아니다, 라고 말하는 사람들의 공통된 한 가지 특징은, 그들은 하나같이 재능이나 천재성이 있어 보이지 않는다는 점이다.

어이없게도 장삼이사의 비천재들이 "천재는 타고난다"고 말하고 다니고 있다. 장삼이사가 천재도 아니면서 천재를 정의하고 있는 것이다! 반면에 인류 역사상 천재치고 노력 없이 천재가 되었다고 선언한 천재가 있기나 했던가? 나는 그런 천재가 있다는 얘기를 들어 본 적이 없다. 자신의 재능은 타고난 것이라고 말하는 재능 있는 인물이 있었던가? 동서고금을 통해 나는 그러한 인물을 접해 본 적이 없다.

그런데 우리는 자꾸만 비천재들이 만든 개념을 천재에 대한 정의로 받아들이며 산다. "작가가 되려면 타고난 재능이 있어야지!" 그런데 이것은 패배자의 결론(이라기보다 자기 변명)이다. 도대체 어떻게, 어느 순간부터 패배자의 변명이, 성공한 예술인에 대한 정의가 되었던 것일까?

도둑질을 할 때에는 경찰을 가장 견제해야 하고, 사진을 찍을 때에는 얼굴이 작은 사람을 경계해야 한다. 그리고 글쓰기를 할 때, 가장 조심해야 할 사람들은 바로 이러한 사람들이다. 문학이론가들의 주장을 글쓰기의 잣대로 삼는 사람들, 그리고 "재능이나 천재성은 타고나는 것"이라고 말하는 사람들…….

이들이 가르치는 얘기에 순종하는 한, 우리는 계속해서 자신의 부족한 점을 찾아 보충해야 하는 결여의 고통에 시달리게 된다. 자신의 단점을 찾아 없애야 하는 고통에 시달린다. 마치 복음을 즐기기는커녕, 자신의 죄를 찾아 계속 속죄해야 하는 고통에 시달리는 식이다. 그러나 죄를 짓지 않으려고 필사의 힘을 모아도, 고작 죄 짓지 않은, 무난한 평균값 인물이 될 뿐이다. 결국 단 한 번이라도 착한 일을 하려고 한 사람보다 못하다. 단점을 아무리 보완해도 개인은 빛나지 않는다. 그저 단점이 없는 무난한 사람이 될 뿐이다. 장점을 한 번 선보이는 것이 더 낫다.

글쓰기에 바로미터는 없다. 바로미터를 미리 세워 놓으면, 그때부터 글쓰기는 바로미터에 대한 굴종으로 변한다. 앞서 살펴보았듯이, '플롯을 만들어야 한다', '화자를 확보해야 한다', '유기적 구조를 구축해야 한다', '인물을 만들어 내야 한다' 등과 같은, 좋아서 하는 글쓰기가 아니라 '~해야 하는' 의무가 되어 버린다. 끝없이 단점을 보완해야 하는 수고와 고통으로 돌변하고 만다.

그러나 우리의 글쓰기는 누가 시켜서 하는 것이 아니라 우리가 자발적으로 시작한 운동이다. 결여가 아니라, 넘치는 잉여적 행동이다. 자신의 부족한 부분을 채우려는 노력이기보다 자기만의 독특한 개성을 뿜어내려는 긍정적인 노력이다. 남아도는 에너지이고 즐거운 질주다. 우리 스스로를 재능 없고 부족한 사람으로 폄하하게 만든, 이제까지의 제도 교육과 보편 이론을 넘어서서, 그리고 B급 선생들로부터 저항하면서, 자유로워지고자 하는 출발이다.

따라서 보다 좋은 글을 쓰려고 강의를 듣는 학생과 선생이 함께 해야 할 가장 첫번째 작업은 바로 기존 글쓰기 강의 관습으로부터 탈피하는 일이다. 이제까지의 글쓰기 통념으로부터 벗어나, 우리에게 맞는 글쓰기 강의 방식과 강의실 분위기를 창작해야 한다. 좋은 글을 쓰기 위한 우리의 첫번째 과제는 기존 강의의 관습과 통념을 넘는 강의 방식을 이렇게도 해보고 저렇게도 더듬어, 우리 스스로 '창작'하는 일이다.

원고지에서부터 시작하려면 언제나 늦고 말 것이다. 창작을 시작하려면 원고지가 아니라, 언제나 지금·여기서부터 "더 좋은 더 신나는 방법이 없을까?" 하고, '지금·여기의 창작 강의 방법 및 라이프스타일' 부터 스스로 지속적으로 '창작' 해야 한다.

무엇보다 먼저 강사 스스로, 학생들을 열심히 가르치려 하기에 앞서, 어이없게도 학생들에게 따로 제시하고 가르칠 기준으로서의 창작 방법이 없다는 것부터 솔직하게 시인해야 한다. 그저 막막하게 이런 방법 저런 방법으로 갖은 몸부림을 치다 보면, 무수한 실패 끝에 하나의 좋은 작품이 만들어질 따름이다. 그런 점에서 선생으로서 학생들에게 무언가 가르칠 게 있다면, 그것은 다름 아니라 선생인 나 역시도 학생들 못지않은 막막함 속에서 이런 방법 저런 방법으로 갖은 애를 써 보는 모습일 뿐이다.

그러니 이쯤에서 서둘러 고백해 두자. 나는 비록 글쓰기 강사지만 좋은 글 쓰는 법을 모른다! 만약 좋은 글을 쓰는 법을 알고 있다면 나는 당장 방에만 틀어박혀 곧바로 좋은 글을 신나게 써낼 것이다. 물론 내 나름대로 글을 써서 출간했고, 덕분에 이렇게 글쓰기 선생 감투를 쓰고 있지만 말이다.

좋은 글은 모두 그저 노력을 하고 애를 쓰다 보니 여러 차례의 실패를 거친 끝에 다만 우연히, 혹은 갑자기 나온다. 뿐만 아니라, 어떤 사람이 좋은 글을 썼다고 해서 좋은 글을 쓰는 방법을 알고 있는 것은 아니며, 학생들을 교육하는 방법까지 알고 있는 것은 더욱 아니다. 설령 좋은 글을 쓰는 방법을 알고 있다고 해도 그것이 다른 사람들에게도 똑같이 적용되리라는 보장은 없다. 심지어 자기 자신조차, 이전에 좋은 글을 썼다 하더라도 그때의 방법을 다시 적용한다고 다시 좋은 글이 나오는 것도 아니다.

엄밀히 말하자면, 정말로 좋은 글을 쓰는 방법을 알고 있는 사람은, 지금 이 순간 자신의 골방에서 온 힘을 다해 열심히 좋은 글을 쓰고 있는 바로 그 사람뿐이다. 많은 사람들이 착각하고 있는데, 한국 문단은 스포트라이트를 받는 사람들이 끌고가는 게 아니라, 그렇든 그렇지 않든 그것과는 무관하게, 골방에서 온 힘을 다해 자기 자신과 싸운 사람들로부터 면면을 이어 오고 있을 뿐이다. 똑같은 소설가일지라도, 일테면 일간지와 인터뷰를 하는 박경리 선생님이 아니라 골방에서 외롭게 자기 싸움을 벌인 박경리 선생님의 힘으로 한국소설의 명맥이 이어지는 것이다.

.3.
질문을 자기 자신에게 던지기

"좋은 글을 쓰는 방법이 뭐예요?" 간혹 이렇게 직설적으로 질문을 해오는 경우가 있다. 솔직히, 여러분이 글쓰기 강의를 수강하는 이유도 아마 이러한 질문에 대한 해답을 찾기 위해서일 것이다. 그렇다면 아주 잘 오신 것이다. 나는 답할 수 있다. 오랫동안 글쓰기를 해오고 또 글쓰기를 가르치면서 얻은 내 대답은 이렇다.

"간단하다. 그 질문을 바로 자기 자신에게 던지면 된다."

좋은 글을 쓰는 유일한 방법은, 좋은 글을 쓰는 방법을 스스로 알아내는 것이다.

그밖에 학생들이 자주 던지는 질문들, 가령 "어떻게 하면 좋은 작가가 될 수 있나요?", "어떻게 하면 좋은 문장을 만들어 낼 수 있나요?" 등에 대한 나의 대답 역시 마찬가지다.

"그 질문을 자기 자신에게 던지면 된다."

김수영은, 자신의 시론 「시여, 침을 뱉어라」를 논하는 자리에서 다음과 같이 말했다.

나의 시에 대한 思惟는 아직도 그것을 공개할 만한 명확한 것이 못된다. 그리고 그것을 조금도 부끄럽게 생각하고 있지 않다. 이러한 나의 모호성은 詩作을 위한 나의 정신구조의 상부 중에서도 가장 첨단의 부분을 차지하고 있는 것이고, 이것이 없이는 무한대의 혼돈에의 접근을 위한 유일한 도구를 상실하는 것이 되기 때문이다. 가령 교회당의 뾰죽탑을 생각해 볼 때, 시의 探針은 그 끝에 달린 십자가의 십자의 상반부의 창끝이고, 십자가의 하반부에서부터 까마아득한 주춧돌 밑까지의 건축의 실체의 부분이 우리들의 의식에서 아무리 정연하게 정비되어 있다 하더라도, 詩作上으로 그러한 名哲의 개진은 아무런 보탬이 못되고, 오히려 방해가 되는 것이다. 시인은 시를 쓰는 사람이지 시를 논하는 사람이 아니며, 막상 시를 논하게 되는 때에도 그는 시를 쓰듯이 논해야 할 것이다.

김수영의 발언을 창작 강의 방법에 그대로 대입시켜도 좋을 듯싶다. 무한할 만큼 다양한 새로운 창작 방법에 접근하기 위해서는, 모호한 상태로 접근해야 한다. 기존의 이론을 고수할 게 아니라, 기존 이론 너머의 것을 지향해야 한다. 그러니까 '가르치는 나 역시도 창작 방법을 알지 못하며, 그저 온몸으로 밀고 나가 볼 뿐' 이라는 자세를 유지하면서 강의를 해야 한다. 소설가는 소설을 쓰는 사람이지 소설을 분석하는 사람이 아니며, 막상 소설 창작을 강의하게 되는 때에도 새로운 소설을 쓰듯이 모험적으로 밀고 나가야 한다. 이러한 모험정신이 없는 창작 방법 강의는 죽은 강의다.

4

언치와 언어적 감수성

천성적으로 음악적 재질을 타고난 사람은 매우 드물듯이, 언어적 재능 또한 마찬가지다. 따라서 만약, 당신이 독서나 글쓰기 같은 언어 훈련을 특별히 경험한 적이 없다면, 당신은 언치일 가능성이 매우 높다. 당신이 비록 얼마간의 독서나 학창시절의 문예반 활동을 통해 약간의 글을 끄적거려 본 경험이 있다 해도 당신의 언어 연주력은 아마도 고작 내 음악 실력에 비견될 만큼, 엉터리 수준일 것이다.

.1.
대부분이 언치다

초등학교 때 음악시간만 되면 많은 아이들이 나 때문에 즐거웠다. 목소리는 유달리 큰데 음치였던 것이다. 마치 반듯하게 줄을 맞춰 행진하는 아이들 틈에서 술주정뱅이 흉내를 내며 걸어가는 장난꾸러기처럼, 내 목소리는 아이들의 단정한 화음 사이를 갈팡질팡하며 어지럽혔다. 거북할 만큼 엄숙하다 싶은 주일학교 시간에는 일부러 더욱 틀린 음을 내어 아이들을 힘써 키득키득 웃겼다.

노래 솜씨가 좋은 사람이 주변 사람들을 즐겁게 하는 방법과는 약간 차이가 있지만, 어쨌거나 노래를 통해 사람들을 즐겁게 할 수 있다는 자신감 때문에, 중학생이 되어서도 음치인 사실을 나는 창피하지 않았고, 당연히 음에 대해서는 조금도 이해하지 못했다. 더 높은 음을 내려면 다만 소리를 그만큼 더 크게 질러야 하는 줄로만 알았다. 한번은 우연히 접한 클래식 음악이 너무 좋아서 잘 기억해 두었다가 친구에게 그 멜로디를 읊어 주며 곡명을 물었더니, "이문세 노래 아냐?" 하는 반문을 듣기까지 했다.

고등학교 때 친구의 통기타를 만지작거리면서 나는 처음으로 음감이 음량하고는 무관하며, 각각의 음정마다 독특하고 일정한 색깔이 있다는 것을 알았다. 솔에는 솔의 맛이 있고 도에는 도의 맛이 있었다. 타고난 음치에 박치였지만, 친구 어깨 너머로 통기타를 배우면서야 비로소 음정의 맛을 알게 되었다.

악기란 미묘하다. 조금만 소홀히 다루어도 그 음색이 기운을 잃는다. 또 언제나 다루는 사람의 성정을 아낌없이 드러낸다. 악기뿐이 아니다. 미술이든 사진이든 모든 예술 매체들은 다루는 방법과 기술과 집중력에 따라

천양지차의 결과를 드러낸다. 하긴 예민하고 미묘한 성질을 갖고 있지 못하면 애당초 예술 매체로 사용되지 않았을 것이다. 음악 학원이든 미술 학원이든 사진 학원이든 제대로 좀 배울 작정으로 다녀 본 사람이라면 자신이 다루는 악기가, 혹은 붓이, 혹은 사진기가, 얼마나 예민한 녀석인지 수없이 절감했을 것이다. 다만 그 도구를 다루는 기초 기술을 익히는 데만도 삼사 년씩을 족히 투자해야 하는 것이다.

그런데 그 어떤 악기보다도 그 어떤 매체보다도 예민하고 섬세하고 복잡한 성능을 지닌 것이 바로 인간의 언어다. 아 다르고 어 다르다. 그런데 적잖은 습작생들이 갖고 있는 이상한 오해 중 하나가, 자신은 언어를 별 문제없이 잘 다루고 있다는, 혹은 잘 다룰 수 있을 것이라는 착각이다. 피아노 학원생들은 적어도 삼사 년을 기초훈련만 익히고, 미술 학원생들 역시 데생 훈련을 반복한다. 이제 겨우 피아노 학원에 나가 바이엘을 익히면서 베토벤의 피아노 소나타를 연주하려는 바보는 없을 것이다.

그런데 글쓰기 교실의 사정은 다르다. 적지 않은 사람들이 단편쯤은 쉽게 (사실은 조급하게) 쓸 수 있을 것으로 착각하곤 한다. 혹은 얼마간 노력하면 자신도 그 못지않은 수준작을 써낼듯이 글쓰기를 만만하게 생각한다. 피아노 학원에 처음 등록한 학생은 자신이 피아노에 무지한 사실을 당연한 일로 인정하지만, 미술 학원에 처음 등록한 학생은 자신의 붓 터치가 형편없다는 사실을 일단 인정하지만, 글쓰기 교실에 온 학생들은 이 같은 인정을 잘 하지 않는 것 같다. 붓이나 피아노와 달리 언어는 우리가 아주 어려서부터 익혀 사용해 온 것이므로 마치 피아노를 십수 년 다루어 본 사람이 명곡 악보에 도전해 보듯, 곧바로 수준작에 도전하려 든다.

이러한 착각은, 글쓰기 교실에 온 사람뿐만 아니라, 글쓰기에 아무 관심 없는 일반인들도 마찬가지다. 얼마나 많은 사람들이 자신이 '언치' 인 줄도 모르고 언어를 사용하고 있는지, 아마도 음치인 줄 모르고 노래하는 사람들 숫자보다 천 배 만 배 많을 것이다. 우리가 언치를 면하지는 못해도 스스로가 언치인 줄을 인정한다면, 이 세상의 오해는 절반쯤 줄어들지도 모른다. 오해뿐만 아니라 각자의 고민거리까지도 절반쯤 줄어들 것이다. 적지 않은 고민이, 사실은 그 자체가 난해한 것이 아니라, 그 고민을 표현하는 언어 문장이 잘못되어서 난망한 경우가 비일비재하기 때문이다.

천성적으로 음악적 재질을 타고난 사람은 매우 드물듯이, 언어적 재능 또한 마찬가지다. 따라서 만약, 당신이 독서나 글쓰기 같은 언어 훈련을 특별히 경험한 적이 없다면, 당신은 언치일 가능성이 매우 높다. 당신이 비록 얼마간의 독서나 학창시절의 문예반 활동을 통해 약간의 글을 끄적거려 본 경험이 있다 해도 당신의 언어 연주력은 아마도 고작 내 음악 실력에 비견될 만큼, 엉터리 수준일 것이다.

놀랍게도 국문과나 문창과를 졸업한 학생들 중에도 언치가 부지기수다. 내 경험으로 미루어 보면, 열에 여덟아홉이 언치였다. 그것도 자신이 언치인 줄도 아직 모르고 있는 언치였다. 국문과나 문창과 학생이 이럴진대 일반인은 더 말할 나위도 없다.

.2.
소설가 지망생들조차 언치가 부지기수다

물론 '언치'라는 말은 내가 음치와 비교하기 위해 지어낸 단어이고, 흔히 문학제도, 가령 신춘문예 심사평에서는 '문장력을 갖추지 못하였다', '언어의식이 없다', '언어감각이 부족하다' 등과 같은 점잖은 표현을 즐겨 사용한다. 이러한 지적이 의미하는 바는 무엇일까?

다음은 어느 수강생의 단편소설 습작품 시작부분이다.

<보기 6>

나는 아침에 일어나면 제일 먼저 베란다로 나간다. 유리창을 덮고 있는 하늘색 버티칼을 벗기고 그리고, 아주 잠깐 유리문을 열고 창밖으로 고개를 내미는데 이것은 나의 오래된 습관이다.

오늘따라 안개가 자욱하다. 아침에 안개가 낀 날은 낮과의 기온 차가 커서 한낮이 몹시 무덥다는 걸 나는 알고 있다. 오늘도 덥겠네, 라고 작게 중얼거린 후 집안으로 발을 옮겼다.

어젯밤 잠자리에 들면서 담가 두었던 미역을 씻은 후 국 끓일 냄비를 찾기 위해서 싱크대 문을 열었다. 크고 작은 냄비들이 쌓여 있는 곳에 한 번도 본 적 없는 압력솥이 눈에 들어 왔다. 이와 비슷한 경험이 또 있는데 외출하려고 옷장 문을 열었을 때 내 옷장 속에 있으니까 분명히 내 옷인데도 불구하고 마치 처음 보는 것처럼 낯설었던 적이 있다.

200자 원고지 65매 분량의 단편소설 시작부분으로, 인용한 분량은 원고지 2.2매 분량이다. 전체 분량의 1/30인 셈이다. 그런데 만약 위 글을 어딘가에 응모했다면 심사위원은 다만 여기까지만 읽고도 심사 대상에서 제외시킬 것이다. 왜냐하면 기본적인 문장력조차 갖추고 있지 못하기 때문이다. 당신이 심사위원이라고 가정하고, 적절치 못한 부분들을 지적해 보기 바란다.

아마도 가장 거슬리는 부분은 두번째 문장으로, 주어와 술어가 제대로 맞지 않는 비문이다. 소위 주술호응이 적절치 못한 것이다. (주술호응은 가장 빈번히 등장하는 비문의 대표적 사례다. 가령 "시골에서 보낸 며칠은 도시 생활에서는 가질 수 없던 여유를 갖고 앞으로 해야 할 일을 계획하는 시간을 보냈다'라는 문장 역시 주술호응이 어긋난 경우다. 주어가 '며칠'이므로 술어 부분이 '계획하는 시간이었다' 정도로 수정되어야 한다.)

하지만 위의 글을 심사 대상에서 제외시킬 수 있는 보다 확실한 이유는 단지 주술호응이 맞지 않는 비문 하나가 발견된 때문이 아니다. 문학작품에서 약간의 비문은 통상 수사적 장식을 위해 용인되곤 한다. 그러므로 고작 1/30을 읽고 비문 하나가 발견되었다고 바로 버릴 수는 없다.

다만 버릴 수 있는 또 다른 이유가 너무나 많다.

<u>나는</u> <u>아침</u>에 일어나면 제일 먼저 베란다로 나간다. 유리창을 덮고 있는 하늘색 버티칼을 벗기고 그리고, 아주 잠깐 <u>유리문을 열고 창밖으로 고개를 내미는데</u> 이것은 <u>나의</u> 오래된 습관이다.

오늘따라 안개가 자욱하다. <u>아침</u>에 안개가 낀 날은 낮과의 기온 차가 커서 한 낮이 몹시 무덥다는 걸 <u>나는</u> 알고 있다. <u>오늘도 덥겠네, 라고 작게 중얼거린 후 집안으로 발을 옮겼다.</u>

<u>어젯밤</u> 잠자리에 들면서 담가 두었던 미역을 씻은 후 국 끓일 냄비를 찾기 위해서 싱크대 문을 열었다. <u>크고 작은 냄비들이 쌓여 있는 곳에</u> 한 번도 본 적 없는 압력솥이 눈에 들어 왔다. 이와 비슷한 경험이 또 있는데 외출하려고 옷장 문을 열었을 때 <u>내 옷장 속에 있으니까 분명히 내 옷인데도 불구하고</u> 마치 처음 보는 것처럼 낯설었던 적이 있다.

밑줄 부분은 모두 의미가 중언부언 겹치고 있다. ① '나는'과 '나의'는 겹친다. 어차피 일인칭 주인공 시점인데 새삼 주어를 내세울 이유가 없다면 생략하는 것이 낫다. ② '유리문을 열고 창밖으로 고개를 내미는데' 부

분은, 어차피 유리문이 창문일 테니까, '유리문을 열고 밖으로 고개를 내미는데'라고 해도 충분하다. 뿐만 아니라 고개를 내민다는 것은 의당 '밖으로' 내민다는 뜻일 것이므로, '유리창을 열고 고개를 내미는데'라고 해도 족하다. 더구나 '유리문을 열고 창밖으로 고개를 내미는데'라고 말하면, 독자에게는 유리문이 따로 있고 창문이 따로 있는 것처럼 느껴져서 혼란스러울 우려까지 있다. ③두번째 단락의 '아침에'는 독자가 이미 접한 정보이므로 불필요하다. ④'작게 중얼거린 후 집안으로 발을 옮겼다' 부분은 별다른 의미가 없는 부분이므로, 생략가능하다. 구름 한 점 없는 것을 보니 오늘도 꽤나 무더울 모양이었다' 정도로 끝맺는 것이 효과적이다. 어떤 부분이 생략가능하다면, 생략하는 것이 좋다. 긴장감만 떨어지기 때문이다. ⑤셋째 단락의 '어젯밤' 역시 이미 독자에게 전해진 정보다. ⑥'싱크대 문을 열었다'는 '싱크대를 열었다'로 하고, ⑦냄비를 찾기 위해 싱크대를 열었으므로, '크고 작은 냄비들이 쌓여 있는 곳에' 부분도 생략가능하다. ⑧'내 옷장 속에 있으니까 분명히 내 옷인데도 불구하고' 부분은 '분명히 내 옷인데도 불구하고' 정도가 더 효과적이다. '내 옷장 속에 있으니까' 부분은, 사용하지 않아도 의미가 충분히 전달되며, 이 소설 뒷부분까지 읽어 보면 화자가 가정주부인데, '내 옷장'이라고 표현하니까 '식구들이 각자 옷장을 따로 소유하고 있나?' 하는 의문이 생기기까지 한다.

고작 시작부분의 1/30 분량만 읽었는데도 여덟 곳이 중언부언 의미가 비효율적으로 겹치고 있다면, 작품 전체를 읽었을 때는 무려 240곳 이상이 중언부언 겹칠 확률이 높다. 단편은 원고지 100매 정도로 제한되어 있는데, 240곳을 중언부언해 놓았다면 그렇지 않은 작품에 비해 긴장감이 떨어지고, 내용 또한 그만큼 빈곤할 것이 틀림없다. 그러므로 심사위원은 여기까지만 읽고도 확신을 가지고 위 작품을 버릴 것이다.

물론 글을 쓰다 보면, 어느 정도 반복되는 내용들이 있게 마련이다. 사실 분위기 조성이나 리듬감을 위해 반복을 적절히 사용할 필요도 있다. 그런 점에서 얼마간 반복하는 내용이 들어 있더라도, 심사위원은 참고 좀더 읽어 볼 것이다. 그런데 위의 글은, 비문 및 의미의 잦은 중복 외에 또 다른 문제를 안고 있는데, 첫 단락 두 문장만 보더라도, 의미상 부적절한 단어들이 너무 자주 사용되고 있다.

①나는 아침에 일어나면 ②제일 먼저 베란다로 나간다. 유리창을 ③덮고 있는 ④하늘색 버티칼을 ⑤벗기고 그리고, ⑥아주 잠깐 ⑦유리문을 열고 창 밖으로 ⑧고개를 내미는데 이것은 나의 오래된 습관이다.

①은 앞서 말한 대로 생략가능하고, ②와 ⑥은 지나치게 강조되어 있는 부분으로, 각각 '먼저'와 '잠깐' 정도로만 표현하는 것이 더 적절하다. '제일 먼저'라고 말하면 너무 서두르는 느낌이 들고, '아주 잠깐' 역시 순간적으로 매우 빠르게 벌어지는 사건처럼 연상되기 때문이다. ③은 '가리고 있는'이라고 해야 알맞고, ④는 불필요하다. ⑤는 떼어 낸다는 뜻에 가까우므로 '젖히고'가 적절하다. ⑦은 앞서 지적한 대로 '창을 열고' 정도가 알맞고, ⑧은 '살펴보는데' 정도의 표현이 보다 타당하다.

이렇게 밑줄 친 부분들을 수정하지 않고 문장 그대로 읽으면, 사실 위의 문장은 다음과 같이 해석될 여지를 안고 있다. "나는 아침에 일어나면 (거의 무조건적으로) 베란다로 먼저 나간다. (창에 걸린 버티칼이 아니라) 유리창을 덮어 둔 하늘색 버티칼을 떼어 내고, 그리고 아주 잠깐, 그러니까 순간적인 매우 짧은 순간에 (유리창이 아닌 또 다른) 유리문을 연다. 그런 다음 (유리문 바깥에 있는 또 다른) 창밖으로 고개를 내미는 습관이 있다."

물론 설마 이렇게 사는 사람이 있으랴 싶기에 독자는 어느 정도 일반적 상황에 맞춰 읽어 나가겠지만, 문장 자체는 이러한 의미를 은밀히 유포하므로, 독자의 연상에는 혼란이 따르기 마련이다. 마치 음치의 노래를 듣는 경우와 흡사하다. 나는 클래식 멜로디를 흥얼거리는데 친구는, 그거 이문세 노래 아냐? 하고 반문하는 꼴이다. 「전국노래자랑」에서 한두 소절만 듣고도 땡! 하게 되듯이, 결국 심사위원은 1/30 부분만 읽고도 작품을 버릴 수 있다. 이제 지적된 부분을 수정하면 다음과 같다.

〈보기 7〉
일어나자 베란다로 나갔다. 버티칼을 젖히고 창밖으로 고개를 내밀어 심호흡을 하면서 아침햇살을 만끽하는 일은, 이곳 아파트로 이사 오고 나서부터 새로 생긴 습관이다. 동쪽으로 천변공원을 끼고 있어서 수면 위로 햇살을 튕겨 내는 풍경이 볼 만했던 것이다. 하지만 오늘은 안개만 자욱하다. 아침까지 안개가 끼어 있는 날은 으레 낮과의 기온 차가 커서 어김없이 한낮이 몹시 무덥다. 아무래도 외출을 오전으로 앞당겨야 할 듯하다.

어젯밤 잠자리에 들기 전에 담가 두었던 미역을 씻은 후 국 끓일 냄비를 찾기 위해 싱크대를 열었다. 그런데 한 번도 본 적이 없는 압력솥이 눈에 들어왔다. 나는 그것을 들고 까다로운 구입자처럼 한참이나 살펴보았다. 도통 기억에 없는 물건이었다. 요즘 들어 부쩍 이런 경험이 잦다. 어제도 외출하려고 옷장 문을 열었다가 처음 보는 옷이어서, 주말에 다녀간 시누 옷인가 하고 전화까지 걸어 보았을 정도다. 시누는 웃으면서……

〈보기 6〉과 〈보기 7〉은 거의 같은 정황을 전달하고 있다. 그렇다고, 똑같이 읽힐 수는 없다. 마치 음감이 부족한 사람에게는 웬만한 음치의 노래 역시도 목소리만 크면 잘 부르는 것처럼 느껴지듯이, 언어감각이 부족한 독자에게는 <보기 6>과 <보기 7>이 똑같이 읽힐 수도 있겠다. 그러나 틀림없이 <보기 7>은 <보기 6>보다 의미가 명확할뿐더러, 구체적이면서도 한결 많은 정보를 전달하고 있다는 점에서 보다 풍요롭다.

<보기 6>과 <보기 7>을 접하면서 이제 '기초적인 문장력', '언어의식', '언어감각' 등이 무엇을 뜻하는지 어렴풋이나마 알게 되었을 것이다. 그것은 소위 언어를 정확하게 선택하고 경제적으로 배열하는 매우 기초적인 기술을 뜻하는 것이다. 그런데 이러한 기초 기술조차 익히지 못한 습작생들이 흔하다.

반대로 혹자는 '이 정도 주의만으로 좋은 글을 쓸 수 있다면 나 역시도 얼마든지 쓸 수 있겠는데' 하는 자신감을 가질지도 모른다. 정말이지 이 정도 주의만 기울일 줄 알아도 웬만한 문학상 예심은 능히 통과할 것이다. 말한 대로 국문과나 문예창작학과를 졸업한 학생들 중에, 문장력에 대한 이만한 주의력도 없이 창작에 임하는 학생이 부지기수이기 때문이다.

적잖은 학생들이 내게 습작품을 들고 와서 평을 듣고자 했는데, 그중 여덟아홉에 대한 나의 반응은 동일했다. "어째 문장력조차 되어 있지 않네?"

그러면 그들 반응도 대개 한결같다. "그럴 리가요?"

그러나 실상은 그러했다.

.3.
언어적 감수성, 글쓰기의 필수요건

노래를 멋지게 부르기 위해서는 음이나 박자의 차이를 알아채는 음악적 감수성이 있어야 한다. 맛있는 빵을 만들려면 재료와 온도에 따라 달라지는 빵맛의 미묘한 변화까지 섬세하게 알아채는 미각적 감수성이 있어야 한다. 마찬가지로 글을 잘 쓰기 위해서는 언어적 감수성이 있어야 한다. 언어적 감수성이 둔한 사람이 구사한 문장은, 음치가 내는 휘파람 소리와 같고 두터운 장갑을 끼고 세공을 하는 경우와 같으며 비염 환자가 냄새 맡는 꼴과 같다.

미감이 둔한 요리사가 있을 수 없듯이, 글쓰기에 있어 언어적 감수성은 가장 기초적이고 가장 필수적인 요건이다. 글쓰기는 오직 '100% 언어'로만 의사소통하는 작업이어서, 글 쓰는 사람은 의당 언어에 대한 주의가 남달라야 하고 언어에 대한 자극과 느낌 또한 남달리 예민하고 정확하고 풍부해야 한다.

이제부터 한 문제씩 풀어 가면서 자신의 언어적 감수성을 테스트해 보자. 먼저 어휘에 대한 언어적 감수성을 알아보기 위해 재미있는 난센스 퀴즈를 하나 풀어 보자.

〈보기 8〉

'산토끼'의 반대말은?

이 질문에 만약 '집토끼!'라고만 대답해 놓고 만족한다면 당신의 언어적 감수성은 빈곤하기 짝이 없는 수준이다. 정답은 '집토끼, 죽은 토끼, 알칼리 토끼, 판 토끼, 물 토끼', 그리고 '키토산' 등이다.

'산'이라는 언어가 불러일으키는 효과는 이처럼 풍요롭다. 언어적 감수성이란 이렇듯, 언어가 불러일으키는 다양한 감성과 상상력을 뜻한다. '참새'라는 단어를 통해서 다만 사전적인 의미인 'a sparrow, 참새과의 새로 몸은 다갈색이고 부리는 검으며 배는 잿빛을 띤 백색이다. 가을에는 농작물을 해치나 여름에는 해충을 잡아먹는 텃새' 라는 개념만 떠올린다면 무척이나 빈곤한 언어적 감수성을 가진 사람이 틀림없다. 이런 사전적 의미 이외에 최소한 시골 방앗간, 전깃줄, 덤불숲, 아침햇살, 수다쟁이, 새참, Real Bird…… 정도는 연상해야 일반적 수준의 언어 감수성을 지닌 사람일 것이다. 이번에는 문장을 통해 언어적 감수성을 알아보자. 다음 글귀를 통해 어떠한 상황을 상상할 수 있을까.

〈보기 9〉

노동을 마치고
벗어 놓은 겉옷처럼 툇마루 한 끝에
노인은 앉아 있었다.

위 문장을 단숨에 읽고 단지 노동을 마치고 앉아 있는 추레한 노인 모습을 떠올릴 수도 있다. 하지만 어디에 휴지(休止)를 두느냐에 따라 다음과 같이 다양하게 추론해 보면서 읽을 수도 있다. 소위 여백 읽기를 통해 다양한 해석이 가능한 것이다. 우선 ① '노동을 마치고, 다만 벗어 놓은 겉옷처럼 툇마루 한 끝에 앉아 있다' 라고 읽을 수 있다. 노인은 노동을 마친 다음, 정말로 겉옷을 벗어 놓은 것이 아니라, 다만 벗어 놓은 겉옷처럼 낡고 추레하고 기운 빠진 모습으로 마루에 앉아 있는 것이다. 그런가 하면 ②노인은 노동을 하지 않았다. 다만 '노동을 마치고 벗어 놓은 겉옷처럼, 낡고 추레하고 지친 모습으로 앉아 있다' 라고 읽을 수도 있다. 또 반면, ③ '노인은 노동을 정말로 마치고, 그리고 노동을 할 때 입고 있던 겉옷을 벗은 다음 겉옷 옆에 같은 모양새로 앉아 있다' 라고 가늠해 볼 수도 있다. 이렇듯 위의 한 문장 속에는 적어도 세 가지 이상의 상황과 이미지가 함께 포개져 있다. <보기 8>이 언어에 대한 감수성이라면 <보기 9>는 문장에 대한 감수성, 소위 여백 읽기의 실례에 해당된다.

.4.
언어 맛보기

이번에는 장석남 시인의 「수묵정원」 연작 중에 짧은 소품 한 편을 읽어 보겠다. 시를 읽고 유추되는 상황과 이미지를 떠올려 보자.

〈보기 10〉
귀뚤이들이
별의 운행을 맡아가지고는
수고로운 저녁입니다.
가끔 단추처럼 핑글
떨어지는 별도 있습니다.

위의 시는 단지 두 개의 문장으로 이루어져 있다. 4행의 두번째 문장은 별똥별이 문득 떨어지는 순간의 찰나성을 표현한 문장이다. 해독이 난해한 부분은 첫번째 문장 즉, 일행·이행·삼행 부분이다. 이 문장은 무슨 뜻일까. 어떻게 읽어야 할까.

일단 문장 뜻 그대로 해석해 보자. 바야흐로 저녁인데, 귀뚜라미들이 무척이나 수고롭다. 그 이유는 별의 운행을 맡아서이다라고 시인은 말하고 있다. 통념적으로 생각하면, 별의 운행은 신이나 천사들이 맡고 있거나, 단지 우주의 물리력 때문일 것이다. 그런데 시인은 귀뚜라미들이 별의 운행을 맡고 있다고 생각한다.

　이러한 생각은 아마도, 귀뚜라미 소리가 별빛처럼 무척이나 빼곡하기 때문에 가능했을 것이다. 저녁이 되어 날이 저물면서 눈에 보이는 것은 오로지 밤하늘의 빼곡한 별빛뿐인데, 귀에 들리는 것은 오로지 빼곡한 귀뚜라미 소리뿐이어서, 마치 오비이락의 경우처럼 별빛과 귀뚜라미가 상응 관계로 느껴졌을 것이다. 다시 말해서 시인은 지금 별빛 빼곡한 시각적 공간과 귀뚜라미 소리 빼곡한 청각적 공간의 교차점에 서 있다. 그러다 보니 의아했을 것이다. '다들 잠드는 저녁 시간에 저렇게 많은 별빛이 떠 있다니!' 동시에 또 다른 의구심도 가졌을 것이다. '별빛은 그렇다 치고 귀뚜라미들은 왜 저렇게 시끄럽게 울어들 쌓나? 마치 자신들이 별빛의 운행을 책임지고 있기라도 하듯이 소란스럽군!' 이렇게 아이처럼 순진한 시청각적 상상이, "귀똘이들이 별의 운행을 맡아가지고는 수고로운 저녁입니다"와 같은 시구를 낳게 만들었을 것이다.

　따라서 이 구절을 읽으면서 우리는 우리의 언어적 감수성을 통해, 모든 것들이 수묵처럼 사라지는 저녁 속으로, 보이는 것이라고는 오직 별빛뿐이고 들리는 것이라고는 귀뚜라미 울음뿐인, 해 저물어 어두운 정원 속 한가운데로 들어가 있는 상상과 기분에 오롯이 젖어야, 비로소 위의 시를 충분히 만끽한 것일 수 있다.

　이번에는 기형도의 연애시를 한 편 감상해 보자. 시를 읽고 '언제 어디서 무엇을 누가 왜 어떻게'라고 하는 육하원칙에 따라 상황과 이미지를 떠올리고 설명해 보자.

〈보기 11〉

그날 마구 비틀거리는 겨울이었네

그때 우리는 섞여 있었네

모든 것이 나의 잘못이었지만

너무도 가까운 거리가 나를 안심시켰네

나 그 술집 잊으려네

기억이 오면 도망치려네

사내들은 있는 힘 다해 취했네

나의 눈빛 지푸라기처럼 쏟아졌네

어떤 고함 소리도 내 마음 치지 못했네

이 세상에 같은 사람은 없네

모든 추억은 쉴 곳을 잃었네

나 그 술집에서 흐느꼈네

그날 마구 취한 겨울이었네

그때 우리는 섞여 있었네

사내들은 남은 힘 붙들고 비틀거렸네

나 못생긴 입술 가졌네

모든 것이 나의 잘못이었지만

벗어둔 외투 곁에서 나 흐느꼈네

어떤 조롱도 무거운 마음 일으키지 못했네

나 그 술집 잊으려네

이 세상에 같은 사람은 없네

그토록 좁은 곳에서 나 내 사랑 잃었네

〈기형도, 「그집 앞」〉

수업시간에 학생들에게 이 시를 읽고 해석해 보라고 하면, "남자 주인공이 여자와 같이 자고서 헤어졌어요"라고 말하는 학생이 있는가 하면, "남자가 여자와 뽀뽀했다가 헤어졌어요"라고 추정하는 학생도 있다. 아마도 '나의 잘못', '섞여 있었네', '너무도 가까운 거리', '못생긴 입술' 등과 같은 어휘를 통해 이러한 추정을 하게 되었을 것이다. 하지만 이러한 추론은 피상적일 뿐 정확하지 않다.

　위의 시를 육하원칙에 맞춰 풀면 아마도 다음과 같이 서술할 수 있을 것이다. 나는 그해 '겨울', 아주 가깝게 모여 앉아야만 할 정도로 '좁은' '술집'에서 일행과 어울려 술을 마셨다. 다같이 오붓하게 한데 '섞여' 술을 마시다 보니, 나도 모르게 '내 사랑'에게 어떤 실수를 범하고 말았다. 그 바람에 '내 사랑'은 아마도 내게 격렬히 화를 내고 이별을 선언했다. 분명 '나의 잘못' 때문에 그렇게 되었지만, 그러나 내가 어떤 나쁜 의도가 있어서 그렇게 한 것은 아니고, 다만 '너무도 가까운 거리가 나를 안심' 시켜서, 기분이 너무 좋고 달뜬 나머지 나도 모르게 방심해서 취한 행동이었다. 어쨌거나 돌이킬 수 없도록 뼈아픈 일이 벌어지다니, 나로서는 이와 관련된 기억 자체를 잃어버리고 싶을 만큼 창피하고 부끄러워 쥐구멍이라도 찾아 '도망'치고 싶은 심정이다. 아무것도 기억하고 싶지 않아서 나는 남은 일행과 더불어 '있는 힘 다해 취했'다. 취해서는 '지푸라기' 같은 눈물을 흘렸고, '못생긴 입술'이 될 정도로 얼굴을 일그러뜨리며 울었다. 벗어 둔 외투나 붙잡고 울었다. 그러자 일행이 내게 '고함'을 치고 '조롱'하면서까지 나를 말리고 달랬다. 하지만 '그 어떤 고함도 내 마음'에 와 닿지 않았고, 어떤 조롱도 나를 일으켜 세울 수는 없었다. 왜냐하면 '이 세상에 같은 사람은 없'기 때문이다.

　다시 말해 "이 세상에 같은 사람은 없네"라는 구절을 통해, 일행이 아마도 그를 향해 "세상에 그 정도 되는 여자는 쌔고 쌨다. 그러니 눈물을 흘리는 부끄러운 짓 좀 그만해! 사내자식이 그 정도 실연으로 눈물을 보이다니, 잘 하는 짓이다!"라고 고함치고 조롱했을 것이라고 추정해 볼 수 있다. 그들 눈으로 보면 '내 사랑'은 얼마든지 흔하디 흔한, 혹은 '내 사랑'보다 잘나고 예쁜 상대가 얼마든지 많아 보일 것이다. 하지만 '나'에게는 그렇지 않다. 왜냐하면 어느 일면에서 더 잘나거나 멋진 사람은 많을지 모르지만, 그렇더라도 '이 세상에 같은 사람', 대체 가능한 존재는 있을 수 없기 때문이다.

간단하게 말하면, 술집에서 실연당해서 우니까 친구들이 고함치고 조롱하면서 말렸다는 얘기다. 술집 골목에 가 보면 거의 매일같이 목격할 수 있는 젊은이들의 술주정 모습이자 추태 장면인 셈이다. 하지만 시인은 과감한 생략과 간결한 단문, 그리고 '-쓰네'로 끝나는 단정한 회고적 어조를 통해 독특한 서정미를 성취하고 있다. 특히 일행의 '고함'과 '조롱'을 "이 세상에 같은 사람은 없네"라는 구절과 대비시킴으로써 '보통 사람보다 잘난 사람은 얼마든지 많다'라고 하는, 우리 스스로를 은연중에 비하하고 인간을 등급화하는 굴욕적인 무의식적 통념을 강렬하게 전복하고 있다.

술집에서 실연당해 울고 일행이 고함치고 조롱하면서 말리는 통속적인 장면을 다루고 있지만, 서정적인 실연의 아픔으로 간결하고 세련되게 압축하고 있을 뿐만 아니라, 사람은 못난 사람도 있고 잘난 사람도 있어서 웬만한 보통 사람은 다른 사람으로 언제든 얼마든지 대체 가능하다고 하는, 무의식적으로 우리 스스로를 짓눌러 온 우리 자신에 대한 폭력적인 태도에 대해 통렬하게 저항하고 있다. "이 세상에 같은 사람은 없네"라는 구절에서 우리는 이러한 저항과 전복을 체감해야 한다. 이러한 체감과 공명능력이 없으면, 독감 앓는 사람의 입맛처럼 위의 시의 맛을 제대로 느낄 수가 없다. 손끝 감촉이 없이는 주머니 속 물건을 알아맞힐 수 없듯이 언어적 감수성이 없이는 풍요로운 독서가 불가능해진다.

이번엔 김현승의 시 「슬픔」이다. 시인이 말하는 슬픔이란 무엇인지 읽으면서 추론하고 상상해 보자.

〈보기 12〉
슬픔은 나를
어리게 한다.

슬픔은
죄를 모른다.
사랑하는 시간보다도 오히려.

슬픔은 내가
나를 안는다.
아무도 개입할 수 없다.
슬픔은 나를
목욕시켜 준다,
나를 다시 한번 깨끗하게 하여 준다.

슬픈 눈에는
그 영혼이 비추인다.
고요한 밤에는
먼 나라의 말소리도 들리듯이.

슬픔 안에 있으면
나는 바르다!
신앙이 무엇인가 나는 아직 모르지만,

> 슬픔이 오고 나면
> 풀밭과 같이 부푸는
> 어딘가 나의 영혼…….
>
> 〈김현승, 「슬픔」〉

 통념적으로 슬픔은 괴롭고 우울하고 남에게 들키면 창피한 경험이어서, 피하고 싶은 감정이다. 그래서 우리는 대개 우는 것을 부끄럽게 여긴다. 하지만 시인의 슬픔은 이러한 감정적 태도와는 사뭇 다르다. 시인은 잘 알려진 시 「눈물」에서 "더욱 값진 것으로 / 드리라 하올 제, / 나의 가장 나아종 지닌 것도 오직 이뿐!"이라고 말한 것처럼, 눈물을 도리어 사람의 가장 값진 것으로 삼고 있다. 그리고 그의 시 「슬픔」은 그 이유를 세세히 설명해 주고 있다. '슬픔은 죄를 모르며, 나를 어리게 만들고, 깨끗하게 해주며, 무엇보다 나를 바르게 만들기' 때문이다.
 따라서 위의 시를 읽으면서 우리가 일상에서 경험하는 우울하고 괴롭고 감추고 싶기만 한 그런 일상적 감정으로서의 슬픔을 연상해서는 곤란하다. 그보다는, '나를 어리게' 만드는 슬픔에 대해, 나를 '깨끗하게 하여' 주는 슬픔에 대해, 나를 '바르게' 만드는 슬픔에 대해 구체적으로 상상해 보면서 읽는 것이 바른 독법일 것이다.
 나를 어리게 하고 깨끗하게 하고 바르게 하는 슬픔이란 아무래도 사적인 슬픔을 의미하지는 않을 것이다. 보다 보편적이고 근원적인 슬픔 가령, 사랑하는 사람이 죽어 가는 것을 보면서도 어떻게 하지 못할 때의 절망, 혹은 기아와 빈곤으로 적지 않은 이들이 고통을 겪고 있는 것을 목도할 때의 안타까움, 그리고 그러한 사실을 빤히 알면서도 그들에게 힘이 되어 주기는커녕 조금 비싸더라도 고급스러운 의식주를 탐내느라 하루하루 급급한 자신을 발견할 때의 자괴와 우울, 혹은 겪고 난 뒤에나 깨닫게 되는 자신의 잘못을 후회할 때의 쓸쓸한 체념 등으로부터 빚어지는 보다 뿌리 깊은 슬픔을 떠올려야 적절할 것이다. 이러한 슬픔이라면, 우리는 일상의 다른 어떤 감정 속에 놓여 있을 때보다도 오히려 그 슬픔 속에 있을 때 바를 수 있다. 우리는 다른 어떤 대단한 진리를 발견하는 것보다 이 슬픔 안에 있을 때 더 바를 수 있다. 그리고 이러한 슬픔이라면, 어쩌면 이것은 신조차도 지니지 못하는, 피조물의 가장 값진 실존적 가치일 수 있고, 가장 나중에 내어 놓고 싶은 자신의 가장 값진 가치일 수 있다. 슬픔에 대한 시인의 이와 같은 인식은 결국 '눈물'을 두고, '신이 드리라 하올 제 맨 나중에 드리는' 소중한 가치로까지 극화된다.

.5.
언어로 존재하기

몇 편의 시를 통해 보다 꼼꼼하고 정확하고 예민하게 언어와 문장을 읽는 연습을 해보았다. 이러한 독서를 통해 언어와 작품을 보다 풍요롭게 만끽할 수 있고, 보다 깊고 섬세한 사유로 이어 갈 수 있다. 감수성이란 사전적 의미 그대로, 대상에 대한 자극과 반응을 민감하고 정확하게 받아들이는 능력이다. 이런 능력을 키우는 유일한 방법은 대상과 친숙해지는 길뿐이다. 커피든 녹차든 오래 자주 마셔 본 사람이 그 맛에 예민하고 또한 정확하다. 개를 키워 본 사람은 개의 반응을 누구보다 정확하게 읽어 낸다. 에스키모는 눈과 바람의 성질에 민감하고 정확하다. 마찬가지로, 언어와 친숙하게 지내는 사람일수록 언어에 대한 감수성이 남다르지 않을 수 없다.

평소 말하기·듣기·읽기·쓰기에 주의를 많이 기울여 온 사람일수록 언어적 감수성이 예민할 것이다. 특히 문장을 정확하고 섬세하게 읽어 내는 독자일수록 언어에 대한 감수성이 남다를 수밖에 없다. 이러한 독서 방법을 가장 강조하는 비평적 태도로 영미 신비평을 들 수 있다(클리언스 브룩스의 『잘 빚어진 항아리』나 브룩스·워렌의 『소설의 분석』은 각각 현대시와 단편소설을 분석한 대표적인 신비평 서적이다. 시나 소설에 관심이 없는 사람일지라도 '자세히 읽기'의 전범으로서 일독해 볼 만하다. 그 외에 이상섭의 『자세히 읽기로서의 비평』 등을 참고할 만하다). 신비평은 텍스트 자체를 정치하게 읽어 나가는 독서 태도를 지향하고 언어 자체, 문장 자체가 일으키는 다양하고 풍요로운 의미에 집중한다.

감수성조차도 타고나는 재능이 아니라, 훈련의 결과일 따름이다. 말하기·듣기·읽기·쓰기 중에서도 인류가 가장 심혈을 기울여 언어를 조탁해 온 분야는 '쓰기'이다. 따라서 성실한 독서를 통해 좋은 문장을 많이 접하면 언어에 대한 감수성 역시 그만큼 빠르게 익힐 수 있다. 특히 시는 언어를 가장 섬세하게 조탁해 온 장르여서, 시를 많이 읽으면 언어 자체에 대해 예민하고 섬세하게 반응하는 능력이 커질 것이다. 그런가 하면 소설은 다양한 이야기 기술이어서, 다양한 간접체험과 상상력을 자극시켜 줄 것이다. 또한 깊은 사유를 담고 있는 철학서나 인문학 서적의 탐독은 언어를 통해 사유를 가꾸고 확장하고 전복하고 자유롭게 전달하는 방법을 배울 수 있는 첩경일 것이다.

언어적 감수성을 키우는 데 다른 지름길은 없다. 우선은 언어와 가깝게 지내야 한다. 또한 언어를 주의해서 사용해야 한다. 언어와 문장 하나하나를 정확하게 읽고 예민하게 접해야 한다. 우리가 어떤 대상을 사랑하게 되면, 그 대상의 여러 가지 모습에 대해 다른 누구보다도 민감하게 반응하는 감수성을 얻게 되듯이, 우리가 언어를 가까이 대하고 사랑하면, 그 과정을 통해 언어에 대한 남다른 풍요로운 감성을 누릴 수 있을 것이다.

5

일상언어와 출판언어

사람과 사람이 일상에서 직접 대화를 나눌 경우, 의사소통의 수단으로 언어는 다만 20% 이하 정도만 사용한다고 한다. 언어 외에도 눈빛·표정·차림새·동작 등에 의존해서 80% 이상의 의사소통을 하는 것이다. 반면에 작가와 독자는 오로지 언어만을 의지해서 소통해야 한다. 화자의 눈짓이나 표정, 동작이나 평소 말투도 알 길이 없다. 책을 통해 만날 경우엔 오로지 언어만 100% 사용되기 때문이다. 이 20%와 100%의 차이가, 일상어와 출판어의 울림의 차이를 만든다.

.1.
말재주와 글솜씨는 서로 비슷하면서 다르다

음감이 뛰어난 사람들이 악기도 잘 다룬다. 하지만 음감이 뛰어난 사람이 반드시 악기도 잘 다루는 것은 아니다. 음감과 연주 솜씨는 밀접한 관련이 있지만 전혀 별개의 재주이기도 하다.

말재주와 글솜씨의 관계 역시 마찬가지다. 흔히 주변에 말을 천성적으로 잘하는 사람들이 있다. 매우 논리정연하게, 생동감 있게, 혹은 감칠맛 나게 말을 구사하는 사람이 있어서, 똑같은 레퍼토리일지라도 그의 입을 통하면 한결 재미있거나 뜻깊은 이야기로 살아난다.

이렇게 말재주 좋은 사람이 글솜씨 또한 뛰어날 가능성이 높다. 그러나 말을 잘하는 사람이 곧 글을 잘 쓰는 사람이 될 수 있는 것은 아니다. 대체로 말도 글도 솜씨가 좋은 사람이 있는가 하면, 말은 달변인데 글은 엉망인 사람도 있으며, 반대의 경우도 얼마든지 가능하다. 그 이유는 말재주와 글솜씨가 일정한 상응관계를 갖지만, 그렇다고 일대일 대응관계는 아니기 때문이다.

웅변이나 대화술에서 보듯 말을 잘하려면 먼저 좋은 원고가 있어야 한다. ①주제를 효율적으로 전달하는 짜임새 있는 구성, 논리적이면서도 유연한 사고의 전개, 정확하고 경제적인 문장, 빼어난 표현과 풍요로운 상상력 등을 갖춘 원고를 먼저 갖출 필요가 있다. 그러나 이것만으로는 부족하다. 이 같은 원고 못지않게 ②정확한 발음, 호소력 있는 목소리와 감정을 효과적으로 실은 억양, 확고하고 풍부한 표정과 제스처, 걸쭉한 너스레나 강한 카리스마 등이 함께 효율적으로 발휘되어야 한다.

범박하게 정리해서, ①과 같은 요소들이 쓰기-읽기 중심의 '글솜씨' 라면, ②와 같은 요소들은 말하기-듣기의 청각적 요소가 한결 강하게 작용하는 '말재주'에 해당한다. 그래서 ①과 ②의 관계는 상호삼투적이면서도 그러나 이질적인 관계이기도 해서 말재주와 글솜씨는 딱히 일대일로 조응하지를 않는다.

.2.
일상언어와 출판언어 역시 같으면서 다르다

만약 나처럼 감정이 풍부한 음치라면, 한 번쯤 노래방에서 녹음한 자신의 노래 테이프를 다음 날 들어 보고 경악한 경험이 있을 것이다. 부를 때는 제법 잘 부른 것 같은데, 다음 날 들어 보면 스스로도 괴로울 만큼 엉터리였다.

이와 같이 자기 딴엔 명품인데 다시금 정신을 차리고 들여다보면 명백히 자가당착의 짝퉁에 불과한 결과물이 글쓰기에서도 곧잘 발생한다. 음치들에게 흔히 음감조차 없듯이, 대개의 언치들에겐 언어의식이 부재하기 때문이다. 그들은 앞서 4장의 <보기 6>과 <보기 7>에서 보듯, '덮고 있는'과 '가리고 있는'을 변별하지 못하고, '빗기고'와 '젖히고'를 구별할 줄 모른다. 또한 그들은 '먼저' 혹은 '잠깐'이라고 해도 될 것을, '제일 먼저' 혹은 '아주 잠깐'이라고 아이들처럼 과장되게 강조하는 버릇이 있으며, 이러한 버릇은 글을 쓸 때도 그대로 적용된다.

그들은 무엇보다도 '일상언어와 출판언어가 다르다'는 사실을 조금도 인식하지 못하고 있는 듯하다. 마치 자기 귀에서 울리는 음과 녹음된 음이 다르듯이, 우리가 평소 사용하는 '일상언어'와 책 속에서 사용하는 '출판언어'는 같으면서 전혀 다르게 울리는 언어다.

물론 우리가 일상에서 쓰는 언어와 책에서 사용되는 언어는 기본적으로 동일하다. 모두 한국어이며, 일상에서 흔히 쓰는 단어들 가령 '사랑'·'우정'·'흑인'·'백인'·'춥다'·'창피하다' 등과 같은 일상어를 책에서도 똑같이 사용한다. 반대로 책 속의 단어를 일상에서도 그대로 적용하여 쓸 수 있다. 그런데 그렇더라도 울림은 천양지차로 다를 수 있다.

이유는 전달 방식 때문이다. 일상에서는 말하는 사람과 듣는 사람 간의 정황이 공개되어 있는데, 출판언어에서는 말하는 사람의 정황을 알 길이 없다. 일상에서 청자는 화자의 생김새·옷차림·표정·손짓 등을 모두 살필 수 있지만, 그러나 독자는 화자의 그와 같은 정보에 대해 알 수가 없다.

커뮤니케이션을 연구하는 이론가들에 따르면 사람과 사람이 일상에서 직접 대화를 나눌 경우, 의사소통의 수단으로 언어는 다만 20% 이하 정도만 사용한다고 한다. 언어 외에도 눈빛·표정·차림새·동작 등에 의존해서 80% 이상의 의사소통을 하는 것이다. 반면에 작가와 독자는 오로지 언어만을 의지해서 소통해야 한다. 화자의 눈짓이나 표정, 동작이나 평소 말투도 알 길이 없다. 책을 통해 만날 경우엔 오로지 언어만 100% 사용되기 때문이다.

이 20%와 100%의 차이가, 일상어와 출판어의 울림의 차이를 만든다. 가령, "우리 형은 흑인이야!"라고 내가 친구에게 말하면 아마도 '형의 살결이 매우 검은가 보구나' 하고 짐작할 것이다. 내 가족사항을 잘 알고 있기에 설마 우리 형을 말 그대로 흑인이라고 판단하지는 않을 것이다. 그런데 내가 책을 냈는데, 거기에다 "우리 형은 흑인이다"라는 문장을 써 넣었다면, 별다른 설명이 없는 한 독자는 말 그대로 우리 형을 흑인으로 일단 간주할 것이다. 또 일상에서 "춥다"라고 말하면 상황에 따라 안아 달라거나 기온이 낮다는 뜻이겠지만, 책에서 "춥다"라고만 적혀 있으면 그것은 말 그대로 기온이 낮다는 뜻으로만 읽힌다. 이것이 일상언어와 출판언어 즉, 20% 언어와 100% 언어의 차이다. 일상언어와 출판언어는 이처럼, 재료는 같으나 울림은 판이하다.

.3.
차이는 사소하지만 울림은 크다

일상언어는 언제나 화자와 청자 간의 직접적인 접촉성·지시성·상호관계성 속에서 사용된다. 화자와 청자가 상황을 함께 공유하며 얼굴을 맞대고 있는 것이다. 그래서 언어를 사용해도 언어 자체만을 독립적으로 사용하지 않는다. 언어 외에 독특한 음색이나 억양과 같은 자기만의 말투를 사용하는가 하면 의당 눈빛·제스처·손짓 발짓의 바디랭귀지 등을 함께 동원한다.

덕분에 '그것', '사랑' 등과 같은 추상적인 언어를 구사해도 청자는 눈치껏 그 뜻을 이해할 수 있다. 가령 발화자가 못질이 필요해서 "그것 좀 가져와" 하고 말하면 '그것'은 망치를 지시하는 것일 테고, 발화자가 모텔 앞에서 이성에게 "나 사랑하잖아?" 하고 조르면 그 '사랑'은 '거시기'를 요구하는 기호로 읽힐 것이다. 이처럼 일상언어의 실질적인 뜻은 접촉성·지시성·관계성 등에 의해 규정된다.

반면에 글재주가 필요한 출판언어에서는 직접적인 접촉성이나 지시성, 화자와 청자 간 상호관계성이 모두 박탈당한다. 저자와 독자는 직접 접촉하지 않는다. 따라서 지시성은 모호해져서 텍스트 위를 미끄러지며 떠돈다. 관계성은 사라지고, 독자의 적극적인 상상력만이 긴요해진다. 출판언어에서는 오로지 언어 그 자체가 전부다. 언어의 비중이 100%인 것이다.

일상언어와 출판언어는 설령 똑같은 문장을 사용하더라도 전혀 다른 의미가 될 수 있다. 다시금 강조하지만, 일상언어와 출판언어가 별개라는 뜻이 아니다. 일상언어와 출판언어는 같으나, 다만 전달 방식 즉 언어를 둘러싼 상황이 다르기 때문에 그 언어의 뜻과 뉘앙스가 달라지는 것이다.

차이를 일으키는 요소들을 살펴보면 다음과 같다.

〈보기 13〉

① 일상에서의 의사소통 방법

　㉠ 비언어적 요소들 : 표정이나 생김새·손짓 발짓 등의 바디랭귀지·차림새·자세·상대방에 대한 사전정보 등

　㉡ 언어적 요소들 : 어휘·발음·음색·속도·성량·억양이나 어투 등

② 출판을 통한 의사소통 방법

　㉠ 비언어적 요소들 : 여백 외에는 없음

　㉡ 언어적 요소들 : 어휘·어순·문법·어조·서술 방법 등

이처럼 일상언어와 출판언어에서 사용되는 방법은, 기본적으로 어휘만 동일할 뿐, 대체로 다른 요소들이 작동한다. 구체적인 실례를 들어 이 차이점을 다시금 확인해 보자. 너무나 사소한 차이에 불과하지만, 100%의 언어일 경우 어떻게 뜻이나 뉘앙스가 달라지는지를, 보다 명확하게 이해할 수 있을 것이다.

〈보기 14〉 지시성

ⓐ그것 좀 가져와.　　①연필, 칼, 지우개?

②　그를 따돌리려는 의도?

③　해석 불가능한 상태의 '그것 좀 가져와' 그 자체

ⓐ가 일상언어라면 상황이나 눈짓 등에 따라 ①이나 ②로 해석될 수 있다. 그러나 출판언어일 경우엔 오직 ③으로 받아들여질 수밖에 없다. 접촉성이나 지시성이 없기에 달리 해석될 여지가 없는 것이다.

〈보기 15〉 어순

ⓐ사장님이 금연구역을 설정하셨어.────①사장님에 대한 비아냥 혹은 존경심

ⓑ금연구역을 사장님이 설정하셨어.────②금연구역 설정한 사실에 대한 강조

일상에서는 ⓐ라고 말하든 ⓑ라고 말하든 별 차이가 없다. 어순보다는 억양이 더 중요하다. 그러나 출판언어일 경우 ⓐ는 ①로 받아들여지고, 반면에 ⓑ는 ②에 가까운 의미가 된다. ⓐ와 ⓑ의 어순 차이 때문이다. ⓐ는 주어 '사장님'을 앞세워 보다 강조했고, ⓑ는 목적어 '금연구역'을 강소한 문장인 것이다.

〈보기 16〉 문법

ⓐ네 걸음은 빨라.　　　①너는 빨리 걷고 있다 + 빨리 좀 걸어라!
ⓑ넌 빨리 걸어.　　　　②네 걸음은 빠르다.

일상에서는 ⓐ라고 말하나 ⓑ라고 말하나 별 차이가 없다. 하지만 출판

언어일 경우, ⓐ와 ⓑ는 주어가 다르기 때문에 서로 다른 의미가 된다. ⓐ에서는 '걸음'이 주어이기 때문에 ②의 의미가 강하지만, ⓑ는 '너'가 주어여서 ①의 두 가지 뉘앙스가 동시에 풍긴다.

이처럼 일상에서는 거의 같은 의미로 쓰이면서 다른 비언어적 요소에 의해 의미가 바뀌는 문장이, 출판언어에서는 그 자체로 상이한 의미나 뉘앙스를 띠게 된다. 황도경은 「소설, 말로 빚은 항아리」(『문체로 읽는 소설』, 소명출판, 2002)에서 이 점을 적절하게 지적하고 있는데, 다음 <보기 17>은 위의 글에서 따온 실례들이다.

<보기 17> 문장순서

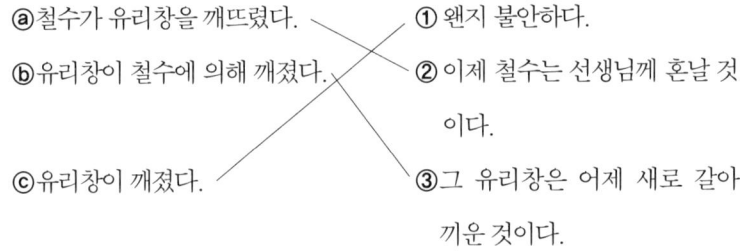

ⓐ철수가 유리창을 깨뜨렸다.　　①왠지 불안하다.
ⓑ유리창이 철수에 의해 깨졌다.　②이제 철수는 선생님께 혼날 것이다.
ⓒ유리창이 깨졌다.　　　　　　③그 유리창은 어제 새로 갈아 끼운 것이다.

ⓐ는 철수에 대한 이야기라면 ⓑ는 유리창에 관한 이야기이다. 따라서 ⓐ는 ②와 같은 문장으로 이어지는 것이 적절하다. 반면 ⓑ는 ③의 문장으로 이어지는 것이 보다 자연스럽다. 반면에 ⓒ는 그 이유를 알 수 없거나 깨진 사실 자체만 언급하고 있다. 따라서 ①의 문장으로 이어지는 것이 보다 적합한 문장 순서다.

이렇듯 일상에서는 언어 외적 요소로 언어의 참뜻을 추정하는 것이 일반적이지만 책을 읽는 독자는 오로지 언어에만 의지해서 여백을 메워야 한다. 그래서 단어와 문법, 문장순서 등에 한결 민감하게 반응할 수밖에 없다. 그런데 만약 글쓴이가 일상어를 다루듯 대충대충 문장을 구사하고 이어 간다면, 감응은커녕 얼치기 연주가들의 연주처럼 독자들에게 혼란과 소음만 전달하고 말 것이다. 거듭 강조하거니와, 일상에서 쓰던 습관 그대로 문장을 대충 사용해서는 마치 모서리가 맞지 않는 벽돌로 담을 쌓는 꼴과 같아지기 십상이다. 모서리가 대충 맞기만 하더라도 어느 정도 높이까지는 담을 쌓을 수 있을지 모른다. 하지만 그러한 벽돌로 한 권의 책이라는 정교한 빌딩을 짓기란 너무 불안하고 불가능한 일이다.

 다음 장에서는 일상어를 그대로 사용하는 경우와 그렇지 않은 경우를 습작생들 작품을 실례로 들어 살펴보겠다. 마치 과학자에겐 (현미경 없이) 안경만으로는 부족하듯이, 일상언어만을 가지고는 제대로 된 책을 만들 수 없다는 사실을 실감할 수 있을 것이다.

6

일상언어 탈주하기

글쓰기는 자신이 경험하거나 상상한 것을 그대로 옮겨 적는 과정이 아니다. 그보다는 자신의 경험이나 상상을 오로지 언어를 통해 보다 명료하고 정확하게 표현하도록 애써야 하는 과정이다. 그러다 보면 처음 쓰고자 한 경험과 상상을, 언어가 보다 명료하고 정확한 내용으로 허구화하여 떠올리도록 도와준다. 글쓰기는 이처럼 인간과 언어의 상호협력 과정이다. 이러한 과정을 거치게 되면 글을 쓰기 전에 떠올린 내용보다 글을 쓰고 난 뒤의 내용이 한결 명징하고 풍요로워진다.

.1.
일상언어를 경계하라

독자는 언어만으로 글쓴이와 의사소통을 하게 된다. 글쓴이와 읽는이 사이에는 오직 하나의 언어 즉, '문장' 만 존재한다. 문장만이 의미 전달을 위한 매체로 활용된다. 그런데도 적지 않은 습작생들이 일상언어를 쓰듯이 출판언어를 사용함으로써 의사전달이 제대로 이루어지지 않고, 여러 혼란을 야기하게 된다. 살펴본 대로 말하기와 글쓰기는 서로 비슷하지만 다르며, 일상언어와 출판언어는 모양은 같지만 울림은 판이하다. 20%의 일상언어와 달리, 출판에서 쓰는 언어는 100% 언어다. 그럼에도 사람들이 일상언어를 글쓰기에 그대로 사용하는 일이 비일비재하다. 일상언어는 일상을 매끄럽게 영위하기 위해 언어를 관용적·관습적·상투적으로 사용하는 경향이 있다. 이러한 일상어의 관용성·관습성·상투성을 출판언어에서 그대로 쓰면 독자는 지루해하거나 고루해하거나 아예 공감하지 않게 된다.

따라서 일상어를 우선적으로 경계해야 한다. 일상언어는 곧잘 모호하거나 과장되거나 생략을 해도 크게 문제가 되지 않을 수 있지만, 출판언어에서는 정확하고 구체적이어야만 독자가 납득한다.

〈보기 18〉

작년에, 회사를 그만두고 일 년쯤 쉬었다. 몸이 좋지 않아서였다. 어쨌든 오전에 출근해서 저녁에 퇴근을 하려면 밤에 잠을 자고 아침에 일어나야 하는데, 불면증인지 뭔지, 밤마다 죽어도 잠이 안 오는 것이다. 원래 약에 의존하는 성격이 아니고, 더욱이 수면제 같은 건 먹기가 좀 그래서, 오만 가지 방법으로 밤에 잠을 자려고 애쓰면서, 무척 어렵게 회사에 다녔다.

위의 글은 소설 습작생의 단편 일부다. 그러나 소설 문장(출판언어)이기보다는 친구와 수다를 떠는 듯한 수다체 문장(일상언어)에 가깝다. 일단 거슬리는 부분은 ①'오전에 출근해서' 부분이다. 늦게라도 오전에만 출근해도 되는 직장으로 읽힐 우려가 있기 때문에 보다 정확한 서술로 바꿀 필요가 있다. 그밖에 의미상 다가오지 않는 부분들이 너무 많다. 가령, ②'밤마다 죽어도 잠이 안 오는 것이다.' ③'원래 약에 의존하는 성격', ④'수면제 같은 건 먹기가 좀 그래서', ⑤'오만 가지 방법으로 밤에 잠을 자려고 애쓰면서' 부분은 친한 친구와 수다 떨 때나 쓰는 수다체 표현에 불과하다. 친한 친구라면 재미있게 귀 기울여 들어줄지 모르나, 독자로서는 '원래 약에 의존하는 성격'이 정확히 어떤 성격을 일컫는지 알 수가 없으며, '수면제 같은 건 먹기가 좀 그래서'라는 문장 역시 정확히 뜻을 알 수가 없다. 특히 잠을 자 보려고 '오만 가지 방법'을 써 봤다는데 그 오만 가지 방법이 어떤 방법들인지 구체적으로 부연 설명되지 않는 한, 독자는 도리어 화자가 다소 과장되게 말하는 듯이 느끼게 되고 결국 그만큼 화자에 대한 신뢰만 떨어지고 만다. ②와 ⑤는 너무 과장된 문장으로 읽히고, ③과 ④는 뜻이 애매하다. 그래서 수정해 보면 다음과 같다.

〈보기 19〉

작년에, 회사를 그만두고 일 년쯤 쉬었다. 몸이 좋지 않아서였다. 어쨌든 ①오전에 출근해서 저녁에 퇴근을 하려면 밤에 잠을 자고 아침에 일어나야 하는데(→통근거리가 만만치 않아 전철을 타려면 새벽 일찍 출근해야 했는데), ②불면증인지 뭔지, 밤마다 죽어도 잠이 안 오는 것이다. (→불면증이 생긴 뒤로는 갖은 애를 써도 잠이 오지 않았다.)
 ③원래 약에 의존하는 성격이 아니고, 더욱이 ④수면제 같은 건 먹기가 좀

그래서(→피부가 무척이나 예민해서 함부로 복용하면 어김없이 부작용이 생기는 탓에 수면제는 마지막까지 꺼려졌다.) ⑤오만 가지 방법으로 밤에 잠을 자려고 애쓰면서, 무척 어렵게 회사에 다녔다. (→그 대신 수면제 효과가 있다기에 저녁식사 때면 일부러 상추쌈을 두세 겹으로 싸먹기도 하고, 잠자리 머리맡에 양파를 까 놓고 잠을 청해 보기도 했다. 별 하나 나 하나를 세면서 꼬박 새운 적도 있다. 엎드려 책을 읽다가 잠이 오는 듯해서 재빨리 불을 끄고 누워 보지만 불을 끄려고 일어난 순간에 달아나 버렸는지, 막상 불을 끄고 누우면 말똥말똥해지는 거였다. 그래서 형광등 줄에 길게 실끈을 묶어 달아 보기도 했지만, 소용없었다.)

2.
관용구를 피하라

<보기 18>에서 보듯, 수다에서 사용하는 일상어 문장을 그대로 사용할 경우, 일상에서의 친구는 재미있어 하면서 들어줄지 모른다. 하지만 책으로 만나는 독자의 신뢰를 얻지는 못한다. 적어도 <보기 19>처럼 분명한 내용으로 바꿔야 한다. 그런가 하면 다음 <보기 20>처럼 일상에서 습관적으로 사용하는 관용적 문장이 그대로 사용될 경우, 독자는 이내 하품을 하며 지루해할 것이다.

〈보기 20〉

어느 날 밤에 그녀에게서 전화가 왔다. 매일 서로의 안부를 묻는 시간대에 온 전화였기에 별 생각 없이 그냥 받았다. 그러나 그녀의 목소리는 짐짓 진지했다.

― 지금 너무 배가 고파서 제대로 말할 수 있을지 모르겠어.

― 무슨 일인데?

― 요즘 며칠 동안 진지하게 생각해 봤어. 요즘 왜 우리가 이렇게 껄끄러운지.

사실 정말 껄끄러웠다. 좋게 만나도 꼭 한 번 정도 투닥거리고, 맘 편히 헤어지는 날이 없었다. 적어도 2주일 정도 그랬다. 계절이 3번 바뀌도록 연애를 해왔지만, 이렇게 불편함이 길게 지속되는 일은 좀처럼 없었다.

위의 글은 창작품을 처음 써 본 학생의 콩트 앞부분이다. 전화 통화를 통해 화자와 여자 친구의 갈등을 표출시키고 있다. 처음 써 본 콩트치고는 그래도 무난하게 이야기를 전개해 나가고 있다. 그러나 무난하게 이야기를 전개해 나가는 것은 결코 칭찬할 덕목이 아니다. 이야기 전개뿐 아니라 문장구성조차 생략해도 좋을 무난한 관용구 투성이다.

〈보기 21〉

①어느 날 밤에 그녀에게서 전화가 왔다. 매일 서로의 안부를 묻는 시간대에 온 전화였기에 별 생각 없이 ②그냥 받았다. 그러나 그녀의 목소리는 ③심지 진지했다. (→ 잠자리에 들려고 하는데 그녀에게서 전화가 왔다. 매일 서로의 안부를 묻는 시간대에 온 전화였기에 별 생각 없이 받았다. 그런데 평소와 달리 그녀 목소리에 생기가 전혀 없었다.)

― ④지금 너무 배가 고파서 제대로 말할 수 있을지 모르겠어. (→ 제대로 말할 수 있을지 모르겠어.)

― 무슨 일인데?

― ⑤요즘 며칠 동안 진지하게 생각해 봤어. 요즘 왜 우리가 이렇게 껄끄러

운지. (→ 나는 짐짓 모른 척하며 물었다. 그러자 그녀가 준비한 듯한 어투로 설명했다. ─ 며칠 동안 계속 생각해 봤어. 요즘 왜 우리가 이렇게 껄끄러운지.)

❻사실 정말 껄끄러웠다. 좋게 만나도 꼭 한 번 정도 투닥거리고, 맘 편히 헤어지는 날이 없었다. 적어도 2주일 정도 그랬다. 계절이 3번 바뀌도록 ❼연애를 해왔지만, 이렇게 불편함이 길게 지속되는 일은 좀처럼 없었다. (→최근 들어 우리 관계가 매우 소원해지고 있다는 것을 나 역시 느끼고 있었다. 좋은 기분으로 만나도 꼭 한 번 정도는 투닥거리고 마는 것이었다. 마음 편히 헤어지는 날이 없었다. 이번 달 들어 내내 그랬다. 전에는 이렇게 불편한 기분이 길게 지속되는 일이 좀처럼 없었다.)

초보 습작생이다 보니, 평소 언어습관을 원고지에 그대로 옮겨 놓음으로써 불필요한 표현들 또한 그대로 사용되고 있다. ❶, ❷, ❺, ❻ 등은 모두 생략해도 좋은 간투사이거나 일상적 관용구에 불과하다. ❶과 ❺는 특히 습관적으로 사용된 불필요한 관용구이다. ❸과 ❹는 의미상 적절치 않다. '짐짓' 해보는 가식적인 얘기라고 할 수 없으며, '배가 너무 고픈' 사실은 대화 분위기상 어울리지가 않아 독자에게 아무 뜻 없이 읽히거나 실소를 자아낼 우려가 있다. ❻의 '사실 정말'은 일상적인 말투나 개인적인 습관일 뿐 실제 의미인 참다움을 뜻하고 있지 않다. 이런 언어습관은 도리어 신뢰를 떨어뜨린다. ❼은 어휘 개념이 너무 크다. '연애'라고 단정하기보다 그냥 '만나 왔다' 라고 하는 것이 보다 자연스럽다.

처음 글을 써 보는 사람들은 이처럼 경제적·효율적 의미 전달을 위해 생략해도 좋을 무의미한 간투사나 관용구를 그대로 사용해 버리기 일쑤다. 또 보다 적절한 어휘를 선택하는 긴장을 각오하지 않으려 한다. 일상언어와 출판언어의 차이를 제대로 인식하지 못하고, 평소 쓰던 말을 그대로 원고지에 옮겨 놓는 방식으로 글을 쓰는 것이다.

<보기 20>이 생략해도 좋을 불필요한 관용구를 그대로 사용하는 초보 글쓰기의 대표적인 일례에 속한다면, 다음은 상세히 보충해야 할 부분을 애매하고 불충분한 서술로 성급히 넘어가 버리는 실례를 보여 준다. 이러한 '대충 넘어가기' 역시 초보 습작생들에게서 흔히 나타나는 모습이다. 효과적인 논의를 위해 문장 및 단락 일부를 생략했다.

〈보기 22〉

강남도서관은 너무 애매한 곳에 박혀 있다. 전에는 몇 번 삼성역까지 전철을 타고 가서 마을버스를 갈아탔었다. 하지만 지금은 너무 피곤하여 그런 수고는 불가능하다. 가지 말까? 머릿속엔 강남도서관 앞 비탈길에서 그 서먹한 동네의 겨울 풍경에 칼부림 당하는 내 우스운 꼴이 자꾸 그려진다.

(……)

윤대녕의 소설을 읽는 것은 천 국장님이 내주신 숙제였다.

내가 그 사람 소설 되게 좋아하거든. 아마 나보다 한 살 많을 거야. 『은어낚시통신』 읽어 봤니? 「천지간」은? 꼭 읽어 봐. 우선 그 두 개부터 읽어. 그러고 나서 다음에 만날 땐 책 얘기나 같이 하자. 감상문을 써서 보여 주겠니?

꽤 오래 전 이 소설가의 이름이 자주 신문지상에 오르내릴 때 격주로 아파트 단지에 들어오는 이동도서관에서 그의 이름이 적힌 책 한 권쯤은 빌려 읽었던 것도 같은데 기억이 가물가물하니 소설가의 꿈을 못 이루셨다는 국장님을 위해서라면, 소설 몇 편 새로 읽는 것쯤은 기꺼운 과제라고 생각했다.

특별히 비문이라고 할 만한 곳은 없다. 그러나 첫 문장 ①"강남도서관은 너무 애매한 곳에 박혀 있다." 그리고 ②"그 서먹한 동네의 겨울 풍경에 칼부림 당하는 내 우스운 꼴이 자꾸 그려진다"의 문장은 독자에게 의미를 정확하게 전달하고 있지 못하다. ①은 강남도서관이 어떤 면에서 애매하다는 뜻인지 문장 의미부터 애매하다. 따라서 '강남도서관에 가려면 강남역에서 내려야 한다. 하지만 역에서 걸어가기에는 너무 멀고, 버스를 타고 가기에는 다소 번거로운, 그런 애매한 거리에 위치해 있다' 정도로 정확하게 풀어서 주어야 한다. 애매한 단문으로 처리해서는 곤란하다. 그리고 ②에서 '서먹한', '우스운' 등은 화자의 자의식만 강하게 드러나는 표현이고, '칼부림 당하는'은 지나치게 과장된 표현으로 읽힌다. 감정적이고 주관적인 문장으로는 독자의 공감을 이끌어 내기 어렵다. 독자가 이해할 수 있는 보다 구체적이고 정확한 서술이 필요하다. 따라서 <보기 22>의 첫 단락을 다음과 같이 정밀하게 풀어쓰면 좋을 것이다.

〈보기 23〉

강남도서관에 가려면 강남역에서 내려야 한다. 하지만 역에서 걸어가기에는 너무 멀고, 버스를 타고 가기에는 다소 번거로운, 그런 애매한 거리에 위치해 있다. 전에는 몇 번 삼성역까지 전철을 타고 가서 마을버스로 갈아탔다. 하지만 지금은 너무 피곤하여 그런 수고는 불가능하다. 가지 말까? 도서관 입구는 지나치게 비탈이 져서 굽 닳은 구두를 신고 오르기엔 너무 불편할뿐더러, 지난번처럼 잔설이 그대로 남아 있다면 손을 짚어서라도 기어 올라가야 할 정도인데, 그렇게 되면 짧은 치마 차림이 또 마음에 걸렸다. 길을 가다 뒤에서 남자들 웃음소리가 나면 내복이라도 밖으로 삐져나온 게 아닐까 뒤춤으로 손부터 가는 버릇이 있을 만큼 평소 낯가림이 심하고 수줍음을 많이 타는 나로서는 쉽지 않은 노릇이다.

<보기 22>의 마지막 단락 역시 특별히 잘못된 문장이라고 볼 수는 없다. 하지만 다소 모호하고 무엇보다 지나치게 문장 호흡이 길게 늘어지고 있다. 다음과 같이 구체적으로 풀어쓰면서 문장을 나누어 주는 것이 좋을 듯하다.

〈보기 24〉

③그러고 보니, 이 소설가의 이름이 신문지상에 자주 오르내릴 무렵, 내가 살던 아파트 단지로 격주마다 들어오던 이동도서관에서 그의 소설을 한 권쯤 빌려 읽었던 것도 같다. 하지만 기억이 가물가물했다. ④그래도 소설가의 꿈을 못 이루셨다는 국장님을 위해서라면, 소설 한 권 새로 읽는 것쯤은 기꺼운 과제라고 생각했다.

이렇게 고쳐 놓고, ④를 보다 더 명료하게 함으로써 화자의 관점과 국장님의 성격을 보다 뚜렷하게 부각시켜 볼 수도 있다. 만약, 화자와 국장의 관계를 친화적으로 설정할 경우, <보기 25>의 ⓐ와 같은 방식으로 풀어주면 좋다. 반면에 ⓑ나 ⓒ처럼 풀어써도 나쁘지 않다. ⓑ에서는 화자와 국장의 관계가 ⓐ처럼 친화적이지 않으며, 화자의 성격은 국장을 가늠해 보려는 태도에서 보듯 보다 간깐하다. 그런가 하면 ⓒ는 국장을 한결 비판적으로 대하면서 책을 읽고 싶은 욕심에 초점을 맞추고 있다.

〈보기 25〉

+ⓐ 비록 젊은 시절 꿈꾸었던 소설가의 길을 가지는 못했지만 아직도 문학에 대한 애정을 버리지 못하고 소설 얘기만 나오면 젊은이처럼 눈빛을 빛내는 국장님을 위해서라면, 한 권쯤 다시 정독해 보고 대화를 나눠 보

는 것이, 서로를 이해하는 좋은 계기가 되어 줄 수도 있을 거라고 생각했다.

+ⓑ 하지만 비록 소설가가 되지는 못했지만, 한때 소설가를 꿈꾸었던 사람으로서 좋은 소설을 고르는 안목만큼은 남다르다고 자부하는 국장님의 문학에 대한 취향과 식견을 가늠해 보고 배워 두기 위해서라도, 이참에 소설 한두 권 다시금 읽어 보는 것 역시 나쁘지 않을 듯했다.

+ⓒ 소설가가 되고자 하는 꿈을 이루지 못한 데에 대한 일종의 보상 심리인지, 기성소설가들 작품 대부분을 마음껏 혹평하는 습관이 있는 국장님이 새삼 극찬을 하고 나선 작품이고 보면, 다시금 읽어 보고 싶은 욕심도 드는 것이었다.

<보기 25>의 ⓐ, ⓑ, ⓒ는 약간씩 뉘앙스에 차이가 나는 한편으로 <보기 22>에 비해 국장을 바라보는 화자의 시각이 보다 명료하게 드러난다. 동시에 화자와 국장의 관계도 보다 분명하게 드러나서 마치 초점이 흐릿한 망원경의 배율을 바로 맞춰 놓은 듯한 느낌이 든다. 글을 쓸 때는 이처럼 보다 명료하게 표현되는 순간까지 문장을 풀어서 정확하게 서술하는 것이 바람직하다.

<보기 22>에서 <보기 25>에 이르는 과정은, 글을 쓸 때는 일상에서처럼 애매한 어휘나 문장으로 대충 넘어가지 말아야 하며, 뿐만 아니라 보다 명확하게 서술하려는 노력을 통해 화자나 인물의 특성이 보다 명징하게 살아날 수 있다는 사실을 우리에게 확인시켜 준다. 우리가 언어를 섬세하고 정확하게 사용하려고 하면 할수록, 언어는 우리에게 보다 섬세하고 정확한 인물과 상황과 인식을 답례로서 선물한다. 마치 화가와 붓이 함께 그림을 그리듯, 연주가와 악기가 함께 연주를 하듯, 글쓰기란 작가와 언어가

공동으로 함께 도모하는 과정이어야 한다. 다음의 일례 역시 이러한 사실을 우리에게 확인시켜 준다. 밑줄 친 문장은 충분히 보충해야 좋을 내용인데도, 애매하고 불충분한 서술로 대충 성급하게 넘어가 버리고 있다.

〈보기 26〉

입학하고 한 달이 지날 때쯤 당구를 가르쳐 주겠다며 나를 데리고 당구장에 갔다. 그곳에서 그는 <u>내기당구를 치는 아저씨들</u>과 당구를 치게 됐고 아침에 학교로 오지 않고 당구장으로 나가기 시작했다. 그때부터 그와 먹는 술은 소주가 아니라 양주가 되었다. 수업에 들어오지 않는 그를 위해 나는 출석을 부를 때 <u>그의 이름에도 반응을 했다</u>.

위의 문장은 습작생이 쓴 중편소설의 일부다. 비록 앞뒤 단락을 생략하고 달랑 중간 단락만 소개했지만, 읽어 보면 주인공인 나와 선배인 그의 관계가 어떤지 대충 짐작이 갈 것이다. 선배는 돈으로 환심을 사고, 나는 그러한 유혹에 비굴하게 응하는 내용이다. 그런데 문장이 경험한 대로 기록하듯 서술되어 있다. 중요한 것은 경험이 아니라 주제(말하고자 하는 내용)다. 위의 이야기를, 나와 선배의 관계에 초점을 두고 다음과 같이 서술하면 화자가 말하려는 내용이 보다 명료해지고 문장도 리듬감 있게 읽힌다.

〈보기 27〉

식사비나 당구비도 모두 선배가 지불했다. 술값까지도 대개는 그가 지불했는데, 그것도 소주나 맥주가 아니라 양주일 때가 적지 않았다. 이렇게 신세를 지다 보니, 그가 만약 수업에 들어오지 않으면 나는 굳이 그가 부탁해 두지 않아도 대신 대타를 쳐 주었다.

이렇게 끝내고 또 다른 이야기로 넘어갈 수도 있다. 그러나 마지막에 다음과 같이 대리출석을 하는 정황을 묘사하면 인물과 상황 모두 주제에 알맞게 확연하게 살아난다.

〈보기 28〉

식사비나 당구비도 모두 선배가 지불했다. 술값까지도 대개는 그가 지불했는데, 그것도 소주나 맥주가 아니라 양주일 때가 적지 않았다. 이렇게 신세를 지다 보니, 그가 만약 수업에 들어오지 않으면 나는 굳이 그가 부탁해 두지 않아도 대신 대타를 쳐 주었다. + 하지만 교수님들과 낯을 익히게 되면서 대신 대답하는 것이 점점 더 곤란해졌다. 덩치는 크지만 실상 겁이 많은 나로서는 진땀이 날 지경이었다. 그 바람에 정작 내 이름을 부를 때는 대답을 하지 못하는 경우도 있었다.

그 꼴을 보고 경수를 비롯한 몇 녀석이 킥킥, 웃어대기까지 했다. 창피했지만, 그래 놓고는 그것을 나는 무슨 자랑인 양 형 앞에서는 종알거렸다. "교양강사는 나를 형인 줄 안다니까. 어디 김씨냐고 물어서 얼결에 경주 김씨라고 했더니, 종씨라면서 반가워하잖아. 형 학점이 나보다 잘 나갈 거 같아."

〈보기 22〉~〈보기 25〉와 더불어 〈보기 26〉~〈보기 28〉의 과정은, 우리가 문장을 함부로 다루는 한 결코 명료한 인식이나 묘사에 가닿을 수 없다는 당연한 사실을 거듭 확인시켜 준다. 그러나 문장을 대충대충 넘어가지 않고, 보다 명확하고 구체적으로 진술하려고 애를 쓰게 되면 그러한 긴장을 통해 다루고자 하는 내용이 보다 명료해지고 생생해진다. 우리가 언어를 섬세하게 다루면 언어는 우리에게 섬세한 내용으로 화답하는 것이다. 다음의 일례도 마찬가지다.

〈보기 29〉

　제이가 메일로 보내 준 약도를 들고 버스터미널을 두리번거렸다. 처음 와 본 곳이기도 해서겠지만 터미널만 보면 타임머신이라도 타고 이삼십 년 전으로 여행을 온 것 같았다. 무엇보다도 패스트푸드점은 그만두더라도 그 흔한 커피자판기 한 대가 서 있지 않았다. 궁하면 더 간절해지는 것이 사람 마음이라고 캔커피라도 마시고 싶어 간이매점 안을 기웃거렸다.

　위의 글은 습작생이 쓴 단편소설의 첫 도입부다. 이야기는 주인공인 '나'가 옛 애인 '제이'를 만나 가상의 '죽음체험'에 참여하는 과정을 다루고 있다. 위의 글은 제이를 만나기로 한 터미널 묘사 부분이다. 일정한 습작기를 거친 학생의 글이어서 문장은 대체로 매끄럽게 읽힌다. 다만 이러한 부분 역시 보다 정밀한 묘사를 시도하게 되면 이야기가 한결 풍요로워질 수 있다. 가령 두번째 문장 부분을 늘려 보면 다음과 같다.

〈보기 30〉

　제이가 메일로 보내 준 약도를 들고 버스터미널을 두리번거렸다. +대학 엠티 때 외 보고 처음이었다. 그때도 지금처럼 여름장마가 시작되기 직전이었고, 나는 가벼운 배낭 차림이었다. 꼽아 보니 무려 십이 년 만인데도 불구하고 터미널은 그 시절 그 모습 그대로여서 십이 년 전에도 이미 십이 년쯤은 시대에 뒤떨어진 듯해 보이던, 곳곳의 타일이 벗겨지고 시멘트 철근이 드러나 보일 만큼 낡고 옹색한 몰골이었다. 그러니 이제는 이십사오 년쯤은 충분히 뒤떨어진 꼴이어서, 예전 시간이 자유자재로 교차하는 타임머신용 터미널에라도 도착한 기분이었다. 특히나 바닥이 더러워서 깨금발로 들어서야 하는 화장실에 가서는 자물쇠 장치가 고장이어서 줄을 잡아당기고 앉아서 볼일을 봐야 했는데, 엠티 때도 이와 같은 꼴로 볼일 보았던 기억이 떠올라 실소하지 않을 수 없었다. 그러나 화장실을 나오면서 거울에 비춰 보니 간밤에 잠을 설친 탓에 초췌한 눈빛에 눈가 주름까지도 여지없는 삼십 대 후반의 몰골이었다. 커피라도 블랙으로 한 잔 마시고 싶은데, + 패스트푸드점은 그만두더라도 그 흔한 커피자판기 한 대가 서 있지 않았다. 궁하면 더 간절해지는 것이 사람 마음이라고 캔커피라도 마시고 싶어 간이매점 안을 기웃거렸다.

　이처럼 상세한 서술을 통해 화자와 터미널에 대한 정보를 독자에게 보다 풍요롭게 전달할 수 있다. 이야기 흐름을 해치지 않는 범위 내에서 보다 정확하고 상세하게 서술하면, 독자 역시 보다 명확하고 풍요로운 독서경험을 하게 된다.
　다음의 일례는 습작생의 단편소설 첫머리 부분이다. 첫 단락이 명료하고 구체적인 문장으로 시작되고 있어서 자못 흥미를 돋우고 있다. 단편 첫머리로 손색이 없다. 그러나 적절치 못한 어휘선택, 의미가 애매한 문장 등의 실수를 쉽게 발견할 수 있다.

〈보기 31〉
　나는 그다지 예쁘지 않다. 겁도 많다. 이 두 가지가 지금까지 보호막이 되어 주었다.
　만일 내게 남자의 눈에 띄는 매력적인 구석이 한두 군데라도 있었다면, 혹은 내가 어떤 일을 하려고 할 때 엄마가 이걸 알게 된다면 어떻게 될까를 생각하지 않는 여자아이였다면, ① 나를 둘러싼 소문들이 매일 줄을 지어 학교 담장을 넘어 엄마 귓속까지 곧장 걸어 들어갔을 것이다.
　② 바람은 많이 불지 않았지만 공기가 차가웠다. ③ 우리는 좀처럼 집중할

수 없었던 일본 영화를 보고 나와 30분째 종로 거리를 걷고 있었다. ❹ 유리잔끼리 부딪칠 때의 아찔한 느낌처럼 머릿속이 쨍하게 울렸고, 다음에는 내내 이마가 얼얼했다. 볼은 아니었다.

두번째 단락에서 몇몇 어휘들은 다음과 같이 바꾸는 것이 보다 간명하면서 명확하다. '이걸 알게 된다면' → '알면', '어떻게 될까를 생각하지 않는' → '어떻게 될까 하고 걱정하지 않는', '걸어 들어갔을' → '들어갔을'……. 이러한 지적은 사소한 측면 같지만, 부적절한 어휘가 이처럼 자주 발견되어서는 곤란하다. 독서를 방해할 것이 틀림없다. 그런데 이렇게 몇몇 어휘를 수정한 뒤에도 첫번째 문장은 너무 과장되고, 마지막 문장은 명료하지가 않다. 적어도 다음과 같이 수정해야 의미전달이 좀더 타당하고 정확하게 이루어질 듯하다.

마지막 단락에서는 두번째 문장의 뜻이 애매하다. 영화가 재미없어서 집중을 하지 못한 것인지, 아니면 남녀 간의 에로틱한 분위기 때문에 집중을 못한 것인지 분명치가 않다. 마지막 문장은 표현이 다소 서툴다. 공기가 얼마나 차갑기에 머릿속이 유리잔 부딪칠 때처럼 쨍하고 울릴까. 또 이마가 얼얼할 정도일까. 그리고 볼은 전혀 그렇지 않고 이마민 얼일하다니 그럴 수 있을까, 하는 의문들로 인해 독자로서는 공감하기 어렵다. 그래서 영화에 대한 보다 명료한 설명과 체감온도에 대한 묘사로 바꾸어 보았다.

〈보기 32〉
나는 그다지 예쁘지 않다. 겁도 많다. 이 두 가지가 지금까지 보호막이 되어 주었다.
만일 내가 남자들 시선을 사로잡을 수 있는 매력적인 외모였다면, 혹은 무슨 일이든 도모할 때마다 엄마의 화난 얼굴부터 떠올리면서 가장 낭패스러운 결과부터 걱정하는 버릇이 없었더라면, 내 인생은 한결 달라졌을 것이다.

영화를 보는 동안 비라도 내렸던 것일까 싶을 만큼 바람이 차가웠다. 사형수와 암환자의 사랑을 다룬 애잔하고도 슬픈 로맨스 영화였다. 하지만 상영 내내 그의 손길이 내 어깨를 떠나지 않아서 제대로 집중하지 못한 탓에 이미 오래 전에 본 것처럼 내용이 가물가물했다. 갑자기 맞닥뜨린 찬 바람 탓에 귀와 콧등이 시릴 정도였지만, 그의 손길이 내 신경을 간질이며 머물던 부위는 여전히 따뜻하게만 느껴졌다.

이와 같이 수정하면, 군더더기가 줄어 가독성이 높아지는 동시에 애매모호한 서술이 아닌, 말하고자 하는 주제에 걸맞은 구체적 상황의 전개를 통해 독자에게 보다 효과적으로 선명하게 전달할 수 있다. 우선 ①, ②, ④처럼 애매하거나 지나치게 과장된 표현을 없앴다. 그리고 ③처럼 경험한 사건을 주제에 걸맞은 허구적 내용으로 바꿔 놓았다. 실제로 본 영화는 일본 로맨스 영화일지도, 혹은 일본 액션 영화일지도 모른다. 그러나 글을 쓸 때 모든 경험적 사건은 주제에 알맞게 재편집되어야 한다. 르포나 기사가 아닌 다음에야, 경험과 주제가 이질적일 때는 주제가 우선해야 한다. 따라서 위 글의 내용상, 일본 영화라는 사실보다는 슬픈 로맨스 영화가 보다 더 적절한 듯싶고, 따라서 실제로는 슬픈 로맨스 영화를 보지 않았더라도 슬픈 로맨스 영화를 본 것으로 이야기를 전개하는 것이 타당하다.

고급 식당에서의 식사가 마냥 즐거운 것만도 아니고 가난이 마냥 괴로운 것만도 아니듯, 경험한 사실보다는 그것을 겪는 화자나 인물의 정서 및 느낌 같은 실질적 내용이 중요하다. 우리가 다루려는 것은 단순한 표면적 사실이 아니라 그 사실을 겪는 심층적 진실이다. 따라서 모든 경험 사실은 실질적 내용에 의해 재편집할 필요가 있다.

가령 '그가 그녀에게 장갑을 빌려 주었다'는 똑같은 경험사실을 글로 쓸 때조차 주제에 맞게 전혀 다른 정서·느낌·기분·분위기 등의 실질적 내용을 만들어 낼 수 있다.

〈보기 33〉

① 호감을 갖고 있는 두 사람 사이의 미묘한 기운을 표현하고 싶을 때

→ 나는 장갑을 벗어 그녀에게 주었다. 날씨가 제법 쌀쌀했지만, 그러나 구태여 장갑을 껴야 할 만큼 추운 날씨는 아니었다. 그러나 나는 굳이 그렇게 했고, 그녀 역시 거절하지 않았다.

② 불편한 두 사람 사이의 미묘한 기운을 표현하고 싶을 때

→ 준석은 장갑을 벗어 그녀에게 주었다. 날씨가 제법 쌀쌀했지만, 그러나 구태여 장갑을 껴야 할 만큼 추운 날씨는 아니었다. 그녀가 괜찮다며 사양했지만, 그러나 준석은 굳이 고집을 부렸다. 그녀는 준석의 그러한 친절이 불편했다. 막상 껴 보니 따뜻하긴 했지만 돌려주기 위해 다시 만나야 할 걱정부터 앞섰다. 그러한 그녀 심사를 눈치 챘는지 돌려주지 않아도 돼요, 라고 준석이 말했다. 하지만 잘 알지도 못하는 처지에 함부로 베푸는 남자의 친절은, 무뚝뚝한 남자들의 침묵 못지않게 그녀로서는 불편했다.

①과 ②가 모두 준석이 그녀에게 장갑을 빌려 준다는 내용이다. 하지만 읽어 보면 두 사람의 정서와 관계가 판이하다. 줄거리나 사건이 중요한 것이 아니라, 그것이 주제에 부합하는 방식으로 서술되고 있느냐가 중요하다. 인물, 장갑, 빌려 주는 행위 모두가 경험하지 않은 일이어도 무방하다.

이러한 설정이 주제에 알맞으면 얼마든지 거기에 맞게 만들 필요가 있다. 이렇게 상상으로 만들어 넘으로써 위의 이야기는 사실이라기보다 허구이지만, 그러나 주제에 걸맞은 허구여서 한결 리얼하게 읽힌다.

지금까지 습작생들의 문장을 직접 교정해 보았다. 형식적 측면에서 보자면 교정 작업은 크게 세 가지뿐이다.

① 빼기 ② 보태기 ③ 다듬기

① 주제에 걸맞지 않거나 가독성을 떨어트리는 불필요한 군더더기 부분을 제거하고, ② 너무 생략되었거나 보충해야 할 내용을 더해 준 다음, ③ 표현이나 내용이 애매하거나 부적절할 경우 명료하고 정확하게 다듬는다. 이러한 교정 작업을 할 때 가장 중요한 잣대가 바로 '일상언어를 출판언어로 옮겨 놓기'(구어체를 문어체로 옮겨 놓기)라는 사실을 이제까지의 교정 실례를 통해 충분히 숙지했을 것이다.

이제까지 지적한 내용을 간추려 보면 다음과 같다.

첫째, 일상 수다 수준의 문장을 구사하면 애매하거나 과장되게 느껴지고 독자들은 화자에 대한 신뢰감을 잃는다.

둘째, 일상에서 아무렇게나 즐겨 사용하는 간투사, 관용구, 관습어, 상투적 문장을 그대로 사용하면 의미의 명료성과 진실성이 떨어지면서 효율적 의미 전달도 불가능해지며 독자들은 긴장감을 잃는다.

셋째, 아무렇게나 대충 넘어가 버리면 그만큼 의미가 불충분해지고 독자들 역시 초점 흐린 렌즈로 찍은 사진을 보듯이 읽게 된다.

넷째, 화자가 이야기하고자 하는 내용을 명확하게 인식하지 못하면, 문장은 그만큼 거칠어지거나 꼬이거나 불필요하게 복잡한 구조를 갖게 된다.

다섯째, 보다 정확하고 세밀한 언어 문장을 구사하려고 노력하면, 언어 문장은 이러한 노력에 대한 답례로서 보다 명확하고 풍요로운 형상이 가능하도록 도와준다.

여섯째, 자신의 경험을 그대로 옮겨 놓기보다 자신이 전하고자 하는 주제에 맞게 경험과 기억을 재편집하고 허구화해야만 리얼리티가 더 강렬해진다.

결국 글쓰기는 자신이 경험하거나 상상한 것을 그대로 옮겨 적는 과정이 아니다. 그보다는 자신의 경험이나 상상을 오로지 언어를 통해 보다 명료하고 정확하게 표현하도록 애써야 하는 과정이다. 그러다 보면 처음 쓰고자 한 경험과 상상을, 언어가 보다 명료하고 정확한 내용으로 허구화하여 떠올리도록 도와준다. 글쓰기는 이처럼 인간과 언어의 상호협력 과정이다. 이러한 과정을 거치게 되면 글을 쓰기 전에 떠올린 내용보다 글을 쓰고 난 뒤의 내용이 한결 명징하고 풍요로워진다. 심지어는 이러한 글쓰기 과정을 통해 처음 떠올린 것과는 전혀 판이하게 다른, 그렇지만 한결 더 나은 사유나 상상이 가능해지는 즐거움을 누릴 수도 있다.

그런 점에서 글쓰기는 내가 언어라는 도구를 마음껏 사용하는 것이라기보다, 언어를 최대한 존중하는 과정을 통해, 언어와 내가 함께 서로를 돕는 평등한 협력의 과정이다. 땅에 삽질할 때조차 삽의 생김새와 특성을 고려하지 못하면 힘만 들고 아무런 효과도 발생하지 않듯, 글쓴이는 언어의 생김새와 특성을 철저하게 존중하는 태도를 가져야 한다. 이러한 과정을 거쳐야만, 수소와 산소의 결합이 물이라고 하는 독특한 물질을 만들어 내듯이, 단지 문장과 문장의 연쇄가 아니라 결합의 시너지 효과를 통해, 감동과 의미가 담겨 있는 독특한 '작품'을 탄생시킬 수 있다.

7

주인공 및 화자 되기

글쓰기 과정은 연극 혹은 연기의 일종이다. 주인공이 어린아이일 때는 어린아이의 정서로 이야기해야 한다. 고양이일 때는 고양이 감각으로 이야기해야 한다. 쓸쓸한 중년 사내일 때는 쓸쓸한 중년 사내 어투로 문장이 진술되어야 하고, 열정을 논할 때는 열정적으로, 유머를 논할 때는 유머러스하게 논해야 한다.

.1.
표현한 내용과 해석한 내용은 다를 수 있다

밀란 쿤데라의 소설 『농담』에서 주인공 루드빅은 여자친구 마르케타의 주의를 끌기 위해 다음과 같은 악의 없는 짧은 농담을 엽서에 적어 보낸다.

"낙관주의는 인류의 아편이다. 건전한 정신은 어리석음의 악취를 풍긴다. 트로츠키 만세!"

방학을 맞아 루드빅은 마르케타와 함께 둘만의 시간을 보낼 계획이었다. 그런데 마르케타는 당 훈련학교 생활에 크게 만족하면서, 건전한 정신이 그곳 생활을 지배하고 있으며 서방세계의 혁명의 날도 머지않았다고 적어 보낸다. 자신은 애타게 그리워하는데 정작 그녀는 훈련학교에 그토록 만족해하고 행복해하자 그 모습에 질투를 느낀 루드빅이 엽서를 보낸 것이다. 따라서 위의 구절은, 자신을 무시한 채 훈련학교 생활로 만족하는 마르케타의 단순하고 건전하고 낙관적인 모범생 같은 태도를 조롱하고 경고한 문장이다. 그러니까 '내게 소홀히 하면서 우리 연애가 언제까지나 잘 되어 갈 거라고 낙천적으로만 생각하지는 말라' 하는 경고와 함께, '사랑하는 사람과의 은밀하고 즐거운 시간을 누릴 줄 모르는 단순하고 건전한 정신은 건강한 게 아니라 다만 우둔한 것일 뿐이지 않느냐' 하는 사적인 비아냥과 조롱, 투정하는 마음이 담긴 문장으로 읽어야 한다.

하지만 낙관주의적 사회주의 건설에 경도되어 있던 당시의 대학과 사회는 주인공을 트로츠키주의자로 몰아세우고, 마침내 루드빅은 끔찍한 감옥 생활을 겪게 된다.

.2.
표현한 내용과 표현된 내용은 같아야 한다

흔히 아 다르고 어 다르다고 한다. '누구나 가슴 속에 상처 하나쯤은 있다' 와 '누나 가슴 속에 3000원쯤 있다' 는 딴판이다. '그러한 경지에 이르렀다' 와 '그러한 지경에 이르렀다' 는 딴판이다 못해 대조적이기까지 하다. '원시적이다' 와 '시원적이다' 역시 전혀 다른 뉘앙스를 풍긴다. 설령 같은 어휘, 같은 문장일지라도 어조가 달라서 괜한 시비가 일기도 한다. 말 한마디로 원수지간이 되기도 하고, 말 한마디로 천 냥 빚을 갚기도 한다. 일상에서조차 이러한데, 하물며 무릇 글을 쓰는 사람이라면 이러한 언어의 의미 차이를 좀더 날카롭게 감지해야 한다.

언어는 살아 움직이는 민감한 생물과도 같아서, 억양·발음·조사·맥락·상황 등등에 의해 서로 다른 뉘앙스를 띠면서 다양한 의미 변화를 낳는다. 글 쓰는 사람이란 이러한 뉘앙스와 변화에 남달리 예민한 언어적 감수성을 지니고 있는 사람들이다.

작가가 표현하고자 한 내용과 작가가 표현한 문장, 즉 독자가 읽은 문장, 그리고 독자가 해석한 내용 사이에는 언제나 틈이 있다. 따라서 겉멋을 부리기보다는 먼저 정확하고 세밀한 서술을 구사할 줄 알아야 한다. 그러기 위해선 우선 생각과 문장이 합치되어야 한다. 자신이 의도한 내용과 독자가 읽게 될 내용이 일치하도록 글을 써야 한다. 적어도 '자신이 표현하고자 한 내용' 과 '자신이 언어로 표현한 내용' 은 같아야 한다.

다음의 두 예는 거의 비슷한 문장으로 구성되어 있지만, 전혀 다른 의미로 읽힌다.

〈보기 34〉

ⓐ 권총으로 쏴서 죽이는 것만이 죽이는 것은 아니에요. 기억하지 않으면 그는 죽은 것이지요.

ⓑ 권총으로 쏘아 죽이는 것만으로는 죽이는 것이 아니에요. 기억하지 않아야 그는 죽은 것이지요.

ⓐ처럼 말하면 단지 상대를 기억하지 않으려고 애쓰는 모습으로 읽을 수 있다. 그래서 비폭력적인 데 반해 ⓑ는 실제 살인을 의미할 뿐만 아니라 잔인한 증오심마저 느껴진다. 조사 하나의 차이로 인해 문장의 의미가 확연히 달라진다. 일상에서 조사 하나를 부정확하게 사용해서 불필요한 시비에 말려든 경험은 누구나 한 번씩 해보았을 것이다.

물론 일상대화와 달리, 교정이 가능한 글쓰기에서는 조사의 차이가 충분히 인지되기 때문에 여간해서 이러한 실수를 범하지는 않는다. 하지만 다음과 같은 실수는 초보 습작생들 문장에서 흔히 발견되는 일례다.

〈보기 35〉

ⓐ 그녀가 문 담배에 불을 붙여 주었다. 순간 주위가 환해졌다. 그녀가 라이터를 향해 고개를 약간 기울이며 다가왔다. <u>그 속에서 본 그녀의 얼굴에는, 그 동안 한 번도 보지 못했던 어떤 매력이 숨어져 있었다. 왜 몰랐을까. 이목구비가 뚜렷하진 않지만, 그다지 흠잡을 곳 없이 조화된 얼굴이었다.</u>

ⓑ 그녀가 문 담배에 불을 붙여 주었다. 순간 주위가 환해졌다. 그녀가 라이터를 향해 고개를 약간 기울이며 다가왔다. <u>불빛에 그녀 얼굴선이 한결 도드라져 보였다. 단지 선후배 사이로 만나 오고 있지만, 콧날이 오

<u>똑해서 유달리 날렵해 보이는 옆모습에 시선을 뺏긴 적이 이미 여러 번 이었다.</u>

　위의 글 ⓐ는 초보 습작생이 쓴 단편소설의 일부분으로, 학교 선배인 그가 그녀에게 담뱃불을 붙여 주다가 새삼 후배 모습에 반하는 대목이다. 그러니까 글쓴이가 전하고 싶은 실제 뜻은 '그가 담뱃불을 붙여 주다 새삼 그녀에게 반한다'는 내용이다. 그런데 독자가 읽어 보면 단지 그가 그녀의 외모에 새삼 반하는 정도로만 읽히지 않는다. '한 번도 보지 못했던'이나 '그다지 흠잡을 곳 없이 조화된 얼굴'과 같은 너무 강조된 표현으로 인해 그가 그녀에게 매료된 상태일 뿐 아니라, 그녀 모습에서 어떤 객관적 사실로서 '조화된 얼굴'을 새삼스레 발견하고 있는 듯이 느껴질 여지가 있다. 다른 한편 독자로 하여금 '이목구비가 뚜렷하지 않은데 어떻게 조화된 얼굴일 수 있을까' 하는 의구심도 갖게 만든다. 이러한 오해나 의구심을 없애고 본래 전달하려고 했던 진의만을 전달하기 위해 ⓑ와 같이 수정하면 좋을 것이다.

　ⓑ는 ⓐ에 비해 오해의 소지가 한결 적다. 글쓴이가 전달하고자 하는 내용 즉, <u>그</u>가 <u>그</u>녀에게 담뱃불을 붙여 주다가 새삼 반한다는 점을, 독자 역시도 그대로 읽어 낼 수 있을 것이기 때문이다. 글을 쓸 때는 이처럼 작가로서 글을 쓰는 동시에 독자 입장에서 글을 읽어서, 자신이 표현하고자 하는 내용과 원고지에 표현된 내용이 제대로 일치하고 있는지를 감각적으로 점검할 수 있어야 한다.

　다음은 니체가 '자유정신'을 노래한 문장이다. 서로 다른 출판사 번역자에 의해 다음과 같이 번역되었다. 같은 의미겠지만, 밑줄 친 부분의 뉘앙스 차이로 인해서 얼마나 판이하게 읽히는지.

〈보기 36〉

ⓐ 이제는 벌써 사랑과 미움의 질곡 속에서 갇히어 살아가는 것이 아니라, 긍정도 없고 부정도 없이 <u>마음대로 가까워지고 마음대로 멀어지며 기꺼이 슬쩍 빠져나와 날개를 치면서 멀리 날아가거나 높이 날아오르며 살아간다. 지난날 모든 것을 자기 발 아래로 내려다본 사람처럼 그는 호화롭게 된다.</u> 그리하여 그는 자기와는 아무 관계도 없는 것에 대해서 걱정하는 사람과는 정반대로 된다. 사실 자유정신은 금후 결코 그를 번거롭게 하지 않는 사물에만 관계한다. 그러나 그러한 사물이 얼마나 많은 것일까!

ⓑ 사람들은 더 이상 사랑과 증오의 속박에서 사는 것이 아니라, 긍정도 부정도 하지 않으며 <u>마음대로 가까이 가고 멀어지며, 기꺼이 도주하고 피해 다니며 날아다니고 다시 사라지거나 높이 날아오르며 사는 것이다; 사람들은 언젠가 자신 가운데에서 엄청난 다양성을 본 적이 있는 사람처럼 변하게 된다.</u> ── 그러고는 자신과 무관한 사물을 걱정하는 사람들과는 정반대의 사람이 되는 것이다. 실제로 이제 자신은 더 이상 자유정신을 괴롭히지 않는 그런 것과 관계한다. 그리고 그런 것들은 얼마나 많은가!

ⓐ의 '모든 것을 자기 발 아래로 본 사람처럼 호화롭게 된다'는 표현은, '발 아래'와 '호화롭게'의 어휘로 인해 초월이나 사치의 뉘앙스를 강하게 풍긴다. 이 표현으로 인해 결국 후반부의 '번거롭게 하지 않는 사물'이란 문장이 다소 이기적인 태도로 느껴질 우려가 있다. 하지만 ⓑ의 서술은, 다소 매끄럽지는 못하지만 한결 정확하게 이해된다. 우선 초월이나 사치의 뉘앙스는 풍기지 않는다. 그리고 '자신 가운데서 엄청난 다양성'을 확

인한 사람답게, 사랑/증오 혹은 긍정/부정의 이분법에 빠지지 않고 자유로이 움직이며 관계한다는 뜻임이 보다 명확하게 전달된다. 그런 점에서 ⓑ는 자기 안에 엄청난 다양성이 존재하기에 어떤 대상에 집착하거나 속박당하지 않고, 특히 자신과 무관한 문제에까지 과민하게 신경 쓰거나 사로잡히지 않고, 그리하여 자신의 자유정신을 괴롭히지 않는, 그러니까 자유로이 혹은 기꺼이 고민할 가치가 있는 문제에만 집중한다는 뜻으로 읽힌다. ⓐ보다 ⓑ의 문장이 더욱 '정확한' 덕분에, 더욱 '풍요롭게' 읽히는 것이다.

3.
주인공-되기

자신이 표현하고자 하는 내용과 원고지에 표현된 내용을 일치시키기 위해서는 작가인 동시에 독자 입장에서, 표현된 문장의 의미를 읽어 낼 줄 알아야 한다. 그렇다고 해서 글쓰기 과정이 곧 작가와 독자의 입장을 교대로 취해 가면서 검열해야 수행하는 분열된 이중역할을 요구하는 과정은 아니다. 반대로 자신이 전하고자 하는 내용, 사건, 인물 등에 대해 보다 깊이 있게 **동화**되어야만, 자신이 전달하고자 하는 진의에 충실할 수 있다.

우선 다음 두 문장을 읽어 보자. 똑같은 사실을 다루고 있음에도 불구하고, 전혀 다른 의미를 낳고 있다.

〈보기 37〉

ⓐ 사업가 김 모 씨(48세)는 올해 들어 자신의 회사 종업원 윤 모 양(26세)과 서너 차례의 사적인 만남을 가졌다.

ⓑ 김은 노을을 멍하니 바라보았다. 넋을 잃고 노을을 바라보는 것은 요즘 들어 생긴 버릇이다. 정확히 말하면 그녀, 윤을 만나면서부터이다. 이제 겨우 서너 차례 만났는데 만나고 나면 그렇게 쓸쓸한 기분만 더욱 더해지는 것이었다.

ⓐ도 김과 윤의 만남을 다루고 있고, ⓑ도 김과 윤의 만남을 다루고 있다. ⓐ의 문장 역시 사실이고, ⓑ의 문장 역시 사실이다. 그러나 ⓐ의 문장을 통해서는 김과 윤의 만남이 진실한 만남처럼 느껴지지 않을 뿐 아니라 매우 부도덕하게만 느껴진다. 실제로 ⓐ의 문장은 저널리즘에서 즐겨 사용하는 어법이다. 공명정대하게 보도한다는 미명 하에 사건을 객관적으로 그리고 중립적으로 서술함으로써 김과 윤을 익명화하고 물화하기 때문에 독자는 표면적이면서도 부정적인 뉘앙스의 정보 이외에 어떤 이면적 진실을 체감하기 어렵다.

반면에 ⓑ 문장은 화자가 김에게 초점을 맞추고 **동일시와 감정이입**을 통해 이야기를 서술함으로써, 단지 외양적 사건만이 아니라 김의 내면과 감정까지도 표현해 주고 있다. ⓐ가 뉴스 보도에 적합한 초점 없는 거리 두기 촬영에 해당한다면, ⓑ는 영화에서 노을을 바라보는 등장인물 김의 표정을 클로즈업하거나 어깨 너머로 카메라를 비추는 접근방식인 오버 숄더 샷(over shoulder shot)이어서 독자들로 하여금 외면적 판단보다는 내면적 이해를 통한 공감을 불러일으키게 만든다.

작가는 결코 어떤 객관적이고 중립적인 위치에서 글을 쓸 수가 없다. ⓐ에서 보듯이 미리 객관적 거리를 두게 되면 거리감 그 자체가 하나의 가치 판단으로 읽히게 된다. 그런 점에서 작가는 언제나 일정한 각도와 방향을 갖고 글을 쓰지 않을 수 없다. 철학이나 논설, 과학 논문조차 마찬가지다.

모든 글은 일정한 초점과 논의 방향을 전제해야 비로소 전개가 가능해진다. 문학작품인 경우는 더욱 그러하다. 그럼에도 많은 습작생들이 이러한 **초점화**를 등한시해 버린다.

가령 다음 일례가 그러한 예이다. 어느 습작생 소설의 시작 부분인데, 고등학생인 주인공은 지금 불량 청소년들에게 쫓겨 학교 옥상 난간에까지 몰려 있는 상황이다.

〈보기 38〉

①고개 너머로는 하늘과 땅이 뒤집혀 아무리 떨어진다 해도 결코 바닥에는 닿을 수 없을 듯 느껴지는 푸른색 허공이 끝도 없이 펼쳐져 있다. ②그것은 마치 무게가 천 근이나 되는 양 내 몸을 짓누르는 듯하다. ③전신이 부르르 떨리면서 이마와 등에 식은땀이 맺혔다. ④이를 악물고 뒤를 돌아보았다. ⑤옥상 난간 너머로 멀찍이 파란 하늘과 그 밑으로 고층 아파트들, 도로를 지나다니는 차들이 희미하게 보인다. ⑥밑을 내려보자, 교실로 들어가기 위해 바삐 몸을 움직이는 아이들의 까만 머리들이 보인다. ⑦나는 악다문 턱에 더욱 힘을 주었다. ⑧당장이라도 떨어져 버릴 것만 같다.

위의 글은 틀림없이 옥상 난간에 몰린 모습을 다루고 있다. 독자라면 누구나 주인공이 옥상 난간에 몰려 있으며 아래로 추락할까 봐 두려워 공포를 느끼고 있다는 사실을 알 수 있다. 하지만 다시 읽어 봐도 옥상 난간에 몰린 학생 특유의 절박한 공포심은 제대로 느껴지지 않는다. 그 이유는 각각의 문장이 옥상 난간까지 몰린 주인공의 절박한 심사를 자연스럽게 대변해 주고 있지 않기 때문이다.

여덟 문장으로 이루어져 있는 위의 글에서 ①과 ②는 끝없는 푸른 허공에 대한 느낌과 감상을 표현하고 있다. 그런데 옥상 난간에 몰린 학생이 이와 같은 느낌으로 푸른 허공을 감상할 여유가 있을까. 설령 감상한다 하더라도, 푸른 허공의 아득한 무게로 인해 현기증을 느낄 수는 있겠지만, 그 순간에 ③과 같은 생리적 반응을 일으킬 수 있을까. 또 쫓기는 학생이 ⑤에서처럼 멀찍이 떨어져 있는 고층 아파트와 도로의 차들에까지 일일이 신경을 쓸 여유가 있을까.

그런 점에서 ①에서 ⑧까지 나열된 문장 배치는, 옥상 난간까지 쫓긴 학생의 절박한 심사에 전혀 어울리지 않는다. 적어도 다음과 같이 수정되어야 보다 자연스럽게 읽힐 수 있다.

〈보기 39〉

①옥상 난간은 까치발로나 겨우 디딜 만한 폭에 불과했다. ②그나마 모래와 먼지가 쌓여 발끝이 미끄러웠다. ③당장이라도 미끄러져 떨어져 버릴 것만 같았다. ④보다 안전하게 디딜 틈을 찾아 조심스레 바닥을 더듬거려 보았다. ⑤교실로 들어가기 위해 바삐 몸을 움직이는 아이들의 까만 머리통들이 난간 아래로 일개미들만 하게 보였다. ⑥순간 전신이 부르르 떨리고 이마와 등에 식은땀이 맺혔다. ⑦서둘러 고개를 치켜들자, 결코 가 닿을 수 없을 듯한 푸른색 허공이 끝도 없이 펼쳐져 있었다. ⑧나는 그러잖아도 악다물고 있던 턱에 다시금 힘을 주었다.

위의 예문 역시 여덟 개의 문장으로 이루어져 있으며, 전달하는 내용과 정황에 있어서는 <보기 38>과 별다른 차이가 없다. 하지만 ①에서 ⑧까지 이어지는 문장은 <보기 38>과 달리 옥상 난간에 몰려 있는 학생 심리를 일관되게 좇고 있다. 우선 앞부분에서는 '① 옥상 난간 → ② 난간의 모래

먼지 → ③ 당장이라도 미끄러질 것 같은 느낌' 등을 차례대로 혹은 점층적으로 서술하는 방식에 의해 이야기 초점이 옥상 난간에 몰린 주인공 심리에 모아짐으로써 보다 구체적이고 자세한 부분까지 자연스레 클로즈업되고 있다. 나머지 부분에서는 ④ 두려워 더듬거려 보는데, ⑤ 더듬거리다 보니까 마주하고 싶지 않아도 내려다보게 되는 건물 아래 모습이 눈에 들어오고 ⑥ 새삼스레 추락에 대한 두려움이 전해진다. ⑦ 공포심을 잊기 위해 고개를 들고, ⑧ 이를 앙다무는 모습' 을 통해, 옥상 난간에 서 있는 사람이라면 누구라도 느끼며 취할 법한 심리 및 행동 변화를 일관되게 따라가고 있다. 따라서 <보기 38>에 비해 위의 글이 옥상 난간에 서 있는 주인공 상황에 한결 부합한다고 할 수 있는 것이다.

이처럼 문장 서술의 방법 및 순서는 주인공의 경험과 인식, 심리 흐름 등을 통해 전달되어야 자연스럽고 일관성 있게 읽힌다. 소위 **'주인공 - 되기'** 를 통해서야 비로소 글은 하나의 자연스러우면서도 일관된 서술구조를 취할 수 있는 것이다.

그런 점에서 글쓰기 과정은 연극 혹은 연기의 일종이다. 주인공이 어린아이일 때는 어린아이의 정서로 이야기해야 한다. 고양이일 때는 고양이 김각으로 이야기해야 한다. 쓸쓸한 중년 사내일 때는 쓸쓸한 중년 사내 어투로 문장이 진술되어야 하고, 열정을 논할 때는 열정적으로, 유머를 논할 때는 유머러스하게 논해야 한다.

작가와 독자가 공감하기 위해서는 작가가 표현하고자 한 내용과 작가가 표현한 내용이 먼저 일치해야 하며, 표현하고자 한 내용과 표현한 내용이 일치하기 위해서는, 문장 내용과 문장 어조가 일치해야 하는데, 그러기 위해서 작가는 반드시 '주인공-되기'의 공수를 받아야 한다.

.4.
'주인공-되기', '화자-되기', '주인공 및 화자 되기'

작가가 말하고자 하는 바는 모두 책 속의 언어 즉 문장으로 모두 변환되어 독자에게 전달되고, 독자는 별다른 정보 없이 오직 책 속에 인쇄되어 있는 출판언어로만 읽는다. 엄밀한 의미에서 독자는 작가를 만나지 않는다. 오로지 언어만을 만나는 것이다.

채트먼은 '작가의 쓰기'가 '독자의 읽기'와 만나는 이와 같은 과정을 ⓐ와 같이 세분화하였다. 여기에 텍스트의 등장인물까지 첨가하면 실제 작가와 등장인물의 관계를 ⓑ와 같은 층위로 나눌 수 있다.

ⓐ 실제 작가 〉 내포 작가 〉 화자 〉 TEXT 〈 청자 〈 내포 청자 〈 실제 청자
ⓑ 실제 작가 / 내포 작가 / 화자 / (주인공-반주인공-주변 인물들)

채트먼의 도식은 의사소통 과정을 설명하기 위한 것이지만, 작가의 창작 과정을 설명하는 도식으로 읽어도 좋다. '실제 작가'는 말 그대로 일상생활을 하는 실제 작가다. '실제 작가'는 실생활에서 다양한 경험과 이야깃거리를 체득한다. 하지만 경험한 여러 이야기나 주제를 모두 떠벌이거나 발설해서는 곤란하다. 작품은 그 자체로 완결성(=통일성=독립성)을 갖추고 있어야 하기 때문에, 실제 작가의 다양한 경험은 '내포 작가' 및 '화자'를 통해 쓰고자 하는 작품의 주제 및 규범에 걸맞은 내용만을 골라내야 한다.

'실제 작가'는 일상생활을 중단하고, 책상에 앉아 글쓰기를 시작한다(이렇게 책상에 앉아 글쓰기에 몰두하는 작가를 일컬어 '내포 작가'라고 한다).

'내포 작가'는 그 작품에 어울리는 '화자'의 목소리를 빌려서 일관된 어조 및 주제 의식으로 사건을 서술한다. 이처럼 글쓰기는 '실제 작가 〉 내포 작가 〉 화자'의 과정을 거쳐 일관된 시점과 어조를 획득한 다음에야 비로소 인물들을 등장시킨다.

글을 써 나가는 동안 화자는 주인공에게 가장 강렬한 초점을 맞춘다. 하지만 반주인공 및 주변 인물에게도 그때그때 알맞은 초점화가 필요하다. '인물-되기'의 강도는 주인공, 반주인공, 기타 등장인물 순으로 이어지는 것이 자연스럽다.

글을 쓰는 과정에서 작가가 겪는 가장 강렬한 체험은, '주인공-되기'와 '화자-되기'이다. 대개 주인공이라는 용어에는 익숙한데 화자라는 말에는 익숙지 못한 듯하다. 먼저 예문을 통해 주인공과 화자를 구분해 보자.

〈보기 40〉

ⓐ 그녀는 얼굴도 예쁘고, 몸매도 쭉쭉 빵빵해. 게다가 돈도 꽤 잘 벌어.

ⓑ 그녀는 어디를 가든 주변의 이목을 끌 만큼 아름다운 편이다. 동네 슈퍼에 잠깐 나온 듯한 허름하고 편한 평상복 차림을 즐겨 입지만 그러한 차림조차 그녀의 아름다운 몸매를 감추지는 못했다. 게다가 취향 때문이라면 모를까, 가격 때문에 쇼핑을 주저하지는 않을 만큼 부유했다.

ⓒ 아름다운 외모와 넉넉한 경제적 형편에도 불구하고 무엇이든 겁부터 내고 두려워하는 그녀의 성격은, 그녀의 행동을 매우 편협하게 할 뿐만 아니라, 처신의 폭이 언제나 제한되면서 업무에 치여 신경질적인 박봉의 샐러리맨보다 더 옹졸한 생각 속에 갇히게 했다.

ⓐ, ⓑ, ⓒ 모두 동일한 인물 '그녀'를 묘사한 문장이다. 전달하는 기본

메시지(예쁜 얼굴, 좋은 몸매, 부유한 경제 사정)는 동일하다. 이렇듯 주인공은 동일한데, 주인공을 서술하는 방식, 주인공에 대해 말하는 방식은 서로 다르다. 즉 화자는 서로 다르다. 특히 ⓒ에서는 아예 다른 관점으로 이야기하고 있다. 그녀 외모보다도 성격에 초점을 두어 서술하는 것이다. 그런 점에서 ⓐ는 단순하게 즉물적으로 외모만 중시하는 화자, ⓑ는 외모를 중시하되 정확한 관찰력을 갖춘 화자, ⓒ는 외모보다도 외모와 성격 간의 간극을 문제 삼는 화자이다. 결국 ⓐ, ⓑ, ⓒ 모두 주인공 모습과 동시에 화자의 정체성 역시도 드러난다는 사실을 확인할 수 있다.

화자(話者)는 이렇듯 말하는 방식으로서 존재한다. 마치 부족한 부분이 많은 사람에 대해서 얘기하더라도, 아니 그런 사람에 대해 말할 때일수록 사려 깊게 말을 하면, 도리어 말하는 그 사람의 품위가 달라 보이듯, 이야기 주인공과 이야기 화자는 명백하게 구분된다.

이것은 1인칭 주인공 시점에서도 마찬가지인데, 일테면 ①"**나는 막내여서 장난기가 많아**"라고 말한 경우와 ②"**나는 막내로 자란 때문인지 장난기가 많은 편이야**"라고 말하는 경우, ③"**평소 막내는 장난기가 심하다는 생각을 갖고 있는 사람조차 단지 막내여서 저럴까 싶을 만큼 나의 장난기는 유다른 편이지**"라고 말한 경우, 화자는 각기 다를 수밖에 없다. 아무래도 ①의 화자보다는 ②의 화자가 더 신중하게 사고하는 듯이 읽히고, ③의 화자는 같은 사건을 회고해도 한결 익살스럽게 서술할 듯한 기대감을 준다.

'**주인공-되기**'는 말 그대로 작가가 주인공 인물에 감정이입 혹은 동일화하여 주인공 특유의 표정·성격·행동·대사 등을 나타내는 경우를 일컫는다. 하지만 1인칭 주인공 시점과 같이 주인공이 절대적인 역할을 하는 경우에조차 '주인공-되기'만으로는 글쓰기가 이루어질 수 없다. 주인공의 모습·심리·행동·결과 등을 서술하는 화자가 동시에 존재해야 한다.

주인공 외에 주인공의 모습을 설명하는 화자의 목소리가 언제나 필요하기 때문에, '주인공-되기'는 언제나 '화자-되기'를 통해 이루어진다. '주인공-되기'는 '화자-되기'와 동시에 이루어지는 것이다. 이는 마치, 어떻게 말할지를 결정하지 못한 경험은 그 경험 내용이 아무리 생생하더라도 입 밖에 내지 못하는 것과 같은 이치다.

〈보기 41〉

ⓐ 나는 다시는 그를 만나지 않을 거야!

ⓑ 나는 다시는 그를 만나지 않기로 결심했다. 그러자 웃음보다 한숨이 나왔다.

ⓒ 나는 다시는 그를 만나지 않기로 단단히 결심했다. 하지만 이내 단단히 결심해야 할 만큼 이미 마음을 빼앗긴 사실 또한 인정해야 했다.

ⓓ 나는 다시는 그를 만나지 않기로 결심했지만, 한순간도 핸드폰을 손에서 놓지 않는 스스로에 대한 조소 또한 감추지 못했다. 급기야 핸드폰을 내팽개치기는 했지만 행여 손상이 갈까 봐 이불 위에 던지곤 이내 다시 신호를 제대로 받는지 확인부터 해보았다.

ⓔ 나는 다시는 그를 만나지 않기로 결심했지만, 다시는 그를 만나지 않기로 결심하고도 한순간도 핸드폰을 손에서 떼지 않았을뿐더러, 혹시나 핸드폰이 꺼져 있는 것은 아닐까 수시로 폴더를 열어 확인해 보았다. 그러곤 그때마다 어디 한번 연락해 봐라, 내가 받나! 하고 투덜거렸지만, 다만 어째 한번 연락도 오지 않나, 하고 속상해서 내보는 신경질일 뿐이었다.

ⓐ의 문장은 단호한 결심이 주인공 목소리를 통해 직접적으로 제시되고

있으므로, '주인공-되기'라 할 만하다. 그에 비해 ⓑ는 주인공의 결심 및 결심과는 상이한 심리상태가 함께 제시되고 있는 '주인공-되기'이고 ⓒ는 주인공의 결심 및 심리, 자기 성찰까지 진행하고 있어서 더욱 강렬한 '주인공-되기'이지만, 어쨌든 ⓑ와 ⓒ 모두 특정 방식으로 서술하고 있기 때문에 '화자-되기'가 함께 수행되고 있다고 볼 수 있다. 따라서 '주인공 및 화자 되기'로 볼 수 있다.

ⓓ는 주인공의 결심 및 심리, 행동 등을 자세히 제시하는 동시에, 주인공의 모순된 처신을 관찰하는 화자의 시점이 한결 강하게 제시된다는 점에서 ⓑ나 ⓒ보다 한결 강하게 '주인공 및 화자 되기'가 이루어지고 있다. ⓔ 역시 한결 강한 '주인공 및 화자 되기'라고 할 수 있는데, 일정한 문구를 반복하는 화자 특유의 어투와 리듬감이 한결 강하게 인물의 행동을 희화화시키고 있다는 점에서, '화자-되기'가 앞서의 경우들보다 한결 더 강화된 문장이다.

엄밀한 의미에서 '주인공-되기'와 '화자-되기'가 동시에 이루어질 때만 글쓰기는 가능해진다. 글쓰기는 언제나 '주인공 및 화자 되기'인 것이다. 그러나 글을 쓰기까지의 과정으로 보자면 '주인공-되기', '주인공 및 화자 되기'로 나뉠 수 있다. 적어도 글쓰는 창작자의 내면적 경험 층위에서는 세 가지의 구분이 가능하다. '주인공-되기'는 하나의 인물이 되는 것이고, '화자-되기'는 그 주인공에 대해 서술하는 관점과 태도이다. 그리고 '주인공 및 화자 되기'는 하나의 인물이자 동시에 그에 대한 나름의 인식과 관점을 갖는 일이다. 그런 점에서 창작자 자신의 입장에서 보면, 글쓰기란 마치 삶에서 한 사람의 주인공으로 사는 동시에, 그러한 자신의 장단점을 인식하고 성찰하는 과정을 통해, 보다 바람직하고 자유로운 인물로 성장하는 과정과 흡사하다.

.5.
개성적 자아와 성찰적 자아

'주인공-되기'는 주인공의 외모·성격·심리·행동·대사 등을 정확하게 서술함으로써 이루어진다. 매우 순정한 서정적 성격의 주인공, 혹은 매우 유머러스하고 익살스런 주인공, 혹은 보통 사람 이하의 수준 낮은 B급 주인공 등 다양한 주인공이 등장할 수 있다.

'화자-되기'는 이와 같은 인물 특성을 서술하는 방식에 의해 이루어진다. 순정한 성격의 주인공을 다루는 화자의 어투는 그만큼 진실하고 순정한 목소리여야 하고, 유머러스하고 익살스러운 주인공일 경우 그만큼 유쾌하고 골계미가 넘치는 문체여야 하며, 보통 사람 이하의 수준 낮은 B급 주인공을 다룰 때는 그만큼 인물을 희화화하여 다뤄야 한다. 행여, 비장미를 구현하고자 비장한 인물을 등장시켜 놓고 익살스러운 문체를 사용하게 되면, 말하는 내용과 말하는 방식이 서로 어긋나는 꼴이어서 당연히 설득력을 잃게 된다.

그런 점에서 주인공은 어떤 계층, 어떤 수준, 어떤 성격이 등장해도 무방하다. B급 주인공이 등장해도 상관없다. 하지만 화자는 언제나 '일성한 수준의 이야기 솜씨를 갖춘 화자'여야 한다. B급 화자란 있을 수 없다. 가령, 수준 낮은 B급 인물을 등장시켜 놓고 그 인물을 반성하거나 희화화하는 심미적 거리를 두지 않는다면, 독자는 화자 역시 신뢰할 수 없는 B급 화자로 인식할 수밖에 없을 테고, 결국 독서는 제대로 이루어지지 않을 것이다.

표현 방법 및 태도에 따라 표현 대상이 규정된다. 이렇다 보니 주인공의 특성과 화자의 특성은 동시에 결정된다. 그런데 화자의 목소리란, 주인공에 대해 어떤 관점으로 바라보고 어떤 방식으로 서술해야 하는지를 결정하는 관점이어서, '주인공 관점'과는 또 다른 차원에서 '주인공을 성찰하고 있는 관점'이다. 이것은 마치 우리가 평소 하나의 개성적 자아로서 행동하면서, 동시에 그 개성적 자아로서의 행동을 반성하는 성찰적 자아로서 존재하는 것과 같다. '주인공'은 '개성적 자아'에, '화자'는 '성찰적 자아'에 각각 해당한다. 혹은 '주인공'은 '즉자적 자아'에, '화자'는 '대자적 자아'에 비유할 수 있다.

거짓말쟁이의 역설은, 이러한 주인공과 화자의 관계를 잘 보여 준다. 거짓말쟁이가 "내가 하는 말은 모두 거짓말이다!"라고 선언하는 순간, 그 선언은 모순에 빠진다. 거짓말쟁이는 무엇이든 꾸며 말할 수 있다. 거짓말을 하고도 하지 않았다고 할 수 있고 메뚜기를 보고도 늑대라 우길 수 있다. 하지만 거짓말쟁이는 결코 자신을 두고 거짓말쟁이라 말할 수 없다. 그 말이 이미 더는 거짓말이 아니어서, 그렇게 자기 규정을 하는 순간 거짓말쟁이로부터 벗어나기 때문이다. "모든 크레타 섬 사람들은 거짓말쟁이들이다"라고 말한 크레타 출신의 철학자 에피메니데스의 모순된 선언처럼, 그것은 기실 모순된 발언이 아니라, 자기 인식을 통한 새로운 정체성의 변화를 의미한다.

이렇듯 자기 규정은, 이제까지의 자기 모습으로부터 일정한 거리를 두게 만든다. 가령 소심한 사람은 "나는 소심한 사람이야"라고 인정하는 순간, 그 담대한 인정으로 인해 이미 소심한 상태로부터 한 발자국 벗어나 있는 것이기도 하다. 성격이 너무 급한 사람은, "그래, 나는 성격이 너무 급한 사람이야"라고 인정해야만 그때부터 성격이 너무 급한 바람에 벌어지는 말썽을 조금이라도 피할 수 있다. 사람은 누구나 나름의 문제와 갈등을 안고 살아간다. 그런데 그 문제와 갈등의 성격을 인식하고 인정하는 순간, 모순되게도 그는 그러한 문제와 갈등으로부터 자유로워지는 출발 지점에 위치하게 된다.

작가는 바로 이러한 출발 지점의 순간에 '주인공 및 화자 되기'를 취하여 이야기를 시작할 수 있다. 이때, 창작에 임하는 순간에 작가가 집중하는 위치를 순서대로 열거한다면 '실제 작가'에서 '내포 작가'가 되고, '내포 작가'에서 '화자'가 되고, '화자'가 되어서 '등장인물'을 등장시킨다고 할 수 있다. 하지만 실제 생활의 과정에서 보자면 사실은 역순으로 진행된다. 즉, 평소 한 사람의 주인공 혹은 개성적 자아로 생활하다가, 그 개성적 자아를 관찰·반성하는 성찰적 자아가 생겨나면, 비로소 그 성찰적 자아의 관점을 빌려 개성적 자아의 경험을 서술하게 되는 것이다.

인물이 등장하는 한 편의 글을 쓰려면 '개성이 강한 인물'과 '그 인물을 독특한 관점으로 바라보며 서술할 개성적 화자'가 모두 필요하다. 개성 강한 인물만으론 극적 경험이 아무리 풍부하더라도 결코 글이 써지지 않는다. 언제나 그에 걸맞은 화자(이야기꾼)가 나타나야 한다. 그런 점에서 사람들이 흔히 오해하고 있듯, 좋은 작가가 되기 위해서는 개성이 강하거나 극적 경험이 풍부한 것만으로는 불충분하다. 개성과 경험을 독특한 관점으로 서술할 성찰적 자아로서의 개성적 화자가 있어야 하며, 이러한 화자만 있다면 평범한 인물과 경험을 다뤄도 얼마든지 매력적인 글이 될 수 있다. 글은 어디까지나 등장인물이 아니라 화자가 다루는 작업이기 때문이다.

.6.
'주인공 및 화자 되기'의 또 다른 일례들

결국 작가란, 모든 글쓰는 사람이란, '주인공 및 화자 되기'라고 하는 일종의 퍼포먼스 혹은 연극놀이를 강도 높게 펼치는 존재다. 이제까지의 예문과 마찬가지로 다음의 예문 역시, '주인공-되기'가 이루어지는 강도에 따라, 같은 내용을 다루고 있지만 전달하는 정서나 감성은 사뭇 다를 수 있음을 보여 준다.

⟨보기 42⟩

ⓐ 배고파 죽겠어.
ⓑ 배가 너무 고픈 나머지 돌이라도 삼킬 것 같았어.
ⓒ 배가 너무 고픈 나머지 돌멩이라도 입에 넣고 빨아서 생기는 침이라도 삼켜야겠다는 생각이 들 정도였어.
ⓓ 저 돌멩이 꼭 송편처럼 생겼네.

ⓐ, ⓑ, ⓒ, ⓓ 모두 공복 상태를 전달하고 있다. 네 경우 모두 허기진 상태를 이야기하고 있지만, ⓐ의 경우 사실 전달만 행해지고 있으며, 그에 비해 ⓑ는 돌이라도 삼킬 것만 같은 과장된 심정을 통해 보다 강렬하게 공복감을 전달하고 있다. 하지만 '돌이라도 삼킬 것 같다'는 비유는 일상에서 흔히 사용되는 다소 상투적인 비유에 속한다. 따라서 강도가 다소 상쇄될 우려가 있다. 이러한 표현보다는 ⓒ처럼 보다 참신하게 서술하는 것이 한결 효과적이다.

반면 ⓓ는 단순한 비유에 불과하지만 돌멩이조차 먹을 것으로만 보이는 심경의 전달을 통해 공복감을 한결 강하게 전달하고 있다. 현재 시제로만 보면, 의당 ⓓ의 인물이 가장 강렬한 공복감을 겪고 있는 것으로 보이는데, 이는 ⓐ나 ⓑ와 달리 ⓓ의 문장이 공복감이 심한 사람이나 느끼는 환각 상태의 말투나 감성을 그대로 구현하고 있기 때문이다.

결국 ⓐ보다는 ⓑ가, ⓑ보다는 ⓒ와 ⓓ가 더욱 강도 높은 '주인공-되기'

를 성취하고 있다. ⓒ는 '주인공 및 화자 되기'에 성공하고 있고, ⓓ는 강렬하게 '주인공-되기'를 구현하고 있기 때문이다.

다음의 예문들 역시 <보기 42>처럼 똑같은 내용을 전달하고 있다. 하지만 서로 다른 뉘앙스와 이미지를 만든다.

〈보기 43〉

ⓐ 정욱의 집으로 찾아가 보았다. 정욱과는 꽤나 친한 사이다. 정욱의 집은 대문 없는 낡은 양옥집으로 나는 아무 때나 무시로 자주 드나들었다. 하지만 정욱은 집에 있지 않았다. 앓아 누운 어머니의 밭은 기침 소리만이 건넌방 쪽에서 들려왔다. 그녀에게 정욱의 행방을 물어볼까 하다가, 괜한 걱정이나 살 듯싶어 그냥 몰래 돌아 나왔다.

ⓑ 집으로 찾아가 보았지만 댓돌 위로 낡은 슬리퍼만 덩그러니 놓여 있을 뿐이었다. 마루 밑에 따로 보관해 두었다가 외출 때만 신는 정욱의 아끼는 구두 상자 역시 비어 있었다. 천식으로 앓아 누워 지내는 어머니의 밭은 기침 소리만 건넌방 쪽에서 넘어왔다. 정욱의 행방을 물어볼까 하다가, 괜한 걱정을 살 듯싶어 발소리를 죽여 돌아 나왔다.

ⓐ와 ⓑ는 거의 같은 분량의 어휘를 동원하여 거의 동일한 정보를 전달하고 있다. 모두 친구 집에 찾아갔지만 허탕을 치고 돌아 나오는 대목을 이야기하고 있다. ⓐ에는 정욱과 '친한 친구' 사이라는 사실, 그의 집은 '낡은 양옥집'인데 무척이나 '자주 드나들었다'는 사실 등이 직접적으로 언급되어 있다. 반면에 ⓑ는, 친한 사이라는 직접적인 언급이 없다. 자주 드나들었다는 언급도 없다. 다만 정욱의 구두 상자를 통해 어느 정도 절친한 사이인지를 알 수 있다. ⓐ에서는 친한 사이라고 언급했을 뿐 얼마나 친한

사이인지 실감할 길이 없지만, ⓑ는 구두 상자를 통해 둘 사이의 친밀함을 구체적으로 느낄 수 있다. 또 ⓑ는 '댓돌', '낡은 슬리퍼' 등을 통해 정욱의 집 모양과 생활수준까지 보다 구체적으로 제시하며 '그냥 몰래 돌아 나왔다'는 설명적 서술을 취하지 않고 '발소리를 죽여 돌아 나왔다'는 구체적 서술을 통해 청각적인 환기를 더하고 있다. 이렇게 함으로써 ⓐ를 읽는 독자보다 ⓑ를 접한 독자가 한결 구체적이면서도 다양한 감각과 상상을 취할 수 있게 된다.

ⓐ에서 화자가 설명조로 일관하면서 '친구 집을 찾아간 주인공 및 화자 되기'를 건성으로 취하고 있는 반면에 ⓑ에서는 보다 구체적으로 '친한 친구 집을 찾아간 주인공 및 화자 되기'를 수행한 덕분에 독자 역시 한결 구체적으로 공감하며 읽을 수 있다.

다음의 대화는 '인물-되기'의 강도 차이로 인해 분위기와 뉘앙스가 달라지는 경우이다. 기본 설정은 직장 일을 마치고 뒤늦게 귀가하는 자식을 엄마가 맞이하는 대목이다. 만약 자신이 이와 같은 시퀀스를 만들면, 대사 처리를 어떻게 꾸려 나가야 좋을지 상상해 보자. ⓐ는 가장 쉽고 간단한 방법으로, 상투적이고 관행적인 인사말로 이루어져 있다. 그에 비해 ⓑ, ⓒ, ⓓ는 단지 상투적이고 관행적인 인사말이 아니라, 나름의 생각과 고민을 갖고 사는 인물들의 대사로 이루어져 있다. ⓓ는 할리우드 영화 「킬 위드 미」 일부분이다. 흔하디흔한 스릴러 상업영화지만, 이렇게 사소한 장면조차 단순하게 처리하지 않는다.

〈보기 44〉

ⓐ

엄마 : 이제 오니?

자식 : 네, 너무 피곤하네요!

ⓑ

엄마 : 이제 오니?
자식 : 주무시고 계시지 그러셨어요!
엄마 : 나 혼자 잠이 오니?
자식 : 엄마가 주무시고 계신 게 더 마음 편해요.

ⓒ

엄마 : 깜박 잠이 들었구나.
자식 : 문을 열어 놓고 주무시다니, 누가 납치해 가도 모르겠네요.
엄마 : 그래서 더 잠글 수가 없다.
자식 : ?
엄마 : 네가 미처 귀가하기도 전에 내가 죽을지도 모르잖니.
자식 : 저보다 오래 사시지나 마세요. 저야말로 피곤해 죽겠네요.

ⓓ

사이버수사대에서 근무하는 여주인공이 지친 모습으로 귀가하면, 여주인공이 들어오는 소리를 듣지 못한 채 주방에서 물을 끓이고 있던 엄마가 놀란다.

엄마 : 제기랄, 놀랬잖니!
여주인공 : 말 좀 교양 있게 하세요, 아가씨!
엄마 : 그건 너 어렸을 때 내가 늘상 하던 말이구나.
여주인공 : 그러니까요, 웃기죠?
엄마 : 말투가 까칠하구나?

여주인공 : 죄송해요. 힘든 밤이었어요.

다음 예문 ⓐ는 어느 습작생의 생활글 시작 부분이다. 초보 습작생이어서 불필요한 간투사나 불필요하게 겹치는 구절들이 여럿 나타난다. <보기 45>의 ⓑ는 이들 부분을 생략한 동시에, 보다 강도 높은 '인물-되기'를 통해 오빠와 여동생다운 내용으로 수정해 보았다.

〈보기 45〉

ⓐ
"기연아? 아 너 맞구나!"
오빠였다. 나는 들고 있던 담배꽁초를 재빨리 손 안으로 감추었다. 담뱃불은 이미 껐다.
"역시 걷는 게 너 같더라. 근데 모자 쓰고 있으니까 아닌 거 같기도 해서."
"아 오빠, 오늘은 늦게 들어오네."
나는 별로 놀라지 않은 듯 말했다. 놀란 기색을 숨기려다 보니 반가운 표정을 짓는 것도 잊었다. 지나가던 마을버스에 혹시 오빠가 타고 있을지도 모른다는 생각이 들어 담배를 오른손에서 왼손으로 바꿔 들기는 했지만, 내 뒤에서 불쑥 나타나 버릴 줄은 몰랐다.
"뒤에서 너 놀래켜 줄까 하다가 혹시 너 아니면 나 치한 될까 봐 안 했다."
빠르게 걸어왔는지 아직 숨이 차 보였다.
"근데 너 사무실에서 오는 거야? 나도 왕십리 쪽에 있어서 너한테 연락해서 같이 올까 하다 그냥 안 했어."
나는 회기에서, 오빠는 왕십리에서, 그러니까 아마 같은 전철을 탔겠다. 그렇다면 지하철역에서부터 집 앞 골목까지 이어지는 길에서 약간의 간격만 두고 걸어 왔겠다. 나는 불과 몇 걸음 전에 전봇대에 담뱃불을 비벼 껐다. 게다가 꽁초를 문지를 때는 웬일인지 감상적인 기분이 들어, 회색 잿가루가 끌리듯 묻히는 모습을 보느라 조금은 취한 듯 얼마간 멈춰 서 있기까지 했다. 그때도 오빠는 내 뒤에 있었겠다.

"아침에 들어왔더니 오빠 자고 있더라. 잠깐 들렀다가 다시 나왔어."

ⓑ
"기연아?"

오빠였다. 들고 있던 꽁초부터 재빨리 감추었다.

"모자 쓰고 있으니까," 걸음을 나란히 하며 오빠가 덧붙였다. "수원 이모 같아 보이는 거 있지!"

"이모 뒤태가 예쁘긴 하지!"

놀랐지만 웃으며 시치미 뗐다. 귀갓길이어서 조심하긴 했지만 등 뒤에서 불쑥 호명할 줄은 몰랐다.

"놀래 줄까 하다가 치한으로 몰릴까 봐 참았다."

빠르게 걸어왔는지 숨이 차 보였다.

나는 한 번 더 장난을 걸었다. "괜히 수작 붙여 보려 했던 건 아니고?"

"엄마도 수원 이모 닮은 거 알지?"

오빠가 눙쳤다. 웃지도 않고 눙치는 버릇은 아빠를 닮았다. 다소 빠른 걸음도 아빠를 그대로 빼박았다. 같은 전철을 탔는데 늦게 내렸거나 다음 전철에서 내렸는데 서두른 듯했다. 나는 불과 몇 걸음 전에 담뱃불을 껐다. 아무래도 불안했다.

"아침에 오빠 자고 있더라?"

불필요한 군더더기를 빼서 전달하고자 하는 의도나 의미는 그대로 전달하되 내용을 더욱 분명하게 했다. 또한, 보다 적절한 대사를 구사해서 더 적은 분량을 사용하고도 인물 성격이나 정서, 주변 정보들까지 오히려 ⓐ보다 많은 정보를 전달하고 있다. 이와 같이, 보다 강도 높은 '인물-되기'를 통해 글을 썼을 때 ⓐ 방식으로 쓴 100매와 ⓑ의 방식으로 쓰여진 100매가 독자에게 전달할 의미나 정서의 질량은 엄청난 차이가 나지 않을 수 없다. 시가 짧은 분량임에도 불구하고 상징이나 다의성(ambiguity)을 통해 의미를 풍요롭게 전달한다면, 소설은 이처럼 '되기'를 통해 풍부한 내용을 전달한다.

.7.
문체

소위 문체(文體, a literary style) 역시 '화자-되기'를 통해 특정한 인식 태도를 견지하는 순간에 가능해진다. 문체는 말 그대로 태도, 즉 스타일로 인해서 생겨나는 차이다. 흔히 실제 생활에서 같은 사실이나 사건을 접하더라도 우리가 어떠한 태도를 취하느냐에 따라 그 사실의 특성이 판이하게 달라지듯이, 문장 역시 같은 사실을 다루더라도 문체에 의해 그 의미가 전혀 다르게 변한다.

다음의 일례 또한 같은 내용을 담고 있지만, 전혀 다른 의미 혹은 뉘앙스를 갖는다.

〈보기 46〉

ⓐ 네가 날 외면하거나 떠난다 해도 널 향한 내 마음은 변하지 않아. 내 마

음은 죽어도 변치 않을 거야.
ⓑ 그대가 나에게 바람 부는 강변을 보여주며는 거기서 나는 얼마든지 쓰러지는 갈대의 자세를 보여드리겠습니다.

ⓐ는 화자가 자기 감정을 직접적으로 언급한 일상언어의 문장이고, ⓑ는 황동규의 시 「기도」의 일부분으로, 비유를 통한 시적 진술로 이루어진 문장이다. 어쨌거나 ⓐ와 ⓑ의 화자 모두 상대방을 일편단심으로 사랑하겠다는 의지를 담고 있다. 어느 쪽의 의지가 더 강한지는 알 수 없다. 다만 스타일만은 확실하게 알 수 있다. ⓐ의 경우는 직접적이어서 강렬하지만 단순하고, 단순하지만 그만큼 강렬하게 느껴진다. 반면에 ⓑ의 경우는 '바람 부는 강변'과 '거기서 얼마든지 쓰러지는 갈대'라고 하는 비유를 통해 은유적으로 표현하고 있어서 한결 섬세하고 간절하며 진실하게 전해진다. 물론 ⓑ라고 말한 사람보다 ⓐ라고 말한 사람이 실제로는 한결 더 진실할 수도 있다. 하지만 주어진 문장만 놓고 본다면 ⓐ보다는 ⓑ의 문장이 한결 진실하게 느껴질 수밖에 없다. ⓐ는 우리가 평소 손쉽게 구사할 수 있는 문장이어서 얼마든지 거짓말일 수가 있지만, ⓑ와 같은 비유는 그만큼 간설하고 섬세하지 않으면 찾아내기 어려운 표현이어서 문장의 울림은 그만큼 강렬할 수밖에 없다.

다음의 일례 역시 같은 내용을 이야기하고 있지만, 그것을 대하는 태도는 매우 다르다.

〈보기 47〉
ⓐ 담배 끊기란 첫사랑을 잊는 일만큼이나 어렵다.
ⓑ 사실 담배 끊는 것보다 쉬운 것도 없다. 나는 벌써 담배를 열일곱 번이

나 끊어 보았다.

ⓒ "담배 끊는 것보다 쉬운 것도 없더라."

"끊었어?" 그녀가 놀라 묻자,

"그럼." 그가 짧게 미소 짓더니 말했다. "벌써 열일곱 번이나 끊었지!"

ⓐ, ⓑ 모두 담배 끊는 일이 쉽지 않다는 사실을 이야기하고 있다. 하지만 ⓐ문장을 접한 독자는 공감을 하되, "맞아, 첫사랑 추억이든 담배 생각이든 잊으려고 하면 도리어 더 간절하게 떠오른다는 점에서 끊는 게 쉬운 일이 아니지" 하고 한숨을 내쉬며 공감할 것이다.

반면에 ⓑ(혹은 ⓒ)의 독자는 쿡, 하고 웃으며 접할 것이다. 그렇다고 해서 금연의 어려움에 대한 강조가 상쇄되는 것은 아니다. ⓐ 못지않게 ⓑ 문장 역시 금연은 무척이나 힘든 일이라는 사실을, 어쩌면 더욱 강하게 강조하고 있다. 다만 반어적 표현을 빌려 금연이 무척이나 어렵다는 사실을 유머러스하게 전달하되, 더불어 열일곱 번씩이나 끊어 놓고도 다시 피우는 화자 자신을 스스로 조롱하는 여유를 부리고 있다. ⓐ가 담배와 첫사랑의 추억을 병치시켜 비유함으로써 금연의 어려움을 강조하는 데 초점을 맞추고 있다면, ⓑ문장은 금연을 수없이 반복한 자신의 우스꽝스러운 모습을 희화하는 데 초점을 맞추고 있는 것이다.

ⓐ가 서정적이고 비극적인 어조라면 ⓑ의 화자는 반어적이고 희화적인 어조를 취하고 있다. 그리고 ⓒ는 이러한 어조를 인물 '그'의 대사 일부로 다룸으로써, 유머 감각이 느껴지는 인물을 창조하는 방식으로 다루고 있다. 같은 사실을 접하더라도 마음과 태도에 따라 얼마든지 다른 의미로 다가오듯, 같은 사실을 서술하더라도 문체 즉 화자의 어투에 따라 전혀 다른 의미를 띠게 되는 것이다.

.8.
개인적 감수성

김승옥은 언어적 감수성을 선명하게 보여 준 대표적 작가일 것이다. '감수성의 혁명'이라고 일컬을 만큼 김승옥 소설의 문체는 당시로서는, 그리고 지금 다시 읽어도 매우 독특하고 신선하다. 그의 소설은 누구나 공유할 수 있는 일반적인 다수언어를 사용하지 않고, 매우 독특한 개인언어를 사용하고 있다. 가히, '개인적 감수성의 출현'이라 이를 만하다. 먼저 다수언어와 개인언어를 구분해 보자. 다소 상대적이긴 하지만 얼마간 구분이 가능하다.

〈보기 48〉

ⓐ 가: 너 요즘 뭐해?

나: 취직했어.

가: 다닐 만해?

나: 사장이 너무 쪼아대.

가: 사무실이 어디야?

나: 강남역인데 집에서 너무 멀어서 힘들어.

ⓑ 가: 너 요즘 뭐해?

나: 취직했어.

가: 다닐 만해?

나: 사장이 너무 쪼아대서 취직이 아니라 쥐조당하는 기분이야.

가: 사무실이 어디야?

나: 강남역이어서 멀지만, 피곤해서 졸다 보면 매번 그냥 지나쳐. 차라리 조금 더 멀었으면 좋겠다니까.

ⓐ와 ⓑ 모두 사적인 대화를 나누고 있다. 하지만 ⓐ의 인물은 사적 정보를 이야기하지만 누구나 나눌 법한 상투적 표현을 구사하는 반면, ⓑ의 인물 '나'는 한결 익살스러운 방식으로 자신의 상황을 강조한다는 점에서 한결 개인적인 감수성이 잘 나타나는 문장 처리라 할 수 있다.

이렇듯 단순히 사적인 이야기를 한다고 해서 곧바로 개인적 감수성, 개인적 문체가 생기는 것은 아니다. 일반적인 이야기를 하더라도 화자만의 독특한 서술 방식이 드러날 때, 개인의 감수성 및 개인적 문체가 제대로 드러난다.

김승옥 소설을 보면 이러한 개인적 감수성이 매우 돌올지다. 이러한 특성은 전후문학과 비교해 볼 때 매우 선명하게 드러난다. 다음은 전후문학의 대표작으로 꼽히고 있는 「암사지도」와 「잉여 인간」의 일부분이다.

〈보기 49〉

어느덧 그들의 생활비의 대부분이 형남에게서 마련되어 감은 어찌할 수 없었지만, 형남은 형남대로 오랜 부채를 갚아 나가는 듯한 가뜬한 기분에 신명이 날망정, 바둑에만 소일하는 법이 어디 있느냐고 상덕의 무관심을 나무라는 마음은 전혀 없었고, 또 상덕은 원래 괄괄한 호기와 오활한 탓도 있으려니와 친구 덕을 좀 보기로서니 뭐 그리 구애될 거리가 되느냐는 태도로 형남을 대하는 것이라든지, 윤주 또한 그네의 영역을 잘 지켜서 가령 형남에게 속이 들여다 뵐 호의를 베푸는 따위의 눈치가 없었다. 형남에겐 그런 게 여간 고마운 일이 아니었다. 그럴수록 그는 그들에게 공치사하려는 것 같은 태도를 보여서는 안 된다고, 차라리 지나칠 만큼 델리킷한 마음씨를 잊지 않으려 했다.

(서기원, 「암사지도」)

    만기와 익준이와 봉우는 중학시절에 비교적 가깝게 지낸 사이지만 가정 환경이나 취미나 성격이나 성장해서의 인생태도는 판이하게 달랐다. 만기는 좀처럼 흥분하거나 격하지 않는 인물이다. 그렇다고 활동적인 타입도 아니지만 봉우처럼 유약한 존재는 물론 아니었다. 반대로 외유내강한 사내였다. 자기의 분수를 알고 함부로 부딪치지도 않고 꺾이지도 않고 자기의 능력과 노력과 성의로써 차근차근 자기의 길을 뚫고 나가는 사람이었다. 아무리 놀라운 일에 부닥치거나 비위에 거슬리는 사람을 대해서도 도리어 반감을 느낄 만큼 그는 침착하고 기품 있는 태도를 잃지 않았다. 그것은 본시 천성의 탓이라고도 하겠지만 한편 그의 풍부한 교양의 힘이 뒷받침해 주는 일이기도 하였다. 문벌 있는 가문에 태어나서 화초 가꾸듯 정성어린 어른들의 손에서 구김살 없이 곧게 자라난 만기는 예의범절이 자연스럽게 몸에 배어 있을 뿐 아니라 미술·음악·문학을 비롯해서 무용·스포츠·영화에 이르기까지 깊은 이해와 고급한 감상안을 갖추고 있었다.

(손창섭, 「잉여 인간」)

    매우 구체적인 서술을 하고 있지만, 화자나 주인공의 개인적 감수성은 제대로 전달되지 않은 채 누구나 쉽게 이해하고 구사할 수 있는 일반적인 다수언어로 서술하고 있을 뿐이다. 반면에 김승옥 소설에서는 화자 혹은 주인공만의 독특한 시각·생각·감성·상상력 등이 곳곳에서 독특하게 돋보인다. 다음은 그의 「무진기행」과 「서울 1964년 겨울」 일부분이다.

〈보기 50〉

　　햇빛의 신선한 밝음과 살갗에 탄력을 주는 정도의 공기의 저온, 그리고 해풍에 섞여 있는 정도의 소금기, 이 세 가지만 합성해서 수면제를 만들어 낼 수만 있다면 그것은 이 지상에 있는 모든 약방의 진열장 안에 있는 어떠한 약보다도 가장 상쾌한 약이 될 것이고 그리고 나는 이 세계에서 가장 돈 잘 버는 제약회사의 전무님이 될 것이다. 왜냐하면 사람들은 누구나 조용히 잠들고 싶어하고 조용히 잠든다는 것은 상쾌한 일이기 때문이다.
　　그런 생각을 하자 나는 쓴웃음이 나왔다. 동시에 무진이 가까웠다는 것이 더욱 실감되었다.

〈김승옥,「무진기행」〉

　　자기소개들은 끝났지만 그러고 나서는 서로 할 얘기가 없었다. 잠시 동안은 조용히 술만 마셨는데 나는 새카맣게 구워진 참새를 집을 때 할 말이 생겼기 때문에 마음속으로 군참새에게 감사하고 나서 얘기를 시작했다.
　　"안형, 파리를 사랑하십니까?"
　　"아니오, 아직까진……" 그가 말했다. "김형은 파리를 사랑하세요?"
　　"예"라고 나는 대답했다. "날 수 있으니까요. 아닙니다, 날 수 있는 것으로서 동시에 내 손에 붙잡힐 수 있는 것이니까요. 날 수 있는 것으로서 손 안에 잡아 본 적이 있으세요?"
　　"가만 계셔 보세요." 그는 안경 속에서 나를 멀거니 바라보며 잠시 동안 표정을 꼼지락거리고 있었다. 그리고 말했다. "없어요, 나도 파리밖에는……"
　　낮엔 이상스럽게도 날씨가 따뜻했기 때문에 길은 얼음이 녹아서 흙물로 가득했었는데 밤이 되면서부터 다시 기온이 내려가고 흙물은 우리의 발밑에서 다시 얼어붙기 시작했다. 소가죽으로 지어진 내 검정 구두는 얼고 있는 땅바닥에서 올라오고 있는 찬 기운을 충분히 막아내지 못하고 있었다. 사실 이런 술집이란, 집으로 돌아가는 길에 잠깐 한잔 하고 싶은 생각이 든 사람이나 들어올 데지, 마시면서 곁에 선 사람과 무슨 얘기를 주고받을 만한 데는 되지 못하는 곳이다. 그런 생각이 문득 들었지만 그 안경잡이가 때마침 나에게 기특한 질문을 했기 때문에 <u>나는 '이 놈 그럴듯하다'고 생각되어 추위 때문에 저려드는 내 발바닥에 조금만 참으라고 부탁했다.</u>

"김형, 꿈틀거리는 것을 사랑하십니까?" 하고 그가 내게 물었던 것이다.

⋯⋯(중략)⋯⋯

"우리 다른 얘기 합시다" 하고 그가 다시 말했다.

나는 심각한 얘기를 좋아하는 이 친구를 골려주기 위해서 그리고 한편으로는 <u>자기의 음성을 자기가 들을 수 있는 취한 사람의 특권을 맛보고 싶어서</u> 얘기를 시작했다.

"<u>평화시장 앞에 줄지어 선 가로등들 중에서 동쪽으로부터 여덟 번째 등은 불이 켜 있지 않습니다.</u>" 나는 그가 좀 어리둥절해하는 것을 보자 더욱 신이 나서 얘기를 계속했다.

"⋯⋯<u>그리고 화신백화점 6층 창들 중에서는 그중 세 개에서만 불빛이 나오고 있었습니다</u>⋯⋯"

(김승옥, 「서울 1964년 겨울」)

「암사지도」나 「잉여인간」이 마치 설명문 어투로 이야기와 상황을 서술하고 있다면, 김승옥 소설은 매우 독특하고 개성적인 개인의 시각·생각·상상·말투로 형상화하고 있다. 특히 밑줄 친 문장들에서, 전후문학에는 전혀 존재하지 않던 독특한 감수성을 가진 개인이 등장하고 있다는 사실을 실감할 수 있을 것이다. 가령 '그'는 "나는 이제 어떤 낭만적 이상이나 희망도 더는 꿈꾸지 않습니다. 살면서 내가 구체적으로 성취할 수 있는 낭만적 이상이나 희망은 아무것도 없더군요"라고 일반적인 다수언어로 설명하지 않는다. 다만 "나는 파리를 사랑합니다. 왜냐하면 날 수 있는 것으로서 동시에 내 손에 붙잡힐 수 있는 것이니까요"라고, 의뭉스러운 한편 장난기마저 느껴지는, 그러나 깊은 실의와 절망감에 시달린 사람만이 구사할 수 있는 어투로 표현한다.

이제까지 '주인공-되기', '화자-되기', '주인공 및 화자 되기' 등에 대해 살펴보았다. 글을 쓴다는 것은 기본적으로 '화자'라는 페르소나로 말하기, 혹은 '화자-되기'라는 일종의 연기를 펼치는 일이다. 주로 소설을 예로 들었지만, 장르와 무관하게 모든 글은 '화자-되기'를 통해 가능해진다.

하지만 습작생들 작품을 보면, 애초 '주인공-되기'에서부터 실패하는 예가 십중팔구나 된다. 어린이를 등장시켜 놓곤 어린이다운 말투나 시각이 제대로 나타나지 않는다든가, 온갖 고난을 겪은 주인공을 등장시켜 놓고는 그러한 인물 특유의 애환 어린 어조가 나타나지 않는다든가 한다. 이미 '주인공-되기'에서부터 실패하고 있는 것이다. 그러나 이는 '주인공 및 화자 되기를 충실하게 수행하자!'라는 다짐으로 해결될 수 있는 문제가 아니다. 이러한 사실을 통해 우리가 확인할 수 있는 진실은, 도리어 '주인공 및 화자 되기'가 과연 그만큼 어렵고 힘겨운 일이라는 것이다. 어떤 문제나 사건에 대해 깊이 고민하여 자기만의 하고 싶은 소리가 나오지 않는 한 매력적인 화자 혹은 페르소나는 탄생하지 않는다! 따라서 이로부터 우리가 얻을 수 있는 교훈은 적극적으로 '주인공 및 화자 되기'라는 연극을 실행하자는 것이 아니라 도리어 반대로, 자신에게 정말로 절급한, 가장 화급하고 절박한 주제, 자신이 아니면 드러낼 수 없는, 자신이 가장 잘 알고 깊이 겪고 절실히 고민하는 주제와 화자와 인물을 등장시켜야만 한다는 것이다. 그래야만 최선의 '주인공 및 화자 되기'가 가능해진다.

많은 습작생들이 잔머리로 글감을 찾아 글을 쓴다. 일테면 간접적으로 겪은 사건이나 주변에서 주워들은 이야기, 혹은 인칭 변화를 주고 싶은 욕심, 혹은 지난번 합평에서 받은 지적을 탈피하고 싶은 욕심으로 다음 글감을 찾고 인물을 찾고 이야기를 시작한다. 이렇게 사소한 동기로 화자와 주인공을 택하게 되면 결코 '주인공 및 화자 되기'에 성공할 수가 없다. '주인공 및 화자 되기'를 성공시키는 유일한 방법은 어떤 문제나 사건에 대해 남다르게 깊이 고민하는 자기만의 시점(視點)을 만들어 내는 일이다. 자신이 가장 하고 싶은 주제나 이야기, 자신이 가장 잘 알고 있고 고민하고 있고, 절실히 겪은 소재나 이야기, 자신에게 가장 절박하고 절급한 이야기를 꺼내 놓는 방법밖에 없다. 스스로의 싸움에 정직해지는 수밖에 없다.

8

다수언어와 창작언어

소수언어를 구사하기 위해서는 기성언어와 주류문법으로부터 벗어나거나 가로 지르거나 비틀거나 전복하면서 새롭게 변형하는 과정을 통해 자기만의 낯설고 도 새로운 감각, 사유, 상상의 문장 즉 창작언어를 만들어야 한다. 글쓰기 영역 에 있어서는, 스스로 창작언어를 구사할 때만이 진정으로 소수자이다.

.1.
감수성이 무디어지면 다수언어가 된다

감수성이란, 사전적 의미 그대로, 외부의 자극을 받아 느낌을 일으키는 성질이나 능력이다. 그리고 언어적 감수성이란, 언어에 대해 보다 정확하고 민감하게 반응하는 감성능력을 일컫는다.

모든 언어는 사전적 의미 외에 매우 다양한 사회적·역사적 외연의 의미망을 지닌다. 여우라는 단어는 단지 '여우'(fox)라고 하는 동물만을 의미하지 않는다. 간사한 잔꾀에 능한 사람을 일컫기도 하고, 반대로 매우 영민하고 지혜롭게 처신할 줄 아는 사람을 일컫기도 한다. 혹은 간사하고 잔꾀를 부리는 여성을 상징하기도 한다. 그밖에 전설·산골·자연보호 등을 연상시키기도 한다. 그런가 하면 여우(女優)라는 동음이의어로 인해 매우 당당하고 멋진 여성의 뉘앙스를 풍기기도 한다.

언어적 감수성이 풍부한 사람이란 여우라는 단어를 통해 이러한 외연적 의미와 뉘앙스까지 풍요롭게 즐길 줄 아는 사람이다. 하지만 일상에서 습관적으로 언어를 사용하다 보면 이러한 언어적 감수성이 다소 무뎌지게 마련이다. 가령 "어떻게 지내?" 하고 물어올 때 정말로 어떻게 지내고 있는지 정확하게 대답하려고 애쓰는 사람은 없을 것이다. 그냥 "잘 지내" 하는 정도로 대답하고 말 것이다. 언어를 습관적으로 사용하면서 언어 본래의 뜻이 퇴색된, 일종의 관용어 혹은 관습어가 되어 버리는 것이다. 대개의 인사말은 일종의 관습어에 불과하다.

일상어에서 우리가 자주 사용하는 언어는 이렇듯 본래의 뜻으로부터 점점 어긋나는 경향이 있다. 처음엔 나름대로 적절하고 참신한 비유적 표현으로 사용되었을 문장들 가령, '배꽃처럼 흰', '쪽배처럼 외로운', '따뜻한

봄날', '회색빛 도시', '피곤한 차림으로 오가는 지하철 승객들', '샐러리맨의 우울', '평화로운 시골', '매판 자본', '화려한 네온사인', '국민을 위한', '민중을 위한', '배고파 죽겠다', '바빠 죽겠다', '정신없어'······ 등등의 표현들은 모두 지나치게 자주 사용하고 함부로 남용되면서 의미가 점차 퇴색하고 무디어지며 상투구로 전락한 대표적 문구들이다.

이러한 예는 얼마든지 들 수 있을 것이다. 이같이 대중들에 의해 자주 사용되는 관습어와 상투구일수록 본연의 뜻에서 한참이나 멀어지고 오염된 언어인 것이다. 언어 의미의 오염은 관습어나 관용어, 상투구뿐 아니라 과다하게 사용되는 언어라면 결코 피할 수 없는 숙명이다. 사람들로부터 가장 사랑받는 어휘일수록 도리어 가장 모호해지고 식상해지면서 오염된 언어가 되어 버리고 마는 것이다.

정치인들의 선거유세, 단체행사의 격려문, 각종 원로들의 인사치레, 종교단체의 설교문 등등에서 즐겨 사용되는 문장들 역시 식상해질 대로 식상해진 관습적 문구의 전형들이다. 이러한 과정을 거친 민족·애국·사랑·우정·정의·행복 같은 어휘들은, 어휘 본연의 빛나는 가치에도 불구하고 각종 정치단체·종교단체에서, 그리고 각각의 개인들이 끊임없이 저마다의 욕구와 이데올로기를 실현시키기 위해 함부로 사용하면서 그 뜻이 모호해지고 닳을 대로 닳아 버린 언어들이다.

이렇게 언어가 자신 본래의 순연한 뜻을 잃고 너무 광범위하게 쓰이면서 모호해지고 무디어지고 애매해지는 것, 그리하여 본연의 의미망이 너무 광범위해지는 현상을 의미론적 관점에서 보자면 '언어의 타락'이라 일컬을 만하다. 그리고 이러한 측면에서 보면 우리 근대사를 통해 아마도 가장 타락한 단어는 '사랑'이라는 어휘일 것이다. '사랑'이라는 단어는 인간 사회에서 가장 추구할 만한 가치로 추앙되는 한편으로 각종 단체 및 개인의 욕망을 미화시키는 수단으로 함부로 사용되어 왔다. 교세확장도 사랑이고, 자신을 온전히 희생하는 것도 사랑이라 일컫고, 다만 연애하는 과정도 사랑이라 일컫는다. 프러포즈할 때도 사랑이라는 말을 쓰고, 키스나 섹스를 욕망할 때도 사랑이라는 단어를 사용하고, 이별을 할 때도 사랑을 이유로 내세운다. 요즘은 아예 단체 모임을 끝내고 헤어질 때 건네는 인사말로도 쓰이며, 선거유세에서 입후보한 정치인들이 표를 구걸할 때조차 사용되고 있다.

이렇듯 관습어·관용어·상투구·유행어·사용빈도수가 높은 어휘 등은 모두 오염과 타락이 심한 어휘들이어서, 바람직한 글쓰기를 위해서는 우선적으로 지양되어야 할 것들이다.

.2.
상투적 문장과 평이한 기록문

당연하고 자연스러운 욕망이지만, 사람들은 일상에서 언어를 쉽고 간소하고 편리하게만 사용하려는 경향이 있다. 그렇다 보니 앞서 지적한 관습어·관용어·상투구·유행어·사용빈도수가 높아서 아무렇게나 사용해도 무리 없이 무난한, 그러나 사실은 무의미하거나 타락한 언어와 문법들을 즐겨 애용한다. 이는 분명 편리한 습관이지만, 이러한 태도로는 그 시대의 관습과 통념, 지배이데올로기로부터 결코 자유로워질 수 없다. 자기만의 개성이 돋보이는 글을 쓰고자 하는 사람은 의당 이러한 시대적 통념으로부터 자유롭게 벗어나 자기만의 개성을 확보하고자 노력해야 하는데, 이러한 노력은 먼저 위에서 언급한 일상인들의 언어습관에서 벗어나고자 하는 노력으로부터 시작되어야 한다.

글을 쓰고자 하는 사람이 해야 할 개인과 사회를 위한 첫번째 운동은 일체의 다수언어(관습어·관용구·상투구·유행어·빈번히 사용되는 언어)로부터 이탈하는, 새롭고 정확하고 독특한 언어문법으로부터 출발하는 일이다. '낯설게 하기'란 이러한 운동의 형식적 측면을 일컫는 말이다. 오염된 언어로부터 벗어나기 위해 문학언어는 '낯설게 하기'의 문법을 취할 수밖에 없다. 그런 점에서 '낯설게 하기'의 실질적이고도 일차적인 뜻은 사회적으로 오염되지 않은, '보다 정확한 언어와 의미를 구사하기'일 것이다.

물론 이러한 출발이 초보 습작생들에게는 결코 쉬운 일이 아니다. 왜냐하면 우리가 일상에서 평소 사용하는 단순한 지시어·관습어·유행어 수준의 언어습관이 글쓰기에서도 그대로 이어지기 때문이다.

다음은 초보 습작생이 쓴 「종로」라는 제목의 생활글 첫머리이다.

〈보기 51〉

❶푸른 어둠을 시원하게 가르는 버스의 불빛이 종로의 새벽을 알립니다. ❷어제 저녁 크고 작은 전쟁의 잔해들로 어지럽혀진 거리는 날이 밝아 올수록 그 상처를 고스란히 드러내 보입니다. ❸군데군데 쌓여져 있는 쓰레기더미와 오물들 그리고 선난지들 사이에서 정신을 가누고 집으로 돌아가려는 사람들과 이제부터가 하루의 시작인 사람들이 버스 정거장에서 첫차를 기다립니다. ❹첫차는 사람들을 싣고 또 다른 거리를 향해 내달립니다.

❺뜨거운 태양이 어제의 무거운 공기들을 밀어내고 시원한 아침 냄새를 풍길 때쯤이면 도로는 내달리는 차들로 채워집니다.

종로의 새벽을 묘사하고 있다. 위의 글을 읽고 독자가 알 수 있는 구체적 사실은 고작해야, ❶과 ❸의 문장일 것이다. "푸른 어둠을 시원하게 가르는 버스의 불빛" 그리고 "군데군데 쌓여져 있는 쓰레기더미와 오물들 그리고 전단지들 사이에서 정신을 가누고 집으로 돌아가려는 사람들과 이제부터가 하루의 시작인 사람들이 버스 정거장에서 첫차를 기다'리고 있다는 사실 정도인 것이다. 그런데 이러한 풍경이나 사실은 종로의 새벽뿐만 아니라 모든 도심의 새벽에서 통상적으로 벌어지고 있는 범상한 모습이며, 대개의 독자들이 글을 읽기도 전에 선취하고 있는 상투적 정보일 뿐이다.

　이들 일차원적 사실 정보를 제외하고 나면, ❷와 ❺의 문장이 남는다. 그런데 이들 문장은, '어제 저녁 크고 작은 전쟁의 잔해들로 어지럽혀진 거리'와 같은 수식이라든가 '뜨거운 태양이 어제의 무거운 공기들을 밀어내고 시원한 아침 냄새를 풍길 때'와 같은 매우 상투적인 표현으로 점철되어 있다. '크고 작은 전쟁의 잔해들'이라는 표현은 어지러운 상처 자국을 표현하는 관용구로 빈번하게 사용되고 있지만 그러나 이것만으로 종로의 다성적인 밤거리 특성을 표현하기에는 아무래도 억지스럽고 부족하다. 마찬가지로 '뜨거운 태양', '어제의 무거운 공기', '시원한 아침' 등은 우리가 평소에 하나의 관용구처럼 사용하는 상투적 수식구일 뿐이어서 종로의 새벽 풍경과는 도무지 어울리지 않는다. 그럼에도 불구하고 입과 머리에 배어 있는 탓에, 스스로 미처 의식하지 못한 채로 초보 습작생들이 즐겨 사용하게 되는 표현이 바로 이와 같은 상투적 관용구들이다.

　그런가 하면 다음 일례는 또 다른 습작생의 소설 일부인데, 대형마켓으로 쇼핑하러 가는 과정을 서술하고 있는 부분이다. 상투적인 관용구나 묘사 없이 나름 구체적인 사실을 정확하게 진술하고 있다.

〈보기 52〉

　드디어 주차를 했다. 지하 6층이다. 대형마트가 엄청난 수의 차들을 천천히 삼킨 덕에 정남은 차를 주차시키는 데 꼬박 25분이나 걸렸다. 선애는 쏜살같이 쇼핑카트 쪽으로 걸어갔다. 백 원짜리 동전을 하나 넣고는 카트 하나를 차지했다. 정남은 선애가 빼 준 카트를 밀면서 엘리베이터로 향했다.

위의 문장은 별다른 문제가 없다. 지하 6층 주차장에 도착해서 쇼핑카트를 꺼내 엘리베이터에 오르는 과정을 짧은 단문들을 통해 정확하게, 그리고 속도감 있게 표현하고 있다. 그러나 '대형마트가 엄청난 수의 차들을 천천히 삼킨 덕에'라는 구절보다는 '마트를 찾는 차가 지나치게 많아서'라는 표현이 보다 자연스럽다. 이 부분만 제외하면, 적어도 앞서 지적한 다수언어의 남용으로부터는 일정한 거리를 유지하고 있는 문장으로 읽힌다.

하지만 만약에 이러한 사실 전달 수준의 단문만으로 문장을 계속해서 이어 간다면 이것은 단순한 기록문에 지나지 않을 것이다. 이러한 단순한 기록문으로는 우리의 쇼핑 과정을 실감나게 전달하기 어렵다. 그래서 다음과 같이 변용해 볼 수 있다.

〈보기 53〉

ⓐ

지하 6층까지 내려가서야 가까스로 주차를 마쳤다. 하지만 오늘따라 정남은 조금도 투덜거리거나 하지 않았다. 선애가 쇼핑카트를 건네자 썰매처럼 밀면서 신이 난 아이 모양으로 내달리더니 체중을 실었다. 쇼핑카트가 한참을 보기 좋게 미끄러져 나갔다. 하마터면 후진하던 자동차와 부딪힐 뻔했다. 그런데도 정남은 다시 내달려 썰매를 탔다. 엘리베이터를 기다리는 동안 주변을 다시금 한 바퀴 돌기까지 했다. 그러곤 엘리베이터가 도착하자 그대로 돌진하여 올라탔다. 제법 날렵한 솜씨였다. 선애가 웃으며 박수치는 시늉을 해보였다. 다른 승객들의 눈총에도 아랑곳하지 않고 둘은 눈웃음까지 주고받았다.

ⓑ
가까스로 주차를 마쳤다. 꼬박 25분이 걸렸다. 마침 엘리베이터 문이 열렸다. 정남이 달려가 엘리베이터 버튼을 눌렀다. 그 사이 선애는 재빨리 쇼핑카트를 빼왔다. 그렇게 손발이 맞은 덕분에 엘리베이터에 오를 수 있었다. 둘은 승객들 너머로 눈웃음까지 주고받았다. 그런데 자기, 우리가 몇 층에 주차해 놨지? 엘리베이터에서 내리며 선애가 묻자 정남이 눈을 깜박이며 답했다. 몰라. 5층인가, 6층인가.

자기가 외웠어야지! 선애가 한숨이었다.

그런 것까지 내가 꼭 외워야 하는 거야? 자기가 외우면 안 돼? 정남도 투덜댔다.

자기가 운전했으니까 자기가 외워 뒀어야지!

그런 게 어딨어!

……

ⓒ
세일기간이어서 지하 6층까지 내려가서야 가까스로 빈 자리를 찾을 수 있었다. 운전보다 주차하는 시간이 더 오래 걸렸다. 더구나 엘리베이터조차 승객들로 붐빈 채 층마다 어김없이 멈춰서는 것이었다. 더욱 답답하고도 재미있는 사실은, 각 층마다 약속이나 한 듯이, 뻔히 만원인 줄 알면서도 기어코 비집고 올라타 본 다음 경고 벨이 울리는 것을 굳이 확인하고 나서야 내리는 얌체 같은 손님이 반드시 한 사람씩 있는 것이었다. 그때마다 엘리베이터 승

객들 모두 짜증을 내는 한편으로 그들이 도로 내릴 때마다 마치 까다로운 시험에 먼저 합격이라도 한 사람들 같은 눈웃음을 주고받는 거였다.

어이없지만 정남 역시 짜증이 나는 한편으로 웃음이 났다. 어쩌면 이런 재미로 대형마트를 찾는 것인지도 모른다. 재래시장 같은 인정은 없지만, 다른 사람보다 먼저 쇼핑카트를 잡거나 엘리베이터에 오르거나 조금이라도 보다 싸게 물건을 구입하는 재미가 꽤나 쏠쏠한 것이다. 사람 감정이란 본래 알량한 것이어서 설령 지옥에서라도 자기보다 불행한 사람만 옆에 있으면 잠깐씩이나마 행복을 느끼며 지낼지도 모른다. 불편한 점이 없지 않지만, 다른 사람들 역시 많은 불편을 각오하면서까지 세일기간을 이용하려 애쓰는 것을 보면 나오길 잘했다는 생각까지 드는 거였다. 한번은 사은품으로 격자무늬 접시를 받았는데, 선애는 무늬가 마음에 들지 않는다며 쓰지도 않고 구석에 처박아 두었다. 그러다 명품 코너에서 비슷한 무늬의 접시가 꽤나 값비싼 가격표를 달고 진열되어 있는 것을 보고는 이제는 다른 접시들보다 애지중지하는 거였다.

앞서 <보기 52>는 단순한 사실 전달만 수행하고 있다. 물론 이러한 문장조차도 초보 습작생으로는 쉽지가 않다. 다소 산만하지만 군더더기 없는 짧은 단문의 나열을 이용해 마켓으로 들어가는 번다한 과정을 그대로 전달하고 있는 것이다. 이에 비해 <보기 53>의 글들은 일차원적인 사실 전달을 넘어서 보다 색다른 정보들을 첨가하고 있다.

가령 ⓐ는 정남의 행동을 통해 마켓으로 들어가는 과정을 한결 구체적이면서도 생동감 있게 묘사하고 있을 뿐만 아니라 인물 성격까지도 암시하고 있다(인물-되기). 이러한 묘사와 암시 덕분에 글이 한결 속도감 있게 읽힌다. 이에 비해 ⓑ는 그 나름대로 두 인물의 행동을 구체적으로 서술하고 있다. 두 사람은 일의 분담을 통해 매우 재빠르고 익숙하게 마켓으로 들어가고 있다. 그런데 뒷부분에 이르면 주차 층수를 놓고 다투는 장면을 통해 익숙하고 재빠르게 행동하노라고 했지만 그 바람에 더 중요한 사실을 놓치고 만 아이러니한 상황으로 장면을 묘사하고 있다. 덕분에 상황은 한결 입체적으로 읽힌다(인물-되기). 그런가 하면 ⓒ에서의 화자는 단지 마켓으로 들어가는 사실을 전달거나 묘사하는 데 그치지 않고 한결 적극적으로 자신의 생각을 전개해 나간다. 그렇게 함으로써 그것이 불편하더라도 상대적 이익을 챙기는 재미에 빠져서 불편을 불편으로 여기지 않는 소비자본주의의 이기적 감성을 포착하고 있다(화자-되기).

이와 같이 <보기 53>의 ⓐ, ⓑ, ⓒ는 인물의 성격, 아이러니한 상황, 감춰져 있는 감정 등을 포착함으로써 <보기 51>과 같은 상투적 인식 수준이나 <보기 52>에서 전해지는 일차원적 정보 전달 이상의 의미 전달이 가능해진다. 일상에서 접하고 관찰하는 수준의 일차원적 인식을 넘어 보다 명료하고 개성적인 인식이 가능해지기 시작하는 것이다.

.3.
기성작가들의 창작언어

다수언어는 모두 오염과 타락이 심한 어휘들이어서 명료하고 정확하게 그 뜻을 전달하기가 불가능하다. 우리가 평소 읽고 공감 혹은 감동하는 책들의 문장을 살펴보면 모두가 이러한 남용된 다수언어를 넘어서는 새롭고 신선한 서술이나 표현을 통해 그 나름대로 명료하고 개성적인 인식을 포착하고 있다. 그런 점에서 좋은 작가들이란, 남용으로 본래 뜻이 훼손되고 타락한 항간의 어휘들을 다시 어휘 본래의 의미 자리로 되돌려 놓는 작업을 벌이는, 언어의 자연주의 운동가들이라 할 수 있다.

함부로 언어를 남용하지 않고 반대로 지나치게 인색할 정도로 엄밀하고 정확한 어휘와 묘사를 통해 문장을 구사하는 과정은, 장르를 불문하고 모든 글쟁이들이 공통으로 추구하는 가치다. 우리의 경험과 지각——느낌·감정·정서·생각·상상력 등——은 대부분 매우 복합적이고도 세밀한 체험이어서, 이것을 언어로 풀자면 꼼꼼히 헤아려서 풀고 또 풀어내야 한다.

가령 화가 나는 경험을 언어로 풀어쓰려면 단지 '화가 났다'라는 문장만으로는 부족하다. '나도 모르게 얼굴이 붉어지고 언성이 높아질 만큼 화가 났다'라고 표현하면 좀더 정확할 수 있다. 더 나아가 '나도 모르게 얼굴이 붉어지고 언성이 높아질 만큼 화가 났지만 그렇다고 해서 욕설을 할 만큼 자제력을 잃지는 않았다'라고 표현하면 한결 정확한 서술일 수 있다. 같은 방식으로 '날씨가 덥다'라는 문장만으로는 날씨를 정확히 전달하기 어렵다. '조금만 빨리 걸어도 땀이 날 만큼 날씨가 더웠다'라는 서술은 날씨에 대한 체험을 한결 구체적이고 정확하게 전달해 준다. 그리고 '조금만 빨리 걸어도 땀이 날 만큼 더웠다. 그러나 그늘에 오래 앉아 있으면 한기가 느껴질 만큼 바람은 아직 쌀쌀했다'라고 서술하면 보다 더 정확할 수 있다.

〈보기 54〉

ⓐ 화가 났다.

ⓑ 나도 모르게 얼굴이 붉어지고 언성이 높아질 만큼 화가 났다.

ⓒ 나도 모르게 얼굴이 붉어지고 언성이 높아질 만큼 화가 났지만 그렇다고 해서 욕설을 할 만큼 자제력을 잃지는 않았다.

ⓐ 날씨가 덥다.

ⓑ 조금만 빨리 걸어도 땀이 날 만큼 날씨가 더웠다.

ⓒ 조금만 빨리 걸어도 땀이 날 만큼 더웠다. 그러나 그늘에 오래 앉아 있으면 한기가 느껴질 만큼 바람은 아직 쌀쌀했다.

ⓐ 사월 초

ⓑ 벚꽃이 피었다 질 무렵

ⓒ 벚꽃은 만개하여 이미 지고 있었지만, 아직 플라타너스 잎은 돋지도 않고 있었다.

ⓐ 자신의 운명을 받아들여라.

ⓑ 자기 자신을 사랑하라.

ⓒ 너 자신의 운명을 사랑하라. 이번 생에도, 다음 생에도, 그리고 수없이 몇 번이고 되풀이해서 다시 살아야 하더라도 미래에도 과거에도, 그리고 영원히, 현재의 자신 이외에는 아무것도 되기를 바라지 않는 인간이 돼라.

ⓐ는 너무 단순한 문장에 속한다. ⓑ는 좀더 구체적이지만 여전히 상투적인 표현에 머물고 있다. 반면 ⓒ에 이르면 보다 구체적이고 명료한 인식이 가능해진다. ⓒ의 언어습관에 이르러서야 비로소 우리는 세상을 통념적·상투적으로 보거나 말하지 않을 수 있을 것이다. ⓒ의 문장들처럼 하나의 사건과 경험은 헤아리고 헤아려서 정확하게 서술해야, 글쓴이 스스로 보다 분명한 인식 및 사유가 가능해지고, 독자에게도 전달하고자 하는 내용이 분명하게 전달될 수 있다. 서술능력이 곧 지각능력이자 사유능력은 아니지만, 지각과 사유의 거의 유일한 전달 방법이 아닐까 싶다.

이제부터는 기성작가들의 경우 어느 정도 정밀하게 혹은 정확하게 혹은 구체적으로 구현하여 서술하는지 몇 가지 예문을 통해 살펴보자. 다음은 신춘문예 당선작 중에서 뽑은 문단이다. 첫번째 예시는 금방이라도 빗방울이 떨어질 것같이 찌푸린 날씨를 묘사하고 있다. 독자라면, '금방이라도 빗방울이 떨어질 것같이 찌푸린 날씨'를 어떻게 표현할까? 먼저 상상해보자. '찌뿌듯한 날씨였다.' 혹은 '비가 오려는지 삭신이 쑤셨다' 정도의 상투적 표현을 반복하지 않을까? 아니면 그저 '금방이라도 빗방울이 떨어질 것같이 찌푸린 날씨였다' 정도로 사실 전달에만 그치지 않을까?

〈보기 55〉

ⓐ 구름은 하루 반나절을 더듬어 들어가야만 밑바닥과 맞닥뜨릴 만큼이나 깊은 우물빛으로 가라앉아 있었는데, 소나무 가지 끝의 방정맞은 청설모 한 녀석이 건너편 나무로 뛰치다가 그 기다란 꼬리털로 살짝 건드리기만 해도 와르르, 터지듯 빗방울을 쏟아낼 것처럼 잔뜩 찌푸려 있었다.

〈송재창, 「출분기」〉

ⓑ 밭을 이태 전부터 남에게 부치고부터 노인은 더 이상 시간도, 계절도 종잡을 수가 없다. 다만 몸으로 계절을 어림짐작할 뿐인데 한여름에도 뼛속으로 찬 바람이 휘잉 지나가는 것이 그나마도 신통치가 않다. 이제 정말 가야 할 때가 된 게지. 어제는 속곳을 갈아입다가 누렇게 묻어 있는 변을 발견하고 얼굴을 붉히며 혼잣소리를 했다. 변을 지린 속곳이 끈적거려 불편하기도 하련만 웬만한 것에는 감각도 무뎌졌다. 제발이지 죽는 자리만큼은 깨끗하고 싶다.

〈나유진, 「다비식」〉

위의 글은 위의 각 단락이 전달하고자 하는 내용만을 간추려 보면, 우선 ⓐ는 기껏해야 '구름은 낮게 가라앉아 금방이라도 빗방울을 쏟아낼 것처럼 찌푸려 있었다' 정도가 될 것이다. 낮은 구름을 우물빛에 비유하면서 "하루 반나절을 더듬어 들어가야만 밑바닥과 맞닥뜨릴 만큼이나 깊은"이라는 낮게 깔린 구름장만큼이나 치렁치렁한 수식구를 통해 구름이 가라앉은 정도를 표현했다. 그리고 금방이라도 빗방울이 떨어질 것만 같은 상황을 설득력 있게 전달하기 위해, "소나무 가지 끝의 방정맞은 청설모 한 녀석이 건너편 나무로 뛰치다가 그 기다란 꼬리털로 살짝 건드리기만 해도 와르르, 터지듯 빗방울을 쏟아낼 것처럼"이라는 꽤나 상세하고 구체적인 비유를 들었다.

두번째 예문 ⓑ 역시 전달 내용만 꼽으면 '노인은 늙어 뼈마디가 쑤시고 감각이 무뎌졌다' 정도에 불과하다. 하지만 글쓴이는 "밭을 이태 전부터 남에게 부치"게 했다, "시간도, 계절도 종잡을 수가 없다", "한여름에도 뼛속으로 찬 바람이 휘잉 지나" 간다, "어제는 속곳을 갈아입다가 누렇게 묻어 있는 변을 발견하고 얼굴을 붉히며 혼잣소리를 했다" 등과 같은 구체적 서술을 통해 노인이 겪고 있는 경험 사실을 상세히 구현하고 있다. 그리고 '노인-되기'를 통해 "제발 이지 죽는 자리만큼은 깨끗하고 싶다"라는 독백까지 첨가했다. 이러한 구체적 나열을 통해 노인의 상황과 성격을 보다 또렷하게 전달해 주고 있다.

위의 두 예시는 분명 기존 습작생들의 예시들과는 달리 한결 분명하고 정밀하며 정확한 서술을 보여 주고 있다. 신춘문예 당선작들의 문장 서술이 어느 정도 구체적인지를 보여 주는 대표적 표본이라 할 만하다.

이번에는 널리 알려진 소설 작품들 중에서 참고할 만한 일례를 찾아보았다.

〈보기 56〉

ⓐ 오래 전부터 나는 일찍 잠자리에 들어 왔다. 때로는 촛불을 끄자마자 즉시 눈이 감겨서 '잠드는구나' 하고 생각할 틈조차 없는 적도 있었다. 그러면서도 반 시간 후, 잠이 들었어야 할 시각이라는 생각에 깨어난다. 아직 손에 들고 있으려니 여기는 책을 놓으려고 하며, 촛불을 불어 끄려고 한다. 조금 전까지 읽고 있던 책에 대한 회상은 야릇한 사이에 단절된 것이 아니라, 다만 그 회상은 야릇한 모양으로 변한 것이다. 곧, 책에 나온 성당, 사중주(四重奏), 프랑수아 1세와 카를 5세와의 대결 등등이, 흡사 나 자신의 일처럼 생각되는 것이다. 이러한 생각은 깨어난 후에도 얼마 동안 계속되는데, (…후략…)

ⓑ 내가 제일 좋아하는 책은, 읽는 사람을 이따금 웃겨 주는 책이다. (…중략…) 그리고 정말로 내가 감동하는 책은, 다 읽고 나면 그 작가의 친한 친구가 되어 전화를 걸고 싶을 때 언제나 걸 수 있게 된다면 오죽이나 좋을까 하는 그런 기분을 느끼게 하는 책이다.

ⓐ는 프루스트(Marcel Proust)의 장편 『잃어버린 시간을 찾아서』의 시작 부분이다. 주인공 '마르셀'이 잠자리에 드는 장면으로, 얼결에 잠이 들었다가 잠결에 다시 깨어나 잠들기 전의 자연과 혼동하는 한편으로 책 내용과 실제 경험을 혼동한다. 누구나 한 번쯤 이처럼 현실과 비현실, 혹은 의식과 무의식 사이를 교차하듯 유영하는 경험을 해보았을 것이다. 위의 문장은 이러한 경험을 독자들로 하여금 추체험하게 만든다. 작가는 이러한 심층적 시선을 통해, 19세기에서 20세기 초반까지 3대에 걸쳐 500여 명이나 등장하는 수천 쪽 분량의 감각과 기억을 환기해 낸다. 집중을 위해 작가

는 코르크로 밀폐한 방안에서 작업했다고 한다. 장장 12년에 걸친 작업이었다. 무려 518개의 단어들을 하나의 문장 속에 배치하는 노력 등을 기울이며, 개인 내면에 새겨져 있는 내밀한 정서와 감각으로서의 시간을 새겨 놓았다. 우리는 아마 자신이 가장 친하게 지내는 사람에 대해서조차도 마르셀만큼 내밀하고도 구체적인 감각으로 기억해 내지 못할 것이다. 이러한 내밀한 환기와 교감은 문학적 글쓰기가 아니면 불가능한 일이다.

ⓑ는 샐린저(J.D. Salinger)의 『호밀밭의 파수꾼』의 서두 부분에 나오는 구절이다. 인용된 구절을 읽어 보면 누구나 쉽게 공감하지 않을 수 없을 것이다. 풍자나 해학이 넘치는 책보다 비장이나 숭고가 느껴지는 책을 좋아하는 독자일지라도, '아, 그래 맞아, 나도 그런데!' 하는 공감을 통해 자기 모습을 추체험할 것이다. 뿐만 아니라, "다 읽고 나면 그 작가의 친한 친구가 되어 전화를 걸고 싶을 때 언제나 걸 수 있게 된다면 오죽이나 좋을까 하는 그런 기분" 같은 구절을 통해, 자신이 매력적인 작가에게 느꼈던 기분을 새삼 명확하게 환기하는 한편, 작가의 적실한 표현에 웃음과 감탄을 자아낼지 모른다. 이처럼 적절하고도 멋진 표현은 우리의 감정을 새롭고 즐겁게 일깨운다.

〈보기 57〉

ⓐ

"너 또 일 전만, 일 전만 사정을 해서 군것질할래? 안 할래? 너 엄마가 무슨 고생을 해서 그 돈을 버시는지 알기나 하고 엄마를 그렇게 조르냐 조르길. 이 철딱서니 없는 계집애야. 그 돈은 엄마가 기생 바느질 품팔이를 해서서 번 돈이야. 우리 엄마가 천한 기생 바느질 품팔이를 하신단 말야. 그 돈을 네가 매일 장작 한 단 살 만큼이나 까먹는단 말야. 우리가 아무리 어려도 그럴 순

없어. 다신 안 그런다고 해. 어서 다신 안 그런다고 항복을 하라니까."

오빠는 회초리로 사정없이 내 여윈 종아리를 후려치면서 목멘 소리로 내 잘못을 꾸짖었다. 그때 나는 너무 오래 아픔을 참고 매를 맞았다. 아픔보다 항복소리를 참는 게 더 힘들었다. 순하게 벌 받고 싶은 마음이 항복 소리를 오래 참을 수 있게 했다.

(박완서, 『엄마의 말뚝』, 열림원, 2007, 39쪽)

ⓑ

날씨가 제법 싸늘해지기 시작한 어느 가을날 해질녘 그 사내가 문득 교도소 길목을 조그맣게 걸어 나왔다.

그것은 좀 희한한 일이 아니었다. 근래엔 좀처럼 볼 수 없던 일이었다.

교도소는 도시의 서북쪽 일각, 벚나무와 오리나무들이 무질서하게 조림된 공원 숲의 아래쪽에 있었다. 그리고 그 무질서한 인조림이 끝나고 있는 공원 입구께에서 2백 미터 남짓한 교도소 길목이 꺾여들고 있었다. 공원 입구에선 교도소 길목과 높고 음침스런 소내 건물들을 제 손바닥 들여다보듯 한눈에 모두 내려다볼 수 있었다. 교도소 길목을 오르내리는 것이면 강아지 한 마리도 움직임이 뻔했다.

하지만 그 길목은 언제부턴가 사람의 눈길을 끌 만한 움직임이 끊어진 지 오래였다. 교도소와 관련하여 길목을 오르내리는 사람의 모습을 거의 볼 수가 없었다. 그것도 교도소를 새로 들어가는 쪽보다는 몸이 풀려서 나오는 쪽이 더욱 그랬다. 교도소를 새로 들어가는 쪽까지 끊겨 사라졌을 리가 없었지만 그쪽은 언제나 철망을 친 차편을 이용하고 있는 터여서 그것마저 낌새가 분명칠 못했다. 그야 교도소 직원들이나 인근 주민들이 이따금 그 길목을 지나다니는 건 눈에 띄었다. 하지만 그건 물론 이 길목에서 특별히 사람의 눈길을 끌 만한 움직임은 못 되었다. 이 길목에서 사람의 주의를 끌 움직임이란 역시 형기를 끝냈거나 당국의 사면으로 몸이 풀려나오는 출소자들의 그것일 수밖에 없었다.

한데 어찌된 영문인지 이 몇 해 동안 교도소 수감자들 가운데선 몸이 풀려나 그 길을 걸어나온 사람이 없었다. 출감자를 내보내기 위해서 교도소 문이 열린 적이 한 번도 없었다. 교도소 안엔 이미 내보낼 죄수가 아무도 없거나, 그곳엔 아예 종신형의 죄수들만이 수감되고 있는 게 아닌가 의심이 될 지경이었다. 교도소의 출감자가 언제 마지막으로 그 길을 걸어나갔던가를 기억하고 있는 사람조차 거의 없었다. 아마 이 교도소의 교도관들조차도 그들이 그 행운의 출감자를 내보내기 위해 언제 마지막으로 교도소의 철문을 열었던가를 더듬어 낼 수 있는 소상한 기억력의 소유자는 흔치 않을 터이었다.

출감자의 모습이 끊어진 것만도 아니었다. 교도소를 나오는 출감자들의 발길이 뜸해지기 시작한 다음에도 길목은 한동안 재소자 면회를 찾아온 사람들의 발길로 인적이 심심치를 않았었다. 한데 언제부턴가는 그 면회객들의 발길조차 이 길목에서 깨끗이 자취를 감추고 말았다.

교도소 길은 이제 오랜 정적 속에 망각의 길목으로 변했고, 그 길목을 걸어나오는 출감자나 면회객들의 발길이 끊어지고 있는 시간만큼 교도소와 교도소 수감자들의 존재도 바깥 세상에선 기억이 까마득히 잊혀졌다.

하지만 그 동안도 교도소 사람들의 출퇴근 행사는 어김없이 계속이 되었고, 밤이면 높다란 감시탑들의 탐조등 불빛들도 그 확고부동한 기능을 발휘하기 시작했다. 그건 이를테면 그 깊은 세상 사람들의 망각 속에서도 교도소의 존재와 기능은 여전히 엄존하고 있다는 가차 없는 증거였다.

그러다 이날 저녁 사내가 마침내 그 길목을 다시 걸어나온 것이다.

교도소는 과연 죄수가 없는 유령의 집으로 변해진 것이 아니었다. 종신형

수형자들만이 수감되고 있었던 것도 아니었다. 이날 저녁 사내가 그 길목을 걸어나온 것은 바로 그런 모든 의문들에 대한 가장 확실한 대답인 셈이었다.

사내의 뜻하지 않은 출감은 그러니까 교도소와 교도소 길목에선 그만큼 오랜만의 일이었고 그만큼 눈길을 끄는 일이었다.

하지만 그 길을 걸어나오고 있는 사내 자신의 표정엔 막상 어떤 새삼스런 감회나 즐거움의 빛 같은 것이 전혀 엿보이지 않고 있었다.

사내는 언젠가 그가 교도소를 들어갈 때부터 그의 전재산이었던 낡고 작은 사물(私物) 보퉁이 하나를 손에 든 채 마치 망각의 길을 헤쳐오듯 변화 없는 발걸음으로 교도소 길목을 천천히 걸어나오고 있었다. 전쟁 후에 한창 유행하던 염색 야전잠바 윗도리에, 역시 낡고 색이 바랜 황록색 당꼬바지의 차림새들이 이마 위로 아무렇게나 헝클어져 내린 그의 허옇게 센 머리털과 함께 사내의 모습을 더욱 지치고 무기력하게 만들고 있었는데, 그의 그런 차림새나 센머리털의 지치고 무기력한 느낌은 사내가 세상 사람들의 망각 속에 교도소 안에서 훌쩍 흘려보내 버린 그 무위한 세월의 두께를 말해주고 있는 것 같기도 하였다.

알다시피 사내에겐 물론 동행이 없었다. 그는 함께 출감한 동료 수감자는 물론, 그의 출감을 맞아주는 가족이나 친지 한 사람 동행자가 없었다. 그의 출감길에 동행이 되어 주고 있는 것은 오직 공원 숲 위에서 방금 낙조를 서두르고 있는 저녁 햇살이 지어준 그 자신의 기다란 그림자뿐이었다. 그는 마침 그 낙조를 서두르고 있는 공원 숲 쪽의 저녁 해를 향해 교도소 길목을 걸어나왔으므로 그의 그림자가 등 뒤로 길게 끌리고 있었는데, 사내의 좀 구부정한 걸음걸이는 마치 사내 자신이 아니라 그 그림자를 방금 교도소로부터 끌어내어 어깨에 짊어지고 그 길을 무겁게 걸어나오고 있는 것처럼 보였다. 더욱이나 사내는 이미 풀기가 가버린 낙조의 가을 햇살마저 눈에 그리 익숙지가 못한 듯 이따금씩 콧잔등을 가볍게 실룩거리며 걸음을 조금씩 지체하곤 하였는데, 바로 그 눈앞을 가로막는 햇살이나 그 햇살에 대한 어떤 부끄러움 때문에 사내가 교도소 길목으로부터 자신의 그림자를 짊어져 내는 일은 더욱 더 피곤하고 힘겨운 일처럼 보이게 하였다.

하지만 사내의 표정이나 걸음걸이에 어떤 변화가 이는 것은 오직 그 풀기 잃은 저녁 햇살이 그의 눈앞을 방해해 올 때뿐이었다. 햇빛 앞에서 자신을 망설일 때 이외엔 그의 표정이나 발걸음에 아무런 변화도 생기지 않았다.

사내는 그런 표정, 그런 모습으로 수심스러워 보일 만큼 천천히, 그리고 그 구부정하고 변화 없는 걸음걸이로 교도소 길목을 걸어나오고 있었다.

(이청준, 『잔인한 도시』, 열림원, 2006, 272쪽)

ⓐ에서는 오빠에게 매 맞는 여동생의 경험을 추체험하게 만든다. 인용된 부분은 박완서의 「엄마의 말뚝 1」 일부분으로, 오빠가 철없이 떼쓰는 여동생을 뒷산으로 데려가 나무라는 대목이다. 오빠는 여동생 잘못을 무턱대고 나무라기보다는 여동생이 서둘러 잘못을 반성하기를 원한다. 하지만 여동생은 여동생대로, 고집 때문이 아니라, 자기 잘못을 통절히 반성하는 마음이 깊어 "순하게 벌 받고 싶은 마음"으로 "항복 소리를 오래 참"는다. 아마도 독자는 비슷한 경험을 직·간접적으로 해보았을 터여서 읽으면서 옛 추억을 떠올렸을 법하다. 하지만 작가는 인물 심리까지 정확하고도 웅숭깊게 묘사함으로써, 단지 오빠가 여동생을 나무랐다는 사실을 기록하는 데서 멈추지 않고, 동생을 나무라고 싶지 않지만 나무라야 하는 오빠의 애틋한 심정, 그리고 항복을 하지 않고 자기 잘못에 해당하는 벌을 받으려 드는 꼬마 여주인공의 선량하면서도 결연한 자존감까지도 공유할 수 있게 해준다.

ⓑ는 이청준의 중편소설 「잔인한 도시」의 첫머리 부분이다. 기본적인 전달 내용은, '교도소로부터 한 사내가 출감하여 걸어나왔다. 이것은 근래 보기 드문 일이었다' 정도가 될 것이다. 아마도 초보 습작생은 이와 같은 문장 두세 개로 서술을 마쳤을 것이다. 하지만 작가는 이러한 사실을 보다 실감나게 전달하기 위해 적지 않은 공력을 들이고 있다. 마치 세밀하게 붓질을 더하여 다만 사실 전달에서 그치는 게 아니라 분위기나 정황까지를 정밀하면서도 풍요롭게 표현해 내는 한 폭의 질감 좋은 풍경화를 보는 것 같다.

또 다른 예들을 살펴보자. 이번에는 외국작가의 작품 중에서 동화, 청소년 소설, 일반 소설 중에서 각각 마땅한 실례를 찾아보았다.

〈보기 58〉

ⓐ

타작이 끝나면 외양간 뒤에는 탈곡기 바람에 날려온 지푸라기가 산더미처럼 쌓인다. 웨인 형과 나는, 건초간에 넣을 짚이며 사료로 쓸 옥수수 써는 일이 남아 있더라도 외양간 지붕에서 짚더미로 뛰어내리면서 하루 종일 놀 때가 있다. 아빠는 우리가 짚더미에서 펄쩍펄쩍 뛰고 노는 걸 얼마나 좋아하는지 알기 때문에 하루쯤은 그렇게 놀도록 내버려 둔다. 예전에 아빠와 엄마가 곡식 창고 옆에 서서, 우리가 짚더미 위에서 뛰노는 모양을 지켜보는 걸 본 적이 있다. 엄마 아빠는 우리와 함께 뛰어놀고 싶은 것 같은 얼굴로 웃고 있었다. 구름 위에서 뛰어내려도 짚더미에 떨어지면 다치지 않을 거다. 아무리 세게 굴러도 밑으로 꺼지기만 할 뿐 땅바닥에는 닿지 않으니까.

〈게리 폴슨, 『겨울방』, 문학과지성사, 2001〉

제목에서 보듯 ⓐ는 겨울 건초간 짚더미에서 형과 놀았던 추억을 회상하고 있다. 이것 역시 초보 습작생이라면, 그저 '겨울만 되면 건초간 짚더미에서 형과 하루 종일 놀고는 했다' 정도의 서술로 끝냈을 것이다. 하지만 위의 글은 "엄마 아빠는 우리와 함께 뛰어놀고 싶은 것 같은 얼굴로 웃고 있었다"라는 문장을 통해 그렇게 놀 때의 즐거운 동심을 한결 강조하고 있다. 그리고 "구름 위에서 뛰어내려도 짚더미에 떨어지면 다치지 않을 거다. 아무리 세게 굴러도 밑으로 꺼지기만 할 뿐 땅바닥에는 닿지 않으니까"라며, 무척이나 비합리적인 상상과 합리적 근거를 통해 짚더미 특유의 깊고 푹신한 탄력을 보다 명료하게 강조하고 있다.

ⓑ

오후 늦게, 엄마가 차에 식료품을 가득 싣고 집으로 돌아왔다. 엄마는 언제나 '우리 집 두 남자'를 위해 장보기를 즐겼다. 엄마를 도와 안으로 꾸러미들을 나를 때 가슴이 찡하게 아팠다. 꾸러미들을 풀다 보니 내가 좋아하는 과자와 나말고는 아무도 좋아하지 않는 고기 통조림이 보였다. 너무나 가슴이 아팠다. '내가 뭘 잘못 생각하고 있는 게 아닐까?'라고 생각될 만큼.

어렸을 때 내가 크면 뭐가 될까 엄마한테 말하곤 했던 게 생각난다. 나한테 가장 중요한 것은 어떤 일을 하는가보다 엄마와 함께 있을 수 있는가였다. 엄마 없이 혼자 힘으로 산다는 건 전혀 생각지 못했던 것 같다. 그래서 나는 엄마한테 엄마와 내가 같이 과학자가 되어서 우리 실험실을 만들자고 말하곤 했다. 아니면 일 같은 것은 하지 말고 엄마하고 집에서 장난감을 만들어 사람들한테 팔자고 말하곤 했다.

(신시아 라일런트, 『조각난 하얀 십자가』, 문학과지성사, 2002, 103쪽)

ⓑ는 가출을 결심한 주인공이 가출 전날 어머니를 대하는 모습이다. 아마 초보 습작생이라면, '집을 나갈 생각을 하자 제일 먼저 어머니에게 미안한 마음이 들었다. 아무것도 예상하지 못한 채 나를 대하는 어머니 얼굴을 보니 죄책감에 가슴이 미어질 것만 같았다' 정도의 서술로 그쳤을 것이다. 하지만 글쓴이는, "꾸러미들을 풀다 보니 내가 좋아하는 과자와 나말고는 아무도 좋아하지 않는 고기 통조림이 보였다"라는 서술을 통해 어머니와 주인공의 친밀한 관계를 구현해 놓았다(추상-재현). 뿐만 아니라, "어떤 일을 하는가보다 엄마와 함께 있을 수 있는가"를 더 중요시 여겼던 어렸을 때의 자기 모습을 구현해 놓음으로써, 가출을 결심할 경우 어머니에 대해 느껴지는 미안한 마음과 연민을 매우 농밀하고 구체적으로 전달하고 있다.

ⓒ

　지나친 탐식은 로마인의 한 악덕이다. 그러나 나는 소식(小食)을 하면서 쾌감을 가졌다. 헤르모게네스는 내 식생활에 대해 간섭할 필요가 전혀 없었다. 단지 내가 아무 장소에서나 아무 때나 아무 음식이나 맨 먼저 보는 것을 재빨리 먹고는 허기의 욕구를 단숨에 해결해 버리려는 식의 이 조바심만 제외하고는 말이다. 게다가 어떤 부유한 사람이 궁핍을 자의적으로만 체험했거나, 단지 전쟁이나 여행의 다소간 흥분스러운 사건 따위의 일시적인 체험으로만 경험해 보고서, 자신은 배를 두들겨 가며 먹어대지 않는다고 자랑함은 두말할 나위 없이 좋은 취미가 아니다. 잔칫날 한껏 포식하는 것은 언제나 가난한 자들의 소망이자 기쁨이고 자연스런 자만심이 되어 왔다. 나는 군대 축제에서의 고기 굽는 냄새며 냄비 바닥을 긁어대는 소리가 좋았다. 게다가 병영의 잔치가(혹은 병영에서 잔치라 할 것이) 당연히 그러해야 하는 것, 곧 일상적 근무 때의 결핍을 보상해 주는 떠들썩하고 유쾌한 자리를 이루는 것이 좋았다. 나는 사투르누스 축제기간, 광장 곳곳에서 올라오는 튀김 냄새를 그럭저럭 참아낼 수 있었다. 그러나 로마의 연회들은 내게 얼마나 역겹고 권태스럽던지, 때로 무슨 군사 정찰이나 군대 원정 동안, 내가 죽게 되었다고 생각될 경우가 닥치면, 위안삼아, 이젠 적어도 만찬은 안 해도 되겠다고 생각하는 것이었다. 나를 가련한 금식가 정도로 간주하여 나를 욕되게 말라. 하루 두세 번 수행되고 또 생명에 양식을 공급하는 데에 목적이 있는 그 작업은 당연히 우리가 모든 정성을 기울일 가치가 있다. 과일을 하나 먹는 것, 그것은 우리나 마찬가지로 땅으로부터 보호되어 양육된 이질적이고 살아 있는 아름다운 물체 하나를 자아 안으로 받아들이는 일이다. 그것은 어떤 제물을 삼키는 행위로, 그 행위에서 우리는 우리 자신을 사물보다 더 사랑하는 것이다. 나는 병영에서 빵쪽을 베어 먹을 때마다 이 무겁고 거친 음식의 소화가 피가 되고, 체온이 되고 아마도 용기까지로 변모될 줄 안다는 사실에 경탄을 금치 못했다. 아, 왜 내 정신은 최상의 상태에 있을 때조차 육체가 지닌 동화능력의 일부분밖에 소유치 못할까?

(마르그리트 유르스나르 『하드리아누스의 회상록』, 세계사, 1995, 16쪽)

ⓒ는 로마 황제 하드리아누스를 주인공으로 내세운 소설로, '하드리아누스-되기'를 통해 식탐 혹은 탐식에 대한 생각을 날카롭게 서술하고 있다. 로마 황제라면 마땅히 만반진수(滿盤珍羞)를 즐겼을 것 같은 통념적 상상에서 벗어나, "군대 축제에서의 고기 굽는 냄새며 냄비 바닥을 긁어대는 소리"를 좋아하는 너무나 소박한, 어쩌면 그래서 더욱 귀족적이면서 황제다워 보이는 아이러니가 느껴진다. 뿐만 아니라, '로마의 연회'는 너무 '역겹고 권태스러워' "내가 죽게 되었다고 생각될 경우가 닥치면, 위안삼

아, 이젠 적어도 만찬은 안 해도 되겠다고 생각하는 것이었다"라고 너스레를 떨기까지 한다. 나아가, "과일을 하나 먹는 것, 그것은 우리나 마찬가지로 땅으로부터 보호되어 양육된 이질적이고 살아 있는 아름다운 물체 하나를 자아 안으로 받아들이는 일이다"라든가, "나는 병영에서 빵쪽을 베어 먹을 때마다 이 무겁고 거친 음식의 소화가 피가 되고, 체온이 되고 아마도 용기까지로 변모될 줄 안다는 사실에 경탄을 금치 못했다"와 같은 진술을 통해, 평범하여 지나치기 쉬운 일상적 섭생에 대해서 새삼 다시 생각하게 만드는 화자의 예민한 감수성을 보여 주고 있다.

이와 같은 예문에서 보듯, 기성작가들은 하나의 사실을 전달할 때 대충 뭉뚱그려 단조롭게 전달하지 않는다. 보다 구체적인 감성·경험·상상·비유 등을 통해 구체적으로 서술하며, 이러한 서술 과정을 통해 전달 내용이 독자에게 매우 다층적으로 다가오게 만든다.

그리하여 다만 ⓐ '짚더미에서 놀았다' ⓑ '가출하려니까 엄마에게 미안했다' ⓒ '지나친 탐식을 좋아하지 않았다' 정도의 평면적 사실로서의 일차적 정보 전달에서 그치는 것이 아니라, 이러한 정보를 둘러싼 입체적이고 다층적인 정서와 사유 시각을 전달하고 있다.

ⓐ 짚더미에서 신나게 노는 형과 나, 그리고 우리와 함께 뛰어놀고 싶은 얼굴로 바라보는 엄마 아빠의 미소를 바라보는 나.

ⓑ 가출하려니 가뜩이나 미안한 차에 내가 좋아하는 과자와 통조림을 사온 엄마, 그리고 어떤 일을 하는가보다 엄마와 함께 있을 수 있는가를 더 중요시했던 예전 기억과 대비되는 지금의 나.

ⓒ 황제임에도 불구하고, 군대 축제에서의 고기 굽는 냄새며 냄비 바닥을 긁어대는 소리를 좋아하는 나. 반면에 권태스럽고 역겨운 로마의 연회

들, 그에 비해 과일을 하나 먹는 것 그리고 병영에서 빵쪽을 베어 먹는 평범한 일에 대해 경탄하는 나.

인간 행동은 건전가요나 정치구호에서처럼 하나의 관점으로만 제한되는 것이 아니라, 여러 층위의 진실이 복합적으로 작동하는 다층적 사실을 수반한다. 니체의 지적처럼 인간은 유물론적 원자론과 같은 단일한 정체성으로 이루어져 있지 않다. 소위 n개의 성질이 내재해 있다. 우리의 '의지작용에는 감정의 다양함이 있'고, 또한 의지는 '감정과 사고의 복합체일 뿐만 아니라 무엇보다도 하나의 정서'이며 '우리의 몸은 많은 영혼의 집합체'인 것이다.

따라서 인간적 진실 역시 언제나 아이러니한 입체성을 띠기 마련이다. 좋은 작가들이 구현하고자 하는 것은, 일차원적 정보나 독단적 판단을 넘어 이러한 아이러니한 입체적 진실이다.

단선적 정보 전달만 한다면 이미 그것은 진실을 왜곡하는 글일 것이다. 우리가 평소 사용하는 '나는 집에 갔다', '미숙은 괴롭다', '그날은 즐거웠다' 등과 같은 진술은, 이것 자체로만 진술된다면, 현실의 복합적 진실을 제대로 담아내지 못하고 있는 단선적 진술이라는 점에서, 일종의 거짓이라 이를 만하다. 다음 보기의 ⓐ와 ⓑ는 이러한 일례를 보여 주는 전형적인 사례가 아닐까 싶다.

〈보기 59〉

ⓐ

'나쁜 짓 하면 지옥 가고, 착한 일 하면 천당 간다.' 혹은 '예수님을 믿으면 천당 가고, 예수님을 믿지 않으면 지옥 간다.'

ⓑ

　사람의 아들이 영광을 떨치며 모든 천사들을 거느리고 와서 영광스러운 왕좌에 앉게 되면 모든 민족들을 앞에 불러 놓고 마치 목자가 양과 염소를 갈라 놓듯이 그들을 갈라 양은 오른편에 염소는 왼편에 자리 잡게 할 것이다. 그때에 그 임금은 자기 오른편에 있는 사람들에게 이렇게 말할 것이다. "너희는 내가 굶주렸을 때에 먹을 것을 주었고 목마를 때에 마실 것을 주었으며 나그네 되었을 때에 따뜻하게 맞이하였다. 또 헐벗었을 때에 입을 것을 주었으며 병들었을 때에 돌보아 주었고 감옥에 갇혔을 때에 찾아 주었다." 이 말을 듣고 의인들은 이렇게 말할 것이다. "주님, 저희가 언제 주님께서 주리신 것을 보고 잡수실 것을 드렸으며 목마르신 것을 보고 마실 것을 드렸습니까? 또 언제 주님께서 나그네 되신 것을 보고 따뜻이 맞아들였으며 헐벗으신 것을 보고 입을 것을 드렸으며, 언제 주님께서 병드셨거나 감옥에 갇히신 것을 보고 저희가 찾아가 뵈었습니까?" 그러면 임금은 "분명히 말한다, 너희가 여기 있는 형제 중에 가장 보잘것없는 사람 하나에게 해준 것이 바로 나에게 해준 것이다"라고 말할 것이다. 그리고 왼편에 있는 사람들에게는 이렇게 말할 것이다. "이 저주받은 자들아, 나에게서 떠나 악마와 그 졸도들을 가두려고 준비한 영원한 불 속에 들어가라. 너희는 내가 주렸을 때에 먹을 것을 주지 않았고, 목말랐을 때에 마실 것을 주지 않았으며 나그네 되었을 때에 따뜻하게 맞이하지 않았고, 헐벗을 때에 입을 것을 주지 않았으며, 또 병들었을 때나 감옥에 갇혔을 때에 돌보아 주지 않았다." 이 말을 듣고 그들은 이렇게 대답할 것이다. "주님, 주님께서 언제 굶주리고 목마르셨으며, 언제 나그네 되시고 헐벗으셨으며, 또 언제 병드시고 감옥에 갇히셨기에 저희가 모른 체하고 돌보아 드리지 않았다는 말씀입니까?" 그러면 임금은 "똑똑히 들어라. 여기 있는 형제들 중에 가장 보잘것없는 사람 하나에게 해주지 않은 것이 곧 나에게 해주지 않은 것이다" 하고 말할 것이다. 이리하여 그들은 영원히 벌 받는 곳으로 쫓겨날 것이며, 의인들은 영원한 생명의 나라로 들어갈 것이다.

ⓐ는 단순한 기독교인들이 흔히 구사하는 문장이다. 그리고 ⓑ는 마태복음에 기록되어 있는, 예수가 직접 구사한 문장이다. ⓐ와 ⓑ가 동일한 사실을 드러내기는커녕 전혀 일치하지 않는 내용을 담고 있다는 사실은, 새삼 해설하지 않아도 느낄 수 있을 것이다. 말할 수 없는 것에 대해서는 침묵해야 한다. 하지만 일단 언어를 통해 진실을 담아내려면 진실에 이를 때까지 언어를 정밀하고 명료하고 정확하게 사용해야 한다. 그러지 못한다면 또한 침묵해야 한다.

.4.
창작언어, 소수자 되기

한 사회의 구성원 대부분이, 그리고 한 개인의 대부분 시간들이 일상어로 이루어진다. 대부분의 인식이 일상의 관습적·상투적·감상적·통념적 언어로 메워진다. 하지만 실질적 정직을 통해, 명확한 성찰을 통해, 지금·여기의 주시를 통해, 일상에 매몰되어 있던 것과는 다른 감각과 사유와 상상이 가능해진다.

글쓰기란, 이처럼 '기성질서·기성언어·일상언어'와는 또 다르게 감각하고 사유하고 상상하는 사람들의 언어작업이어서, 내적 치유의 작업이자 사회운동의 전위가 된다. 또한 다르게 언어행위를 한다는 것은, 우선 기성문법을 충분히 익히면서, 동시에 더듬거리듯 비틀고 분절하고 절합하여 새로운 변형문법을 만들어 내는 과정이므로, 단순한 분리와 대립을 너머

포월과 탈주까지 가능하다.

  무엇보다 기성질서에 익숙한 대다수 사람들 혹은 기성질서를 답습해 온 자신의 대다수 시간들로부터 벗어나야 하는 작업이라는 점에서, 글쓰기는 적극적으로 소수자가 되는 길이고, 창작언어로서 소수언어를 구사하는 일 일 수밖에 없다.

> "… 자신의 언어 안에서 이방인이 되는 것. 사투리나 은어조차 없이 하나의 동일한 언어 안에서 2개 국어나 수 개 국어를 쓸 수 있는 것. 순수한 인종 안에서 혼혈 내지 서출이 되는 것. 바로 거기서 문체는 언어가 된다. 바로 거기서 언어는 강밀해(intensif)지고, 가치와 격렬도의 순수한 연속체가 된다. 바로 거기서 모든 언어는 언어 내에 비밀스런 하위체계를 만드는 대신, 아무것도 숨기지 않으면서도 비밀스러워진다."
>
> 〈이진경, 『노마디즘1』, 휴머니스트, 2002, 314쪽〉

  우리는 온전히 자유롭게 살고 있는 것이 아니라, 기성질서 혹은 주류문법이 일정 방향으로 의미화하고 계열화한 코드들을 따라 살아간다. 우리의 평소 직업 선택이나 배우자 선택뿐 아니라, 우리의 감각과 사유와 상상 모두가, 대개 이들 기성코드에 속수무책으로 포획되기 일쑤다. 그러면서 우리의 언어 역시 일상적·상투적·감상적·통념적·관습적·기성적 언어에 매몰되기 십상이다.

  하지만 실질적 정직과 명철한 성찰과 지금·여기의 주시를 통해 창출해 낸, 낯설지만 새로운, 보다 정확하고 풍요로운 감각과 사유와 상상을 통해, 새로운 언어문법을 구사해야 한다. 그래야만 비로소 창조적 글쓰기가 가능해진다. 따라서 동일한 언어권 안에서, 심지어 동일한 자신의 언어 안에서, 마치 이방인의 외국어같이 더듬거려 가며 즐거이 새로운 감각, 새로운 사유, 새로운 상상의 언어문법을 찾아야 한다. 이러한 창조가 가능할 때 비로소 우리는 소수자가 되고 우리의 문장은 소수언어가 된다. 이때 소수 / 다수의 구분은, 양적 가늠이 아니라 언어를 다루는 방식에 의한 구분이다.

양적 소수자(여성, 장애인, 소수인종, 빈민층) 중에도 다수언어를 사용하는 사람들이 얼마든지 있으며, 또한 양적으로 소수만 사용하는 언어(사투리, 은어, 특정집단이나 소수민족 언어)라고 해서 소수언어인 것은 아니다. 소수언어를 구사하기 위해서는 기성언어와 주류문법으로부터 벗어나거나 가로지르거나 비틀거나 전복하면서 새롭게 변형하는 과정을 통해 자기만의 낯설고도 새로운 감각, 사유, 상상의 문장 즉 창작언어를 만들어야 한다. 글쓰기 영역에 있어서는, 스스로 창작언어를 구사할 때만이 진정으로 소수자이다.

이렇게 창작언어를 구사하기란 결코 쉬운 일이 아니다. 강력한 내적 실질적 정직을 통한 끝없는 자기 감각과 인식의 변화가 뒤따라야 한다. 그런 점에서 글을 쓴다는 것은, 약자들의 모양새가 아니라, 도리어 강자의 특징이다. 니체의 구분처럼, 고귀하고 자유로운 자로서, 무엇보다 스스로 가치를 결정하는 자이며, 가치를 창조하는 자로서의 강자다.

고귀한 부류의 인간은 **스스로**를 가치 결정하는 자라고 느낀다. 그에게는 타인에게 인정받는 것이 필요하지 않다. 그는 "나에게 해로운 것은 그 자체로 해로운 것이다"라고 판단한다. 그는 대체로 자신을 사물에 처음으로 영예를 부여하는 사람으로 알고 있다. 그는 **가치를 창조하는 자**이다.

(프리드리히 니체, 『선악의 저편』, 책세상, 2005, 276쪽)

니체의 강자/약자 구분은 일반적인 강자/약자 구분과는 사뭇 다르다. 그에 의하면, 힘이 아무리 강하더라도 그것이 자신이 아닌 어떤 권위나 조직이나 대리자로부터 오는 것이라면 그는 약자다. 그런 점에서 장애인이라 할지라도 그가 스스로의 욕망에 충실하게 움직이면 그는 강자이고, 어떤 권위나 대리자에 의존하여 움직이면 약자이다. 그런데 기성질서에 의존하는 약자에 비해, 스스로 판단 가치를 창조하는 강자가 많지 않다는 점에서 강자는 언제나 소수자이다.

이와 같은 구분은, 기존의 사회운동까지 전혀 새로운 관점으로 바라보게 만든다. 우리는 피지배자들이 억울할 때 데모하는 것이라고만 생각한다. 하지만 공권력에 의지하는 자들이야말로 약자이고, 스스로의 욕망과 가치에 충실하여 시위하는 자가 강자다. 우리는 다만 우리가 약자여서 강자에게 권력을 배분해 달라거나 권력 모양새를 바로잡아 달라는 의견을 건의·주장하려고 시위하는 것이 아니다. 이러한 층위와는 또 다르게, 우리의 정신은 너무나 옳고 자유로워서, 스스로 다른 무엇에도 의지하지 않고 다만 자기 신명만으로 살아가는 중에, 신명을 다하기 위해서 바른 소리 하기를 즐기는 것이기도 하다. 보다 자유로운 삶을 살아가는 강자로서, 그렇지 못한 약자에게 우리가 얼마나 자유로운 삶을 살아가고 있으며, 그리하여 얼마나 상대를 측은하게 여기는지를 보여 주려 하는 자긍의 축제다.

강자는 단지 억압당해서 저항하지 않는다. 아니 강자는 사실 어떠한 경우에도 내적으로까지 억압당하지는 않는다. 표면의 억압적 측면과 더불어, 강자는 우리가 어떤 억압을 당하더라도 쉽사리 억압당하지 않는 강렬한 내적 에너지를 갖고 있는 생명체임을 알고 있으며, 순간적으로 혹은 어떤 층위에서만 억압을 받고 있는 것처럼 보일 뿐, 우리는 또 다른 차원에서 더욱 떳떳하고 당당해지며 결국 더 자유로워진다는 것도 알고 있다. 따라서 끝끝내 예민하고 빼어난 관찰력을 지닌 강자는, 억압을 문제 삼지 않는다. 반대로 그것으로 해방을 외치고, 해방을 외치는 과정을 통해 강렬해지는 자신의 신기를 만끽하면서 매우 유쾌한 순간으로 삼는다. 촛불시위에서 시위대가 분노보다는 축제와 놀이, 기도의 성격을 띠었던 것도 이 때문이 아닐까.

자유롭고 풍요로운 자기 신명으로 살지 못하고 권력이나 대리자에 의존해서 살아가는, 그래서 세속적 위계질서와 잣대로서 열등감 혹은 우월감에 시달리는 약자들을 보면, 그들에게 스스로 반성하고 성찰할 기회를 주기 위해서라도, 그리고 약간은 벌을 주는 기분으로, 다만 방치해 두고 싶은 마음이 들기까지 한다. 강자는, 진리를 단지 알고 있는 자가 아니라 좋아하고 즐기는 자여서, 자신보다 진리로부터 멀리 떨어져 있는 자들을 보면 참으로 측은하게 바라볼 수밖에 없다.

글쓰기 역시 마찬가지다. 감상적·도식적·윤리적·일상적·상투적·통념적 언어질서에 복종하는 글쓰기는 약자의 글쓰기다. 반면 스스로의 감각과 사유와 상상을 생성해 내고 즐기며 기성문법을 넘어서는 새롭고 낯선 소수언어를 만드는 자가 비로소 작가고 예술가다. 그런 점에서 글쓰기란 언제나 소수언어로서의 창작언어를 탄생시키는 일이다. 창작언어를 탄생시키는 일이란, 기성질서와 언어에 저항하고, 기성질서와 언어를 전복하고, 무엇보다 기성질서와 언어보다 더 강해지고 넉넉해진다는 뜻이다. 그런 점에서 창작언어는 자연스레 글쓴이의 개성이 묻어나는 언어이고 저항의 언어이고 전복의 언어이고 강자의 언어이고 난장(亂場)의 언어다.

그런 점에서 우리가 글쓰기를 배우고 함께 합평하는 일을, 단지 등단을 목표로 문학언어만을 조탁하기 위한 것이라는 협소한 의미로 규정해서는 곤란하다. 기성작가로 활동하거나 저서를 출간하려는 우리 욕망을, 단지 자신이 개인적으로 성공하고, 세련된 개인언어를 금자탑처럼 세워 두기 위해서라고 한정해서도 곤란하다. 글쓰기는 문학언어의 조탁 이전에, 기성질서가 갖추고 있는 언어 구사력을 우리 각자의 언어가 얼마나 잘 익히고 또한 넘어서서, 얼마나 더 잉여적인 가치를 만들어 내고 있느냐 하는 문제와 긴밀히 연관되어 있다. 기성언어의 풍요로운 성과는 성과대로 배우되, 또 다른 방향과 틈새를 모색하려 한다면, 그 순간 글쓰기는 매우 다양한 층위 — 일상적인 감성과 사유와 상상의 층위에서, 생각과 대화와 토론이 이루어지는 모든 사적·공적 층위 — 에서, 이미 혁명적 의미를 띨 수밖에 없다.

  단순히 등단을 위해서나 저서를 출간하기 위한 개인적 욕심으로 글쓰기를 공부하면 조금만 힘겨워져도, '내 주제에 무슨, 괜한 욕심이지!' 하고 힘겨울 때마다 스스로 자포자기하고 만다. 하지만 글쓰기 훈련을, 자신의 감각과 인식과 상상까지도 새롭게 만드는 근원적이고도 전복적이고도 생동적인 욕망으로 인식하는 한, 우리는 언제든 새롭게 기꺼이 다시 도전하지 않을 수 없다. 나의 문장 하나가 좋아지는 그만큼 나는 어쨌거나 새로워지는 것이기 때문에 도무지 멈출 수가 없는 것이다.

9

구현적 글쓰기

: 실질적 사실을 보여 주기

글쓰기는 단순한 경험적 기록이나 재현적 글쓰기에 머무는 것이 아니라, 작가의 의도나 주제에 걸맞게 재배치되고 생략 혹은 강조되면서, 심지어 허구적 사실을 추가하면서, 새롭게 구현되는 창의적 과정이다. 작가는 경험한 것을 그대로 나열하는 것이 아니라, 의도한 내용이나 전달하고자 하는 주제에 맞게끔 취사선택하고 심지어는 그에 걸맞은 새로운 상상을 만들어 내야 한다.

.1.
전달 방식으로서의 구성

늦잠을 잔 데다 버스도 놓치고 택시도 잡기 쉽지 않았는데, 가까스로 택시를 잡아타고 오는 도중에 하필이면 교통사고가 나서 길까지 막혀, 결국 약속장소에 늦고 말았다. 기다리느라 잔뜩 화가 나 있을 상대에게 이해를 구하려면 어떻게 말해야 좋을까?

"늦잠을 잔 데다 버스도 놓치고 택시도 잡기 쉽지 않았는데 가까스로 택시를 잡아타고 오는 도중에 하필이면 교통사고가 나서 길까지 막혀 약속 시간에 늦었어"라고 주절주절 늘어놓는다면, 그렇잖아도 기다리느라 가뜩이나 지루하던 상대는 지루하게 늘어지는 말투 때문에라도 더욱 짜증날 것이다. 보다는 차라리 "교통사고가 났어!" 혹은 "사람이 죽었어!" 하고 먼저 강하게 주의를 환기시켜 주는 것이 효과적일 것이다.

이와 같이, 이야기를 할 때는 취지에 알맞게 이야기를 구성해서 전달해야 한다. 같은 이야기여도 말하는 방법에 따라 전혀 다른 반응을 불러일으킨다. 똑같은 우스개 얘기를 전했는데 어떤 경우는 재미있게 전달되고 또 어떤 경우는 재미없게 전달되어서 분위기가 썰렁해졌던 겸연쩍은 경험을 한두 번씩은 겪어 보았을 것이다.

마치 같은 선물일지라도 포장 방법이나 전달 방식에 따라 그 의미가 전혀 다르게 읽히듯, 이야기도 마찬가지다.

〈보기 60〉

ⓐ 어떤 사람이 자기 몸을 눌러 보았는데 아프지 않은 곳이 없더래. 목을 눌러 봐도 아프고, 배를 눌러 봐도 아프고, 무릎을 눌러 봐도 너무나 아

프더래. 알고 보니까 다친 손가락으로 눌렀기 때문인 거야. 이럴 경우엔 굳이 의사를 찾아갈 필요 없이 손가락을 치료하면 되는 거야.

ⓑ 어떤 사람이 자기 몸을 눌러 보았는데 아프지 않은 곳이 없더랍니다. 목을 눌러 봐도 아프고, 배를 눌러 봐도 아프고, 무릎을 눌러 봐도 너무나 아프더랍니다. 하는 수 없이 그는 의사를 찾아갔습니다. 의사는 그의 설명을 듣고 이곳저곳을 진찰하더니 말했다지요. 걱정할 것 없어요. 당신은 다만 손가락을 다쳤을 뿐입니다.

위의 글에서 ⓐ와 ⓑ는 같은 내용을 전달하고 있다. 차이가 있다면 ⓐ는 의사의 입을 빌려 설명하지 않고 화자가 곧장 "알고 보니까 다친 손가락으로 눌렀기 때문"이라고 설명하고 있다. 그런데 이러한 설명의 차이가 전혀 다른 효과를 일으킨다. 손가락을 치료해야 한다는 메시지만 강하게 전달되고 있는 ⓐ와 달리, ⓑ는 의사의 등장을 통해 긴장이 한껏 고조되었다가 예상 밖의 의사 진단을 통해 반전이 이루어지면서 실소를 자아내게 하고, ⓐ보다 한결 유머러스하며 극적으로 읽힌다. ⓑ는 압바스 키아로스타미의 영화 「체리향기」에서 노인이 자살을 하려는 중년 사내에게 들려주는 이야기인데, 만약 노인이 사내에게 ⓐ처럼 이야기를 전달했다면 어땠을까?

.2.
스토리와 플롯

같은 소재일지라도 어떻게 서술하느냐에 따라 전혀 다른 의미를 만들어 내며, 같은 이야기여도 짜임새에 따라 판이한 느낌을 주게 된다. 이러한 이유 때문에 말을 할 때나 글을 쓸 때나 '무엇을 이야기하느냐' 못지않게 '어떻게 이야기하느냐'가 중요하다. 내용 못지않게 구성이 중요한 것이다. 이처럼 '이야기'(story) 자체와 구분되는, 이야기 구성 방식 혹은 이야기 전달 방식을 일컬어 '플롯'(plot)이라 한다.

플롯에 대해 가장 널리 인용되는 설명은 포스터가 밝힌 스토리와 플롯의 비교구절이다. 그의『소설의 이해』를 보면, 다음과 같이 정의되어 있다.

'스토리'는 '시간의 연속에 따라 정리된 사건의 서술'
'플롯'은 '역시 사건의 서술이지만 인과관계를 강조하는 서술'

이 구절 때문에 흔히들 플롯을 '인과관계를 짜는 것'이라 오해하여, 매우 거친 인과관계를 설정해 놓곤 한다. 가령, 어렸을 때 술꾼 아버지 밑에서 자랐기 때문에 남자 주인공의 성격이 난폭하다고 설명을 한다거나, 고생하며 자라서 성격이 어둡다거나 하는 설명들을 단다. 하지만 이 같은 설정은 지나치게 기계론적이어서 언제나 역설적이며 역동적 존재인 인간을 설명하기에는 한참 부족하다. 술꾼 아버지 밑에서 자란 아들 역시 술꾼일 수도 있지만, 도리어 술을 삼갈 수도 있다. 고생하며 자라서 성격이 어두울 수도 있지만 적극적일 수도 있다. 플롯에서 인과란 기계적 인과론과는 무관하며, 차라리 내용 및 주제의 일관성을 의미한다.

플롯을 설명한 부분을 좀더 정확하게 인용해 보자.

'왕이 죽자 왕비도 죽었다.' 이것은 스토리이다. '왕이 죽자 슬픔을 못 이겨 왕비도 죽었다.' 이것은 플롯이다. 시간의 연속이 보존되고 있지만 인과감이 거기에 그림자를 드리우고 있다. 또 '왕비가 죽었다. 사인을 아는 사람이 하나도 없더니 왕이 죽은 슬픔 때문이라는 것이 밝혀졌다.' 이것은 신비를 안고 있는 플롯이며 고도의 발전이 가능한 형식이다.

　작가 입장에서 주목해야 할 부분은 스토리와 플롯의 차이보다, '신비를 안고 있는 플롯이며 고도의 발전이 가능한 형식' 부분이다. 시간 순서의 '스토리'를 인과관계로 연결시켜 놓으면 '플롯'이 되지만, 그러나 그렇게 한다고 해서 '발전이 가능한 형식의 플롯'이 되는 것은 아니다. 그러니까 중요한 것은 발전 가능한 형식으로서의 플롯이다.

　ⓐ 왕이 죽자 왕비도 죽었다. (이야기)
　ⓑ 왕이 죽자 슬픔을 못 이겨 왕비도 죽었다. (플롯)
　ⓒ 왕비가 죽었다. 사인을 아는 사람이 하나도 없더니 왕이 죽은 슬픔 이라는 것이 밝혀졌다. (발전 가능한 형식의 플롯)

　ⓐ는 다만 사건이 일어난 것을 시간 순서대로 기술하고 있다. 그에 비해 ⓑ는 두 사건에 인과성을 부여하고 있다. 그리고 ⓒ에 이르면 '사인을 아는 사람이 하나도 없더니 …… 밝혀졌다' 식의 복문구조를 첨가함으로써 의문과 미스터리를 암시하는 방식을 취하고 있다. 그리하여 '신비를 안은 보다 발전한 형식의 플롯'이 되었다. 이처럼 '스토리'가 사건을 시간 순서대로 기록하는 방법이라면, '발달된 형식으로서의 플롯'은 말하고자 하는 의도나 주제에 부합하는 사건 내용 중심으로 짜임새 있게 서술하는 방식이다.

　포스터의 설명은 아리스토텔레스의 『시학』에 기반을 두고 있다. 『시학』에서 플롯에 대해 언급한 부분만을 발췌하면 다음과 같다.

<보기 61>

　가장 중요한 것은 사건의 결합, 즉 플롯이다. (6장) … 전체는 시초와 중간과 종말을 가지고 있다. 시초는 그 자체가 필연적으로 다른 것 다음에 오는 것이 아니라 그것 다음에 다른 것이 존재하거나 생성되는 성질의 것이다. 반대로 종말은 그 자체가 필연적으로 또는 대개 다른 것 다음에 존재하고, 그것 다음에는 다른 것은 아무것도 존재하지 않는 성질의 것이다. 중간은 그 자체가 다른 것 다음에 존재하고, 또 그것 다음에 다른 것이 존재하는 것이다. 그러므로 플롯을 훌륭하게 구성하려면 아무 데서나 시작하거나 끝내서는 안 된다. 앞서 말한 원칙을 따르지 않으면 안 된다. … 왜냐하면 아름다움은 크기와 질서에 있기 때문이다. (7장) … 플롯의 통일은 어떤 사람들이 생각하고 있듯이 한 사람을 취급한다고 이루어지는 것은 아니다. 무수히 많은 사건이 한 사람에게 일어나는데 그중에는 통일을 이룰 수 없는 것도 있다. 마찬가지로 한 사람의 행동이라 하더라도 하나의 통일된 행동을 이룰 수 없는 것이 허다하다. … 그[호메로스]는 『오디세이아』를 쓸 때 주인공에게 일어난 사건을 모두 취급하지 않았다. 이를테면 오디세우스가 파르나소스 산에서 부상당한 일이라든지, 출전 소집을 받았을 때 광증(狂症)을 가장한 사건은 취급하지 않았다. 그것은 두 사건 사이에 필연적 또는 개연적 인과관계가 없었기 때문이다. 그렇게 하는 대신 그는 앞서 말한 바와 같은 통일성이 있는 행동을 주제로 하여 『오디세이아』를 구성했던 것이다. (8장) … 단순한 플롯과 행동 중에서 최악의 것은 삽화적인 것이다. 나는 여러 가지 삽화들이 상호간에 개연적 또는 필연적 인과관계도 없이 잇달아 일어날 때, 이를 삽화적 플롯이라고 부른다. (9장) … 행동이 앞서 규정한 바와 같이, 연속성과 통일성을 가지고 진행된다 하더라도, 주인공의 운명의 변화가 급전이나 발견 없이 이루어질 때 나는 이를 단순한 행동이라 부르고, 주인공의 운명의 변화가 급전이나 발견, 또는 이 양자를 다 수반하여 이루어질 때 복잡한 행동이라 부른다. 그런

데 급전이나 발견은 플롯의 구성 그 자체로부터 발생해야만 하므로, **선행 사건의 필연적 또는 개연적 결과**라야 한다. 한 사건이 다른 사건으로 '인하여' 일어나는 것과, 다른 사건에 '이어서' 일어나는 것 사이에는 큰 차이가 있다. (11장)

(아리스토텔레스, 『시학』, 문예출판사, 2002)

강조한 부분에서 보듯, 플롯은 단순히 사건들 간 인과성으로 인해 획득되는 것이 아니라 필연성·개연성·통일성 등을 통해 구성하는 것이다. 스토리가 플롯이 되려면 사건을 시간 순서대로 나열하기보다는 인과적으로 구성하되, 단순히 '원인+결과'의 논리적 인과보다는 하나의 일관된 통일성 있는 주제를 바탕으로, 즉 유기적 짜임새로 서술되어야 한다는 것이다.

.3.
구현으로서의 글쓰기

실제로 일어난 일인 듯이 글을 쓸 수는 있다. 그러나 실제로 일어난 이야기를 그대로 옮겨 놓을 수는 없다. 재현은 불가능하다. 다만 구현(具顯)을 추구할 수 있을 뿐이다. 재현이 경험이나 상상을 단순히 그대로 옮겨 놓으려는 행위라면 구현은 의도에 걸맞은 경험이나 상상을 창조하는 일이다. 언어는 일종의 추상기계여서, 실제 사건을 언어로 옮기려면 어절과 어휘, 문장구조 등에 따라 분절·재배치할 수밖에 없다. 실제 경험이나 머릿속 상상을 그대로 옮겨 놓는 재현적 글쓰기는 본질적으로 불가능하다.

하지만 구현은 가능하다. 말하고자 하는 의도나 주제에 맞게끔 그려 내는 구현적 글쓰기는 얼마든지 가능하다. 가령 현관을 나선 뒤에야 비가 오는 사실을 알게 되었고 그래서 도로 들어가 우산을 들고 나오느라 버스를 놓친 경험을 했다고 가정해 보자. 아래 예문의 ⓐ는 실제로 경험한 내용을 시간 순으로 기록해 놓았다. 반면 ⓑ는 마을버스를 놓치고 지각한 이유를 중심으로 서술하고 있다. ⓒ는 지각을 하게 된 심리적인 원인에 초점을 맞춰 서술하고 있다.

〈보기 62〉

ⓐ 아침 7시에 일어났다. 비가 내리고 있었다. 세면을 하고 아침을 먹고 이를 닦고 구두를 신은 다음 우산을 들고 현관문을 나섰다. 정류장에 가 보니 마을버스는 이미 출발한 뒤였다.

ⓑ 엘리베이터를 타고 일층 현관까지 내려간 뒤에야 비가 내리는 사실을 알았다. 손을 뻗어 확인해 봐야만 알 수 있는 무척이나 가느다란 이슬비였다. 하는 수 없이 도로 들어가 우산을 들고 나왔다. 그 바람에 마을버스를 코앞에서 놓치고 말았다.

ⓒ 현관까지 내려간 뒤에야 비가 내리는 사실을 알았다. 도로 올라가 우산을 찾았지만 보이지 않았다. 윤아에게 우산을 빌려준 사실이 그제야 떠올랐다. 하는 수 없이 살이 부러진 우산을 들고 집을 나섰다. 그 바람에 하마터면 마을버스를 놓칠 뻔했다. 그나마 우산을 접고 달려가서야 가까스로 올라탈 수 있었다. 그런 와중에도 윤아에게 빌려준 것과 같은 디자인의 우산이 차창 너머로 나타날 때마다, 아닌 줄 뻔히 알면서도 나도 모르게 고개를 돌려 살펴보았다. 그 바람에 한참 뒤에야 버스를 잘못 탄 사실을 알게 되었다.

말레비치의 「나무꾼」

나무꾼의 장작 패는 모습을 그린 위 그림은, 실제 모습을 어느 정도 재현하고는 있지만, 대상들 모두를 비슷한 색감과 기하학적 도형으로 분할하여 실제 모양과는 다른 이미지로 변형시켰다. 하지만 통나무, 도끼, 나무꾼 등을 구성하는 색감과 형상의 유사성으로 인해, 장작 패는 나무꾼의 노동과 화면 전체가 하나의 통일된 풍경으로 묶이면서 나무꾼 혹은 장작 패는 장면을 더욱 리얼하게 구현하고 있다.

ⓐ는 단순한 사건의 나열에 그쳐 있다. 반면 ⓑ는 손을 뻗어 보아야만 알 수 있을 정도의 가느다란 이슬비로 '인해서' 비가 오는 줄 모른 채 나섰다가 도로 들어가 우산을 갖고 나왔으며, 그로 '인해서' 마을버스를 놓친 사실을 서술하고 있다. 그런 점에서 아리스토텔레스가 요구하는 인과성 혹은 필연성이 좀더 강화된 서술이다. 회사에 지각한 이유를 설명할 때 적합한 서술 방식일 것이다.

반면에 ⓒ는 사건의 표면적 인과관계보다 사건을 일으키고 있는 인물의 심리상태에 초점을 맞춰 사건을 서술하고 있다. ⓒ가 전달하고자 하는 핵심 내용은 헤어진 윤아 생각으로 경황 없는 화자의 심리상태이다. 이러한 의도 혹은 주제를 부각시키기 위해 버스를 놓친 것이 아니라 가까스로 올라탔는데, 알고 보니 그나마 잘못 타게 되었다는 식의 보다 극적인 상황으로 바꿔 놓고 있다. 이와 같은 극적 상황 설정은 경험 사실 여부로만 놓고 본다면 거짓말이지만, 그러나 인물의 불안한 심리상태를 보다 강렬하게 부각시켜 놓고 있다는 점에서 보다 적합한 심리적 진실이라 할 수 있다.

이처럼 글쓰기는 단순한 경험적 기록이나 재현적 글쓰기에 머무는 것이 아니라, 작가의 의도나 주제에 걸맞게 재배치되고 생략 혹은 강조되면서, 심지어 허구적 사실을 추가하면서, 새롭게 구현되는 창의적 과정이다. 작가는 경험한 것을 그대로 나열하는 것이 아니라, 작가가 전달하고자 하는 실질적 메시지에 어울리는 내용으로 서술해야 한다. 경험한 내용이나 상상한 내용을 낱낱이 서술하기보다는, 의도한 내용이나 전달하고자 하는 주제에 맞게끔 취사선택하고 심지어는 그에 걸맞은 새로운 상상을 만들어내야 한다.

.4.
일관된 주제의식

작품의 유기적 통일성은 경험 내용으로 묶이기보다는 주제의 통일성에 의해 짜여진다. 같은 경험망으로 묶이기보다는 같은 계열의 주제군으로 짜여진다. 간단히 말해 '경험'이 아니라 '주제'로 쓰는 것이다. 들뢰즈 식으로 말하면, '사건은 계열화됨으로써 의미로 화한다.' 세상은 무수한 사건으로 이루어져 있는데, 그 사건의 특이점들이 나름의 의미를 획득하려면 먼저 일정한 문제적 방향으로 계열화되어야 한다.

다음 예문을 비교해 보자.

〈보기 63〉

ⓐ 손가락에 가시가 박힌 모양이었다. 아무것도 만질 수 없을 뿐만 아니라 살짝 건드리기만 해도 통증이 이만저만이 아니었다. 하는 수 없이 병원을 찾았다. 그러나 의사는 대충 살펴보더니 대수롭지 않은 투로 말했다. 그냥 내버려 둬도 며칠 지나면 나을 겁니다.

ⓑ 어떤 사람이 자기 몸을 눌러 보았는데 아프지 않은 곳이 없더랍니다. 목을 눌러 봐도 아프고, 배를 눌러 봐도 아프고, 무릎을 눌러 봐도 너무나 아프더랍니다. 하는 수 없이 그는 의사를 찾아갔습니다. 의사는 그의 설명을 듣고 이곳저곳을 진찰하더니 말했다지요. 걱정할 것 없어요. 당신은 다만 손가락을 다쳤을 뿐입니다.

ⓒ 외곽도로를 달리는데 옆자리의 그녀가 차창 밖 풍경을 보며 연신 감탄

을 하는 거였습니다. 구름 한 점 없는 가을 날씨이긴 했지만 그러나 제가 보기엔 언제나 보아 온 그저 평범한 외곽도로변 풍경에 불과했습니다. 하지만 그녀는 연신 가로수며 하늘이며 산자락까지 모두가 아름답다며 감탄을 연발하는 거였습니다. 제가 의아해하며 무슨 기분 좋은 일이라도 있어? 하고 물어봤을 정도였지요. 그러다 터널로 들어갔는데 그녀가 중얼거리더군요. 무슨 터널이 이렇게 깜깜해? 그녀가 평소에 좀체 쓰지 않던 선글라스를 쓰고 있었던 거지요.

ⓓ "와, 멋지다!"
차창 밖 풍경을 보며 윤아가 연신 감탄을 했다.
구름 한 점 없는 가을 날씨지만 그러나 정혜가 보기엔 늘상 보아 온 평범한 국도변 풍경에 불과했다. 하지만 윤아는 감탄을 연발하는 거였다.
"멋지긴 뭐가 멋져." 정혜가 중얼거렸다. "평범한 시골 풍경이구만!"
"운치 없기는!" 윤아도 투덜댔다.
"니가 감상적인 거야." 정혜도 지지 않았다. "난 사실 그대로 말했을 뿐이야."
"모처럼 드라이브 나왔는데, 그냥 멋지다고 하면 안돼?" 윤아가 따졌다. 그러던 참에 터널로 들어가게 되자, 윤아가 중얼거렸다. 무슨 터널이 이렇게 깜깜해?
비로소 정혜가 그녀를 쳐다보았다. 윤아가 자신의 선글라스를 끼고 있었다.
"뭐야, 남의 선글라스를 끼고! 그러고 보니까 경치가 멋져 보이지!"
정혜가 지적하자 그녀가 웃으며 선글라스를 벗었다. 그리고 말했다. "자기는 자기 손가락부터 치료해야 해!"

"무슨 손가락?"

운전대를 잡고 있는 자신의 손을 내려다보며 정혜가 묻자, 옛날에 어떤 사람이 있었는데, 하고 그녀가 설명했다. "자기 몸을 눌러 보았는데 아프지 않은 곳이 없었어. 목을 눌러 봐도 아프고, 배를 눌러 봐도 아프고, 무릎을 눌러 봐도 너무나 아프더래. 그래서 의사를 찾아갔대. 설명을 들은 의사가 이곳저곳을 진찰하더니 뭐라고 했는줄 알아?"

정혜가 어깨만 으쓱해 보이자, 그녀가 책 읽는 어조로 덧붙였다.

"걱정할 것 없어요. 당신은 다만 손가락을 다쳤을 뿐입니다."

쿡, 하고 코웃음이 새나왔지만 정혜가 시치미 떼고 따졌다. "그 얘기가 나하고 무슨 상관이야?"

"요즘 들어 매사에 심드렁하잖아!"

"나는 그냥 제정신으로 세상을 직시하고 싶을 뿐이야. 선글라스를 끼고 세상을 보고 싶지 않아!"

윤아도 지지 않고 쏘아붙였다.

"드라이브 나왔을 땐 선글라스를 끼고 경치를 보는 게 제정신 아닐까?"

단순히 재현하고 있는 경험 내용으로만 보면 ⓐ와 ⓑ가 더 유사하나. 모두 손가락이 아파서 병원에 갔다는 이야기다. 하지만 구현되고 있는 의도나 주제의 관점에서 보면 ⓑ와 ⓒ가 더 잘 일치한다. ⓑ와 ⓒ는 전혀 다른 배경과 사건을 다루고 있지만 모두 '세상을 바라보는 마음가짐의 문제'를 우화적으로 다루고 있다는 점에서 주제가 서로 부합하고 있다. 경험의 물리적 공간은 상이하지만 주제의 의미 공간이 일치하고 있다. 비유하자면, 같은 한국 사람일지라도 취향이 판이한 사람보다, 외국인일지라도 자신과 취향이 닮은 사람과 더 친밀한 유대를 나눌 수 있는 경우와 같은 이치다.

즉 세상을 보다 긍정적으로 바라보아야 한다는 같은 메시지 혹은 같은 주제를 담고 있는 동일한 계열의 이야기이기 때문에 ⓑ와 ⓒ는 자연스럽게 하나로 묶여 ⓓ와 같은 이야기로 쉽게 재구성(구현)될 수 있다. 그러나 ⓐ+ⓒ는 자연스럽게 묶이기 어렵다.

5.
은유와 환유

결국 글쓰기는 '경험을 재현' 하는 게 아니라 '주제를 구현' 하는 일이다. '글쓴이가 실제 경험한 내용인가?' 하는 재현의 문제보다는 '글쓴이가 실제 고민(갈등)하는 주제가 담긴 내용인가?' 하는 구현의 문제가 더 중요하다. 경험을 갖고 글을 쓰기보다는 문제의식을 갖고 글을 써야 견고한 짜임새를 갖춘 글을 구현할 수 있다.

어떤 작가에게 독특하고 강렬한 경험이 있다면 그것은 분명 좋은 글감이 되겠지만, 그에게 독특하고 강렬한 주제의식이 없다면 글은 기껏해야 기록에 그칠 것이다. 하지만 어떤 작가에게 독특하고 강렬한 주제의식만 있다면 그는 그에 걸맞은 경험을 얼마든지 창조할 수 있다. 경험 중심으로 글을 쓰는 사람에게는 자신의 실제 경험만이 글감으로 사용되지만, 주제 중심으로 글을 쓰는 사람에게는 자신이 실제로 경험한 것 외에 주변 사람들의 경험이나 책이나 텔레비전에서 접한 경험까지도, 그리고 상상해 본 경험까지도 주제에 걸맞기만 하면 변용해서 사용할 수가 있기에 무한한 글감을 확보하고 있는 셈이기 때문이다.

하나의 줄거리로 이어지는 이야기 연쇄를 '환유' 라 하고, 의미 혹은 주제가 중첩되어 있는 경우를 '은유' 라고 일컫는다. 기호학적 관점으로 볼 때 문학작품이란 환유의 연쇄축과 은유의 중첩축이 각각 씨줄과 날줄로 엮여져 있는 모양에 불과하다.

가령 생 텍쥐베리의 『어린왕자』를 분석해 보자.

이 작품은, '자기보다 좀 클까말까 한 별에서 살고 있던' 어린왕자가 주변의 이웃들을 만나는 과정을 다루고 있는 일종의 여행담이다. 따라서 어린왕자의 여행 일정이 환유의 연쇄축을 이룬다. 어린왕자는 화산과 바오밥 나무와 허영기 심한 장미 한 송이가 있는 자신의 혹성을 떠나, 여섯 개의 작은 별나라를 거쳐 지구에 온다. 그리고 지구에서 뱀, 메아리, 장미꽃밭, 여우 등을 만난다.

반면에 은유의 중첩축으로서 가장 빈번하게 반복·변주되는 부분은, '눈에 보이는 것과 보이지 않는 것'에 대한 은유와 '오직 하나뿐인 개별적 존재로서의 유일성'을 상징하는 은유를 꼽을 수 있다. 그밖에 아이와 어른을 대비시키는 은유나 어리석은 어른에 대한 은유 등도 쉬이 발견된다.

이러한 연쇄와 중첩을 통해 『어린왕자』는 단지 장소나 대상을 바꿔 가는 이동의 과정이 아니라, '눈에는 보이지 않지만 마음을 통해 발견할 수 있는 진실'을 찾아 나가는 탐색의 과정을 독자에게 제시한다. 세상엔 눈으로만 보면 보이지 않는 진실이 있는데 그것은 오로지 마음의 눈을 통해서만 볼 수 있다. 특히 '길들이기'의 과정을 통해 사물의 개별적 유일성을 체험할 수 있는데, 이러한 개별적 유일성을 획득한 경우에만 세상은 비로소 더없이 아름다워 보일 수 있다는 것이다. 결국 교과서식으로 거칠더라도 근사하게 압축하면, 『어린왕자』의 주제는 '길들이기를 통해 체험되는 개별적 유일성의 소중한 가치' 정도로 요약할 수 있다.

〈보기 64〉

① **환유의 연쇄축**

A 코끼리를 삼킨 보아뱀 그림 이야기

B 양을 그려 달라며 나타난 어린왕자에게 상자를 그려 준다

C 소혹성 B-612호를 증명한 천문학자의 옷차림 이야기

D 바오밥 나무와 장미 이야기

E 첫번째 별, 명령과 권위를 중시하는 왕

F 두번째 별, 허영심에 빠진 사람

G 세번째 별, 술꾼

E 네번째 별, 실업가

F 다섯번째 별, 가로등 켜는 사람

G 여섯번째 별, 많은 책을 쓴 늙은 지리학자

H 일곱번째 별, 지구, 아프리카 사막의 뱀

I 메아리

J 장미꽃밭

K 여우

L 전철수(switchman)

m 장사꾼

② **은유의 중첩축(1)** — '눈으로 보는 것과 마음으로 보는 것의 차이'

X_1 코끼리를 삼킨 보아뱀 그림

X_2 양이 담긴 상자 그림

X_3 소혹성 B-612호를 증명한 천문학자의 옷차림

X_4 창가에 제라늄 화분이 있고 지붕에는 비둘기가 있는 장밋빛 벽돌/ 2만

달러 짜리 집

X_5 "수백만 개의 별들 속에 단 하나밖에 존재하지 않는 꽃을 사랑하고 있는 사람은 그 별들을 바라보고 있는 것만으로 행복할 수 있어."

X_6 "꽃의 말이 아니라 행동을 보고 판단했어야만 했어. …그 가련한 꾀 뒤에는 애정이 숨어 있다는 걸 눈치 챘어야 하는 건데 그랬어."

X_7 "내 비밀은 이런 거야. 그것은 아주 단순하지. 오로지 마음으로만 보아야 잘 보인다는 거야. 가장 중요한 건 눈에 보이지 않는단다. … 너의 장미꽃을 그토록 소중하게 만드는 건 그 꽃을 위해 네가 소비한 시간 때문이란다."

X_8 "사막이 아름다운 것은 그것이 어딘가에 샘을 감추고 있기 때문이지."

X_9 "아저씨 별의 사람들은 장미꽃을 오천 송이나 가꾸지만 자기들이 찾는 걸 거기서 발견하지 못해. …그렇지만 그들이 찾는 것은 단 한 송이의 꽃이나 물 한 모금에서 발견될 수도 있어. … 그러나 눈에는 보이지 않아. 마음으로 찾아야 해."

X_{10} "사람들은 모두 별을 가지고 있어. … 사람들에 따라 별들은 서로 다른 존재야. … 아저씬 어느 누구도 갖지 못한 별들을 가지게 될 거야. … 밤에 하늘을 바라볼 때면 내가 그 별들 중의 하나에 살고 있을 테니까. 내가 그 별들 중의 하나에서 웃고 있을 테니까. 모든 별들이 다 아저씨에겐 웃고 있는 듯이 보일 거야. 아저씬 웃을 줄 아는 별들을 가지게 되는 거야.

③ 은유의 중첩축(2) – '오직 하나뿐인 개별적인 존재의 유일성'

X_1 "아무짝에도 쓸모없는 가시를 왜 만들어 내는지 알려는 건 중요한 일이 아니라는 거지? 양과 꽃들의 전쟁은 중요한 게 아니라는 거지? 시뻘건

얼굴의 뚱뚱한 신사가 하는 계산보다 중요한 게 못 된다는 거지? 그래서 이 세상 아무 데도 없고 나의 별에만 있는 이 세상에 단 하나뿐인 한 송이 꽃을 내가 알고 있고, 작은 양이 어느 날 아침 무심코 그걸 먹어 버릴 수도 있다는 건 중요한 일이 아니라는 거지? … 수백만 개의 별들 속에 단 하나밖에 존재하지 않는 꽃을 사랑하고 있는 사람은 그 별들을 바라보고 있는 것만으로 행복할 수 있어."

X_2 어린왕자는 슬픔이 밀려왔다. 그의 꽃은 이 세상에 자기와 같은 꽃은 자신뿐이라고 그에게 말해 주었던 것이다. 그런데 정원 하나 가득히 똑같은 꽃들이 오천 송이나 있는 게 아닌가!

X_3 "길들여진다는 게 뭐지?" …… "그건 관계를 만든다는 뜻이야. 넌 아직은 나에겐 수많은 다른 소년들과 다를 바 없는 한 소년에 지나지 않아. 그래서 난 너를 필요로 하지 않고, 너도 나를 필요로 하지 않지. 너에게 난 수많은 다른 여우와 똑같은 한 마리 여우에 지나지 않아. 하지만 네가 나를 길들인다면 난 너에게 이 세상에 오직 하나밖에 없는 존재가 될 거야."

X_4 "하지만 네가 나를 길들인다면 내 생활은 환히 밝아질 거야. 다른 모든 발자국 소리와 구별되는 발자국 소리를 나는 알게 되겠지. 다른 발자국 소리들은 나를 땅 밑으로 기어들어가게 만들 테지만 너의 발자국 소리는 땅밑 굴에서 나를 밖으로 불러낼 거야!"

X_5 "네가 나를 길들인다면 정말 근사할 거야! 밀은 금빛이니까 나에게 너를 생각나게 할 거거든. 그럼 난 밀밭 사이를 지나가는 바람소리를 사랑하게 될 거야. 부탁이야, 나를 길들여 줘. 네가 오후 네 시에 온다면 난 세 시부터 행복해지기 시작할 거야."

X_6 "장미꽃들을 다시 가서 봐. 너는 너의 장미꽃이 이 세상에 오직 하나뿐

이라는 걸 깨닫게 될 거야. … 어린왕자는 장미꽃들을 보러 갔다. 너희들은 나의 장미와 조금도 닮지 않았어. … 아무도 너희들을 길들이지 않았고 너희들 역시 아무도 길들이지 않았어. … 너희들은 아름답지만 텅 비어 있어. … 하지만 그 꽃 한 송이가 내게는 너희들 모두보다도 더 소중해."

X_7 "어린아이들만이 자신이 무엇을 찾고 있는지를 알고 있어. … 그들은 누더기 인형에 많은 시간을 허비하지. 그래서 인형은 그들에겐 아주 중요한 게 되거든. 그걸 빼앗아 가면 어린아이들은 울잖아."

X_8 별들은 아름다워. 보이지 않는 한 송이 꽃 때문에.

X_9 "아저씨 별의 사람들은 한 정원 안에 장미꽃을 오천 송이나 가꾸지만 … 자기들이 찾는 걸 거기서 발견하지 못해. … 그렇지만 그들이 찾는 것은 단 한 송이의 꽃이나 물 한 모금에서 발견될 수도 있어."

X_{10} "사람들에 따라 별들은 서로 다른 존재야. … 아저씬 어느 누구도 갖지 못한 별들을 가지게 될 거야. … 밤에 하늘을 바라볼 때면 내가 그 별들 중의 하나에 살고 있을 테니까."

X_{11} 그것은 정말 커다란 수수께끼다. … 이 세상 어딘가에서 우리가 알지 못하는 한 마리 양이 한 송이 장미꽃을 먹었느냐 먹지 않았느냐에 따라서 천지가 온통 뒤바뀌게 될 것이다.

.6.
모티프

작품 속에서 은유의 축은 동일한 의미군에 속하는 내용들이 반복·변주되면서 중첩적으로 만들어진다. 이렇듯 반복되어 나타나는 동일한 또는 유사한 낱말, 문구, 내용으로서 작품에 쓰인 최소 의미 단위를 일컬어 모티프(motif)라 한다. 주제와 관련되어 작품 속에 처음 나타나는 사건의 시발 부분을 '발단 모티프' 라 정의할 수 있다. 통상 핵심 사건은 발단 모티프가 제시된 다음에 전개된다. 가령 『어린왕자』의 여행담은 서술자 '나' 의 보아뱀 그림 이야기를 먼저 들려준 다음에야 시작된다. 그런 점에서 보아뱀 그림은 『어린왕자』의 발단 모티프에 해당한다.

환유와 은유의 축으로 분석한 틀을 도표화하면 아래와 같다. 이러한 사건 전개의 전체 구성을 '처음·중간·끝' 혹은 '발단·전개·위기·절정·결말' 등으로 나누어 볼 수 있는데, 도표의 마지막 부분은 학자들이 주장하는 여러 서사구조 형식들의 대표적 일례들이다.

〈보기 65〉

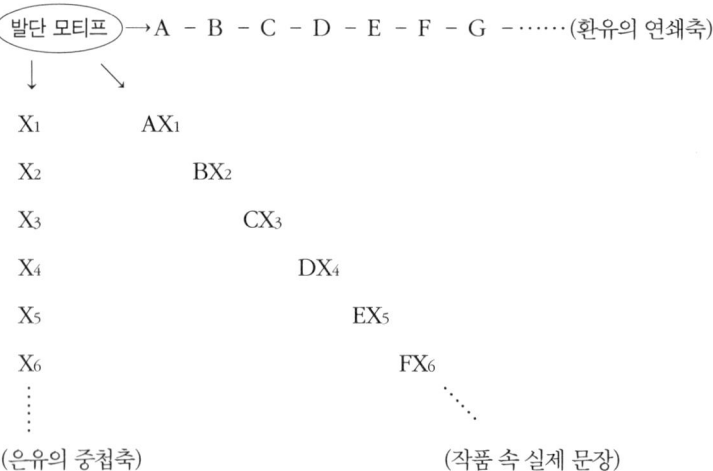

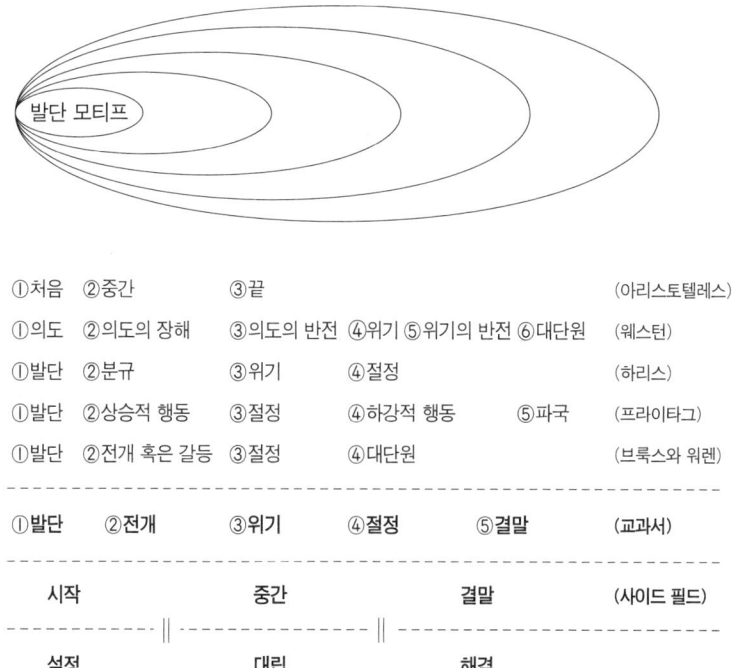

①처음	②중간	③끝				(아리스토텔레스)
①의도	②의도의 장해	③의도의 반전	④위기	⑤위기의 반전	⑥대단원	(웨스턴)
①발단	②분규	③위기	④절정			(하리스)
①발단	②상승적 행동	③절정	④하강적 행동	⑤파국		(프라이타그)
①발단	②전개 혹은 갈등	③절정	④대단원			(브룩스와 워렌)

①발단	②전개	③위기	④절정	⑤결말	(교과서)

시작	중간	결말	(사이드 필드)
설정	대립	해결	
(구성점1)	(구성점2)		

.7.
강렬한 문제의식으로 글쓰기

살펴본 대로 플롯은 이야기를 구성하는 형식이며, 문장은 플롯을 통해 사건의 줄거리를 쫓아가는 **환유**와 사건의 의미가 반복·변주되는 **은유**를 날줄과 씨줄로 삼아 하나의 작품이 되는 것을 알 수 있다.

하지만 이와 같은 작품의 분석 과정이 창작 방법일 수는 없다. 작품을 환유와 은유로 나누어 분석하는 방법은 작가의 창작 방법이 아니라, 독자 혹은 비평가의 감상 및 분석 방법이다.

아마 환유와 은유의 축으로 나누어 작품을 구성하고 창작해 나가는 작가는 없을 것이다. 사실 창작할 때, 창작 내용을 머리로 일일이 계산해서 구성한다는 것은 거의 불가능하다. 일테면 친구들 세 명이 동해로 여행간 이야기를 글로 쓴다고 치자.

'우리 셋은 동해로 갔다'라고 쓸 수 있다. '희영과 준석, 그리고 나는 동해로 갔다'라고 쓸 수도 있다. 그런가 하면 '준석 그리고 희영과 함께, 나는 동해로 갔다'라고 쓸 수도 있다. 또 얼마든지 다른 서술 방식도 가능할 것이다. 작가는 실로 무수한 서술 방식 중에서 단 하나의 방식을 택해야 하는데, 이 하나의 방식이란 결국 자기가 말하고자 하는 의도와 주제에 걸맞은 방식이어야 할 것이다. 결국 자신만의 문제의식, 강렬한 주제의식 없이는 첫 문장조차 쓸 수 없는 것이다.

모든 작품이 자연스러우면서도 정교한 환유와 은유의 교차를 통해 이야기를 구축하는 것은 분명하다. 하지만 작가가 창작 과정에서 어휘·사건·에피그램 등을 환유와 은유로 정교하게 짜 맞추려고 의도해서 짜 맞춰진 것이 아니라, 작가 나름의 강렬한 문제의식(=주제=고민=갈등)을 중심으로 어휘·사건·에피그램 등을 서술하다 보니까 결과적으로 그렇게 나타나는 것일 뿐이다.

살펴본 대로, 플롯이란 일관된 하나의 의도, 주제, 갈등에 의해 짜여진다. 그런 점에서 좋은 플롯을 구축하기 위해서는, 특별한 경험이나 앞뒤를 잘 짜 맞추는 구성능력보다, 하나의 강렬한 주제를 품고 이야기를 전개시키는 구현적 열의가 중요하다.

흔히 소설 3요소로 주제·구성·문체를 꼽는데, 세 요소가 개별적으로 연립하는 게 아니다. 구성은 전적으로 작가의 주제의식에 의존하고 있다. 소설 3요소 따위는 작가의 소설 창작 과정과는 무관한, 이론가와 감상자들을 위한 관점일 뿐이며, 창작 과정과 관련해서는 차라리 '구현하고자 하는 강렬한 문제의식'과 '정밀한 언어기술 능력', 이 두 가지 요소가 필수적이고, 두 가지 요소만 갖추면 충분하다.

결국 가장 정교하고 탁월한 플롯을 만드는 방법은, 독자나 평론가 분석에 의하면 은유와 환유의 적절한 구성이겠지만, 창작자의 입장에서 보면 쓰고자 하는 글의 문제의식 혹은 주제의식에 대한 강도다. 머리로 대충의 얼개를 짤 수는 있어도 어휘·어순·길이 등등을 하나하나 정교하게 선택할 수는 없다(그러므로 "선생님, 제가 이런 주제로 이런 사건을 써 보려고 하는데 어떨까요?" 하는 질문은 아무 의미가 없다. 어떤 주제, 어떤 사건을 다루든, 어휘·조사·토씨·모티프 배치·문장 길이·순서와 리듬·플롯을 구체적으로 어떻게 배치하느냐에 따라 얼마든지 좋은 글, 그렇지 않은 글이 될 수 있기 때문이다).

결국 자신의 전 감각을 동원하여 온몸으로, 온몸으로, 온몸으로, 자신의 중심 혹은 바깥까지 밀고 나가는 수밖에 없다. 오로지 자신이 가장 쓰고 싶은 글, 자신이 가장 잘 알고 있는, 혹은 자신이 가장 많이 고민하고 있는, 결국 자기 삶에서 가장 중요한 자기 고민과 관련되어 있는 것을 글로 쓰는 길밖에 없다.

10

단계별 글쓰기

: 장르 탐색

글쓰기 공부는 단순히 직업적 글쓰기 기술을 익히는 과정이 아니다. 한결 본질적이고 다층적이고 활용적인 훈련이다. 실질적 정직을 통해 기존의 입장과는 다른 시각과 강도로 자신과 세상을 바라보는 일이다. 기성질서 및 일상감각을 전복하고 자기만의 새롭고 자유로운 감각·사유·상상을 펼치는 일이다. 언제나 인식적이고 언제나 실천적인 행위이다.

.1.
탐색과 모험으로서의 글쓰기

　창작을 가르칠 때 가장 난감한 학생은, 등단에는 욕심내면서 탐색과 모험정신은 부족한 학생이다. 이런 학생과 마주하면, 정말로 하고 싶은 일이 아니면서도 먹고 살기 위해서 하는 수 없이 회사에 다니는 직장인을 만났을 때처럼, 같이 앉아 있는 것만으로 맥이 빠진다. 습작을 하면서 탐색과 모험정신이 부족한 것은, 재능이 없거나 독서가 부족하거나 열의가 시들한 것보다, 더욱더 치명적인 결함이다.
　창작을 하려면 마땅히 새로운 미지를 향하려는 노력이 필요하다. 창작은 이제까지는 없던 것을 만들어 내는 작업이므로 마땅히 자기만의 개성·실험·모험을 추구하는 자세가 우선적으로 필요하다. 글쓰기는 외로운 작업이다. 그리고 그만큼 자유롭다. 그런데도 등단이 지상목표인 경우가 부지기수다. 모험과 자유를 버리고 등단만 꿈꾸다니 얼마나 명명백백히 어리석은 짓인가.
　그냥 저울처럼 놓고 보자. 한쪽엔 모험과 자유라고 하는 본질적 매혹이 있고, 다른 쪽엔 등단과 등단작이라는 현실적 유혹이 있다 치자. 어느 쪽을 잡을 텐가? 어린애도 빤히 알 수 있는 문제다. 둘 다 잡아야 한다. 두 마리 토끼를 어떻게 잡을까 싶지만, 말로만 나뉘었을 뿐 실제로는 나뉘지도 않는다. 정말로 좋은 글은 언제나 모험과 자유정신이 들어 있는 작품이니까.
　그런데도 다만 신춘문예나 문예지 당선만을 목표로 글쓰기를 공부한다는 것은, 얼마나 어리석고 편협한 선택인가. 물론 열심히 창작을 하다 응모하기에 적당한 결과물이 생기면 어딘가에 응모해 보는 것은 바람직한 도전이다. 하지만 그 이상은 곤란하다. 신춘문예나 문예지 당선을 위한 글쓰기만을 3, 4년 하다 보면 '문예지 발표용 단편' 외의 다른 장르적 상상이나 잠재성이 죽어 버리기 십상이다. 등단을 욕심내되 언제나 글쓰기 공부의 의미와 자유를 먼저 누릴 줄 알아야 즐겁고, 적어도 등단보다는 좋은 책 한 권의 출간을 목표로 삼아야만 보다 호기롭고 의젓한 각오가 생긴다.

그러기 위해서, 시나 소설이나 희곡 등과 같은 장르적 글쓰기에 앞서 장르 탐색의 시간이 필요하다.

.2.
장르 이전의 글쓰기

장르를 미리 정해 그 장르관습 하나만을 익히기보다는, 자유로운 사유와 상상력을 펼치는 가운데, 다양한 장르 탐색을 해보는 과정이 필요하다.

주류 장르가 모든 층위에서 유동하고 있다. 시나 단편이 더 이상 문학의 중심 장르가 아니며, 단편이 소설의 주류가 아니다. 소설이 더 이상 서사의 주류가 아니며, 문학이 더 이상 문화의 중심 장르가 아니다. 각 지점에 어떤 하나의 중심 장르가 있다기보다 각기 다양한 장르들이 서로 경쟁하거나 부유하거나 상호작용하는 형국으로 다양한 장르혼종의 문화가 실험되고 있다.

이러한 시대 변화 때문에라도 어느 한 가지 장르에 고착되는 것은 곤란하다. 각종 문화 흐름을 양껏 향유하면서, 다양한 접속을 통해 자신의 다양한 잠재성을 자유롭게 모색하기 위해서라도 장르를 가로지르는 유목적 글쓰기 공부가 절실하다. 소설가가 목표일지라도 시나 산문이나 동화·철학·사회학·인문학·신화·종교·영화나 드라마 등과 같은 다양한 주변 문화 장르와 폭넓게 교류해야 <u>스스로</u>를 더욱 고양시킬 수 있다.

이와 같은 이유들 때문에 습작생이 장르를 미리 정해 놓고 습작하는 것은 적절치 않다. 글쓰기 혹은 예술가로서의 자유정신을 잃어버린 채, 장르관습만 익힐 우려가 다분하다. 장르관습만 익혀서 평생 신춘문예 응모용 같은 단편소설밖에 쓸 줄 모르는 단편소설가, 문예지용 시밖에 쓸 줄 모르는 시인, 희곡밖에 쓸 줄 모르는 희곡작가와 같은 기술적 예술가로 살아야 하던, 견고한 장르 구분의 시대는 이제 끝났다. 오늘날과 같이 다종다양의 장르가 상생하는 시대에는, 특정 장르에 맹목적으로 기대어 글을 쓰기보다, 장르 이전의 자유로운 글쓰기로부터 습작 훈련을 하는 것이 바람직하고 자연스럽다.

살면서 문제가 복잡해질 때 사용할 수 있는 가장 확실하면서도 단순한 방법이 초발심으로 돌아가는 것이듯, 장르에 구애되기 전에 글쓰기를 하고자 했던 초발심으로 돌아가서, 나는 왜 글쓰기에 매료되었고, 읽고 쓰려 했는지 숙고해 볼 필요가 있다. 자신의 씨앗 문장들로 되돌아가서 다시 출발할 필요가 있다.

특정 장르에 구속되기 전에 마음 가는 대로 글쓰기를 하는 과정 속에서, 자신의 성향에 알맞은 장르를 발견하거나 자신이 다루고자 하는 작품에 따라 그 내용에 걸맞은 장르를 선택하는 것이, 보다 당연하고 자연스럽고 자유로운 글쓰기이다.

인간의 예술정신은, 혹은 우리의 글쓰기 욕망은, 장르 이전에 존재한다.

.3.
낙서와 메모, 글쓰기의 시작

글쓰기의 발원지는 침묵이다. 다만 삶을 살아가는 중에, 고요히 침묵하는 중에, 그렇다고 해서 다만 말 없는 상태가 아니라 차차 수많은 말이 마음속에서 웅성거리며 쌓여 들끓는 침묵 속에서 비로소 언어는 태어난다. 문득 무엇인가 쓰고 싶어지는 욕망이 생겨난다. 이렇게 생겨나는 글쓰기의 가장 우선적인 형태는 **낙서**나 **메모**다.

낙서나 메모는 한 개 이상의 단어로 가능하다. 그래서 글을 쓰고자 하는 사람은 의당 낙서와 메모로부터 출발한다. 아무렇게나 적어도 되는 **낙서**는, 아무렇게나 적어도 되기 때문에 대개 화장실 낙서처럼 비속하고 조잡하지만, 그만큼 솔직해질 수 있는 기회이고, 솔직해지면서 자기 무의식 속에 숨어 있는 뜻밖의 이질적 자신과 대면할 수 있는 단초이기도 하다.

거기에 비해 **메모**는 우리 의식에서 끝없이 피어오르는 수많은 망상 중에서 가치 있다고 판단되는 정보나 아이디어들을 적어 두는 글쓰기이다. 인간의 의식은 끝없이 망상을 펼친다. 그리고 거기에 집착한다. 망상 중에는 근거 없는 연상이어서 참으로 망상에 불과한 것들이 대부분이지만, 때로 멋진 사유나 영감으로 치닫는 아이디어도 있다. "쉴 새 없이 머리 위를 날아다니는 망상의 새를 막을 수는 없지만 그 새가 머리에 둥지를 트는 것은 막을 수 있다." 뿐만 아니라 메모와 글쓰기를 통해 때로 멋진 새를 잡을 수도 있다!

낙서와 메모, 더 나아가 낙서 같은 메모, 메모 같은 낙서를 평소 꾸준히 활용해야 한다. 자유로운 글쓰기를 하려면, 그 어떤 금기도 깨고 낙서로 마구 배설을 해보거나, 메모로써 목표를 분명하게 해두거나, 아이디어나 친구의 재치 있는 농담, 문화 정보 등을 놓치지 않고 메모해 두는 것에서부터 먼저 부지런해야 한다.

.4.
하이쿠와 아포리즘, 그리고 시

만약 하나 이상의 완결된 문장이 갖추어지면 그때부터는 낙서나 메모로 보기 어렵다. 나름의 사유가 전개되기 때문이다. 다만 한두 개의 문장만으로도 충실한 내용과 완결성을 갖출 수 있다. **하이쿠(시구)**나 잠언, 경구, 격언 등과 같은 **아포리즘**이 그 대표적 일례다.

그것이 가치 있는 내용이라면, 기존의 하이쿠 시집이나 잠언집 등에서 보듯, 이것만으로 창작행위이고, 하나의 장르로 인정받고, 출간되어 주목받을 수도 있다. 다만 주변 장르라 부르기에도 곤란할 만큼 희귀해진 장르이기는 하다.

⟨보기 66⟩

ⓐ 내 것이라고 생각하면 우산 위의 눈도 가볍게 느껴지네 (기가쿠)

ⓑ 꽃잎 하나가 떨어지네. 어, 다시 올라가네. 나비였네! (모리다케)

ⓒ 재주가 없으니 죄 지은 것 또한 없다. 어느 겨울날 (이싸)

ⓓ 내가 경전을 읽고 있는 사이, 이 나팔꽃은 최선을 다해 피었구나 (쿄로쿠)

ⓐ의 경우, 위트가 각별하다. 우리는 통상 자신에게 소용없는 물건도 남에게 양보하지 않고 쟁여 두는 비효율적인 습관이 있는데, ⓐ는 이러한 인간 심리를 풍자하는 동시에, 다만 우산 위의 눈을 자기 것이라고 생각하는 하이쿠 특유의 천진한 무소유 정신이 역설적으로 느껴진다. 읽는 이로 하여금 "맞아, 사람들은 자기 것은 짐이 되어도 버릴 줄을 모르지!" 하고 공감하는 동시에 "하하, 우산 위의 눈을 자기 것이라고 생각하다니 어리석을

만큼 천진하구나!" 하는 이중의 웃음을 자아내게 만든다.

ⓑ의 경우는 꽃잎 문양의 나비가 꽃 위에 고요히 앉아 있다가 문득 꽃과 분리되는 장면, 그리고 그것을 꽃잎인 줄로 착각했다가 나비인 줄 깨닫는 시인의 환희가 마치 봄기운과 환한 햇살 이미지와 더불어 즐겁고 유쾌하게 전해진다.

ⓒ는 '재주가 없는 사람은 불행하고 못난 사람이다'라고 하는 우리의 평소 통념을 일거에 전복시킨다. '비록 별다른 재주 없이 묻혀 살지만, 자기 재주만 믿고 온갖 욕심과 이기심을 떨치는 사람들에 반해, 자신은 세상에 끼친 해악이 없으니 한 해를 마치고 난 어느 겨울날, 시인의 마음은 한없이 편안하다'라고 읽힘으로써, 재주나 능력보다 겸허나 무위의 미덕, 혹은 졸박한 생활이 보다 나은 가치일 수 있음을 상기시켜 주기 때문이다. 동시에 특권층일수록 더욱 불법과 편법을 일삼는 유전무죄의 세속사회에 대한 강렬한 풍자와 조롱으로도 읽힌다.

ⓓ는 경전 읽기와 나팔꽃의 개화를 나란히 놓음으로써 묘한 감응을 일으킨다. 일면 '내가 경전을 들여다보며 해독하느라 끙끙거리는 동안 나팔꽃은 만개했구나!' 하는 깨우침으로 읽히면서 지식보다 생명을, 공부보다 실전을, 아는 것보나 즐기는 것을 중시 여기는 시인의 생동적인 마음이 엿보인다. 동시에, '내가 경전을 읽으며 최선을 다해 마음 수행을 하듯, 비록 경전을 읽지는 못하지만 나팔꽃은 나팔꽃대로 최선을 다해 나팔꽃으로서의 본분을 다하고 있었구나!' 하는 감탄으로도 읽힌다. 혹은 '경전을 깊이 읽고 나서 보니 한낱 나팔꽃의 개화까지도 신비롭고 경이롭게 느껴진다'라고 해석해 볼 수도 있다. 어쨌든 경전 읽기와 나팔꽃 개화가 여러 층위로 대비를 이루면서 복합적인 감상이 가능해진다.

이처럼 하이쿠는 단 한 구절을 통해 우리에게 새로운 울림과 인식, 경이

감까지 체감하게 해준다. 잠언 역시도 마찬가지다. 다음은 일반인들 사이에서도 꽤나 널리 회자되는 명언 명구들이다.

〈보기 67〉

ⓐ 승리하면 조금 배울 수 있고 패배하면 모든 것을 배울 수 있다.
ⓑ 교육은 가르치는 것이 아니라 보여지는 것이다.
ⓒ 생각은 행동을 낳고 행동은 습관을 낳는다. 습관은 성격을 낳고 성격은 그 사람의 운명을 낳는다.
ⓓ 참으로 안다는 것은, 아는 것을 안다고 하고 모르는 것을 모른다고 하는 것이다.

살면서 누구나 한 번쯤 자기 인생을 새롭게 돌아보게 만드는 문장과 조우한 경험이 있을 것이다. 위의 아포리즘들은 모두 짧고 단순한 문장들이지만, 읽고 나면 문장을 들여다본 시간보다도 한결 오랜 시간을 곰곰 생각하게 만드는 힘이 있다.

ⓐ는 흔히 '승리는 값지고 좋은 것이고 패배는 부끄럽고 실망스러운 것'이라는 우리의 평소 통념을 뒤집는다. 배움과 발전의 관점에서 생각해 보면 패배했을 때 우리는 더 많은 반성과 생각에 잠기게 되고, 나아가 패배하거나 낙오한 사람들에 대한 이해까지도 더불어 배우게 된다. 그런 점에서 ⓐ의 문장을 통해 우리는 성공/실패의 이분법에 빠지지 않고, 보다 긍정적이고 발전적으로 새로운 인식과 각오를 꾀할 수 있다.

ⓑ는 단순히 지시하고 명령한다고 해서 교육이 이루어지는 것이 아니라, 스스로 모범을 보여야만 한다는 사실을 명료하게 인식시켜 준다. 가령 "텔레비전 보지 말고 공부해!" 하고 아이에게 말하면 그 아이는 당장은 텔

레비전 보지 않고 공부할지 모르지만, 커서 누군가에게 명령·지시하기를 좋아하는 인간이 된다고 한다. "가르친다는 것은 두 번 배우는 일이다"라는 말도 있듯이, 누군가를 가르친다는 것은 스스로 먼저 모범이 되어야 하는 일이라는 것을, 곰곰 되새기게 해준다. 사실 자신이 솔선수범하지 않으면서 누군가를 가르치려 드는 일만큼 모순된 자가당착의 삶도 없다.

ⓒ는 성격이나 운명이, 생각이나 습관에 따라 얼마든지 변할 수 있는 사실을 점층적으로 지시함으로써 자기 인생을 주체적으로 각성하게 만들어준다. ⓓ는 진정한 지혜란 모든 것을 아는 것이 아니라, 자기 지식의 한계를 스스로 알아차리는 데서부터 비로소 생긴다는 사실을 새롭게 상기시켜준다.

이러한 아포리즘의 예들은 우리 주변에 매우 흔하다. 인터넷에서 '명언'이나 '잠언' 같은 키워드 검색을 하는 것만으로도 쉽게 찾아볼 수 있다. '평온한 바다는 결코 유능한 뱃사람을 만들 수 없다', '짬을 이용하지 못하는 사람은 항상 짬이 없다', '남이 나를 알아주지 않는 것을 걱정하지 말고 자신이 남에게서 배울 점을 찾지 못하는 것에 대해 경계하라'……

이들 문구들은 너무나 짧고 흔하고 단순하지만, 읽는 이로 하여금 다시 생각하게 만드는 힘이 있다. 세상을 새로운 각도와 각성으로 바라보게 함으로써 인식의 변화를 불러일으킨다. 이처럼 문학의 가장 단순하고 기초적인 양식으로서 하이쿠와 잠언은, 우리에게 이제까지 생각해 보지 못한 새로운 인식 세계를 가능하게 해준다. 문학은, 그리고 글쓰기란, 이와 같은 시적 표현력과 잠언적 서술을 바탕으로 다양한 형태의 문장과 장르를 구사하는 예술 장르이다.

'독특한 사유나 감각이나 상상을 불러일으키는 하나의 문장'으로서 하이쿠나 아포리즘은, 글쓰기의 가장 기초적인 장르라고 할 수 있다. 하이쿠나 아포리즘을 구사할 수 없다면 결코 훌륭한 글쟁이가 되지 못한다. 감각이 빼어난 시구나 생각 깊은 아포리즘으로서의 문장 구사는, 장르를 불문하고 글쟁이라면 반드시 갖춰야 할 부분이다. 아무리 번듯한 시집이든 장편소설이든 철학서든 밑줄 그을 만한 인상 깊은 문장 하나가 없으면 마치 초점 없는 사진처럼, 궁금증이 생기지 않는 드라마처럼, 일탈 없는 여행처럼, 고루할 따름이다.

시는 하이쿠나 아포리즘과 가장 긴밀한 장르다. 직관적 비유, 명징한 이미지, 아포리즘, 모호성, 여운과 리듬 등을 활용하여, 짧지만 매우 강렬한 인식을 담아낸다.

〈보기 68〉

ⓐ 아무도 찾아오지 않는데 그대 자손은 차례차례로 오리라
ⓑ 누이가 듣는 음악 속으로 늦게 들어오는 / 남자가 보였다.
ⓒ 꽃에는 고요한 부분이 있다 / 그곳에 벌레가 앉아 있다
ⓓ 길을 잃고 나서야 나는 / 누군가의 길을 잃게 했음을 깨달았다
ⓔ 닝닝 허공에 정지한 벌의 생애를 떠받치고 선 저 꽃 한 송이

ⓐ는 고은의 시 「묘지송」(墓地頌) 첫 구절이다. 짧은 구절이지만, 조상의 무덤을 찾지 않는 후손들의 매정한 인정과 더불어 찾아오는 사람 없는 묘지의 쓸쓸함이 동시에 느껴진다. 다른 한편으로, 그 후손들 역시 언젠가는 결국 쓸쓸한 무덤 신세가 되리라는 더욱 큰 의미의 비정과 스산함이 겹쳐 느껴지면서, 묘지의 고적한 풍경과 삶의 비정함이 선명하게 살아난다.

ⓑ는 이성복의 「정든 유곽에서」의 첫 구절이다. 아마도 누이가 음악을

듣고 있는데, 그 음악을 들으면서 누이가 떠올리는 어떤 남자가 있는 듯하다. 추측건대 누이는 그 남자를 사랑하는 듯 혹은 그리워하는 듯싶다. 그리고 화자는 누이의 그러한 심리상태를 알아채고 있는 듯하다. 이렇듯 누이가 음악을 듣고 있으며, 그 음악과 관련하여 한 남자를 떠올리고 있으며, 더불어 화자가 그것을 알아채고 있는 듯한 상태를 한 구절로 절묘하게 포착해서 서술하고 있다.

ⓒ는 이성선의 「벌레」 전문이다. 우리는 흔히 벌레나 곤충은 더럽다고 피하면서 꽃은 예쁘다고 편애한다. 하지만 자연은 이러한 인간적 미추의 이분법을 넘어선다. 꽃이 피기까지는 꽃가루를 날라다 주는 벌레나 곤충이 반드시 있어야 한다. 아마도 세상의 꽃들은 벌레나 곤충을 편애하고 인간을 오히려 해충 대하듯 여길지 모른다. 꽃과 벌레의 이와 같은 상생관계를 시인은 짧은 두 개의 문장으로 명료하게 구현해 내고 있다.

ⓓ는 나희덕의 시 「길 위에서」의 첫 구절이다. 구체적 상황이 제시되어 있지 않아서 도리어 더 다양한 상상을 해볼 수 있다. 화자는 아마도 누군가로 인해 길을 잃고 방황 중이며, 그제야 '누군가가 나로 인해 길을 잃고 방황하지 않았을까' 하고 반성하고 있는 듯하다. 우리는 살면서 자신이 전혀 의도하지 않았더라도 다른 사람에게 어떤 피해를 줄 수도 있다. 일테면 나의 합격은, 그것이 정당한 경쟁의 결과일 때조차도, 내가 합격하지 않았으면 합격했을 사람을 불합격하게 만든 행위일 수밖에 없다. 그것이 취업이든 희망이든 사랑이든 사회 속에서 살아가는 한 우리는 누군가에게 일정한 영향을 끼치게 되고, 그로 인해 상대방으로 하여금 길을 잃게 만들기도 한다. 평소 우리는 이러한 문제까지 깊이 천착하지 않기 때문에 별다른 고민을 하지 않고 살아가지만, 위의 구절을 통해 보다 깊은 반성과 성찰이 가능해진다.

ⓔ는 정끝별의 「불멸의 표절」 일부분이다. 대개 뿌리나 줄기가 꽃을 떠받치고 있다고만 생각하는데, 시인은 이러한 통념에서 한 발 더 나아가, 벌이 허공에서 정지한 채로 닝닝거리며 떠 있을 수 있도록 꽃이 온 힘을 다해 떠받쳐 주고 있다고 묘사함으로써, 독자는 꽃을 보고 환호하는 벌의 날갯짓과 더불어 꽃과 벌이 반가이 만나는 절묘한 순간을 선명히 상상하게 된다. 동시에 꽃이 벌을 떠받치고 있으며, 줄기와 뿌리는 그 꽃을 떠받치고 있고, 대지는 줄기와 뿌리를 떠받치고 있는 모습까지 연상함으로써, 비록 짧은 시구일지라도 생명의 기운과 유기적 관계를 한결 강렬하게 실감케 한다.

이처럼 시는 하이쿠, 아포리즘과 더불어, 절묘한 감각적 포착과 묘사, 비유 등을 통하여 새로운 느낌과 이미지, 사유와 상상을 가능하도록 만든다. (특히 시작詩作과 발표 활동이 거의 전멸하다시피 한 서구 사회와는 반대로, 우리 한국시는 다양한 실험과 모색을 통하여 다양한 장르혼종 및 확산을 이루어 왔다. 하이쿠나 아포리즘이라고 해도 무방한 짧은 단시短詩에서부터 우화, 에세이, 엽편소설 등 짧은 길이로 담을 수 있는 거의 모든 내용을 매우 폭넓게 실험·수용하면서 꾸준한 장르확장을 전개하고 있고, 그만큼 다양하고 두터운 공부가 필요하다.)

.5.
실질적 정직과 산문정신

운문으로 압축하지 않고 문장으로 풀어쓰면 산문적 글쓰기가 된다. **산문** 역시 그 자체로 창작행위이고 하나의 장르이다. 좋은 산문은 그 자체로 장르 가치를 인정받고 있으며 산문집으로 출간이 가능하다. 비록 주목받는 중심 장르라고 할 수는 없지만, 흔히 에세이, 칼럼, 블로그 포스팅, 감상문 등의 형식으로 활용·발표되고 있으며, 기성문인 대부분이 산문집 한두 권 쯤은 출간하고 있다.

산문은 운문과 대비된다. 운문(韻文)은 말 그대로 운을 붙여서 언어의 음악성과 압축미를 강조하는 장르이고, 반면 산문(散文)이란, 풀어헤치는 방식의 글쓰기다. 글로써 풀어 서술하면 모두 산문이다. 글로써 풀어 서술하는 것 외에, 그 밖의 어떠한 규칙도 강제하지 않는다. 장르규칙에 의존하지 않고, 내용 자체만으로 이루어지는 거의 유일한 장르다. 따로 장르규칙을 두지 않고 그냥 '생각나는 대로' 풀어써 나간다. 그만큼 자유로운 장르지만, 그만큼 내용 자체의 질적 가치를 중시하는 장르다.

어떤 문제를 문장으로 풀어쓰기만 하면 된다는 점에서 산문은, 하이쿠나 아포리즘 못지않게, 글쓰기의 기초 장르라 할 수 있다. 문제를 풀어쓰기 시작하기 때문에, 산문을 통해서야 비로소 다양한 관찰과 사유와 상상이 가능해진다.

우리가 일상에서 관습적으로 넘어가는 문제들, 대충 뭉뚱그려 생각하는 문제들, 혹은 순간적인 불편·짜증·고통 정도로만 여기며 스쳐 지나가는 문제들, 혹은 너무 두렵거나 난해하거나 복잡해서 마주하지 않던 문제들을 언어로 촘촘히 풀어헤침으로써, 그 문제들이나 감정들 속에 숨어 있던 실질적 진실을 발견하고, 사유하고, 상상하는 것이 '산문'이고, 이러한 행위 정신을 '산문정신'이라 부를 수 있다.

가령 나는, 거리에서 내 시선은 내가 의식하기도 전에 미인을 찾아내고, 적어도 미인이 의식하기 전에 시선을 관리한다. 인색한 친구보다는 호탕한 친구와의 술자리가 마음 편하다. 좋은 직업이나 높은 권력의 위치에 있는 사람을 만나면 여러모로 부러우며 배우고 싶은 마음이 든다. 기아와 빈곤에 시달리는 아이들을 다룬 다큐를 보며 가슴 미어지지만 한두 달에 한 번쯤 스스로의 건강에도 좋지 않은 과식을 탐내는 습관이 있다.

이런 문제에 대해, 부끄러운 자의식으로 마음 한 켠에 묻은 채, 혹은 체질이나 습관, 체념이나 묵인의 방식으로 방관한 채, 살아갈 수도 있다. 하지만 산문정신은 이런 것을 더 이상 그냥 넘어가지 않는다. '실질적 정직'을 통해 이러한 순간적 감각·일상적 관습·무의식적 묵인·사회적 통념 등에 대해 저항하면서, 언어로써 그 실질적 의미를 풀어헤쳐 봄으로써 보다 다양하고 풍요로운 진실을 읽어 낸다.

가령 미인을 만나면 우리는 호감과 사랑으로 들뜬다. 하지만 호감과 사랑 속엔, 단지 호감과 사랑이라고만 일컫기엔 너무나 강렬한 이기적 욕망과 관능적 본능, 심리적 투사와 전이된 환상 등이 뒤섞여 있다. 또 가령, 내게 호의를 베푸는 호탕한 사람을 만나면 기분 좋기는 하지만, 그가 살펴봐야 할 문제에 대해 살펴보지 않거나 하면, 도리어 불편하고 불쾌해지기까지 한다. 좋은 직업이나 높은 권력의 자리에 있는 사람을 만나더라도, 그가 나태한 권위의식에 젖어 있거나 자리에 걸맞은 합리성을 갖추고 있지 못하면, 낮은 도덕밖에 실천하지 못하지만 낮은 자리에서 사는 사람보다도 한결 못나 보인다. 그런가 하면 불우한 이웃을 도우려는 마음 자체가 놀랍게도 이미 하나의 감상적 허위일 수 있다.

①산문정신은 이런저런 일상의 느낌을 보다 정직하게, 보다 또렷하게, 보다 깊이 있게, 보다 다양하게 들여다보려는 노력으로부터 시작된다.

자기 마음속에서 일어나는, 통념이나 관습과는 또 다른 여러 이질적인 느낌들을 감지하는 실질적 정직의 자세를 견지하고 있다면, 무엇이든 매력적인 글감이 될 수 있다. 단지 앞서 걸어가는 미녀의 종아리에 대해서도 얼마든지 많은 것을 떠올리고 생각하고 비교하고 반성하고 상상하고 성찰할 수 있다.

그러므로 끝없이 실질적 정직을 견지할 필요가 있다. 평소 일반인들이 통념적·관습적 차원에서 일상을 뭉뚱그려 살아가는 사람이라면, 글쓰기를 시작한 사람은 모든 것을 마치 난생 처음 보는 것처럼 실질적 차원에서 정직하게 들여다보려 애쓰는 사람이며, 이러한 실질적 직시를 통해 통념적으로 여겨 왔던 일상이나 관점과는 다른 진실들을 발견하게 된다. 그리고 평소 일상과는 다른 실질적 내용을 표현하려다 보면 마땅히 평소 일상을 영위하느라 편리하게만 사용해 온 일상언어와는 또 다른 종류의 낯선 문장을 구사할 수밖에 없다. '낯설게 하기'는 문법적으로나 인식적으로나 필연적인 반응이다.

②실질적 정직으로서의 산문정신은, 근대적 글쓰기에서 가장 중시하는 글쓰기 자세다.

리얼리즘 정신이 잘 보여 주듯, 근대적 글쓰기는 고대 신화나 중세 로맨스문학과 달리, 현실 세계를 정확하게 직시하고 리얼리티 있게 다루고자 하는 자세로부터 비롯되었다. 근대란 신(神)이나 도리(道)와 같은 중세의 보편원리로부터 벗어나 인간의 주체적 관점에서 세상을 직시하려는 노력이었다. 데카르트는 『방법서설』에서 다음과 같은 구체적 방법을 제시한다.

첫째는 내가 명증적으로 참되다고 안 것 외에는 어떤 것도 참된 것으로서 받아들이지 않을 것, 즉 속단과 편견을 조심하여 피할 것, 그리고 의심할 여지가 조금도 없을 정도로 아주 명석하게 또 아주 판명(判明)하게 내 정신에 나타나는 것 외에는 아무것도 내 판단 속에 넣지 않을 것.

둘째는 내가 검토할 난제의 하나하나를 될 수 있는 대로 그것들을 가장 잘 해결하기에 필요한 만큼의 소부분으로 나눌 것.

셋째는 내 생각들을 순서를 따라 이끌어 나아가되, 가장 단순하고 가장 알기 쉬운 것에서부터 시작하여 계단을 올라가듯 조금씩 위로 올라가, 가장 복잡한 것들의 인식에까지 이를 것. 그리고 자연대로는 피차 아무런 순서도 없는 것들 간에도 순서가 있는 듯이 단정하고 나아갈 것.

그리고 끝으로, 하나도 빠뜨리지 않았다고 확신할 수 있을 정도로 완전한 매거(枚擧)와 전체에 걸친 통관(通觀)을 어디서나 행할 것.

기하학자들이 그들의 가장 어려운 증명에 도달하기 위하여 늘 사용하는 아주 단순하고 쉬운, 저 추리의 긴 연쇄는 나에게 다음과 같은 것을 상상하는 기회를 주었다. 즉, 인간이 알 수 있는 모든 것은 이와 똑같은 모양으로 서로 연결되어 있다는 것, 그리고 참이 아닌 어느 것도 참이라고 받아들이지 않으며, 또 어떤 것을 다른 어떤 것에서 연역할 때에 언제나 올바른 순서를 지키기만 하면, 아무리 멀다 해도 마침내 도달하지 못할 것이 없고, 아무리 숨겨 있다 해도 찾아낼 수 없는 것이 없다는 것. 그리고 나는 어느 것부터 시작할 것인가를 찾는 데 있어 많은 고생을 하지 않았다. 왜냐하면 나는 이미 가장 단순하고 가장 알기 쉬운 것으로부터 시작해야 됨을 알고 있었기 때문이다.

(데카르트, 『방법서설』, 서광사, 1983, 20쪽)

『방법서설』에서 제시하고 있는 방법적 성찰 부분만 발췌했지만, 위 구절만 읽어 보아도 데카르트적 성찰이 중세적 사유와는 전혀 다른 방향을 향하고 있다는 것을 알 수 있다. 신에게 의지하는 예지·직관·기도·믿음 등과 같은 종교 방식과는 판이하게, 기하학이나 수학의 이성적 논리를 바탕으로, 인간이성과는 '아주 먼 진리'나 '깊이 감추어진 진리'를 제거한다. 그리고 명철한 이성을 바탕으로 대상을 세분할 수 있을 때까지 세분한 다음에 종합하여 판단한다는 것이다.

이러한 근대정신은, 의당 하이쿠나 잠언, 운문 중심의 중세적 글쓰기로부터 벗어나, 대상을 세분하고 분석하고 비교하는 산문적 글쓰기로 나아가게 만들었다.

이러한 '명철한 정신으로 대상을 정확하고 면밀하게 직시하기'는 분명 근대적 사유 및 글쓰기의 중심 정신이지만 그렇다고 근대적 사유의 독점적 특징은 아니다. 동양 특히 인도에서 고대 때부터 가장 중시해 온 사유법 중에 하나가 명상인데, 이들 명상법 중에서 가장 정련된 형식의 하나인 위파사나 역시, 우리가 통념적으로 알고 있는 신비적 성향과는 무관하게, '명철한 정신으로 대상을 정확하고 면밀하게 직시하기'의 방식일 따름이다.

특히 데카르트적 사유가 주관/객관을 이분화하고 인간이성 중심으로 대상을 관찰·분석·판단하는 반면, 위파사나는 인간 내면 자체를 사티(직시)의 대상으로 삼는다. 위파사나에서는 신수심법(身受心法) 네 가지를 주시해야 하는데, 다음은 신(身)을 주시하는 방법을 설한 대목이다.

외진 처소에 가서 가부좌를 틀고 몸을 곧추세우고 전면에 마음챙김을 확립하여 앉는다. 그는 마음챙겨 숨을 들이쉬고 마음챙겨 숨을 내쉰다. 길게 들이쉬면서는 '길게 들이쉰다' 꿰뚫어 알고(pajānāti), 길게 내쉬면서 '길게 내쉰다'고 꿰뚫어 안다. 짧게 들이쉬면서 '짧게 들이쉰다'고 꿰뚫어 알고, 짧게 내쉬면서 '짧게 내쉰다'고 꿰뚫어 안다. '온몸을 경험하면서 들이쉬리라'며 공부짓고(sikkhati) '온몸을 경험하면서 내쉬리라'며 공부짓는다. '신행(身行)을 편안히 하면서 들이쉬리라'며 공부짓고 '신행을 편안히 하면서 내쉬리라'며 공부짓는다.

… 마치 숙련된 도공이나 도공의 도제가 길게 돌리면서 '길게 돌린다'고 꿰뚫어 알고 짧게 돌리면서 '짧게 돌린다'고 꿰뚫어 아는 것처럼, 그와 같이

비구는 길게 들이쉬면서는 '길게 들이쉰다'고 꿰뚫어 알고…… '신행을 편안히 하면서 내쉬리라'며 공부짓는다.

이와 같이 안으로 몸에서 몸을 관찰하며 머문다. 혹은 밖으로 몸에서 몸을 관찰하며 머문다. 혹은 안팎으로 몸에서 몸을 관찰하며 머문다. 혹은 몸에서 일어나는 현상(法)을 관찰하며 머문다. 혹은 몸에서 사라지는 현상을 관찰하며 머문다. 혹은 몸에서 일어나기도 하고 사라지기도 하는 현상을 관찰하며 머문다. 혹은 그는 '몸이 있구나'라고 마음챙김을 잘 확립하나니 지혜만이 있고 마음챙김만이 현전할 때까지. 이제 그는 [갈애와 견해에] 의지하지 않고 머문다. 그는 세상에서 아무것도 움켜쥐지 않는다. 이와 같이 … 몸에서 몸을 관찰하며 머문다.

걸어가면서 '걷고 있다'고 꿰뚫어 알고, 서 있으면서 '서 있다'고 꿰뚫어 알며, 앉아 있으면서 '앉아 있다'고 꿰뚫어 알고, 누워 있으면서 '누워 있다'고 꿰뚫어 안다. 또 그의 몸이 다른 어떤 자세를 취하고 있든 그 자세대로 꿰뚫어 안다. 안에서 몸에서 몸을 관찰하며 머문다. …… 그는 세상에서 아무것도 움켜쥐지 않는다. 이와 같이 … 몸에서 몸을 관찰하며 머문다.

… 이와 같이 나아갈 때도 물러날 때도 자신의 거동을 분명히 알면서[正知] 행한다(sampajāna-kāri). 앞을 볼 때도 돌아볼 때도 분명히 알면서 행한다. 구부릴 때도 펼 때도 분명히 알면서 행한다. 가사·발우·의복을 지닐 때도 분명히 알면서 행한다. 먹을 때도 마실 때도 씹을 때도 맛볼 때도 분명히 알면서 행한다. 대소변을 볼 때도 분명히 알면서 행한다. 걸으면서·서면서·앉으면서·잠들면서·잠을 자면서·말하면서·침묵하면서도 분명히 알면서 행한다. ……(생략)……

『대념처경』(大念處經)에서 위파사나 수행 방법을 석가모니가 직접 설하는 대목 일부를 발췌한 것이다. 인용 이후에도 몸을 사티하는 방법에 대한 설명이 좀더 이어진다. 그 다음으로는 각각 느낌, 마음, 이치에 대해 사티하는 방법이 위의 글처럼 엄밀하면서도 세밀하게 반복되고 있다.

언급 내용을 보면 위파사나 명상 수행이란, 다만 지금·여기를 사티하는 것 외에 다른 어떤 조건이나 규칙이 없는, 가장 단순하고 담백하여 자유롭기까지 한 수행법이다. 어떤 신비한 현상이나 깨달음이 아니라, 명철하고 엄밀하게 마음을 챙겨, 있는 그대로, 나타나는 그대로 직시하는, 가장 단순하면서도 가장 자연스러운 정신행위다. 전에는 뭉뚱그려 넘기거나 오독해 온 것을, 아니 대부분 인식하지도 않고 살아가는 자기 실제 모습을, 다시금 바로 보고 새롭게 인식하려는, 무척이나 자연스럽고 마땅하고 합리적인 인식 노력이다.

실질적 정직의 자세든, 데카르트의 방법적 성찰의 형식이든, 위파사나 수행의 명상적 주시의 형식이든, 사물을 정직하게, 혹은 정확하게, 혹은 면밀하게, 혹은 또렷하게, 혹은 진지하게 바라보려는 노력은, 그 자체로 무척이나 자연스럽고 마땅하고 합리적이어서, 가장 의무적이면서 가장 즐겁기까지 한 생활 자세가 아닐 수 없다(우리는 평소 적당하게 불분명하게 의뭉스럽게 느물느물하게 안일하게 성의 없게 억지스럽게 우리를 대하는 안팎 세력들에게 얼마나 시달리며 사는가!).

산문정신은 이렇듯 정직하게, 혹은 정확하게, 혹은 면밀하게, 혹은 또렷하게, 혹은 진지하게, 혹은 통렬하게 바라보는 글쓰기 방식이다. 이러한 '바라봄'은 의당 관습적·일상적·통념적 질서 등과 마찰을 겪기 때문에 갈등을 만들어 내고 문제의식을 만들어 내고 비로소 새로운 주제의식을 만들어 낸다.

어느 누구도 이러한 자세 없이는 진정한 글쓰기 영역으로 들어설 수 없다. 또한 그가 누구일지라도 이러한 자세를 견지하고 글쓰기를 시작하면, 글쓰기의 참된 의미와 자유를 비로소 글쓰기 그 자체로서 만끽할 수 있다. 언어는 인간이 발견한 가장 섬세하고 예민한 악기여서, 쓴 문장을 꼼꼼히 들여다보면 글 쓴 사람의 내면 풍경이 너무나 정밀하게 드러난다.

이러한 자기 발견은, 장르규칙에 따른 작품의 완성도와 무관하게, 그 자체로 의미 깊은 체험이 된다. 그리고 이때 비로소 글쓰기 자체로 만족하는 행복과 더불어, 글쓰기 자체로 만족하는 행복을 계속 더 맛보고 싶은 욕망이 보태져서, 자기만의 개별적 개성과 진정한 가능성의 모색까지도 가능할 것이다.

.6.
사생글

사생글은 사람이나 사건, 사물을 눈앞에서 보면서 그림 그리듯이 쓰는 글을 뜻한다. 주로 처음 글쓰기를 배우는 초등학생들에게 장려하는 방법 중의 하나로 매우 초보적인 습작 훈련 방법이다. 하지만 대상을 눈앞에서 꼼꼼히 바라보며 그림 그리듯이 글을 쓰는 방식은 앞서 언급한 '실질적 정직', '방법적 성찰', '위파사나의 주시' 등의 태도와도 일맥상통한다.

그런 점에서 사생글은 일반인들도 글감이 막혀 있을 때 연습 삼아 써 볼 만하다. 억지로라도, 사생을 하다 보면 자신이 미처 인식하지 못했던 장면이나 문장을 발견하기도 하고, 막혀 버렸던 글감이 떠오르기도 한다. 이러한 이유로, 매일 일정한 글쓰기 훈련을 하고 싶은 학생이나 글감이 떨어져서 한 줄도 쓰지 못하는 학생들에게 강력하게 권고하는 글쓰기 방식이다.

우선 초등학생의 사생글 한 편을 소개해 본다.

〈보기 69〉 아빠가 텔레비전 보는 모습

지금 아빠가 텔레비전을 보고 있다. 다리 하나를 피아노 의자 위에 얹고, 한쪽 다리는 소파에 내려 두고 앉아 있다. 팔은 양팔을 끼고 있고 고개를 약간 삐뚤게 놓아 두고 있다.

이렇게 한참을 앉아 있다가 하품을 한 번 하고 오른손으로 머리를 한 번 긁적긁적하다가 피아노 의자에 있던 다리를 소파에 걸쳐 놓고, 손은 깍지를 낀 상태로 앉아 있다. 가끔 눈도 깜박깜박거리고 하품도 아주 크게 한다. 조금 전에는 오른쪽 다리를 쭉 펴고 앉더니 한숨을 푹 내쉰다. 그러더니 왼쪽 다리를 소파 모서리에 턱 걸친다. 소파에 턱 걸쳐 놓았던 다리를, 내려 놓았던 다리 위에 얹어 ㄱ자 반대 모양 비슷하게 하고 앉아 있다.

그리고 몸을 옆으로 더 기울이고 숨을 한 번 더 크게 내쉰다. 팔짱 끼고 있던 팔을 풀고 한 손으로 머리를 긁적이다가 한 팔은 앞으로 내고 한 팔은 런닝구 속으로 넣었다.

발은 오른발을 왼발 위에 얹어 놓고 있다. 가끔씩 발가락을 꼼지락꼼지락 움직이고 있다. 고개는 여전히 비스듬히 놓여 있다. 그리고 입을 벌리고 앉아 있다. 배는 올랐다 내렸다 한다.

입을 좌우로 움직이다가 다시 다물었다. 조금 전에 오른발의 엄지발가락을 앞뒤로 움직였다.

텔레비전 뉴스가 끝나자 하품을 하며 기지개를 펴고 나더니 소파에서 일어나 큰방으로 걸어가셨다.

(경북 경산 중앙초등학교 6학년 소미령)

이호철 선생님의 『살아 있는 글쓰기』에 소개되어 있는 글을 재인용한 것이다. 고단하고 심드렁하면서도 아무런 눈치도 보지 않고 편하게 텔레비전 뉴스를 시청하는 아빠의 평소 모습이 가감 없이 사생되어 있다. 다음 소개하는 글은, 초등학생 사생글을 읽힌 다음, 과제로 받은 대학생의 사생글 일부다.

〈보기 70〉 텔레비전 보는 아빠 모습

아빠는 오른쪽 어깨 아래에 베개를 두고 오른팔로 머리를 괴고 있다. 베개는 그의 팔을, 그리고 머리를 지탱해 주고 있다. 맥주 캔이 아빠의 배 앞에 오롯이 자리 잡고 내가 가져다 준 접시에는 송편과 사과 반쪽, 치즈 한 장이 놓여 있다. 오른쪽 어깨 아래에 베개를 두고 오른팔로 머리를 괴고 있다. 베개는 아빠의 팔을, 그리고 머리를 지탱해 주고 있다. 왼손으로 맥주 캔을 들어 한 모금 마신 후 재미있는 프로그램이라도 하는지 "아하하" 하고 크게 웃으며 송편을 집어서 입에 넣고는 우물우물 씹는다. 그리고 다시 TV에 집중한다. 다들 보고 있는데도 신이 나서는 크게 웃으면서 내용을 크게 중계하고 있다. 처음에는 미소로 넘겨 주던 엄마가 "조용히 좀 해봐요, 하나도 안 들리네!" 하고 핀잔을 주자 입술을 삐죽이 내민다. 딸 앞에서 무안한지 눈동자를 굴려 슬쩍 눈치를 보더니 다시 송편을 하나 들고 입속에 넣는다. 송편에 발라 놓은 참기름이 손에 묻었는지 입고 있는 바지에 슬쩍 문질러 닦아낸다. 그 모습을 바라보고 있던 나와 눈이 마주치자 엄마에겐 비밀이란 듯한 의미를 담아 두 눈을 '찡긋' 해 보인다.

……(생략)……

<보기 70>의 강조된 부분의 '아빠 모습'은 매우 생생하다. 다소 큰 소리로 웃으면서 텔레비전을 시청하는 동시에, 시청한 내용을 일일이 중계한다든가, 기름 묻은 손을 바지에 슬쩍 문질러 닦는다든가, 화자와 눈이 마주치자 눈을 찡긋해 보인다든가 하는 세밀한 행동 묘사를 통해, 매우 순박하

면서도 호쾌하며, 동시에 가족들과 화기애애한 관계를 맺고 있는 아빠의 모습을 눈에 그린 듯이 접할 수 있다. 특히 아빠와 화자가 눈이 마주치는 대목은 독자들조차 웃음을 자아낼 만큼 생생하다. 비록 처음 글을 써 보는 학생이 리포트로 제출한 글이지만, 강조된 대목은 기성작가의 글 못지않은 생동감이 느껴져서 읽는 이로 하여금 즐거운 감흥에 젖게 한다. 강조된 부분만을 따로 떼어 수필이나 소설로 확장해도 좋을 것이다. 이렇듯 사생글은 대상을 면밀하게 주시하는 습관을 키우는 동시에, 새롭게 인식하는 문장 혹은 글감을 찾게 해준다.

다음 소개하는 글 역시 학생이 제출한 사생글 전문이다.

〈보기 71〉 마트 가기 신경전

"저 놈이랑 같이 가면 되잖아."

마트에 가자고 조르는 어머니를 쳐다보지도 않은 채 아버지는 말한다.

"쟤 면허 없는 거 당신도 알면서 왜 그래?" 어머니가 화를 낸다.

"그러게 저 새끼는 왜 진작 면허 안 따놓고." 아버지는 오히려 나에게 언성을 높인다. 그러고 나서 어머니에게는 진정된 말투로, "다음에 가면 안 돼? 나 내일 모레도 쉬잖아"라고 한다. 그러고는 조금 힘이 담긴 말투로, "나 오늘 새벽일 하는데, 안 가도 괜찮으면 가고"라고 덧붙인다.

그러면 어머니는, 쌀도, 세제도, 라면도, 밑반찬 거리도 없다, 사야할 게 산더미다, 라고 한다. 그러고는 아버지보다 더 힘을 담은 목소리로, "오늘 장 안 보면 당장 당신 일 가기 전에 먹을 게 없는데, 괜찮겠어?"라고 덧붙인다.

사실 내일 모레가 아니라 다음 주까지도 모자라지 않을 만큼인데도 어머니는 그렇게 말한다. 아버지도 그런 사실을 너무나 잘 알고 있는 터라 조금만 더 버텨 보면 어머니도 제 풀에 지쳐 포기할 것이라고 생각하는 것 같다.

하지만 어머니는 오늘 꼭 마트에 가야되겠는 모양이다. 단호하게 말한다.

"알았어. 면허 없는 아들놈하고 버스타고 갔다 올게."

"버스를 타고 가든, 업고 가든, 알아서 갔다 와라. 난 모른다."

아버지는 TV를 켜면서 빈정거린다. 너희들이 나 없이 마트를 갈 수나 있을 것 같냐, 라고 말하는 것 같다.

어머니 역시 아버지에게 눈길 한 번 주지 않고, 지갑을 챙긴다.

"근데, 어떻게 장 보려고? 돈은 있어?" 어머니가 지갑 챙기는 소리를 들은 아버지가 미처 잊고 있었던 듯 묻는다. 어머니도 잊고 있었던 듯, 그래서 그런 자신에게 웃음을 터뜨리며 말한다. "없어, 카드 내놔."

"'내놔'가 뭐냐? '주세요'라고 해도 모자랄 판에."

대답은 이렇게 하지만 아버지는 사실 어머니가 무슨 말을 했든 그건 중요하지 않다. 카드를 다른 사람 손에 맡기는 게 싫은 것이다. 어머니도 그럴 줄 알았다는 듯, 엄마 통장 챙겨, 라고 나에게 말하고는 나가려고 한다.

아버지는 그런 어머니를 보고는 TV를 끄고 슬그머니 일어선다.

"아, 운동이나 좀 가 볼까?"

기지개까지 켜며, 아니 켜는 척하며 어머니 눈치를 살피는 모습을 너무 쉽게 알아챌 수 있어서 나도 모르게 웃음이 나왔다.

에휴, 인간아, 라고 말하며 어머니도 같이 웃는다.

"카드나 내놔." 어머니가 정색하고는 말한다.

"마나님이 장보러 가신다는데 물주가 빠지면 안 되지."

아버지의 말투에 다시 힘이 담긴다.

기사노릇을 두고 어머니 아버지가 실랑이하는 장면을 사생했다. 다만 찬찬히 옮겨 적듯이 사생한 글에 불과한데도, 아버지의 다소 신경질적이지만 가정적인 성격, 그러한 아버지의 성격을 잘 간파하고 있는 화자와 어머니의 모습 등이 살갑게 티격태격하는, 고달프면서도 따뜻하게 살아가는 서민들 모습으로 고스란히 전해져 온다. 소박한 생활글에 불과하지만, 잔잔한 공감대를 불러일으키는 힘이 있는 글이다.

이처럼 사생글은 글쓰기 훈련 방법으로 가장 기초적인 방법인 동시에, 실질적 정직, 혹은 방법적 성찰, 혹은 명상적 주시를 통해 사물이나 인물을 새롭게 바라보는 방법이다. 나아가 자신이 미처 인식하지 못한 인식이나 표현을 발견할 수 있으며, 글감의 밑천까지 넓힐 수 있어서, 처음 글을 써 보는 학생이나 글감이 마른 학생들에게 권유하고 싶다.

.7.
산문화

산문은, 운율과 압축미를 중시하는 운문과는 반대로, 풀어쓰는 글이다. 하이쿠나 짧은 아포리즘, 시구와 같은 운문으로는 담아낼 수 없는 내용을 다루려면, 산문적 글쓰기가 필연적으로 요구된다. 특히 복잡다단한 현대사회에서는 운문(詩)조차도 곧잘 산문화된다. 우리나라 근대시인 중에서 가장 산문정신이 강렬했던 시인으로 단연 김수영을 꼽을 수 있다. '욕망을 감춘 순수 서정'과 '이념이 제거된 우아하고 난해한 관념'으로 후퇴해 버린 60년대 시단 분위기 속에서, 현실을 있는 그대로 보려 했던 그의 노력은 그만의 독특한 시적 세계로 나타났다. 다음 시를 보자.

저이는 나보다 여유가 있다
저이는 나보다도 가난하게 보이는데

저이는 우리집을 찾아와서 산보를 청한다
강가에 가서 돌아갈 차비만 남겨놓고 술을 사준다
아니 돌아갈 차비까지 다 마셨나 보다
식구가 나보다도 일곱식구나 더 많다는데
일요일이면 빼지 않고 강으로 투망을 하러 나온다고 한다
그리고 반드시 4킬로가량을 걷는다고 한다

죽은 고기처럼 혈색 없는 나를 보고
얼마 전에는 애 업은 여자하고 오입을 했다고 한다
초저녁에 두 번 새벽에 한 번
그러니 아직도 늙지 않지 않았느냐고 한다
그래도 추탕을 먹으면서 나보다도 더 땀을 흘리더라만
신문지로 얼굴을 씻으면서 나보고도
산보를 하라고 자꾸 권한다

그는 나보다도 가난해 보이는데
남방셔츠 밑에는 바지에 혁대도 매지 않았는데
그는 나보다도 가난해 보이고
그는 나보다도 짐이 무거워 보이는데
그는 나보다도 훨씬 늙었는데
그는 나보다도 눈이 들어갔는데
그는 나보다도 여유가 있고
그는 나에게 공포를 준다

이런 사람을 보면 세상사람들이 다 그처럼 살고 있는 것 같다
나같이 사는 것은 나밖에 없는 것 같다
나는 이렇게도 가련한 놈 어느 사이에
자꾸자꾸 소심해져만 간다
동요도 없이 반성도 없이
자꾸자꾸 소인이 돼간다
속돼간다 속돼간다
끝없이 끝없이 동요도 없이

(김수영, 「강가에서」)

  어느 이웃 남자 '저이'와 산보 다녀온 이야기이다. 짧은 단문이 반복 변주되듯이 겹쳐 있고 또한 몇몇 어휘가 반복되고 있어서 얼마간의 운율과 리듬감이 느껴지기는 한다. 하지만 운율과 압축보다는, 남자의 특성을 꼼꼼히 관찰하고 포착하여 풀어쓰는 과정에 초점을 모으고 있다.

  그는 화자보다 가난하게 살지만 먼저 화자를 찾아와 강가로 산보 다녀올 것을 청한 모양이다. 강가로 산보를 나가서는 처음엔 돌아갈 차비만 남겨 놓고, 나중에는 그마저 호탕하게 써 버린 모양이다. 화자보다 가난할 뿐 아니라 식구도 일곱이나 더 많은데, 일요일이면 빼지 않고 강으로 투망을 하러 나온다. 그런가 하면 얼마 전에는, 초저녁에 두 번 새벽에 한 번, 애업은 여자를 꼬드겼다며 정력까지 자랑한 모양이다. 그래도 추탕을 먹으면서 화자보다도 더 땀을 흘리며, 신문지로 얼굴을 씻는다. 그러면서도 화자보고도 집에만 틀어박혀 있지 말고 산보를 하라고 자꾸 권한 모양이다.

  일면 가난해 보이면서 그러나 그런 것에 구애되지 않으면서, 그렇지만 여전히 힘겨워 보이는데도, 사심 없는 호탕한 인심, 이상한 생기, 과장된

여유, 본능적 자기 과시, 뻔뻔한 배짱, 들킬 것이 뻔한 허장성세 등이 뒤섞여 있는, 가난하지만 건강한, 건강하지만 허술한, 나아가 일면 측은하기도 한 민중 특유의 다면적 모습을 접하면서, 그에 걸맞은 사내의 특징이나 인상이나 대사 등을 꼼꼼히 포착하고 있다.

이와 같은 적나라한 관찰을 통해, 시적 소재로 적절하지 않을 듯하던 이웃집 사내의 음탕한 오입 이야기까지도 시적 대상으로 끌어들여, 시와 생활의 이분법적 경계를 허물고, 현실 속에서 체감되는 실질적 인간의 모습과 생명의 에너지를 포착한다. 이런 특성 때문에 김수영은 시 작품 못지않은 빼어난 산문들을 발표할 수 있었다.

8.
산문

산문이란, 일상 너머 진실을 주시·성찰하여 풀어쓰는 글이다. 단지 운문에 반하는 개념이어서, 따로 익혀야 할 장르규칙은 존재하지 않는다. 다만 통념적 수준을 넘어서는 새로운 사유나 상상력을 담은 문장이 펼쳐지는 순간, 산문쓰기는 가능해진다.

〈보기 72〉

ⓐ
건강할 때에는, 만일 병이 나면 어쩌나 하고 걱정한다. 그런데 막상 병이 나면 기꺼이 약을 먹는다. 즉, 병이 그렇게 결심하게 하는 것이다. 이미 오락이나 산책에 대한 욕망은 사라진다. 그런 것은 건강이 준 것이며, 병의 여러 가지 요구와는 일치될 수 없는 것이다. 병이 나면 자연은 그 처지에 알맞는

욕망을 준다. 다만 그때 자연이 주는 것이 아니고, 우리가 우리 자신에게 주는 여러 가지 걱정이 우리 마음을 괴롭히는 것이다. 왜냐하면 그 걱정은 우리가 현재 있는 상태에 우리가 현재 있지 않는 상태의 욕구를 결부시키기 때문이다.

자연은 우리를 어떤 상태에서도 언제나 불행하게 하므로 우리는 욕구에 의해 하나의 행복스러운 상태를 그린다. 왜냐하면 우리의 욕구는 우리가 현재 처해 있는 상태에, 우리가 현재 처해 있지 않은 상태의 쾌락을 첨가해 주기 때문이다. 그러나 그런 쾌락에 도달한다고 해서 행복해지는 것은 아니다. 왜냐하면 이 새로운 상태에 일치되는 다른 욕구를 갖게 될 테니까.

이 일반 명제를 하나하나의 경우에 적용해야 한다.

〈파스칼, 『팡세』, 범우사, 1994, 58쪽〉

ⓑ

동물들을 대할 때──도덕의 성립은 동물들에 대한 우리의 태도 속에서 아직도 관찰될 수 있다. 이익과 손해가 문제가 되지 **않을** 때, 우리는 완전한 무책임성의 감정을 가진다 ; 우리는 예를 들어 곤충을 죽이거나 상처를 입히거나 또는 살려두거나 하며, 그렇게 행동할 때 보통 아무런 생각도 하지 않는다. 우리는 너무 서툴러서, 이미 꽃과 작은 동물에 대한 우리의 찬사의 표시도 그들에게는 항상 치명적일 정도이다 : 이것은 우리가 그들을 즐기는 데 전혀 방해되지도 않는다. ── 오늘은 작은 동물들의 축제가 있는, 1년 중 가장 무더운 날이다 : 우리 주위에는 벌레들이 무리를 지어 기어다니고 있다. 그리고 우리는 그러기를 원하지는 않지만 **그러나 역시** 아무런 조심도 없이 여기저기서 벌레와 날개 달린 딱정벌레를 짓이겨 버린다. ── 만약 동물들이 우리에게 해를 가한다면, 우리는 모든 방법을 동원하여 그들을 **절멸**시키려 할 것이다. 그 수단은 우리가 원치 않음에도 불구하고 매우 잔인해진다. 생각없는 잔인성인 것이다. 또 동물들이 유용할 때에는 우리는 그들을 **착취한다** : 마침내 세심한 지혜가 우리에게 특정한 동물들을 다르게 다루는 법을, 즉 손질하고 사육하는 데에는 충분한 보상이 따른다는 것을 깨닫게 될 때까지는 말이다. 그때 비로소 동물에 대한 책임감이 생겨난다. 가축에 대한 학대는 피하게 된다. 그리고 인간은 다른 사람이 자신의 암소를 무자비하게 다루면 격분하게 되는데, 이것은 한 개인이 잘못을 저지를 경우 **공동의** 이익이 위험에 **빠지게** 된다고 보는 원시 공동사회의 도덕과 전적으로 일치하는 것이다.

(프리드리히 니체, 『인간적인 너무나 인간적인 II』, 책세상, 2005, 267쪽)

ⓒ

질투하는 사람으로서의 나는 네 번 괴로워하는 셈이다. 질투하기 때문에 괴로워하며, 질투한다는 사실에 대해 자신을 비난하기 때문에 괴로워하며, 내 질투가 그 사람을 아프게 할까 봐 괴로워하며, 통속적인 것에 노예가 된 자신에 대해 또 괴로워한다. 나는 자신이 배타적인, 공격적인, 미치광이 같은, 상투적인 사람이라는 데 대해 괴로워하는 것이다.

(롤랑 바르트, 『사랑의 단상』, 문학과지성사, 1997, 197쪽)

ⓐ, ⓑ, ⓒ는 각각 파스칼의 『팡세』, 니체의 『인간적인 너무나 인간적인』, 롤랑 바르트의 『사랑의 단상』에서 인용한 문구들이다. 모두 생각나는 바를 풀어썼을 뿐, 아무런 형식이나 규칙이 없다. 그래서 이들 저서는 모두 특정 장르형식이나 완결된 구조를 취하지 않은 채, 떠오른 단상으로서의 산문을 한데 묶어 놓은 잠언집 혹은 에세이집 형식을 취하고 있다.

ⓐ는 건강 걱정을 모티브로 삼아 글쓴이만의 독특한 생각을 적어 놓았

다. 병에 걸렸을 때의 욕망과 건강할 때의 욕망이 서로 다른 것처럼, 사람은 자신이 처한 상황에 따라 그에 걸맞은 걱정과 욕망을 겪으며 살아간다는 것. 자신이 겪는 걱정과 욕망이 충족된 상태를 소망하지만, 그러한 소망이 성취된 상태가 되더라도 그에 걸맞은 또 다른 걱정과 소망을 가질 수밖에 없다는 것. 그런 점에서 '지나치게 깊은 불안이나 고뇌'는 자연스러운 반응으로서의 불안이 아니라 '우리가 우리 자신에게 불러일으키는 (자기 원인적인) 불안'에 지나지 않는다는 사실 등을 꼼꼼히 환기시키고 있다.

ⓑ는 도덕의 성립 과정을, 인간이 동물을 다루는 방식에 빗대어 비유적으로 설명하고 있다. 글쓴이가 말하고자 하는 중심 내용은 도덕의 도착된 기원이다. 이는 『도덕의 계보』나 『선악을 넘어서』에 이르기까지 그의 주된 관심사였다. 그에 의하면 도덕적 감각의 역사는 다음과 같은 과정을 거친다. "… 사람들은 동기는 전혀 고려하지 않고 개별 행위를 단지 이롭거나 해로운 결과들에 의해 선 또는 악으로 결정한다. 그러나 그들은 곧 이런 명칭의 유래를 잊고, 그것의 결과는 전혀 고려하지 않은 채 행위 자체에 '선' 또는 '악'의 특징이 내재하고 있다고 잘못 생각한다. 언어가 돌 자체를 단단하다고, 나무 자체를 푸르다고 표현하는 것과 같은 오류다.─즉, 그렇게 함으로써 결과를 원인으로 파악하는 것이다."(『인간적인 너무나 인간적인 I』, 책세상, 69쪽)

하지만 이러한 의견과는 별개로, 동물을 대하는 인간의 자기 중심적 위선이 매우 꼼꼼하게 진술되어 있어서 그 자체로 흥미롭다. 가축이든 애완용이든 우리가 애정을 갖고 키우면 대개는 그것을 '동물에 대한 애정'으로 미화하는 데 반해, 니체는 정직한 주시와 서술을 통해 '재산에 대한 애정'이라고 적나라하게 폭로하고 있다.

ⓒ는 사랑에 빠진 사람이 흔히 겪는 질투에 대해 다루고 있다. 글쓴이는,

통상 하나의 감정으로 뭉뚱그려 거칠게 처리할 수도 있을 질투의 감정 속에 들어 있는 서로 다른 네 가지 성격의 아픔을, 꼼꼼히 풀어 헤쳐 놓고 있다. 그렇게 함으로써 일반적으로 쓸데없는 소모적 감정으로만 여겨지던 질투라는 행위 속에 들어 있는, 안쓰럽고 따뜻하기까지 한 인간적 면모가 드러난다.

이렇듯 ⓐ, ⓑ, ⓒ는 대충 뭉뚱그려 넘어가던 일상적 통념과는 또 다른 사유를 펼치고 있어서 충분히 기록해 둘 가치가 있다. 비록 앞서 소개한 저자들만큼 풍요롭지는 않지만, 우리 일반인 또한 종종 이와 같은 낯설지만 독특한 혹은 면밀한 생각들을 펼치곤 한다. 더구나 습작생이라면 나름대로 '낯설지만 독특한 생각'을 노상 해왔을 것이다. 혹시나 평소 이런 생각들을 별반 하지도 않으면서 글쓰기를 꿈꾸는 사람이 있다면, 안타깝고 난감한 노릇이 아닐 수 없다. 글쓰기를 가능케 하는 것은 언어와 연필 이전에, 이같이 낯설지만 나름 독특한 사유이다. 자기만의 감각, 사유, 상상 등은 글쓰기의 최소 조건이다.

물론 '문득 떠오른 생각' 자체만으로는 발표가 곤란할 것이다. 일기장에 적어 놓거나 친한 친구와 인생을 논하는 자리에서라면 개똥철학 펼치듯 아무렇게나 늘어놓아 볼 수는 있다. 하지만, 출판언어로 발표를 하려면 그에 걸맞은 일정한 형식 및 완결성이 필요하다.

9.
에세이

산문은, 풀어쓰는 것 외의 장르규칙이 없으므로 가장 자유로운 글쓰기이자 형식미나 완결성이 가장 취약한 장르이기도 하다. 산문이 완결미를 획득하는 가장 간단한 방법은, 의미상의 완결미를 갖추는 것이다. 대부분의 산문은 특별한 형식 없이 다만 의미상·내용상 '유기적 완결미'를 갖춤으로써 에세이, 칼럼, 블로그 등으로 발표된다.

〈보기 73〉 불우이웃돕기

초등학교 동창이 형제상을 당했다. 평소 왕래가 잦은 친구는 아니다. 게다가 장례식장이 너무 멀었다. 하지만 요즘 그 친구 형편이 어렵다는 사실을 전해 듣고 있던 차라, 망설인 끝에 조문을 갔다.

가서 보니 짐작보다 딱했다. 친구 사정도 좋지 않은데, 조카들까지 거둬야 하는 형편이었다. 주변에서는, 이혼한 형수에게 데려다 주라고 권유하는 눈치였지만, 이래저래 조카들에게 마땅한 처사가 아닌 모양이었다.

어쨌거나 친구 부부는 이미 자신들이 조카들을 데려다 키울 각오를 담담하게 해놓은 눈치였다. 요즘 세상에 아이 넷을 키우기란 결코 쉬운 노릇이 아닐 것이다. 나는 경제적인 자신감이 부족해서 친자식조차 하나로 만족하고 사는데, 나보다 더 어려운 형편에 넷이라니.

조문을 마치고 돌아오는 새벽 국도를 천천히 운전하며, 친구 부부에 대해 다시금 생각해 보았다. 그들이 장차 겪을 여러 어려움에 대해 안쓰럽고 걱정이 되면서도, 그들의 선량한 선택과 어려워도 꿋꿋이 이겨 나갈 모습을 상상하니 한숨이 나면서도 뿌듯하고 뜨거운 감정이 솟았다.

왠지 그들을 위로하러 간 게 아니라, 위로받고 오는 기분이었다. 솔직히 그리고 정확하게 돌이켜 보면 만 사십 년을 살아오면서 나는 나보다 불우한 이웃을 도운 적이 거의 없다. 뿐만 아니라, 살아오는 동안 대부분 끊임없이 불우한 이웃으로부터 도움만 받았다.

가령, 생활이 나태해졌을 때 빈곤층을 보면서 나는, 저런 모습으로 도태당

하는 건 무섭고 싫어! 결심하고 자극받아 다시 열심히 살았다. 내가 자기 분수에 만족하지 못할 때면, 나보다 더 불우한 이웃들을 보면서, 저렇게 어렵게 사는 사람들에 비하면 그래도 나는 얼마나 행복한가! 적지 않은 위안도 받았다. 또 내가 나만의 이기심에 사로잡혀 있을 때, 부당한 고통을 받으며 사는 불우한 이웃들을 보면서, 내 안에 깜박 잠들어 있던 정의감을 일깨울 수 있었다. 그리고 이곳 시골 생활이 외롭고 힘들 때면, 나보다 한결 더 어려운 형편인데도 한결 더 느긋하고 평화로운 웃음을 짓고 사는 이웃 늙다리 농부들과 주민들을 보면서, 다시금 생각을 달리 하게 된다.

엄밀히 말하면 우리는 알게 모르게 늘 불우한 이웃으로부터 도움받고 살아가는 존재인지 모른다. 그러다가 어느 날 문득 묵은빚 갚듯 불우이웃돕기 성금을 내는 게 아닐까. 혹은 도움받은 사실을 아예 까맣게 잊고, 그 벌로 나태해지거나 안하무인으로 살아가는 순간, 정말로 불우한 이웃이 되는 게 아닐까. 그러곤 불우이웃돕기 운동을 펼치는 데 앞장 서는 거 아닐까.

위 글은 필자가 실제 경험을 바탕으로 쓴 글이다. 조문한답시고 갔는데 내가 위로받는 듯한 기이한 기분이 들었다. 동시에, 흔히들 경제적으로 가난한 이웃을 '불우이웃'이라 이름짓고 도와주어야 하는 대상으로 여기는데, 실질적으로 따져 보니, '살아오는 동안 내가 실은 그런 이웃들로부터 이런저런 매우 긍정적인 영향을 받으며 살아왔구나!' 싶었다. '불우이웃'이라고 하는 말의 허위를 일찌감치 간파한 사람에겐 새삼스러운 깨달음이겠지만, 나로서는 무척이나 재미있는 발견이어서 글로 써 보았다.

그리고 이러한 '불우이웃'을 낯설게 바라보기를 통해, 정말로 불우한 이웃이 불우이웃돕기 운동에 앞장서는 아이러니하면서도 희극적인 모습을 상상해 보는 것으로 갈무리했다.

〈보기 74〉

　넓은 외로운 공원을 산책하며 그는 생각하는 것이었다. '복잡미묘하고 호사로운 궁정의상을 입고 널따란 잔디와 연못들 앞에 세워진 궁궐의 대리석 계단을 아름다운 저녁의 대기를 가로질러 내려오는 여인은 얼마나 아름다울까! 당연히 그녀는 공주다운 자태로 보이겠군.'
　조금 후 그는 행길로 나와 걷다가, 한 판화가게 앞에 멈추어 섰다. 그리고 그림틀 속에 열대지방의 경치를 나타내고 있는 목판화를 발견하고 이렇게 생각한다. '아니야! 내가 나의 귀중한 삶을 소유하고 싶은 것은 궁궐 속에서가 아니야. 궁궐에서는 '불편할' 거야. 게다가 금장식으로 가득 찬 벽에는 내 초상화 하나도 걸 구석이 없겠지. 이 엄숙한 회랑에는 은밀한 분위기를 위한 구석이 없어. 정말 내 삶의 꿈을 가꾸기 위해 거쳐할 곳은 궁궐이 아니라 이 '그림 속의 나라' 로군!'
　그러고는 그는 판화의 세부들을 눈으로 분석하면서 마음속으로는 이렇게 계속했다. '바닷가, 모든 빛나는 이상한 나무들——나는 나무 이름을 잊었다——로 둘러싸인 나무로 된 오두막집, 부근에는 뭐라고 정의내릴 수 없는 황홀한 냄새가 감돈다. 오두막집에는 장미와 유스카가 섞인 강한 향기가 있고, 저 멀리 우리들의 구역 뒤로는 물결 위에 한들거리는 돛대들……, 우리 주변은 창문에 드리워진 발로 부드럽게 된 장밋빛으로 밝혀지고, 신선한 돗자리며, 매혹적인 꽃들, 포르투갈산 로코코 스타일의 희귀한 의자들, 육중하고 어두운 나무 등으로 장식된 방——이 방에서 여인은 아편기가 약간 섞인 궐련을 피우며 한없이 편안하고 신선하게 쉴 수 있을 거다——저쪽으로 배의 널빤지 저쪽으로는 빛에 취한 새들의 지저귐, 어린 흑인 여자아이들의 재잘거림, 그리고 밤이면 노래 나무들의 구슬픈 노래 소리, 우수에 찬 합창! 그렇다. 진실로 내가 찾던 분위기는 이 같은 곳이다. 궁궐에서 내가 무엇을 하겠는가?

그리고 좀더 멀리에서, 그가 대로를 따라 걷고 있던 중, 한 깨끗한 조그만 여인숙이 눈에 띄었다. 여인숙의 창문에는 화려한 빛깔의 면으로 된 커튼이 드리워져서 한층 즐거워 보였고, 그곳으로부터 밝은 두 얼굴이 내다보였다. 그러자 곧 그는 생각하는 것이었다. '나의 상념은 굉장히 들떠 있음에 틀림없군. 이처럼 나의 가까이에 있는 것을 그처럼 멀리로 찾아나가다니. 기쁨과 행복은 맨 처음 나타나는 여인숙, 우연의 여인숙에 있는 거다. 그곳에는 풍요한 관능이 있다. 큰 난로, 빛깔이 화려한 도기들, 가벼운 저녁식사, 투박한 시골풍의 포도주, 약간 뻣뻣하지만 신선한 침구의 널따란 침대 …… 이보다 더 좋은 것이 있을까?'

그리고 낮의 복잡한 외부생활로 인해 슬기의 충고가 들리지 않던 시간이 이미 지난 저녁시간, 그는 혼자 조용히 집으로 돌아오며 생각한다. '나는 오늘 꿈속에서 세 곳의 거처를 소유했었군. 이 세 거처에서 나는 똑같은 즐거움을 맛보았지. 이처럼 나의 영혼은 날렵하게 여행하는데 무엇 때문에 장소를 바꾸려고 내 몸을 강요할 필요가 있을까? 또 계획을 실행해서 무엇을 한담? 왜냐면 계획이란 그 자체로 충분한 즐거움이 있는 것을.'

(샤를 보들레르, 「계획」)

보들레르의 산문시집 『파리의 우울』에 실려 있는 「계획」 전문이다. 보들레르 특유의 아방가르드적 면모가 전면에 드러나 있지는 않지만, 파리의 거리를 산책하는 주인공 머릿속의 상념을 상세히 자유롭게 펼쳐 놓고 있다. 그리고 나서 결말 부분에 이르러, 파리 거리에 갇혀 있는 떠돌이 부랑자의 현실과 내면의 자유로운 시선 및 상념을 겹쳐 놓음으로써, 독특한 아이러니와 반전을 꾀했다.

〈보기 75〉 오징어 덮밥

　양파를 아무 부담 없이 먹을 수 있게 된 건 내가 조금씩 철이 들 무렵이었을 것이다.
　라면이 한 봉지에 오십 원이나 백 원 할 무렵, 엄마와 천 원짜리 두어 장을 들고 장을 보러 나간 적이 있었다. 지금 생각하면 겨우 밥 한 끼나 사 먹을 수 있는 돈이었다. 늦은 가을철인 데다 오후 늦게 나와서인지 금방 어두워졌다. 집에서 시장이 멀지 않아 발품을 팔다 보니 배도 금방 고파졌다.
　시장 외곽쪽에 외관이 조금 특이한 분식집이 있었다. 외부에 있는 유리창에 스티커 따위도 붙어 있지 않았기 때문에 안에서 밥 먹는 사람과 지나가던 행인이 눈이 마주치는 것이 대수롭지 않았던 곳이었다. 생각해 보면 그 시절에는 별로 흔하지 않은 구조였던 것 같다.
　그날 나는 잡고 있던 엄마 손을 뿌리치고 그 식당 앞으로 갔다. 그리고 오징어 덮밥을 먹고 있는 사람을 가리키며 저것과 같은 것을 사 달라고 졸랐다. 떼를 쓰면 혼이 난다는 사실은 알고 있었다. 그렇기 때문에 나는 떼를 쓰면서도 곧장 혼이 날 것을 기다리고 있었다. 엄마 손에 이끌려 분식집에서 좀 멀어지게 되었을 때, 엄마는 내게 등을 보여 주며 나에게 업히라고 하셨다. 그리고 먹고 싶은 걸 못 사줘서 미안하고 이다음에 꼭 사주겠노라고 말했다. 나는 그 당시 엄마가 왜 그런 말을 했는지 이해하지 못했다. 오히려 혼내시지도 않고 업어 주니 마냥 좋기만 했다.
　몇 년이 지나 새집으로 이사도 하고 어느 정도 경제적 여유를 갖게 되었을 때 엄마는 자주 오징어 덮밥을 해주셨다. 하지만 아이들이 흔히 그렇듯이 나는 양파를 잘 먹지 못했다. 오징어 덮밥은 좋아하는 오징어와 싫어하는 양파가 함께 있어 어린 나이에 무척 복잡한 생각이 들게 하는 음식이었다. 어린아이답게 그 심정을 엄마에게 투정으로 풀곤 하였는데, 양파를 너무 많이 넣었다고 떼를 쓰는 것이었다. 그럴 때마다 아버지는 옆에서 그럼 자기가 다 먹을 테니 먹지 말라고 나무라시거나 내 약을 올리셨다. 나는 투덜대며 먹긴 하였지만 양파는 아버지 몰래 엄마 밥에 몇 개씩 얹어 놓곤 했다. 하지만 중학생 무렵 부모님이 이혼을 하는 바람에 나는 아버지와 살게 되었고, 엄마가 해주시는 오징어 덮밥을 다시는 맛볼 수 없게 되었다.

아주 어릴 적 분식집에서 팔고 있던 오징어 덮밥이 왜 먹고 싶었는지, 그리고 양파는 왜 그렇게도 싫어했는지 잘은 모르겠다. 하지만 엄마가 사람들 앞에서 손가락질로 가리키며 덮밥을 사 달라는 나를 혼내지 않고 뒤돌아 업어 주었던 이유는 이제 알 수 있는 나이가 되었다.

이젠 양파도 잘 먹을 수 있고 오히려 내가 가볍게 엄마를 업어 드릴 수도 있다. 그런 지금 엄마가 해주었던 오징어 덮밥이 왜 그리도 먹고 싶은지, 당장은 모르겠다. 하지만 이것 역시 시간이 지나고 돌이켜 보면 알게 되겠지. 어쨌든 다시 오징어 덮밥을 먹을 기회가 온다면, 배고팠던 어린 시절, 라면 국물이 차가워질 때까지 식은 밥을 말아 먹었던 그때처럼 먹는 즐거움 하나만 생각하며 먹고 싶다.

그리고 엄마의 밥에 양파가 아닌 오징어를 얹어 주고 싶다.

습작생이 쓴 「오징어 덮밥」이라는 제목의 산문 혹은 에세이다. 제목 그대로 '오징어 덮밥'에 얽힌 사연을 '마치 붓 가는 그대로 자연스럽게' 풀어내고 있다. 단지 오징어 덮밥에 얽힌 추억을 풀어내고 있는 듯하지만, 그것을 구실 삼아 엄마에 대한 그리움을 풀어내고 있다.

엄마에 대한 애증을 직접적으로 말하기보다는 '오징어 덮밥'이라는 적절한 메타포를 사용해 서술하고 있는 덕분에 감상적 진술로 전락하기 쉬운 주제를 잘 갈무리해 냈다. 어머니에 대한 애증이 남달리 깊고 강할 텐데도, 오징어 덮밥을 먹으려고 떼를 썼던 기억과 오징어 덮밥의 양파가 싫어서 떼를 썼던 기억만 정확히 서술한 다음, "엄마 밥에 양파가 아닌 오징어를 얹어주고 싶다"는 진술만으로 결론을 삼음으로써, 생각할 거리와 울음지을 시간을 모두 독자에게 양보하고 있다.

앞의 「계획」이 반전과 아이러니로 결말을 삼았다면, 위 글은 '오징어 덮밥과 양파'라고 하는 은유적 메타포를 이용해 결말을 지었다.

이렇듯 산문은 특별한 장르규칙을 갖고 있지 않기 때문에, 작품 자체로서의 완결성을 가지려면, 오직 다루는 내용에 알맞은 결론을 유도해서 끝내야 한다. 어휘·문장·사건·주제 등이 서로 자연스럽게 맞물리는 '유기적 완결미'를 통해 완성되어야 한다. 일례들에서 보듯, 메타포를 이용한 주제의 압축이라든가, 혹은 아이러니한 대비라든가, 혹은 예상치 못한 반전이라든가, 다루는 내용에 따라 결론을 매듭짓는 방식은 다양한 방식으로 달라질 수 있다.

.10.
습작생 산문의 문제점

말했듯이 산문은 별다른 장르규칙이 없다. 그렇다 보니 초보 습작생들의 경우, 다음과 같은 오류를 어김없이 반복하는 경향이 있다.

①<u>일상언어로 채워지는 시작부분</u> 문장 및 내용이 일상생활만큼 잡다하고 산만하게 늘어지곤 한다. 즉 일상언어의 남발, 잡다하게 늘어놓는 중언부언의 문장, 어휘의 효과 없는 반복, 군더더기 문장, 간투사가 들어간 대화 등으로 글을 이끈다.

〈보기 76〉

아침에 일어나 보니 비가 내리고 있다.
세수를 하고 거울을 보고 있는데 친구한테서 전화가 왔다.
"아침부터 어쩐 일이야?"
"내가 너무 일찍 전화했나? 오늘 오후에 시간 되면 같이 영화나 보러 가자고."
"알았어, 엄마한테 말해 볼게."
엄마는 빗방울이 들이치는데도 창문을 열어 놓고 베란다 청소를 하고 있었다. 토독, 토독, 토독 떨어지는 빗방울 소리가 기분 좋다. 엄마의 비질 소리는 시원시원하다.
"엄마, 나 영화보러 갈래."
"알아서 해라. 하지만 일찍 들어와서 저녁은 같이 먹어야 한다."
"알았어요. 라, 라라, 라라라, 라라 라……"
문득 떠오른 멜로디를 흥얼거리며 창가로 다가갔다. 토독, 창틀에 튕겨 나온 빗방울이 얼굴에 튀었다. 상쾌한 차가움이다.
쏴아-
시원한 바람이 나를 휘돌아 간다.

처음 글을 써 보는, 어린 초보 습작생이 쓴 단편 앞부분이다. 하지만 체험이 간결하게 표현되지도 않고 정밀하게 펼쳐지지도 못한 채로 일상경험의 잡다한 사건과 느낌들이 중언부언 서술되어 있다. 일상 경험을 그대로 늘어놓을 게 아니라 자신이 표현하고 싶은 사건과 정서에 초점을 맞춰 두세 문장으로 압축해야 한다.
이것은 (앞서 4장에서 살펴보았듯) 언어의식이 부족한 탓에 저지르는 오류이다. 출판언어와 일상언어의 차이를 전혀 의식하지 못하고 있다. 다른 각도에서 보자면, 일상을 풀어헤쳐서 그 속에 숨겨져 있는 새로운 진실이나 관점을 찾아내지 못해서 저지르는 오류이기도 하다. 일상을 새로운 각도, 혹은 감각의 새로운 재배치를 통해 바라보아야만 '낯설게 하기'의 문장이 가능한데, 이러한 인식의 저항과 새로운 시선이 없으니 낯익은 일상 문장이 그대로 사용되는 것이다. 또 다른 각도에서 보자면, 일상 속의 문제들을 풀어헤치려는 실질적 정직으로서의 산문정신이 부족한 때문이기도 하고, 새로운 문장과 인식으로 표현하고자 하는 창조정신이 부족한 탓이기도 하다.

첫 부분부터 이렇게 시작한다면 사실, 나머지 부분 역시도 십중팔구 잡다하거나 산만한 문장들로 메워질 것이다.

②식상하게 끝나고 마는 끝부분　습작생들이 곧잘 빠지는 또 다른 오류는 자신의 관찰·기억·경험·느낌·생각·상상 등을 열심히 펼치다 말고, 교훈을 주려는 계몽적 결론이나 너무 건전한 도덕적 결론, 혹은 감상적 결론, 혹은 식상한 상식적 결론 등으로 글을 매듭지어 버리는 경우이다.

가령 가장 흔한 인례로, 부모님에 대한 생각을 풀어쓸 경우, 대부분 자기 부모님의 실질적 모습을 꼼꼼히 풀어쓰기보다, 부모님께 감사하는 마음을 표하는 정도에서 이야기를 서둘러 매듭짓는다. 부모님의 실질적 모습— 구체적 외모나 체질적 특성·평소 말투나 습관·경제적 능력과 돈벌이 방식·경제적 흥망사와 그에 따른 애환·가치관·가족사나 친인척 및 인간관계·원망과 바람과 연민·본받고 싶은 측면과 그렇지 않은 모습 등등— 에 대한 면밀한 서술을 시도하지 않는다. 결국 부모님에 대한 면밀한 사유가 불가능한 것이나 다름없는 셈이고, 부모님에 대한 면밀한 사유가 불가능하다면, 부모님께 감사하다는 결론 역시 감상적 허위일 수밖에 없다.

그런데 적잖은 학생들이 가족, 우정, 사랑, 민족, 정의 등등을 논하면서 이렇듯 식상한 상식적 수준의 건전하고 도덕적이되 통념적인 결론으로 만족하고 만다. 이러한 건전과 도덕은, 진정한 건전과 도덕이 아니라, 실질적 정직과 자유를 가로막는 도그마이자 끔찍한 억압일 뿐이다.

다음 드는 실례는, 산문을 거의 처음 써 본 학생의 작품으로, 학원에서 아이들을 가르친 경험을 풀어쓴 글이다. 적절한 전개에도 불구하고, 매우 감상적이고 계몽적으로 글을 마감하고 마는 전형적 오류를 범하고 있다. 다소 길지만 전문을 그대로 옮겨 보겠다(괄호 속 문장은 합평 내용이다. 수정하면 좋을 문장은 '→' 표시를 했고, 첨가가 필요한 부분은 '+' 표시를 해두었으며, 칭찬 부분은 'good' 표시를 하였다).

〈보기 77〉

시작한 지 한 달쯤 지나자 대부분의 아이들과 가까워졌다. 그런데 초등학생 한 명이 새로 들어 왔다. 동그란 해리포터 안경에 똘망한 눈, 무척이나 똘똘하게 생긴 남학생이었다. 이름은 이영민. 영민이도 다른 또래아이들처럼 장난치기를 좋아하고 뛰어놀기를 좋아했다. 수업시간에도 역시 공부하기 싫어서 딴청 피우기 일쑤였다. PC방으로, 건물 뒤로 아이들 잡으러 다니는 일이 수업시작 전에 제일 먼저 하는 일이었다. (+영민이 중심인물이므로 좀더 구체적인 형상화를 해야 할 듯; 인물의 이름, 외양, 주된 인상, 말투와 표정, 버릇이나 습관, 성격이 드러나는 행동이나 사건이나 대사, 갈등 지점이 드러나는 행동이나 사건이나 대사…… 등이 묘사되어야 하는데, 서두 부분이므로 이름, 외양, 주된 인상, 말투와 표정, 버릇이나 습관 정도만 언급해도 될듯)

초등학생들의 수업은 생각보다 만만치 않았다. 그나마 다른 아이들 행동에는 별 차이가 없었지만 영민이에게는 다른 아이들과는 다른 점이 눈에 많이 띄었다.(+당연히 어떤 점에서 눈에 많이 띄었는지에 대해 부연설명이 뒤따라야 한다. 가령, 녀석은 내가 야단을 칠수록 오히려 그것을 즐거워하며 더 장난을 치는 거였다. 한번은……)

<u>영민이는 유일하게 나를 국어 선생님이 아니라 여자 선생님이라고 불렀다. 여자 선생님이 나뿐이니 그런가 보다 했는데, 또래 여자아이들과는 전혀 어울리지 않는 모습을 보고 좀 이상하다 싶었다. 어울리지 않는 정도가 아니라 피한다는 생각이 들었다. 나뿐만 아니라 여자아이들하고는 눈을 마주치면서 말을 하지 못했으니 말이다.</u>(good)

"조 선생, 영민이 어때? 정말 꽤나 말썽을 부리네."

"말도 마세요. 집중을 못하는 정도가 아니라 애가 정신이 없어요, 아주." (→대구 문장을 이용하면 더욱 재미있게 읽힐 듯: "말도 마세요. 영민이가 집중 못하는 정도가 아니라, 저조차 영민이만 나타나면 제 일에 집중이 안 돼요, 아주.")

"말을 해도 듣질 않으니, 그냥 신경을 쓰지 말아야지. 걔 신경 썼다가는 다른 아이들을 아예 못 본다니까."

교무실에서도 영민이 얘기가 많이 흘러나왔다. 다른 선생님들은 그냥 영민이를 나무라는 말만 할 뿐, 아무도 연유나 사연을 이해하고 있는 것 같지 않았다. 그것에 화가 났던 건 아니었지만 기분은 별로 좋지 않았다.

영민이는 늦게 들어온 탓에 다른 아이들보다 진도가 많이 느렸다. 그런 데다 산만했기 때문에 진도를 따라잡기가 영민이도 나도 너무 벅찼다. 이해능력도 다른 아이들에 비해 떨어졌기 때문에 난 일대일 수업 방식을 선택했다. 영민이를 꼼짝 못하게 하는 것이었다. 바로 앞에 앉아서 한눈도 못 팔게 했고, 자세 또한 흐트러지지 않게 하였다. 영민이는 무척 힘들어했다. 어찌할 바를 몰라 했다. 내 행동에 당황해서인지 벽에 머리를 박는 행동까지 보였다. 혹은 시선은 어디를 향해야 할지 몰라 했다. 그런가 하면 문제집에 여자 그림만 나오면 연필로 여자들의 얼굴을 모두 검게 만들었다.

"여자 선생님, 저는 이런 얼굴이 싫어요."

처음엔 그런 행동에 적응하기 힘들었다. (→적절히 적응하지 못하는 영민의 행동에 나야말로 어떻게 반응해야 할지 난감했다. + 그럼에도 자신이 들인 구체적 시간과 수고 및 동기 ……) 하지만 영민이에게 티를 낼 수는 없는 일이었다. 왠지 상처를 받을 것 같았기 때문이다. 난 영민이와 빨리 가까워져야겠다고 생각했다. 그때 생각한 것이 바로 꾸중보다는 칭찬을 많이 해주는 것이었다.

"영민아, 이렇게 잘하면서. 너무 잘했어. 어때? 선생님이랑 같이 하니까 동그라미가 더 많아졌지?"

귀를 막는 영민이 앞에서도 난 칭찬을 아끼지 않았다. 도망가면 쫓아가서 다시 내 앞에 앉히고 항상 눈을 마주치며 이야기했다. 꼭 「우리 아이가 달라졌어요」를 찍고 있는 기분이었다.(+프로에 대한 짤막한 보충설명)

"영민아 선생님이랑 약속했지? 수업시간에 움직이지 않겠다고, 손가락도 걸었잖아. 도장도 찍고."

"네네."

<u>건성으로 대답하며 다람쥐처럼 빠르게 도망가는 영민이를 쫓아 나 또 달리고 있었다. 이제 습관이 되어서 그런지 내 몸은 알아서 뛰고 있었다. (→건성으로 대답하며 다람쥐처럼 빠르게 도망가는 영민이를 쫓아 나는 습관처럼 달리고 했다.)</u>

"선생님!"

"응?"

"저는 엄마가 없어요. 삼촌도 없고."

"응?"

"엄마도 죽고 삼촌도 죽었어요."

영민이와 함께한 시간이 한 달쯤 지난 후에 듣게 된 말이었다. (+ 중심인물의 화자에게 내밀한 비밀을 고백하는 중요한 대목이므로 배경 분위기를 첨가해야 좋을 듯) 난 아무 말도 할 수 없었다. 영민이가 하는 말에도 놀랐지만 웃으며 말하는 아이 얼굴에 더 놀랐기 때문이다. 영민이는 아무렇지도 않게 그 말을 내뱉더니 다시 문제를 풀었다. <u>자신이 무슨 말을 했는지 모르는 것처럼 보였다.</u>(good)

영민이는 그렇게 가끔 내게 가족이야기를 들려주었다. 엄마는 자살이었고 삼촌은 사고였다고 한다. 아직 어려서 그런 건지 충격이 너무 심해서 그러는 건지 영민이는 항상 웃는 얼굴이었다. ⓐ '아, 관심이 필요한 아이구나. 사랑이 부족한 아이였어.' 웃는 얼굴에 감춰진 슬픔이 보이는 것만 같아 가슴이 무척이나 아팠다.

이젠 영민이와도 꽤 많은 시간을 함께했다. 다른 수업은 몰라도 국어시간만큼은 질문도 잘하고 문제집엔 동그라미가 가득한 아이가 되었다.

"국어 쌤?"

"오, 영민! 주말 잘 보냈어?"

"네, 선생님 오늘 첫 시간 국어예요, 국어."

"공부하기 싫다고 할 땐 언제고?"

난 웃으며 영민이 머리를 쓰다듬어 주었다. 나보고 밝게 웃는 영민이가 그날따라 더욱 기분이 좋아 보였다.

"쌤."

"응?"

"이리 와 보세요."

영민이가 내 손을 잡고 강의실로 향했다.

"영민아, 뭔데 그래?"

"빨리요. 빨리."

책상 위에 무엇인가를 덮어놓은 것이 보였다.

"선생님, 짜잔!"

덮개를 치우니 두 개의 작은 병에 작은 금붕어 한 마리씩이 놀고 있었다.

"이야, 금붕어네!"

"네! 이쪽은 남자, 이쪽은 여자 금붕어예요. 선생님 선물."

"선생님 주는 거야?"

"네, 이름은 금순이, 금돌이예요. 선생님, 우리 금붕어집 하나로 합쳐 줘요."

영민이는 더 이상 여자 친구들을 피하지도 그림에 낙서를 하지도 않았다. ⓑ 영민이에게는 관심이 필요한 것이었다. 그냥 작은 관심 말이다. 멀리서도 나를 보면 얼른 뛰어와 인사를 하는 모습을 볼 때마다 영민이의 얼굴만큼이나 내 기분이 좋아졌다. 작은 관심이 필요한 그 아이에게 많은 사람들은 무심했을지 모른다. 조금만 눈여겨보았으면 어린 가슴에 상처를 어루만져 줄 수 있었을 텐데 말이다. 이렇게 정 많고 붙임성 많은 아이인데……. 영민이는 요즈음도 하루에 한 번씩 내 자리에 오곤 한다. 금순이와 금돌이 먹이를 주려고 말이다. 그리고 말한다.

"국어 선생님! 요즘 저 기분 너무 좋아요. 학원 오는 것도 좋고 공부도 좋고."

ⓒ 영민이는 이제 말썽꾸러기가 아닌 사랑스러운 아이가 되었다.

위 글은 습작생 작품으로, 학원에서 아이들을 가르치면서 겪은 내용을 다루고 있다. '영민'이라는 인물에 대한 산문이자, 영민과 화자의 관계 맺기를 탐구한 생활글이다. 그런 점에서 영민에 대한 인물 형상화가 일단 제일 중요하고, 다음으로 영민과 화자의 관계 맺어 가는 과정의 탐색이 중요하다.

위 글에서는 이러한 두 가지 탐색이 얼마간 이루어지고 있다. 무엇보다 구체적으로 긍정적 변화 과정이 나타나서 흥미로웠다. 아마도 실제로 경험한 일이라고 하는 '진정성' 덕분일 것이다.

다만 영민에 대해 조금만 더 자세하게 묘사하고 또 영민이 공부에 흥미를 느끼는 단계적 변화 과정을 좀더 자세히 서술했더라면 좋았을 것이다. 그리고 자신이 영민에게 애정을 갖으면서 느낀 자신의 변화 역시 꼼꼼히 서술했다면 한결 더 좋았을 것이다.

이러한 아쉬움과 더불어 영민과 화자의 변화 과정을 섬세히 묘사하되 계속해서 문제점을 직시해 나가는 자세를 취했더라면 좋았을 것 같다. ⓐ, ⓑ, ⓒ 세 곳에서처럼, 다분히 감상적·계몽적 태도로 영민과의 관계를 서술하는 바람에 보다 생생한 독자의 접근이 오히려 막혔다.

독자는 독자 스스로 판단하기 위해 화자가 상세히 혹은 정확히 말해 주기를 원한다. 작가나 화자가 먼저 나서서 단정지어 평가하는 것을 바라지 않는다. 그런데 ⓐ는 다분히 감상적인 접근이고, ⓑ는 기업의 이미지 홍보를 위한 감상적 광고 문구처럼 너무 건전하고 상투적이며, 당연한 계몽적인 발언이다. 그런가 하면 ⓒ는 다소 과장되고 조급하고 거친 결론으로 읽힌다.

물론 ⓐ의 감상적 접근이 나쁜 것은 아니다. 다만 감상적 접근을 하다 보면 일어나는 여러 갈등과 문제점들을 직시하고 서술한다든가, ⓑ처럼 관심이 필요한 줄은 다 알지만 그렇게 되지 않는 이유, 또 그 자신 역시 그렇게 하게 될 경우 자기 안에서 일어나는 여러 장애와 갈등, 그리고 관심 이외의 여러 보충되어야 할 문제점 등을 꼼꼼히 고찰하고 서술했더라면 보다 다양하게 혹은 깊이 있게 인간 문제를 탐색할 수 있었을 것이다.

특히 ⓒ는 너무 안일한 결론 같다. 이 글에서 어쩌면 가장 치명적이다. 영민이 화자에게는 사랑스러울 수 있을 것이다. 그러나 이 역시 온전히 사랑스러울 수는 없을 것이고, 오히려 여러 문제가 더 떠오르거나, 새로운 문제에 봉착하지 않았을까? 화자는 그런 점까지 차분하게 서술했어야 했다.

이러한 한계에도 불구하고 직접적이면서도 선의의 경험이라는 화자의 진정성 덕분에 흥미롭게 읽힌 글이었다. 손쉬운 감상적 결론만 조금 더 경계하고 탐색했더라면 하는 아쉬움이 강하게 남는다. 화자는 값진 경험을 하고, 또 그것을 글로 다루었음에도 불구하고, 더욱 진지한 탐색을 통해 더욱 많은 고민과 진리 그리고 혜안들과 마주칠 기회를 안일한 감상적·계몽적 결론으로 놓치고 말았다. 더욱더 파고들어야 했다. 본문보다 두세 배 이상의 분량으로 써야 할 글이었다. 더욱 직시하고, 관찰·묘사하고, 분석·서술하고, 비교·검토하고, 질문하고 상상하며 글쓰기를 이어 가야 했다. 그러면 그만큼 스스로 더 많은 것들을 얻고 누렸을 것이다.

습작생들이 ❶과 같이 문장을 시작하는 거나 ❷와 같이 결론짓는 것은 산문 혹은 에세이를 쓸 때 어김없이 저지르는 가장 일반적이고도 흔한 오류다. '처음' 부분에서의 오류는, 각각의 단락을 제대로 만들지 않고 그대로 넘어가는 '중간' 부분의 오류로 이어진다(중간 부분의 오류는 이 장 13절 '단락 만들기' 참조). 매 단락에서 꼼꼼히 찬찬히 진술 내용에 천착해야 하는데, 시작 부분을 깐깐하게 시작하지 못했으니 의당 중간 부분도 건성으로 넘겨 버린다. 이러한 '처음', '중간' 부분의 오류는 필연적으로 '끝' 부분의 오류로 매듭지어진다. 평소 관습적으로 일상적으로 통념적으로 기계적으로 생각해 왔던, 식상한 계몽적 결론, 뻔한 도식적 결론, 건전한 도덕적 결론, 상투적·감상적 결론 등을 맺는 것이다. 이들 오류는 모두, 우리가 평소 경험을, 일상적·통념적·상식적·도덕적·관습적·감상적 차원에서 사유하기 때문에 벌어지는 지극히 자연스러운 결과다.

말했듯 산문은 풀어쓰는 글이다. 풀려 있지 않은, 가령, 눌려 있는 것, 뭉뚱그려 있는 것, 감추어져 있는 것, 꼬여 있는 것, 뒤섞여 있는 것 등을 풀어내는 작업이다. 이러한 과정을 통해 산문은, 현실을 일상적 인식 차원으로 재현하지 않고, 새로운 관점으로 나누어 분절하면서 '낯설게 하기'로써 새로운 현실을 구현·창조해야 한다.

.11.
낯설게 하기와 정직하게 하기

소위 '낯설게 하기'는 문법적으로나 인식적으로나 실질적 정직의 필연적 결과이다. '낯설게 하기'는 독특한 비유나 수사적 기교가 아니다. 오히려 우리 삶을 더욱 정확하고 면밀하며 풍요롭게 바라보려고 할 때 기성언어와는 다른 차이가 생겨나면서 나타나는 결과적 현상이다. 낯설게 하기는, 오솔길을 구겨진 넥타이에 비유하거나 차창 밖 겨울 나무를 생선 가시에 비유하고, 사내의 웃는 치아를 견고한 지퍼에 비유하는 연상 차원에서부터, 일상언어와는 다른 문장을 통해 또 다른 방향의 의미 계열을 만드는 차원, 그리고 나아가 사유 자체를 전복하는 혁명적 차원에 이르기까지 다양하게 이루어진다.

적잖은 사람들이 '낯설게 하기'를 말뜻 그대로만 받아들여 뭔가 기이하고 별난 상상을 통해 이루어지는 것으로 받아들인다. 그래서 특이한 비유나 비약을 가할 때만 낯설게 하기의 시적 표현이 가능하다고 오해한다. 하지만 낯설게 하기의 기본 정신은 오히려 정확하고 명료하며 깊이 있게 바라보는 것에서 생겨난다. 독자나 평자(評者)가 보기엔 '낯설게 하기'이지만, 글쓴이 입장에서는 보다 정확하게 보기, 주체적으로 말하기, 새로운 관점으로 이야기하기이다.

가령 기형도의 시 「조치원」에서 겨울 나무를 생선 가시에 비유했을 때 ("어두운 차창 밖에는 공중에 뜬 생선 가시처럼 / 놀란 듯 새하얗게 서 있는 겨울 나무들"), 일반적이면서도 통념적 상상에 갇혀 사는 사람이 보면 생뚱맞고 특이한 비유로 읽힐 수도 있다. 하지만 살점이 모두 발라진 생선 가시는 이파리가 모두 뜯겨 나간 앙상한 겨울 나무 이미지와 매우 적합하게 일치한다. 결국 겨울 나무의 앙상하고 쓸쓸한 이미지를 정확하고 절실하게 들여다본 사람만이 떠올릴 수 있는 비유인 것이다. 또 가령, 「엄마 걱정」이라는 시에서, 시장에 가서 돌아오지 않는 엄마를 기다리며 "나는 찬밥처럼 방에 담겨 / 아무리 천천히 숙제를 해도 / 엄마 안 오시네, 배추잎 같은 발소리 타박타박 / 안 들리네"라고 노래한다. 이때 자신을 찬밥에 비유하는 것 역시 매우 적절하고 정확한 비유이지, 결코 기발하기만 한 비유는 아니다. 정확히 말하면 너무나 적절하고 정확해서 기발하다고 느껴지는 비유인 것이다.

김현승은 「겨우살이」라는 시에서 겨우살이 느낌을, "몇 번이고 뒤적거린 / 낡은 사전의 단어와 같은……/ 츄잉 껌처럼 질근질근 씹는 / 스스로의 그 맛, / 그리고 인색한 사람의 저울눈과 같은 정확, / 남을 것이 남아 있다"라고 노래하고 있다. 이러한 비유들은 관습적·통념적으로 보면 낯설지만, 겨우살이의 느낌을 절실하게 실감한 입장에서는 그야말로 인색한 사람의 저울눈같이 정확한 표현이다.

실질적 정직 혹은 방법적 성찰 혹은 명상적 주시로 세상을 보면, 세상의 실질적 내용은, 우리의 통념적 분별과는 사뭇 다르게 배치되어 있는 것을 너무나 쉽게 너무나 자주 알아챌 수 있다. 가령 일반적으로 돈이 많으면 부자이고 그렇지 않으면 가난뱅이지만, 돈이 많더라도 쫀쫀하면 그 마음 씀씀이가 가난뱅이 못지않게 궁색한 법이고, 온유한 가난뱅이는 그 마음 씀씀이가 부자만큼이나 여유로운 법이다. 일상 통념으로는 '돈 많은 부자/돈 없는 가난뱅이'로 나뉘지만, 실질적 차원에서는 '쫀쫀하고 궁색한 마음/온유하고 여유로운 마음'으로도 나뉜다. 결국 '세계 일주를 하고도 마음이 궁색하여 자기 입장 밖으로는 한 걸음도 나가 보지 못한 부자'가 존재할 수도 있고, '평생 자기보다 가난한 사람을 단 한 번도 그냥 지나치지 않은, 제일 가난한 자의 당당한 편안함'도 존재한다. 아마도 이러한 인식을 바탕으로, 시인은 아내에게 하루에 일이천 원 받은 용돈에서 막걸리를 사 마시고 남은 돈으로 모아 둔 저금통장만으로도 행복해하며, "가난은 내 직업이지만 / 비쳐오는 이 햇빛에 떳떳할 수가 있는 것은 / 이 햇빛에도 예금통장은 없을 테니까"(천상병, 「나의 가난은」)라고 노래할 수 있었던 것이리라.

문학에서 낯설게 하기는 이렇듯, 기발한 상상이 아니라 도리어 매우 정확한 표현이다. 다만 기성통념에 갇힌 자가 볼 때만이 낯선 비약으로 읽힐 뿐이다. 시인이나 작가뿐 아니라 일상인들 또한 낯설게 하기는 필수적이다. 다음 일례를 보자.

〈보기 78〉

ⓐ 나는 그녀한테 고백했다가 차였다.

ⓑ 그녀에게 고백하기 위해 나는 얼마나 오랜 시간을 망설여 왔는지 모른다. 하지만 그녀는 거절해 버렸고, 그로 인해 나는 또 얼마나 오랜 시간 우울했는지 모른다.

만약에 실연당한 사람이 자신의 블로그에 위와 같은 문장을 남겨 두었다고 가정해 보자. ⓐ처럼 남겼을 경우, 읽는 사람은 별다른 반응을 받지 못할 것이다. 하지만 ⓑ처럼 서술해 놓았다면 공감과 반응이 한결 달라질 것이다. ⓐ의 문장은 너무 단순하고도 흔한 표현으로 서술되어 있기 때문에 읽은 사람에게는 글쓴이의 실제 경험까지도 매우 단순하고 흔하디 흔한 경험으로 느껴지기 십상이다.

하지만 ⓑ와 같은 서술은, ⓐ에 비해 보다 자세하게 서술하고 있는 동시에 앞뒤 문장 간에 대구를 이룸으로써 읽는 이가 한결 명료하게 이해할 수 있고 동시에, 그와 그녀 및 고백 이전과 이후가 선명하게 대비되는 효과를 통해 더욱 깊은 공감을 이끌어 낼 수 있다. 이러한 서술은 다음과 같이 보다 구체적으로 서술될 수 있다.

⟨보기 79⟩

ⓒ 그녀에게 고백하기 위해 나는 얼마나 오랜 시간을 망설여 왔는지 모른다. 하지만 그녀는 내가 단지 즉흥적으로 제안한 것으로 여기는 듯 웃으며 거절해 버렸다. 그로 인해 나는 또 얼마나 오래, 그녀와 다만 편한 친구 사이로 지내는 것에 만족하지 않은 나 자신을 책망했는지 모른다.

ⓓ 그녀에게 고백하기 위해 나는 얼마나 오랜 시간을 망설여 왔는지 모른다. 하지만 그녀는 내가 단지 즉흥적으로 제안한 것으로 여기는 듯 웃으

며 거절해 버렸다. 아니 그녀 역시도 오래 전부터 이러한 내 감정을 눈치 채고 있었을 것이다. 다만 웃으며 거절함으로써 내게 지나친 상처를 주지 않고 여전히 편한 친구로 만나고 싶었던 것인지도 모른다. 하지만 나는 그날 이후로 다른 친구들과 함께 만나도 눈치가 보이고 자꾸 어색했다. 결국 그 뒤로는 단 둘이 만나는 것을 서로가 은연중에 꺼렸다. 그 바람에 나는 다만 그녀와 편안한 친구 사이로 지내는 것에 만족하지 않은 나 자신을 얼마나 책망했는지 모른다.

<보기 78>과 <보기 79>의 ⓐ, ⓑ, ⓒ, ⓓ를 차례대로 읽고 비교해 보면, 마치 잘못 찍은 흐릿한 사진을 보는 기분에서 점차로 분위기나 표정, 배경까지 읽히는 선명한 사진을 접하는 기분이 들 것이다. 똑같은 사건도 서술 방식에 따라 전혀 다른 울림과 이해를 낳게 되는 것을 자연스럽게 확인할 수 있다. ⓑ만 해도 단순히 구애했다가 거절당한 신파적이고도 감상적인 느낌이 강하지만, ⓒ에서는 그녀가 '웃는 듯 거절해 버린' 상황을 구체적으로 적시함으로써, 그리고 "다만 편한 친구 사이로 지내는 것에 만족하지 않은 나 자신"을 책망하는 태도를 통해 단순히 신파적이고도 감상적인 구애의 실패로만 읽히지는 않는다. 특히 ⓓ에 이르면 그녀가 "다만 웃으며 거절함으로써 내게 지나친 상처를 주지 않고 여전히 편한 친구로 만나고 싶었던 것"일 수도 있다는 심리 진술이 보태진다. 그리고 ⓒ에서처럼 '다만 그녀와 편안한 친구 사이로 지내는 것에 만족하지 않은 나 자신에 대해 책망' 하는 화자의 태도를 통해서 보다 성숙한 시선을 발견할 수가 있다. 당연히 읽는 이의 이해 및 공감의 깊이 역시 ⓓ에서 한결 구체화되고 깊어질 수밖에 없다. 아마도 블로그에 올라오는 댓글의 반응 또한 사뭇 달라질 것이다. 또 다른 일례를 살펴보자.

〈보기 80〉

ⓐ 너무 욕심 부리지 말고 마음을 비워야 한다.

ⓑ 자기 욕심으로 인생을 살려고 하지 말라. 도리어 욕심을 내려놓고 마음을 비워라. 욕심을 내려놓고 마음을 비운다는 것은 다만 명상수행자처럼 가만히 앉아만 있거나 구도자처럼 산속에 은거하라는 뜻은 아니다. 도리어 욕심과 마음을 진실로 비움으로써 다른 어떤 사람보다도 강렬한 겸허와 유연성을 갖추는 일이다. 욕심을 내려놓고 마음을 비우는 겸허와 유연성 속에 머물게 되면 우리는 아주 사소한 기미에도 민감해지고 어떤 시비 앞에서도 공평해지고 새로운 변화와 이질적인 접촉에 대해서도 예민하고도 적극적으로 대처함으로써 침착하면서도 강렬한 변화의 기운을 얻을 수 있다. 마음을 비운 자만이 자신에게 가장 이롭고 강렬한 사건에 집중할 수 있다.

ⓐ의 문장은 너무 낯익다. 일상에서 흔히들 하는 말이다. 의사나 스님이나 목사님, 그리고 대개의 인생 선배들이 곧잘 이런 말씀들을 하신다. 실제로 불교의 위파사나, 복음서의 "섬김을 받으려면 먼저 섬겨라", 노장의 '무위'(無爲) 등은 범박하게 보아 모두 마음을 비우는 행위를 일컫는 말이다. 그만큼 마음을 비우는 일이란, 인생을 지혜롭게 살아가는 매우 중요한 방법 중 하나임에 틀림없는 듯하다. 하지만 이런 말들은 너무나 흔하게 자주 들어 와서 마치 너무 자주 불러대는 바람에 이제는 불러 봐도 처음의 감흥이 사라진 유행가처럼 너덜너덜하고 식상한 느낌밖에 들지 않는다. 너무나 흔하고 상투적인 말이 되어서 이런 문장을 구사하는 사람까지도 지혜로운 사람으로 보이기는커녕 식상한 상식으로 만족하며 사는 사람으로 느

껴질 정도다.

하지만 ⓑ처럼 서술할 수도 있다. ⓑ 역시 전달하고자 하는 메시지는 ⓐ와 동일하다. 하지만 ⓑ는 마음 비우는 과정을 보다 구체적으로 적시함으로써 ⓐ와는 상이한 울림으로 다가온다. 욕심을 부리지 않고 마음을 비우라고만 말하면 마치 살아가는 의욕 자체를 접으라는 듯이 들려서 듣는 사람이 쉬이 공감하기 어렵다. 하지만 ⓑ처럼 서술하게 되면 욕심을 부리지 않고 마음을 비우는 것이 오히려 더욱 유연해지고 민감해지는 동시에 효과적인 지혜일 수도 있다는 것으로 읽히게 됨으로써, 상대방으로부터 한결 강한 이해와 공감을 이끌어 낼 수 있다.

이처럼 '낯설게 하기'로서의 언어 변화는 언제나 인식의 변화와 실질적 내용의 변화로 이어짐으로써 전혀 다른 층위의 사유를 하게 만든다.

얼마전 촛불집회에 참가하면서 나는 매우 낯익은 문장과 더불어 매우 낯선 문장과도 마주쳤다. 정부가 소고기 졸속협정뿐 아니라 파렴치한 강부자 내각, 한심과 무능, 심지어 코믹하기까지 한 관료들과 낙하산 인사, 사특한 언론장악 등 우리나라 민주주의 질서 전체를 뒤흔들고 있어서, 시민들이 촛불로 항의하고 있었다. 그런데 정부나 족벌언론이 폭력진압을 하면서 내세우는 문장이, "법과 민주주의 질서를 위해서"였다. "법과 원칙이 바로 세워지는 나라"가 되어야 한다는 것이다. 시민들이 원하는 것이 법과 원칙이 바로 세워지는 것인데? 촛불도 법과 원칙을 위해서이고, 촛불탄압도 법과 원칙을 위해서? 어째서 대립하는 양쪽이 서로 똑같은 문장을 사용하고 있을까? 혹은 서로 똑같은 문장을 사용하는 양쪽이 어떻게 대립할 수 있을까? 아니, 서로 똑같은 문장을 내세우기 때문에 대립하고 있는 것은 아닐까?

물론 전면에 배치한 문장은 얼핏 닮았지만, 실제 내용은 판이하다. 한쪽은 물대포와 방패, 명박산성으로 무장했다면, 다른 쪽은 촛불, 동영상 카메라, 노래와 희화화 등으로 토론과 축제의 난장을 벌이고 있다.

게다가 시국미사가 집전되면서 김인국 신부님이 사용한 문장은, 정권의 언어와는, 그리고 80년대 사회운동가의 언어와도 명백히 다르다. 신부님이 미사를 끝내고 촛불행진 가두시위를 하겠다면서 참여자들에게 묻는다.

신부님 : "우리가 왜 행진을 하는 거지요?"
참여자들 : "우리 주장을 관철하기 위해서입니다!"
신부님 : "우리의 주장을 국민들에게 알리기 위해서인가요?"
참여자들 : (힘차게) "네!"
신부님 : "아닙니다."
참여자들 : (웃음)
신부님 : "국민들은 이미 우리 주장을 잘 알고 있습니다. 우리가 촛불행진을 하는 것은, (폭력진압에 의해 무너진) 국민들의 다친 상처와 자존감을 위로하고 달래주기 위해서입니다. 자존심과 상처를 회복하기 위해서입니다."

"우리 주장을 관철하기 위해서"라거나 "국민들에게 우리 주장을 알리기 위해서"라는 문장을 사용할 줄 알았다. 그런데 이와는 다소 다른, "짓밟힌 국민들의 다친 상처와 자존감을 위로"하기 위해서라는 문장을 사용했고, 이 '낯선 문장'은 나를 다소 놀라게 했고, 내가 예상한(그러니까 내가 사용하는) 문장보다 한결 사태를 정확하게 짚어냈고, 심지어 내 마음을 속 깊이 어루만져 주는 듯했다. 나로서는 새로운 인식의 새로운 언어를 통해 인간이, 어떻게 보다 강력한 의사소통을 할 수 있는지를 배우는 순간이었다.

낯설게 하기는 시나 문학의 전유물이 아니라, 우리의 일상 대화에서, 술자리 수다에서부터 토론과 집회 현장에 이르기까지 언어를 다루는 모든 시간과 장소에서, 말하기·듣기·읽기·쓰기가 진행되는 모든 위치와 매체에서 이루어질 수 있다. 관습적 언어, 일반적 언어, 상투적 언어, 통념적 언어를 넘어서는 순간에 이루어지는 것이다. 그리고 그것이 설사 단순한 비유에 지나지 않더라도 낯설게 하기는 세상을 색다른 계열로 바라보게 한다는 점에서, 기성질서에 무엇인가를 더 보태는, 일종의 잉여적 혁명일 수밖에 없다.

.12.
서술 방식, 비유와 대구

산문은 면밀하게 풀어쓰는 작업이므로 우선은 무엇보다 문장이 정확해야 하고 전하고자 하는 정보나 의미를 명료하게 담고 있어야 한다. 미숙한 표현, 상투적·관용적 표현, 지나친 수사나 불필요한 미사여구, 군더더기 문장 등은 애당초 산문정신에 맞지 않다.

산문 문장은 기존 인식과는 다른 각도로 바라볼 수밖에 없고, 기존 인식을 해체·분절할 수밖에 없다. 이렇게 낯설게 바라보는 가장 기본적인 두 가지 방법으로 비유와 서술을 들 수 있다. 비유는 자신이 다루고자 하는 대상을 낯설고 이질적인 비교를 통해 명징하게 서술하는 방식이다.

〈보기 81〉 비유의 일례들

ⓐ
생각난 듯이 눈이 내렸다

ⓑ
열심히 쌓던 모든 것을 놓아 두고
각자의 집으로 찾아들어간 조무래기들의 무심함만큼이나
물은 사납거나 거세지 않게
천천히 고스란히 잠재우고 있었다

ⓒ
사랑은 언제나
벼락처럼 왔다가 정전처럼 끊겨지고
갑작스런 배고픔으로
찾아오는 이별

ⓓ
무르익은
과실의 밀도와 같이
밤의 내부는 달도록 고요하다

잠든 내 어린것들의 숨소리는
작은 벌레와 같이
이 고요 속에 파묻히고

위의 보기는 모두 비유를 통해 서술하고 있다. 비유는, 보조관념을 활용하여 서술하려는 대상을 보다 적실하게 표현하고 간명하게 드러내 준다. ⓐ는 장석남의 「맨발로 걷기」 첫연이다. 누구나 한 번쯤, 눈이 내릴 듯도 하지만 그러나 정말로 내릴 것이라 기대하지는 못했는데 문득 내다보니 눈이 내리는 것을 목도하고 놀란 적이 한 번쯤 있을 것이다. 혹은 누구나 한 번쯤 눈이 오랫동안 내리지 않다가, 마치 한동안 잊었던 친구가 어느날 새삼 떠오르며 그리워지듯, 눈발이 쏟아지는 것을 바라본 적이 있을 것이다. 문득 내리는 눈을 보며 갖게 되는 미묘한 심리상태를 위의 시구는 비유를 통해 아주 간명하게 설명해 준다. ⓑ는 고운기의「밀물 드는 가을 저녁 무렵」에 있는 시구이다. 제목 그대로 밀물 드는 가을 저녁 무렵을 소묘하면서, 저녁 밀물이 바닷가 어촌을 잠재우는 대목을 묘사하고 있다. 거세거나 사납지 않게 바닷가 어촌을 잠재우는 저녁 밀물의 부드러운 느낌을, 낮 동안 바닷가에서 모래놀이하며 "열심히 쌓던 모든 것을 놓아 두고 / 각자의 집으로 찾아들어간 조무래기들의 무심"에 비유하고 있다. 눈발을 생각에 비유하거나 저녁 밀물을 조무래기들의 무심에 비유하는 것은, 일상에서는 너무나 낯설고 기이하기까지 한 비유이다. 하지만 산길을 구겨진 넥타이에 비유하고 겨울 나무를 생선 가시에 비유하는 것과 마찬가지로, 매우 간결하면서도 매우 적실한 비유여서 그 어떤 면밀한 설명보다도 빼어나다.

　ⓒ는 최승자의「여자들과 사내들」에 나오는 시구다. 느닷없이 시작되는 만남과 이별, 그리고 이별 뒤의 허전한 시름을 각각 벼락, 정전, 배고픔에 비유함으로써 간명하면서도 명징한 의미 전달이 가능했다. 김현승의「밤은 영양이 풍부하다」의 일부인 ⓓ는, 달도록 고요한 밤의 내부를 '무르익은 과실의 밀도'에 비교한 다음, 그 밤의 고요 속에서 들리는 아이들의 숨소리를 잘 익은 과실 속에 사는 '작은 벌레'에 비유함으로써, 잠자는 아이들 숨소리를 듣는 화자의 고요하고도 평화로운 마음을 간결하게 살려 냈다. 이와 같은 '밤 : 숨소리＝과실 : 벌레'의 시점은 아마도 아이들이 편안

하게 잠든 모습을 보고 사랑과 평화를 만끽할 줄 아는 사람만이 감지해 내는 밤에 대한 실질적 느낌일 것이다.

이렇듯 비유는 실질적 느낌을 명징한 이미지로 전달할 때 효과적이다. 압축적이어서 시적 묘사에 즐겨 사용된다. 반면에 대상을 그대로 풀어쓸 때는 말 그대로, '그대로 풀어서 서술' 해야 하는데, 무작정 서술하기만 할 경우, 자칫 문장이 늘어지면서 산만해질 우려가 있다. 이때는 대구 및 대구의 변주를 활용하는 것이 효과적이다.

〈보기 82〉 대구의 일례들

ⓐ 하늘은 푸르고 구름은 희다.
ⓑ 하늘은 대숲 위로 더욱 높고 푸른데, 강물은 하늘 속 구름을 받아 더욱 깊고 푸르다.
ⓒ 이마에 닿는 볕은 눈살이 찌푸려질 만큼 따뜻한데, 어깨로 파고드는 바람은 팔짱을 끼며 움츠리고 싶을 만큼 쌀쌀했다.
ⓓ 그 도서관엔 비록 내가 읽을 만한 책은 없었지만 혼자 골똘히 생각에 잠길 편안함이 있었다.
ⓔ 선한 행위란 승화된 나쁜 행위이며, 나쁜 행위란 다듬어지지 않고 어리석은 선한 행위이다.

인식 대상을 둘 이상으로 나누고 그들의 공통점과 차이점을 비교하듯이 서술하는 문장 방식은, 풀어헤치면서도 일관되게 엮어 나가는 가장 기본적인 기술 방식일 것이다. 이러한 대구 문장 혹은 분석 인식은 사물을 보다 촘촘히 나누어 설명할 수 있게끔 해주며, 대상을 단순하게 바라보지 않고 복수적으로 바라보게끔 해준다. 동시에 어감이나 의미 내용을 반복·변주하면 리듬감과 더불어 대상을 보다 심층적으로 인식할 수 있게 된다.

가령 다음 세 문장은 『장의사 강그리옹』이라는 소설책을 인터넷 서점에서 일반 독자들이 리뷰한 글들이다. ⓐ, ⓑ, ⓒ 모두 줄거리를 소개하고 있지만 읽어 보면 ⓒ의 문장이 한결 즐겁게 읽힌다. 줄거리만을 전하고 있는 ⓐ, ⓑ에 비해 ⓒ는 어감과 의미 내용을 적절히 반복·변주하는 문장 구사로 리듬감까지 선취하고 있기 때문이다. 이어서 인용한 글은 박민규의 단편 앞부분이다. 어감과 의미의 반복·변주 솜씨가 매우 능수능란하여 소개해 둔다.

〈보기 83〉 어감 활용의 예

ⓐ 배경은 조용하고 지루한 시골의 어느 마을. 한때 번성하였으나 지금은 파리나 날리고 있는 장의사 강그리옹네 아침부터 뭔가 일이 꼬이는 직원들.

ⓑ 죽는 사람의 수가 현저하게 줄어 이제는 쇠락의 길로 접어든 어느 장의사. 그 장의사에게 어느 날 갑자기 일거리가 생긴다.

ⓒ 죽는 사람이 없어 굶어 죽을 지경이 되어 버린 장의사 강그리옹에게 어느 날 드디어 손님이 찾아온다.

〈보기 84〉 갑을고시원 체류기

그 특이한 이름의 고시원이 아직도 그곳에 있는지는 알 수 없다.
물론 여타의 세상일들이 그러하듯 있을 수도 없을 수도 있겠다는 생각이지만, 아무래도 좋은 일이다. 설령 사라졌다 한들, 또 그것이 누구의 탓도 아니니까. 십 년이란 세월이 흘렀다. 이래저래, 죽은 사람도 있고 죽은 고시원도 있는 거겠지.

살다 보면, 말이다.

이제는 있어도 그만, 없어도 그만인 그 고시원의 밀실이 생각난 것은 <몸에서 사람의 귀가 자라는 쥐>의 뉴스 보도를 보고 있을 때였다. 이유는 알 수 없다. <몸에서 사람의 귀가 자라는 쥐>를 보고 있는데, 그냥 그 고시원의 모든 것이 한꺼번에 떠오른 것이다. 마치 쥐의 몸에서 자라난 사람의 귀처럼. 엉뚱하게, 쑥쑥.

그 귓속의 달팽이관 속의 달팽이처럼, 나는 잠시 고요한 감회에 젖어 들었다. 그랬다. 나는 분명 쥐의 몸에서 자라난 사람 귓속의 달팽이관 속의 달팽이처럼, 그 고시원의 복도 끝방에서 살았던 적이 있다. 아주 오래전의 일이지만, 분명한 사실이다. 만약 당신이 그런 고시원에서 살아 본 적이 없다면, 부디 <달팽이 관 속엔 달팽이가 없어>라는 식의 힐난은 삼가주기 바란다. 장담컨대, 세상의 일은 아무도 알 수 없다.

잘 둘러보면

그런 고시원의 복도 끝 방에 인간이 사는 것처럼, 그런 귓속의 달팽이 관속에 달팽이가 살 수도 있는 것이다. 다를 바 없는 얘기다. 그러니까 이것은 ─ 그런 귓속의 달팽이관 같은 고시원의 복도 끝 방에 살았던 인간의 이야기이다. 이미 십 년도 전의 일이지만 그 고시원의 유전자는 분명 나의 몸속에 이식되어 있다. 어쩌면 내 등 뒤에는 이미 커다란 <고시원의 귀>가 자라 있을지도 모른다. 설령 그렇다 해도, 그것 역시 누구의 탓도 아니란 생각이다. 귀가 자라는 사이에도, 죽은 사람이 있고 죽은 쥐가 있고 죽은 달팽이가 있듯이. 즉

살다 보면, 말이다.

(박민규, 『카스테라』, 문학동네, 2005, 273쪽)

.13.
단락 만들기

글을 효과적으로 전개하기 위해서는 문장을 일정량씩 묶고 나누어 단락을 지어야 한다. 단락이란 의미상 하나로 묶어 놓을 수 있는 문장들을 행갈이 하지 않고 이어 쓴 편집 단위이다. 각 단락은, 핵심 내용이 가장 잘 드러나는 '주제문장'과 그 주제문장을 뒷받침해 주는 '뒷받침문장'들로 이루어진다.

단락 = 주제문장 + 구체적 뒷받침문장

그런데 초보 습작생들은 주제 단위로 단락을 나누는 일에서부터 서툴다. 하나의 단락에 여러 관점과 주제가 뒤섞여 있기 일쑤다. 대개 '주제'가 아닌 '경험'을 단락 단위로 생각하기 때문이다. 초보 습작생들은 하나의 단락에 한 공간에서 경험한 얘기를 뒤죽박죽 뭉뚱그려 집어넣어 버린다.
  단락의 단위는 주제다. 하나의 단락엔 하나의 주제가 담겨야 효율적이며, 특히 그 주제를 뒷받침하는 문장들이 반드시 보태져야 한다. 하지만 습작생들 작품을 보면 주제문장만 달랑 써 놓은 채 뒷받침문장을 생략하는 실수가 다반사다.

⟨보기 85⟩
파란 하늘 아래로 펼쳐진 시원하고 맑은 계곡은 <u>내 가슴을 뻥 뚫어주는 듯했다</u>. 휴대폰 전파가 터지지도 않는 아주 깊은 숲속은 <u>'도시에서 벗어났구나!'</u> 라는 생각도 하지 못하게 하는 매력을 지니고 있었다.

짐을 풀고 나서 계곡에서 놀 간단한 옷차림으로 갈아입고 사촌들과 나는 어른들이 점심을 준비하는 동안 계곡에 발을 담그고 첨벙첨벙 대기 시작했다. 점심을 먹으라는 기분 좋은 소리를 듣고 평상 위로 올라갔을 때는 <u>엄청나게 많은 삼겹살과 야채들이 나를 반겨 주었다. 자연에서 맛보는 삼겹살 맛이란! 자연에서 먹는 음식들은 뭐든지 진수성찬이며 수라상이라고 하던가! 난 배가 어느 정도 채워지는지도 모른 채, 계속 고기를 먹었다.</u>

가족여행을 다룬 글이다. 첫 단락의 주제는 '숲속과 계곡은 도시 생활에 갑갑했던 마음을 트이게 하는 매력이 있었다'이다. 따라서 첫 단락의 두 문장은 주제문장일 뿐이다. 이를 구체적으로 뒷받침해 주는 문장이 보태져야 한다. 주제문장 역시, 밑줄 그은 표현은 너무나 관습적·상투적 표현이어서 수정할 필요가 있다.

두번째 단락의 주제는 '가족들과 즐겁게 물놀이하고 나서 삼겹살을 아주 맛있게 먹었다'이다. 앞부분은 너무 산만하게 진술되어 있고, 밑줄 그은 부분 역시 무척이나 관습적인 표현이며, 뒷받침문장이 부족하다. 수정해 보면 다음과 같다.

〈보기 86〉

파란 하늘 아래로 펼쳐진 시원하고 맑은 계곡은 토끼나 여우가 지나가더라도 놀랍기는커녕 자연스러워 보일 만큼 푸르고 깊었다. 휴대폰 전파가 터지지도 않는 아주 깊은 숲속은 풀벌레 소리로 요란한데도 너무 멀리 떠나온 듯한 낯선 적막감을 풍기고 있었다.<u>+ 발목까지만 담그고 앉아 있어도 팔등에 오슬오슬 소름이 돋을 만큼 계곡물은 차가웠다. 들여다보니 물고기들도 적지 않게 눈에 띄었다. 푸른 하늘과 하얀 구름이 고스란히 비치는 수면 속을 유영</u>

하는 물고기들을 물끄러미 바라보고 있자니 마치 물고기가 하늘 속을 유영하고 있는 듯한 착시 현상이 빚어져서 구름 위에 떠 있는 것 같은 아찔한 현기증이 일기도 했다. "이렇게 차가운 물에서 물고기는 춥지 않아? 물고기는 체온이 몇 도야?" 이제 초등학교에 입학한 사촌동생 미현이 묻기에 나는 둘러 대답했다. "추우니까 저렇게 자꾸 돌아다니는 거야. 몸에서 땀나게 하려구."

  사촌언니들과 나는 어른들이 점심을 준비하는 동안 계곡에 발을 담그고 놀았다. + 점심에 평상에 둘러앉아 삼겹살을 먹었다. 마켓에서 구입해 간 상추였지만 계곡에 둘러앉아 먹으니까 더욱 싱싱하게 씹히는 기분이었다. 마침 큰엄마가 계곡가에서 쑥잎을 뜯어다 얹어 주셨다. 우리는 물놀이하던 습관으로 쑥잎에 남은 물기를 서로의 얼굴을 터는 장난까지 쳐 가며 경쟁하듯 쌈을 싸먹었다.

  "꽃이 '아름답다'는 말은 온 세상 어느 누구나 다 알고 있는 사실인데, '아름답다'는 말로밖에 아름다움을 나타낼 줄 모른다면 별다른 느낌을 받지 못한다."(이호철, 『살아 있는 글쓰기』) 반드시 위와 같은 뒷받침문장을 구체적으로 보태 주어야 한다. 뒷받침문장은 구체적인 관찰, 일례 제시, 에피소드와 사건 등으로 이루어진다. 이야기하고자 하는 대상을 실질적으로 주시하지 않는 한, 만들어지지 않는 부분이기도 하다. 거꾸로 실질적 정직의 자세로 주시하는 한 자연스럽게 덧보태지는 부분이기도 하다.

  다음에 이어지는 보기들에서 단락 ⓐ는 뒷받침문장이 없는 것은 아니다. 하지만 ⓑ와 비교해 보면 뒷받침문장에 의해 이야기 강도 역시 한결 강하게 전달되는 것을 실감할 수 있다.

⟨보기 87⟩

ⓐ 같은 또래 친구들은 일주일에, 한 달에 얼마씩 용돈을 받았다. 하지만 나는 제대로 된 용돈을 단 한 번도 받아 보지 못했다. 돈이 필요할 때마다 얼마씩 달라고 하는 것이 내가 용돈을 받는 방법이었다. 그래서 가끔 어른들이 주는 용돈이 나에게는 꿀과 같은 것이었다. 그래서 그런 돈을 숨겨 두고 아끼고 아껴서 썼다.

ⓑ 같은 또래 친구들은 일주일에, 한 달에 얼마씩 용돈을 받았다. 하지만 나는 제대로 된 용돈을 단 한 번도 받아 보지 못했다. 돈이 필요할 때마다 얼마씩 달라고 하는 것이 내가 용돈을 받는 방법이었다. 그래서 가끔 어른들이 주는 용돈이 나에게는 꿀과 같은 것이었다. 그래서 그런 돈을 숨겨 두고 아끼고 아껴서 썼다. +형편이 이렇다 보니 소풍이나 명절 같은 날이 꼭 즐겁지만은 않았다. 특히 소풍 때마다 엄마 걱정을 덜어드리려고 돈을 모아 내 돈으로 과자와 음료수를 샀다. 수학여행 갈 때도 나는 미리 모아 둔 돈으로 준비물들을 샀다. 그런데 집에 와 보니 수학여행만큼은 직접 챙겨주고 싶다며 엄마도 같은 물건을 사갖고 오셨다. 그래서 중복된 물건은 엄마에게 선물하고 함께 과자파티를 열었던 적이 있다. 생일조차 미역국 정도로만 넘겨야 했던 형편이어서 이날 과자파티가 내가 자라면서 유일하게 가졌던 가족파티였다.

⟨보기 88⟩

ⓐ "영민아 선생님이랑 약속했지? 수업시간에 움직이지 않겠다고, 손가락도 걸었잖아. 도장도 찍고."

ⓐ "네네."

ⓐ 건성으로 대답하며 다람쥐처럼 빠르게 도망가는 영민이를 쫓아 나는 습관처럼 달리곤 했다.

ⓑ "영민아 선생님이랑 약속했지? 수업시간에 움직이지 않겠다고, 손가락도 걸었잖아. 도장도 찍고."
ⓐ "네네."
ⓐ 건성으로 대답하며 다람쥐처럼 빠르게 도망가는 영민이를 쫓아 나는 습관처럼 달리곤 했다. <u>+ 이렇게 달린 거리만 해도 평소 러닝머신 운동량쯤 되었다. + 차츰 영민이 미처 달아나려 하기도 전에 영민이가 달아나는 것을 알아챌 정도였다. 녀석도 내 눈치를 살피느라 분주히 눈을 놀리곤 했다. 그러다 마주치면 우리는 서로를 아주 잘 이해한 사이처럼 마주보고 웃었다.</u>

〈보기 89〉

ⓐ 빠리는 결코 쉽게 자기 몸을 허락하지 않는다. 내가 조금만 다가가도 발로 막거나 할퀴거나 물어뜯는다. 어쩌다 붙잡는가 싶어도 손아귀에 남는 건 녀석이 남긴 몇 가닥의 털뿐이다. 녀석은 침대 밑으로 기어들어가기도 하고, 상자로 만들어 준 놀이터 안이나 커튼 뒤에 숨는다. 그럴 때면 나는 소파 아래, 의자 아래로 빠리를 찾아 헤맨다. 방문이 잘 닫혀 있지 않을 때는 밖으로 사라지기까지 한다.

ⓑ 빠리는 결코 쉽게 자기 몸을 허락하지 않는다. 내가 조금만 가까이 다가가도 발로 막거나 할퀴거나 심지어 물어뜯는 것이다. 어쩌다 붙잡는가 싶어도 손아귀에 남는 건 녀석이 남긴 몇 가닥의 털뿐이다. 녀석은 침대

밑으로 기어들어 가기도 하고, 상자로 만들어 준 놀이터 안이나 커튼 뒤로 숨어 버린다. 그럴 때면 나는 소파 아래, 의자 아래로 빠리를 찾아 헤매곤 한다. + 무릎을 꿇고 네 발로 기면서 다정하게 빠리 이름을 부르거나 아예 빠리의 울음 소리를 흉내 내 보기도 한다. 내가 듣기로는 빠리 울음 소리와 제법 흡사하다. 그런 자세 그런 울음으로 빠리가 평소 다니는 길목을 따라 방안을 뒤지며 돌아다니다 보면, 여지없이 내가 빠리가 된 기분이 들기도 한다. + 한번은 그렇게 빠리와 숨바꼭질을 하다가 침대와 벽 사이의 좁은 틈새 밑에서 잠이 들었다. 보일러가 시작되는 자리여서 바닥이 유달리 따뜻한 데다 햇살이 들지 않아서 낮잠을 청하기에 더없이 안성맞춤이었던 것이다. 하지만 모퉁이에서 잠든 사실을 깜박 잊고 자다가 침대에 머리를 찧고 말았다. 아픈 이마를 만지며 '여기가 어디지?' 하고 두리번거리며 고개를 들자니까 내가 평소 누워 자는 위치에 빠리가 잠들어 있었다. 녀석은 자다 말고 몹시도 성가시고 귀찮은 동작으로 눈을 떠서 내 쪽을 쳐다보았다. 마치 자신의 고단한 잠을 깨우는 놈이 누구냐는 듯이 노려보기까지 하는 것이었다. + 녀석과 수 년 째 한 식구가 되어 동거를 하다 보니 장자의 나비처럼 녀석과 내 입장이 이처럼 뒤바뀌곤 하는 경우가 적지 않다.

.14.
생활글

붓 가는 대로 생각나는 대로 글을 쓰다 보면 자유롭긴 하지만, 그만큼 완결 짓기가 쉽지 않다. 자신의 글을 출판언어로 바꾸어 독자들에게 전달하기 위해서는 그 자체로 완결미를 갖춰야 한다. 글을 발표한다는 것은, 저자로부터 멀리 떨어져 있는 미지의 독자에게 오로지 언어만으로 그 내용을 전달해야 하는 상황이어서, 마치 자신을 드러내지 않은 채 다만 선물만으로 자기 진심을 전달해야 할 경우와 같다. 상대방은 선물 자체만으로 모든 것을 판단할 것이다. 따라서 선물 고르기와 포장에 온 정성을 기울여야 한다.

 글 역시도 그 자체로 완결되어야 한다. 내용 자체로서 유기적 완결미를 이루면 좋은데, 이것이 용이하지 않을 때 글을 완결짓는 가장 효과적인 방법 중의 하나는 장르규칙을 따르는 것이다. 글쓰기는 각 장르에 맞춰 일정한 규칙이 암암리에 만들어져 있는데, 이러한 장르규칙은 매듭을 깨끗이 할 수 있는 포장기술과 같아서, 글쓰기를 한결 쉽게 해준다.

 르포나 기사 같은 기록문일 경우 기본적인 장르규칙은 육하원칙이다. '언제 어디서 누가 무엇을 어떻게 왜'에 맞추어 글을 쓰는 것이 가장 적절하다. 하지만 단지 기록 이상의 의미를 담은 생활글을 쓰고자 할 때는 일기문·기행문·서간문 양식을 차용하는 것이 알맞다.

 우리의 일상생활은 무척이나 단순하고 사소한 사건들의 연속이지만, 살펴보면 수많은 인연과 관점과 사건들이 다양한 각도로 배치·접속·절합하면서 이루어진 사건들이다. 그래서 어느 하나를 집어 올리면 나머지 모든 것들이 딸려 나오는 형국이다. 관점에 따라, 문제의식에 따라, 아주 사소한 물건이나 사건일지라도 언제나 n개의 의미를 띤다. 일즉다 다즉일(一卽多 多卽一)이어서 어디서부터 어디까지를 어떠한 각도에서 얘기해야 할지 언제나 헷갈리고 어지럽기 마련이다.

 일기문·기행문·서간문은 이러한 복잡다단한 일상 상황을 효과적으로 일정하게 분절하는 가장 기본적인 방식이다. 먼저 일기문은 시간을 분절한다. 시간을 하루 단위로 분절하여 글을 쓰는 것이다. 기행문은 공간을 분절한다. 공간을 인물의 장소 이동에 맞춰 분절하여 글을 쓴다. 서간문은 인간에 의해 분절된다. 수신자·발신자의 성격과 관계에 따라 다룰 내용을 가늠한다.

〈보기 90〉 일기문·기행문·서간문의 장르규칙

ⓐ **일기문 (시간의 흐름에 따라)**

① 시작 : 오늘에 대한 정보들 (날씨·분위기·특징·전날과 비교 등)

② 중간 : 오늘의 핵심 사건 (오늘 있었던 가장 핵심 사건들의 계열화)

③ 끝 : 오늘의 의미 (오늘 사건의 의미 및 내일에 대한 결심 등)

ⓑ **기행문 (공간의 이동에 따라)**

① 시작 : 공간 이동의 동기·사연·기대

② 중간 : 장소 이동에 따른 정보·관찰·사건·느낌·회상

③ 끝 : 공간 이동이 끝나고 남는 느낌·반성·또 다른 계획

ⓒ **서간문 (인간—수신자와 발신자—에 따라)**

① 시작 : 수신자에 대한 인사·회고·안부·발신자의 근황

② 중간 : 수신자와 발신자의 관계·정보·갈등·용건 등

③ 끝 : 수신자에 대한 인사·기대, 혹은 첨언 등

일기문·기행문·서간문 양식은 우리의 생활을 분절하여 다루는 가장 기본적인 내적 장르라 할 수 있다. 평소 일기나 편지는 실용적으로 활용되는 방식이지만, 생활 수단으로서의 글쓰기와 무관하게, 자신이 다루고자 하는 사건 내용을 적절히 부각시킬 수만 있다면 얼마든지 응용해도 좋을 글쓰기 양식이다.

일테면, 겪은 바를 막연히 산문으로 풀어 다루는 것보다는, 죽은 친구나 하느님 혹은 천사를 수신자로 가상하여 논하면 한결 논점이 분명해질 수 있다. 또 자신이 이동한 장소에 따라 이야기를 펼쳐 가면 한결 질서 있고 꼼꼼한 관찰력을 발휘할 수 있다. 혹은 다루고자 하는 문제나 주제가 가장 크게 부각되는 시간대를 중심으로 이야기를 구성하면 한결 극적으로 만들 수 있다. 이러한 특성 때문에 대개의, 아니 거의 모든 중·단편들 역시, 일기문·기행문·서간문 양식을 응용하여 이야기를 구성한다.

다음은 딸아이가 초등학교 3학년 때 쓴 일기다.

〈보기 91〉 2008년 3월 24일 월요일 맑음

오늘은 내가 좋아하는 생명과학 시간이 있는 날이다.

1학년 7반 교실에서 생명과학을 했는데 가슴이 두근두근 콩닥콩닥 떨릴 정도로 기대가 되었다. 오늘은 꽃무지를 관찰했는데 꼬물꼬물 움직이는 것이 귀엽기도 하고 신기하기도 하고 무섭기도 하고 또 징그럽기도 했다. 꽃무지를 만질 때 아주 살짝 만져 보았는데 꼭 심한 주름살을 만지는 것 같았다.

약간 익숙해지니까 들었다 내렸다 거리기도 하며 장난감처럼 가지고 놀기도 했다. 관찰하고 느낀 점은 약간 귀여웠고 꼬물꼬물 움직이는 것이 신기했다. 또 꽃무지를 만질 때 느낌이 꼭 심한 주름살을 만지는 것 같았다. 으~ 생각만 해도 약간 소름이 끼친다. 선생님께서 꽃무지 아주 작은 애벌레를 키우라고 주셨다. 그런데 우리 엄마가 걱정이다. 왜냐하면 우리 엄마는 곤충 같은 걸 싫어하시는데 생명과학교실에서는 봄에는 특히 개구리 알이나 여러 가지를 조금 나눠 준다고 하셨다. 으, 우리 엄마가 이런 것을 어떻게 견뎌낼까.

다음 생명과학 시간이 어서 돌아왔으면 좋겠다.

일기문답게, 그날의 가장 인상 깊었던 사건을 다루었다. 짧은 분량에 비록 주름살 비유가 두 번씩이나 겹치지만 그만큼 인상적인 부분일 터여서 자연스럽다. 무엇보다, "오늘은 꽃무지를 관찰했는데 꼬물꼬물 움직이는 것이 귀엽기도 하고 신기하기도 하고 무섭기도 하고 또 징그럽기도 했다. 꽃무지를 만질 때 아주 살짝 만져 보았는데 꼭 심한 주름살을 만지는 것 같았다"와 같은 부분은 명확한 관찰이 분명하게 이루어져 있는 데다 비유까지 재미있어서 참신하다. 또 엄마 걱정을 하는 부분에서 아이와 엄마 성격까지 어렴풋이 짐작이 가서 아이답고 재미있다. 이 부분을 좀더 주시하고, 관련된 기억이나 생각을 끄집어 냈더라면 글의 재미가 한결 더 살아났을 것이다. 어쨌거나 첫 문장으로 오늘에 대한 정보를 알리고, 앞으로 일어날 일을 궁금해하는 것으로 완결지음으로써 일기문 형식에 맞는 완결성을 갖추었다.

다음의 「마을버스」는 습작생의 작품이다. 마을버스는 우리가 일상에서 매일같이 접하는 일상 풍경 중의 하나이다. 하지만 일상언어를 사용하지 않고 좀더 정제된 언어를 사용하여, 일상 속의 또 다른 진실들을 새로운 각도로 낯설게 풀어헤치고 있다. 동시에 감상적·계몽적·윤리적·상식적·도식적 결론 따위에 빠지지도 않았다.

⟨보기 92⟩ 마을버스

남영역에서 내려 소시지와 튀김 파는 작은 매점 두 개와 귤이며 참외를 바구니에 담아 파는 노점상을 지나면 2번 마을버스 정류장이 있다. 가끔 간식거리로 과일을 사야 할 때가 아니면 평소보다 두어 배 빠른 걸음으로 정류장까지 걷는다. 가끔 약간의 차이로 마을버스를 놓치기도 하는데, 버스가 저기 보이는데 가만히 있을 수도 없고 부른다고 해서 멈출 것 같지도 않아 매번 어정쩡하게 뛰어가 보지만 결국 좌회전해서 가 버리는 그 연두색 봉고 버스를 멀찍이 쳐다보고 있게 되는 것이다. 그럴 때면 이제 다음 버스가 올 때까지 나는 가능한 케이스 중 최대 시간을, 그러니까 딱 배차 간격만큼을 기다려야 한다는 것이 왠지 억울하고, 아예 조금만 더 늦게 와서 버스를 안 보는 게 나았겠다는 생각이 들지만, 고작 그걸로 속상해한다는 것이 부끄러워서 아무렇지 않은 표정으로 버스를 기다리기로 한다.

횟집 입구 옆, 벽에 기대 서 있으면 하나씩 사람들이 오는 것이 보인다. 늦은 오전이나 이른 오후 같은 어중간한 시간에는 서너 명 정도, 대여섯 시 퇴근 시간 즈음에는 열 명이 넘는 사람들이 모여든다. 대개 그 사람들은 왼쪽으로 고개를 돌리거나 아예 몸 전체를 돌려 서 있고, 그렇지 않은 사람들도 한 번씩은 힐끔거리며 버스가 오는 쪽을 확인한다. 정류장에는 2번 마을버스 말고도 종로나 신촌으로 가는 파란색 일반버스도 몇 대 온다는 것을 알고 있지만, 기다리는 사람들 중에 조금 구부정한 자세에 모자를 쓰고 흰 운동화를 신은 노인이나, 보따리를 이거나 장바구니를 손에 든 나이 든 아주머니가 버스 탈 준비를 하려고 움직이는 것이 보이면 나는 내가 탈 버스가 왔다는 것을 안다. 어린아이 손을 잡은 주부, 잠바 차림에 얼굴이 검게 그을린 남자, 영어나 중국어나 또 다른 언어로 이야기하는 외국인도 어김없이 같은 차에 탄다.

숙대입구역을 지난 마을버스는 용산고 있는 쪽으로 바로 우회전하지 않고 후암 시장이 있는 길을 지나 해방촌 쪽으로 간다. 걷는 시간이나 버스를 타는 시간이나 비슷하게 걸리는 것도 그 때문이다. 녹슨 간판이 있는 주차장과 자동차 수리 센터를 지나면 버스에서는 이번 내리실 정류장은 신발가게 앞입니다라는 안내방송이 나오고 오른쪽에는 이삼만 원은 넘지 않을 신발들이 쌓여 있는 신발가게가 보인다. 그 뒤로 작은 가게들이 다닥다닥 이어져 있고 손짓을 하거나 소리치는 사람들, 차 사이사이로 지나다니는 사람들도 보인다. 문닫은 가게 앞에 서 있는 후크 선장 모습의 낡은 마네킹, 쪼그리고 앉아서 하는 노란 오락기들, 닭 한 마리 육천 원에 튀겨 주는 집, 비와이씨 란제리 메리야스를 파는 속옷 가게, 구기자 칡 느릅나무 따위의 글씨가 붙어 있는 가게. 그중 어떤 가게 안에는 장판 깔린 작은 방에서 반찬통 몇 개를 꺼내 놓고 식사하는 부부가 있고, 가게와 가게 사이로는 또 어디론가 좁은 골목길이 이어져 있는 것이 보인다.

후암동 종점 정류장을 지나면 버스에 있는 손잡이나 기둥 같은 것을 잡을 준비를 해야 한다. 숯불갈비 집, 투다리, 중국 슈퍼를 지나면서는 굽이진 오르막길이 시작되기 때문이다. 차가 기우뚱거리면 그때 마침 자리에서 일어나던 사람은 다시 주저앉아 버리고, 문 앞으로 나가려고 손잡이에서 손을 막 뗐던 사람은 팔을 허우적대며 휘청거린다. 좁은 길목에 있을 때 맞은편에서 내려오는 택시 두어 대가 거의 닿다시피 지나가면 기사 아저씨는 창문에 대고 저놈의 택시라며 소리를 지르고, 그러다 겨우 빠져나온 버스가 씩씩거리며 올라가다 보면 미처 벨을 누르지 못한 어떤 아주머니는 "여기 내려요. 아저씨 문 좀"이라고 외치고, 그때 사람들은 겨우 몸을 돌려 나갈 틈을 만들어 주고, 그냥 다음 정류장에 내려야겠다고 생각하고 있던 나는 잘 됐다 싶어서 아줌마가 낸 길을 따라 버스에서 빠져 나온다.

기행문이라고 해서 딱히 여행담이나 모험담일 필요는 없다. 화자 혹은 인물의 행동반경을 따라 촘촘히 기록하면 그 자체로 완결성 있는 기록문 형식의 글이 된다.

위 글은 마을버스 탑승 과정에서 관찰되거나 느껴지는 장면과 이미지들을 매우 꼼꼼하게 풀어내고 있다. 정확한 관찰력과 함께, 마을버스를 기다리고 타고 내릴 때 경험하는 약간의 불안과 불편과 긴장, 혹은 사소하고 잡다한 것에 시달리고 망설이고 주저하고 흔들리며 살아가는 도시 소시민들의 일상 심리까지를 차분하고 정밀하게 포착하고 있다. 화자가 마을버스를 기다리고, 타고, 내리기까지의 이동 과정에 정확히 맞춰 글을 시작하고 이어 가고 끝내서 나름의 완결미를 갖춘 글이 되었다.

앞서 일기에서도 그렇지만 글쓴이의 정확한 혹은 실질적인 직시·관찰·묘사는 글쓰기의 가장 기본적인 자세다. 조금만 더 압축하거나, 감각적 묘사가 덧보태지면 한 편의 시가 될 듯도 하고, 조금 더 상세히 풀어쓰면서 특정 인물을 등장시키거나 에피소드나 사건을 가미하면 우화나 소설로 읽힐 만도 하다.

〈보기 93〉 저마다의 진실

각각 다른 골목을 살아서 각각 다른 경험을 가진 사람들이 한 방에 혼거(混居)하게 되면 대화는 흔히 우김질로 나타납니다.

귀신이 있다 없다, 소방차가 사람을 치어도 죄가 안 된다 된다던 국민학교 때의 숙제를 닮은 것에서부터 서울역 대합실 천장의 부조(浮彫)가 무궁화다 사꾸라꽃이다라는 기상천외한 것에 이르기까지 그 제재(題材)의 다채로움과 그 목소리의 과열함은 스산한 감방에 사람 사는 듯한 활기를 불러일으킨다는 점에서 나는 이를 시끄럽다 여기지 않습니다. 뿐만 아니라 자기의 경험적 사실을 보편적 진리로 믿는 완강한 고집에서 나는 오히려 그 정수(精髓)의 형태는 아니라 하더라도 신의와 주체성의 일면을 발견합니다.

섬 사람에게 해는 바다에서 떠서 바다로 지며, 산골 사람에게 해는 산봉우리에서 떠서 산봉우리로 지며, 서울 사람에게 있어서 해는 빌딩에서 떠서 빌딩으로 지는 것입니다. 이것은 섬 사람이 산골 사람을, 서울 사람이 섬 사람을 설득할 수 없는 확고한 '사실'이 됩니다. 지구의 자전을 아는 사람은 이 우김질을 어리석다 깔볼 수 있겠습니다만 그렇다면 바다나 산이나 그런 구체적인 경험의 현장이 아닌 다른 곳에서 뜨는 해를 볼 수 있는가? 물론 없습니다. 있다면 그것은 머릿속일 뿐입니다. '우주는 참여하는 우주'이며 순수한 의미의 관찰, 즉 대상으로부터 완전히 독립된 가치중립적인 관찰이 존재할 수 없는 법입니다.

경험이 비록 일면적이고 주관적이라는 한계를 갖는 것이기는 하나, 아직도 가치중립이라는 '인텔리의 안경'을 채 벗어 버리지 못하고 있는 나는, 경험을 인식의 기초로 삼고 있는 사람들의 공고한 신념이 부러우며, 경험이라는 대지에 튼튼히 발 딛고 있는 그 생각의 '확실함'을 배우고 싶습니다. 왜냐하면 추론적 지식과 직관적 예지가 사물의 진상을 드러내는 데 유용한 것이라면, 경험 고집은 주체적 실천의 가장 믿음직한 원동력이 되기 때문입니다. 몸소 겪었다는 사실이 안겨주는 확실함과 애착은 어떠한 경우에도 쉬이 포기할 수 없는 저마다의 '진실'이 되기 때문입니다.

요즘 같은 혹서와 가뭄은 동생이 가 있는 사우디의 기후를 실감케 합니다. 16일의 생일연 때 집안 소식 많이 들을 수 있으리라 기대됩니다.

일어나 앉은 두용이 우뚝우뚝, 녹슬지 않은 계수님 반짝반짝, 모두 반가운 소식입니다.

1982.7.13

(신영복, 『감옥으로부터의 사색』, 돌베개, 2001, 212쪽)

신영복 선생님의 『감옥으로부터 사색』에서 임의로 뽑은 편지글이다. 아다시피 이 책에 실린 글들은 모두 감옥에 갇힌 화자가 감옥 바깥의 가족들에게 보내는 서간문 형식으로 쓰여 있다. 그래서인지 갇혀 있는 자의 외로움과 열린 관계를 맺고자 하는 간절함이 대비되어 더욱 극적 감정을 불러일으킨다. 더불어 감옥 안에 갇혀 있음에도 불구하고, 감옥 바깥에서 살고 있지만 언제나 통념 속에 갇혀 사는 우리들보다 한결 열려 있고 깊이 있는 내적 성찰을 일궈 냄으로써, 진정한 해방의 의미가 무엇인지를 다시금 되새겨 보게 만든다.

소개한 글은, 인사말이 생략되어 있고, 수신자와 발신자 간의 갈등보다는 발신자의 일상에 초점이 맞춰져 있다. 서간문 형식을 빌리고 있지만, 감옥 안에서 겪은 사건을 다룬 산문에 가깝다. 감옥 안에서 겪은 사건을 매우 구체적으로 직시·관찰·기록함으로써, 군더더기 없이 사건에 대한 화자의 개인적 성찰로 이어진다. 화자는 감옥의 한심한 우김질 풍경을 한심하게만 보지 않고, 도리어 그러한 풍경을 통해 주체적 관점의 한 전형을 발견하고, 나아가 가치중립적인 '인텔리 안경'의 허위와 대비시킴으로써, 주체·실천·진실 등의 문제에 대해 낯설고 새롭게 사유하도록 만든다.

서간문 양식은 수신자를 의식함으로써 발신자에게 한결 명료한 글쓰기를 가능케 해준다. 청자를 의식하지 않고 말할 때 자유로운 만큼, 청자를 의식하면서 말할 때 의미가 명료해질 수 있다.

편의상 일기문·기행문·서간문 양식으로 나누었지만 각각 시간·공간·인간이라고 하는 사유의 기본 척도를 다룬다는 점에서, 대개는 곧잘 혼용되어 사용되곤 한다.

.15.
서사적 글쓰기

일기문·기행문·서간문은 서사적 글쓰기의 내적 구성원리이기도 하다. 하지만 서사적 글쓰기는 생활글과 달리 단지 생활 내용에 한정을 두지 않고,

자아와 세계 간의 대립·갈등을 다루는 데에 초점을 맞춘다.

앞서 장르 구분에서 살펴보았듯, 서사란 자아와 세계의 갈등·대립을 다루는 장르다. 일기문·기행문·서간문이 각각 '하루치의 시간', '한 번의 여행', '한 명의 수신자'에게 한정하여 서술하는 반면, 서사적 글쓰기의 구성 단위는 대립·갈등이어서, 대립·갈등의 길이에 따라 얼마든지 더 많은 시간·공간·인물을 다룰 수 있다. 다루고자 하는 하나의 대립·갈등이 아직 끝나지 않는 한, 시공간과 인물에 제한을 두지 않는다.

무한히 얽혀 있는 우리의 일상생활은, 그것이 아주 사소한 물건이나 사건일지라도 언제나 무한한 'n개'의 의미를 띤다. 사건의 특이점들을 일정 방향으로 계열화할 때 의미가 발생하는 것처럼, 일정 방향으로 대립·갈등을 계열화함으로써 이야기(서사)가 생겨난다. 이렇듯 서사적 글쓰기에서 가장 실질적인 내용은 시간·공간·인물보다, 대립·갈등축이다. 대립·갈등을 살리기 위해, 시간·공간·인물뿐 아니라 사건 자체도 얼마든지 허구적으로 가공할 수 있다.

이때의 거짓말은 일반적 거짓말과 달리, 대립·갈등의 성격, 즉 주제를 사실보다 더욱 잘 드러내는 거짓말이라는 의미에서, '허구'라 일컫는다 (물론 넓은 의미에서 모든 글은 허구다).

'허구'란, 가시적·통념적·관습적 차원에서는 거짓말이지만, 실질적 내용에 있어서는 사실보다 더 분명한 진실이다. 가령, 짚방석에 앉아서도 편안할 수 있고, 침대에 누워서도 좌불안석일 수 있다. 그러므로 얼마든지 '구름 그림자 방석에 앉아 편히 쉬었다'는 표현이 가능하고, '굽이굽이 이불 속 천 리 길을 헤맸다'는 서술이 가능하다. 또 가령, 옛 친구와 오랜만에 조우했지만 대화가 겉돌면 따로 앉아 있는 기분이고, 자주 만나지는 못하지만 같은 가치를 추구하고 있다면 언제 어디서든 함께 걸어가고 있는 기분일 것이다. 그런가 하면 움직이지 않고 가만히 앉아 있었을지라도 자기 마음속의 복잡한 심리를 파헤치다 보면, 마치 깊고 낯선 미로를 탐험하는 여정으로 여겨질 것이다.

이렇듯, 구름 그림자 방석과 이불 속 천 리 길이 진실에 가깝고, 만나도 만나지 않은 상태와 떨어져 있어도 떨어져 있지 않은 상태가 실질적 진실에 가깝다. 그런가 하면 다만 가만히 앉아 있는 것이 곧 낯선 미로 여행을 떠난 꼴이 될 것이다.

이때, 만나도 만나지 않은 상태를 다루고자 한다면, 만나도 만나지 않은 실질적 상태에 걸맞은 사건들을 얼마든지 동원해도 좋다. 서사적 상상은 표면적 현실 이면의 실질적 진실을 드러내는 전복적 작업인 것이다(가령, 「천국보다 낯선」이나 홍상수의 대부분 영화는 만나도 만나지 않은 실질적 상태에 걸맞은 사건들의 계열화이다). 또 다만 마음의 복잡한 심리를 드러내기 위해, 길이 나뉘는 것 같으면서도 나뉘지 않고 옆에 동행자가 있는데도 서로를 알아보지 못하는 기이한 혹성을 여행하는 모험담 소설을 써도 좋을 것이다(가령, 「잠입자」나 「솔라리스」는 SF양식을 빌린 인간 내면으로의 여행이자 탐색이라고 할 수 있다).

이렇듯 생활글이 서사적 글쓰기로 넘어가려면, 현실 경험보다 실질적 갈등이 더 강해져야 한다. 표면 사건보다 실질적으로 겪은 내적 갈등이 더 강할 때, 경험 내용보다 실질적 갈등의 깊이와 폭이 더 강하게 들끓을 때, 경험한 사실보다 내적 주제의식이 더 강렬해질 때, 우리는 경험 사실 그대로 기록하기보다는, 허구적 장치를 본능적으로 동원하여 보다 극적으로 이야기하게 된다. 이 지점부터 사실이나 경험의 기록을 넘어서는, 문제·갈등·주제에 걸맞은 허구적 글쓰기, 서사적 창작이 가능해진다.

.16.
단락장 만들기

서사적 글쓰기는 갈등에 의해 가능해진다. 갈등이 생겨나는 순간 이야기는 시작되고 대립이 사라지는 순간 이야기는 끝을 맺는다. 갈등과 대립에 의해 길이가 결정된다. 따라서 서사적 글쓰기에서 장르 구분——엽편·단편·중편·장편——역시 다루고자 하는 대립·갈등의 폭과 길이에 의해 결정된다.

임의적으로 20매 내외, 100매 내외, 200매 내외, 1000매 내외로 각각 분량을 규정짓고는 있지만, 분량을 결정짓는 실질적인 잣대는 어디까지나 다루는 대립·갈등의 길이여서, 자신이 다루고자 하는 주제에 따라 얼마든지 분량은 달라질 수 있다.

반대로, 출판환경의 편의상·관습상 장르를 20매, 100매, 200매, 1000매 내외로 규정지어 놓음으로써, 거꾸로 자신이 쓰고자 하는 선택 장르에 따라 각각의 길이에 알맞은 갈등과 서술 구성양식을 취할 필요도 있다. 갈등 길이에 따라 장르가 결정되는 것이 자연스럽긴 하지만, 장르를 결정해 놓고 길이에 알맞은 갈등을 구축하는 것 역시 자연스러운 관례로 자리 잡은 듯하다.

결국 서사적 글쓰기를 할 경우, 작가는 다루고자 하는 갈등의 길이와 선택한 장르의 분량을 동시에 고려하지 않을 수 없다. 이렇게 갈등의 길이 혹은 원고의 분량을 결정지어야 할 때, 가늠용 잣대로 삼기 가장 좋은 것이 단락장이다.

단락장이란, 시공간의 연속성이 이어지는 사건의 단위를 뜻한다. 단락이 시나리오의 신(scene)에 해당한다면 단락장은 시퀀스(sequence)에 해당

된다(그냥 시퀀스로 이해하면 된다. 단락보다 사건 단위로 소설의 이야기가 전개되기 때문에, 사건의 전개를 보다 쉽게 파악하기 위한 방편으로 필자가 고안한 개념이다).

시퀀스는 장소·행동·시간의 연속성을 유지하며 모아진 이야기 단위여서, 먼저 장소 즉 배경이 소개되고, 다음으로 인물이 등장하고, 인물의 행동과 사건이 전개된다. 따라서 배경과 상황을 설정하여 소개하는 화면, 상황 속에 인물이 등장하는 화면, 인물의 행동이 드러나는 화면 등으로 구성된다. 일반적인 할리우드 영화문법에 맞춰 시퀀스를 나누어 보면 다음과 같다.

〈시퀀스의 기본구성샷〉

① **상황 설정샷**

: ELS(Extreme Long Shot). 배경이 드러나는 화면 ― 복잡한 도시, 거리와 인파 등 ― 을 구성할 때 쓰임.

② **상황-인물샷**

: LS(Long Shot)/ MLS(Medium Long Shot). 배경 속에 인물이 등장하는 화면을 구성할 때 쓰임. 피사체 간의 관계 파악이 가능하다.

③ **인물샷**

: MLS/ MS(Medium Shot). 인물의 움직임, 몸짓, 표정에 초점이 맞춰진 화면 구성.

④ **시점샷**

: ELS/ ECU(Extreme Close Up). 인물의 시선이나 마음을 나타내는 화면. 감정표현에 매우 효과적이다.

⑤ **대화샷**

: Reverse Shot. 한 인물이 다른 인물과 대화를 나누는 화면.

⑥ **클로즈업**

: CU(Close Up). 인물의 표정이나 시선, 사건에서 주요한 암시 장면을 구성할 때 쓰임.

①은 곧잘 생략된다(소설에서, 어느 날, 다음 날, 그로부터 며칠 후, 봄이 시작되고 있었다…… 등과 같은 시제 전환용 문구가 여기에 해당된다. 현대소설 역시 이러한 시제전환은 곧잘 생략한다). 나머지도 내용에 따라 생략되곤 한다. 하지만 시공간 배경을 드러내는 상황 설정샷(①, ②), 거기에 등장하는 인물샷(②, ③), 그리고 인물의 표정, 성격, 마음 등을 드러내는 대화샷, 시점샷, 클로즈업(④, ⑤, ⑥) 등은 시퀀스 구성에 있어 거의 필수적인 요소일 수밖에 없다. 이러한 시퀀스 형식은 서사적 글쓰기의 단락장 만들기에 그대로 적용된다. 이중에서 어느 것 하나가 빠지면 독자들은 기초적인 정보인 '배경과 상황', '인물과 사건', '인물의 내면' 등에 대해 파악할 수가 없다.

그런데도 대부분의 습작생들이 이러한 단락장(시퀀스)의 기본문장(기본 구성샷)을 생략해 버린다. 반면 기성작품의 경우 하나의 단락장을 구축하기 위해 매우 정밀하게 문장을 서술한다.

다음 보기는 주요섭의 「사랑방 손님과 어머니」, 이문열의 「우리들의 일그러진 영웅」, 황석영의 「삼포 가는 길」의 초반의 단락장이다.

〈보기 94〉 사랑방 손님과 어머니

어느 날은 점심을 먹고 이내 살그머니 사랑에 나가 보니까 아저씨는 그때에야 점심을 잡수셔요. 그래 가만히 앉아서 점심 잡숫는 걸 구경하고 있노라니까 아저씨가,

①인물샷(MS)　　　②클로즈업-인물샷　　　③인물샷(MS)　　　④인물샷(MS)

"옥희는 어떤 반찬을 제일 좋아하누?"

하고 묻겠지요. 그래 삶은 달걀을 좋아한다고 했더니 마침 상에 놓인 삶은 달걀을 한 알 집어 주면서 나더러 먹으라고 합니다. 나는 그 달걀을 벗겨 먹으면서,

"아저씨는 무슨 반찬이 제일 맛나우?"

하고 물으니까 그는 한참이나 빙그레 웃고 있더니,

"나두 삶은 달걀."

하겠지요. 나는 좋아서 손뼉을 짤짝짤짝 치고,

"아, 나와 같네. 그럼 가서 어머니한테 알려야지."

하면서 일어서니까 아저씨가 꼭 붙들면서,

"그러지 말어."

그러시겠지요. 그래도 나는 한번 맘을 먹은 다음엔 꼭 그대로 하고야 마는 성미지요. 그래 안마당으로 뛰쳐 들어가면서,

"엄마, 엄마, 사랑 아저씨두 나처럼 삶은 달걀을 제일 좋아한대."

하고 소리를 질렀지요.

"떠들지 말어."

하고 어머니는 눈을 흘기십니다.

그러나 사랑 아저씨가 달걀을 좋아하는 것이 내게는 썩 좋게 되었어요. 그것은 그다음부터는 어머니가 달걀을 많이씩 사게 되었으니까요. 달걀장수 노

파가 오면 한꺼번에 열 알도 사고 스무 알도 사고, 그래선 두고두고 삶아서 아저씨 상에도 놓고 또 으레 나도 한 알씩 주고 그래요. 그뿐만 아니라 아저씨한테 놀러 나가면 가끔 아저씨가 책상 서랍 속에서 달걀을 한두 알 꺼내서 먹으라고 주지요. 그래 그담부터는 나는 아주 실컷 달걀을 많이 먹었어요.

「사랑방 손님과 어머니」는 200자 원고지 약 110매 분량의 단편이다. 위 단락장은 4.7장 분량으로 1/ 20쯤의 분량을 차지하고 있으며, 모두 합쳐 약 15개 가량의 단락장으로 구성되어 있다. 신상옥 감독은 위 단락장을 영화화하면서 약 2분에 걸쳐(00 : 09 : 04~00 : 10 : 55), 모두 4컷으로 구성했다. 아무래도 고전영화여서 컷 수가 적고 단조롭다(①인물샷(MS) ②클로즈업-인물샷 ③인물샷(MS) ④인물샷(MS)).

다음은 「삼포 가는 길」에서 정씨와 영달이 만나서 동행하는 대목이다.

⟨보기 95⟩ 삼포 가는 길

영달은 어디로 갈 것인가 궁리해 보면서 잠깐 서 있었다. 새벽의 겨울바람이 매섭게 불어왔다. 밝아 오는 아침 햇볕 아래 헐벗은 들판이 드러났고, 곳곳에 얼어붙은 시냇물이나 웅덩이가 반사되어 빛을 냈다. 바람 소리가 먼 데서부터 몰아쳐서 그가 섰는 창공을 베면서 지나갔다. 가지만 남은 나무들이 수십여 그루씩 들판가에서 바람에 흔들렸다.

그가 넉달 전에 이곳을 찾았을 때에는 한참 추수기에 이르러 있었고 이미 공사는 막판이었다. 곧 겨울이 오게 되면 공사가 새 봄으로 연기될 테고 오래 머물 수 없으리라는 것을 그는 진작부터 예상했던 터였다. 아니나 다를까. 현장 사무소가 사흘 전에 문을 닫았고, 영달이는 밥집에서 달아날 기회만 노리고 있었던 것이다.

누군가 밭고랑을 지나 걸어오고 있었다.

……(중략)……

"야아 그럼, 거기 가서 아주 말뚝을 박구 살아 버렸으면 좋겠네."

"조오치, 하지만 댁은 안될걸."

"어째서요."

"타관 사람이니까."

그들은 얼어붙은 강을 건넜다. 구름이 몰려들고 있었다.

"눈이 올 거 같군. 길 가기 힘들어지겠소."

정씨가 회색으로 흐려 가는 하늘을 걱정스럽게 올려다보았다. 산등성이로 올라서자 아래쪽에 작은 마을의 집들이 점점이 흩어져 있는 게 한눈에 들어왔다. 가물거리는 지붕 위로 간신히 알아볼 만큼 가느다란 연기가 엷게 퍼져 흐르고 있었다. 교회의 종탑도 보였고 학교 운동장도 보였다. 기다란 철책과 철조망이 연이어져 마을 뒤의 온 들판을 둘러싸고 있는 것도 보였다. 군대의 주둔지인 듯했는데, 마을은 마치 그 철책의 끝에 간신히 매어 달려 있는 것 같았다.

「삼포 가는 길」은 200자 원고지 약 100매 분량의 단편으로, 약 7개의 단락장으로 구성되어 있다. 위에 소개한 첫 단락장만도 무려 28매 분량이다. 동명 영화에서는 위 단락장을, 상황 설정샷(ELS), 상황-인물샷(MS), 클로즈업 등을 비롯한 다양한 샷의 27컷이 적절히 섞여, 약 6분 30초에 걸쳐 (00:05:53~00:12:26) 상영된다.

다음은 「우리들의 일그러진 영웅」에서 주인공이 시골 학교로 전학을 간 첫날, 엄석대와 대면하는 대목이다.

〈보기 96〉 우리들의 일그러진 영웅

그 전학 첫날 어머님의 손에 이끌려 들어서게 된 Y국민학교는 여러 가지로 실망스럽기 그지없었다. 붉은 벽돌로 지은 웅장한 3층 본관을 중심으로 줄줄이 늘어섰던 새 교사(校舍)만 보아 온 내게는, 낡은 일본식 시멘트 건물 한 채와 검은 타르를 칠한 판자 가교사(假校舍) 몇 채로 이루어진 그 학교가 어찌나 초라해 보이는지 갑자기 영락한 소공자(少公子)의 비애(悲哀) 같은 턱없는 감상에 젖어들기까지 했다.

……(중략)……

「나한테 잠깐 오기가 그렇게도 힘들어?」

목소리도 전과 달리 정이 뚝뚝 묻어나는 듯했다. 나는 그 너그러움에 하마터면 감격해 펄쩍 뛰며 머리를 저을 뻔했다. 의식 밑바닥으로 가라앉기는 해도 아직은 나를 강하게 지배하고 있는 어떤 거부감이 겨우 그런 체신머리없는 짓거리를 막아 주었다.

엄석대는 확실히 놀라운 아이였다. 그는 잠깐 동안에 내가 그에게 억지로 끌려갔다는 느낌을 깨끗이 씻어 주었을 뿐만 아니라 내가 담임 선생님에게 품었던 야속함까지도 풀어 주었다.

「서울 무슨 국민학교랬지? 얼마나 커? 물론 우리 학교와는 댈 수 없을 만큼 좋겠지?」

먼저 그렇게 물어 주어 3학년은 스무 반도 넘고 육십 년 가까운 전통이 있으며 그해 입시에서는 경기중학교(京畿中學校)만도 구십 명이나 들어간 서울의 학교를 자랑할 수 있게 해주었다.

「공부는 어땠어? 거기서 몇 등이나 했지? 다른 건 뭘 잘해?」

그렇게 물어 줌으로써 내가 4학년 때 국어 과목에서 우등상을 탄 것이며 (그때 이미 그 학교는 과목별로 우등상을 주었다), 또한 그 전해 가을 경복궁에

①인물샷(MS)　　②클로즈업-인물샷　　③인물샷(MS)　　④상황-인물샷(MS)

서 열린 어린이 미술대회에서 특선한 걸 자연스럽게 자랑할 수 있도록 해주었다.

그것만도 아니었다. 마치 내 마음 속을 읽었거나 한 듯 석대는 내 아버지의 직업과 우리 집안의 살림살이도 물어 주었다. 그 덕분에 나는 또한 특별히 내세운다는 느낌을 아이들에게 주지 않고도 군청에서 군수 다음가는 자리에 있는 내 아버지의 라디오가 있고 시계는 기둥 시계까지 셋이나 되는 우리집의 넉넉함을 아이들 앞에 드러낼 수 있었다.

「좋오아 — 그럼……」

이런저런 얘기를 다 듣고 난 엄석대는 어른처럼 팔짱을 끼고 무언가를 생각하는 눈치더니 제 줄 앞에 앞엣자리를 가리키며 말했다.

「너는 저기 앉도록 해. 저게 네 자리야.」

그 갑작스런 지시에 나는 약간 정신이 들었다.

「선생님이 저기 앉으라고 하셨는데……」

문득 되살아나는 서울에서의 기억으로 그렇게 대꾸했지만, 얼마전의 투지는 되살아나지 않았다. 엄석대는 내 말을 못 들은 척 넘어갔다.

「어이, 김영수, 여기 한병태와 자리 바꿔.」

석대가 그 자리에 앉았던 아이에게 그렇게 말하자 그 아이는 두말 없이 책가방을 챙겼다. 그 아이의 철저한 복종이 다시 묘한 힘으로 나를 몰아, 잠시 머뭇거린 것으로 저항에 갈음하고 나도 자리를 옮겼다.

「우리들의 일그러진 영웅」은 340매 분량의 중편이다. 위에 소개한 첫 단락장은 약 30매 분량으로, 전체 분량에 1/11 정도에 해당한다. 이 작품은 약 30개의 단락장으로 이루어져 있다. 영화에서는 위 단락장을 약 5분 동안(00 : 08 : 37~00 : 12 : 24)의 분량으로, 시퀀스 구성샷들이 골고루 섞인 16컷으로 나누어 찍었다.

소개한 세 편의 단락장 모두 소설이 시작하는 대목에서 핵심 인물이 등장하는 부분이기 때문에 전체 분량에 비해 단락장의 길이가 다소 긴 것을 볼 수 있으며, 그만큼 심혈을 기울여 첫 단락장을 구성하고 있는 것을 확인할 수 있다. 시퀀스 구성샷에 해당하는 구절들이 거의 제시되어 있을 뿐만 아니라, 인물의 전사(前史)를 알 수 있는 과거 스토리 라인의 문장 역시 한두 문장씩 스며들어 있어서, 사건의 복선 노릇을 한다.

이처럼 하나의 단락장이 구성되려면 앞서 '시퀀스 기본구성샷'에 대응하는 '단락장 기본구성문장'들이라 할 만한 내용—①배경 상황 분위기 묘사 ②인물의 외모·표정·습관·성격 ③인물 간의 대사 및 갈등 ④인물들이 겪는 사건 ⑤인물의 관심·심리·반응 ⑥인물의 전사 ⑦앞으로 벌어질 일—에 대한 복선 흩뿌리기 문장 등이 갖추어져야 한다. 이러한 정보와 문장이 확보되지 않으면 단락장이 안정적으로 구축되었다고 보기 어렵다.

서사적 글쓰기는 최소한 하나 이상의 사건, 즉 하나 이상의 단락장을 필요로 한다. 분석해 보면 대략 엽편은 1개의 단락장, 단편은 10개 안팎의 단락장, 중편은 2, 30개 전후의 단락장, 장편은 그 이상의 단락장으로 만들어지고 있다. 따라서 글쓰기를 시작할 때, 단락장을 얼마나 정밀하게 구축하느냐와 몇 개의 단락장을 구축할 수 있느냐 하는 것이 장르 선택의 가늠자이다.

앞서 이미 살펴본 대로, 대부분의 습작생이 소설을 쓰면서 하나의 단락장조차 제대로 구축해 놓지 않는다. '시퀀스 기본구성샷'에 해당하는 '단락장 기본구성문장'들을 하나의 단락장 안에 충분히 갖춰 놓고 나서, 그 다음 단락장으로 넘어가야 하는데, 대개 엉성하게 뭉뚱그려 얼버무리고 넘어가는 식이어서, 말하고자 하는 갈등이 생생하게 구현되지 않는다. 단락장 구성이 엉성하다 보니, 대부분의 습작생들이 30매 분량의 이야기를 10매에 완성짓는다거나 반대로 10매면 충분할 분량을 30매씩 늘어 놓기 십상이다. 준비한 단락장이 적기 때문에 엽편으로 매듭져야 할 이야기를 단편이나 중편으로 끌고 가기 일쑤다.

서사 장르를 선택하기 전에, 하이쿠와 아포리즘, 산문, 생활글 등을 다듬어 볼 필요가 있다. 또한 단락과 단락장 만들기 훈련이 선행되어야 한다. 서사 장르 선택은 이러한 내용에 따라 결과적으로 선택해도 늦지 않다.

.17.
소설

소설이라 하면 단편이든 장편이든 근대소설(NOVEL)을 가리킨다. 하지만 탈근대적 시대 변화는 이처럼 'NOVEL' 중심의 소설 정의에 대해 의문을 품게 만든다. 남미의 매직리얼리즘과 영미권의 장르소설 가령, 추리소설·SF소설·판타지소설 등의 활발한 출간, 그리고 그림책·창작동화·청소년소설 등의 분화, 영상 매체와 인터넷 매체의 출현으로 생겨나는 다양한 실험적 글쓰기 현상은, 기존의 근대소설 중심의 서사이론에 강한 회의를 품게 만든다.

사실 설화나 서사시, 로맨스문학, 판소리계 소설 등은 모두 웅장한 스케일, 우주에 대한 신비감과 경외, 신과 영웅이 등장하는 스펙터클, 기이한 내용과 추리 및 서스펜스의 긴박감, 흥미진진한 입담과 재미, 현실을 뛰어넘는 과장과 익살 등을 서사적 글쓰기의 주요 무기로 즐겨 사용해 왔다. 하지만 근대소설과 리얼리즘 사조에 이르러 서사적 글쓰기는 현실적 개연성이나 전형성에만 초점이 맞춰지고, 기존의 서사적 특성은 황당무계한 전근대적 발상으로 치부되었다. 결국 근대소설의 글쓰기 방식은 좁은 의미의 리얼리즘 방식으로 국한되면서 내용은 협소해지고, 게다가 신춘문예용 글쓰기 혹은 문예지용 글쓰기 방식이 주류를 이루면서 한국소설은 우리들의 일상생활과 일상 수준에서의 고민을 적절히 압축 표현하는 '일상적 리얼리즘' 수준에 머물고, 몇몇 소수 작가들 작품 외에는, 일반 독자로부터 철저히 외면받는 신세로 전락했다. 이런 현실을 감안할 때, 이제 한국소설은 근대소설 중심에서 벗어나 탈근대적 시대 흐름에 걸맞는 서사를 어떻게 새로이 창작해 낼 것인가 하는 과제와 싸우고 있다.

   단편과 중편은 각각 원고지 100매 내외와 200매 이상이라고 하는 다만 분량의 차이에 불과하므로, 단편용 장르규칙은 중편 창작 방법에까지 거의 그대로 적용된다. 단편 표면시간이 대개는 하루에서 멈춘다면 중편 표면시간은 일주일 혹은 한두 달쯤으로 더 길어질 뿐, 단편 구성원리와 중편 구성원리는 대동소이하다.
   엽편은 대개 하나의 사건 즉 하나의 단락장으로 이루어진다. 하나의 사건이 상징적 의미를 띨 때, 하나의 사건이 그 자체로 독특한 의미를 가질 때, 하나의 단락장만으로 갈등이 봉합될 때 사용한다. 습작생들이 단락장 연습을 할 때 알맞은 장르이기도 하다.
   장편은 갈등축이 일관되게 전개되는 한, 무수한 단락장과 다양한 글쓰기 양식을 혼용할 수 있는 장르다. 일관된 갈등축 외에 정해진 장르규칙이 없다 할 만큼 가장 다양한 실험이 가능한 장르이기도 하다.

　엽편은 대략 원고지 15매 내외 분량이고, 단편은 100매 내외 분량이다. 따라서 엽편은 거의 하나의 단락장으로 구성되고, 단편은 10여 개 내외의 단락장으로 구성된다. 그런 점에서 단편을 쓸 수 있다는 것은, 100매 내외 분량 혹은, 10여 개 내외의 사건 혹은 단락장을 펼쳐 나갈 때에 가능한 일이다. 다만 두서너 개의 단락장만 갖고 단편을 쓴다면 그만큼 허술한 서사가 나올 수밖에 없는 것이다.

　생각해 보면 다소 어이없는 노릇이지만, 단편을 다른 서사 장르와 구분 짓는 가장 큰 변별점은 다만 분량뿐이다. 100매 내외 분량으로 서사를 완결지으면 단편이고, 그렇지 않으면 단편이 아니다. 따라서 작가 입장에서 보면 자유롭게 서사적 상상력을 펼쳐 봤는데 그 분량이 100매 내외로 매듭지어지면 단편을 쓴 것이 되는 것뿐, 굳이 단편만 창작할 필요가 없다.

　하지만 우리 문단이 단편 중심으로 돌아가다 보니, 모든 서사를 100매 내외로 완결짓는 훈련을 하게 된다. 갈등을 풀다 보니 100매 내외로 쓰는 것이 아니라, 거꾸로 100매 내외로 갈등을 풀어야 하다 보니, 100매 분량에 적합한 갈등을 찾는 꼴이 된다. 이때 기준이 되는 것이 바로, 단편 고유의 장르규칙인데, 우리가 소설론 시간에 공부해 온 시점·플롯·인물 형상화 방법 등이 모두 여기에 해당한다.

　100매 분량의 단편으로 완결짓기 위해서는, 100매 분량에 가장 알맞도록 시간을 분절해야 하는데, 그중 하루치 시간이 가장 즐겨 사용되고 있다. 대부분 단편의 표면시간은 하루 내외다. 짧게는 한 시간 길게는 한두 달까지 잡지만, 100매 분량으로 다루기 가장 적합한 표면시간은 하루 가량이다. 가령, 최인호의 「술꾼」 표면시간은 소년이 술집을 전전하는 저물녘 반나절이다. 황석영의 「삼포 가는 길」은 새벽길을 떠나 저녁 기차가 떠나는 한나절이다. 윤대녕의 「천지간」은 여자를 만나 동행하는 이틀밤이다. 100매 분량으로 한정되다 보니, 표면시간을 하루 내외로 잡고, 과거 전사를 짧게 이어 붙인다. 이러한 시간배치를 도표화하면 다음과 같은 삼각형 구도가 나온다.

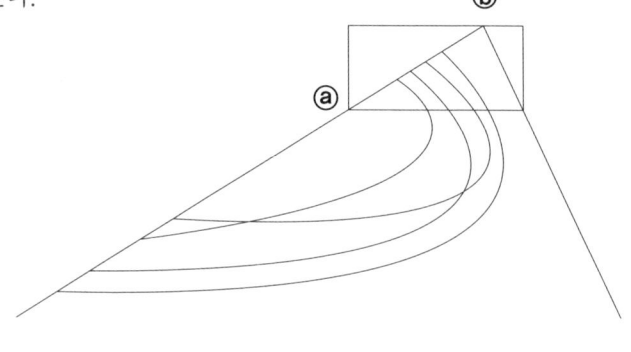

〈단편소설의 시간배열 삼각형〉

네모 친 부분이 100매 분량의 단편 이야기 부분이다. 삼각형은 갈등의 고조와 해결을 뜻한다. 결국 단편은, 갈등을 모두 다루는 게 아니라, 갈등이 최고조에 이른 하루치 시간을 표면시간으로 내세워 보다 '극적'으로 다루는 것이다. 네모의 밑변은 하루치 시간에 해당한다. 그 이전의 갈등과 사건은 하루치 표면시간 위에 (곡선들 경우처럼) 부분적으로 회고된다. 단편은 ⓐ지점에서 이야기를 시작한다. 「삼포 가는 길」에서 정씨와 영달이 만나는 지점이다. 그러면서 중간 중간 정씨와 영달의 과거 전사가 곡선에서 보듯, 현재 시간에 스며든다. ⓑ는 이러한 갈등이 최고조에 오른 지점이다.

표면시간의 구축은 단편 쓰기에 있어 가장 긴요한 구성 작업이다. 대부분의 좋은 단편들이 모두 이러한 표면시간을 구축하고 있으며, 그래서인지 대부분의 응모작 또한 이러한 하루치 표면시간의 구축을 장르규칙으로 삼아 준수하고 있다. 흔히 전화, 부고장, 귀향, 호출 등에 의해 이동하는 하루치 시간을 표면시간으로 삼고 그에 얽힌 옛 전사를 이동 지점에 따라 흩뿌리는 방식이 가장 즐겨 사용된다.

이렇게 단편은, 하루치 분량의 표면시간을 즐겨 설정한다. 그리고 주인공의 장소이동 및 심리적 동선에 맞춰 사건을 서술한다. 그런 점에서 일기문·기행문 양식은 단편의 가장 기초적인 내적 장르원리이기도 하다. 그리고 간혹 서간문 양식을 활용한다. 그런 점에서 단편이란, '일기문·기행문·서간문 양식을 적절히 혼합한 100매 분량 글쓰기'라고도 할 수 있다.

단편의 스토리라인은, 핵심 스토리라인(갈등라인)과 주변 스토리라인 정도로 구성된다. 인물은 대략 5, 6명 내외가 등장하고, 100매 분량에 강한 의미를 담아야 하므로 메타포나 알레고리를 즐겨 구사한다. 이와 같은 단편의 장르규칙은 거의 공식적인 것이어서, 이러한 규칙만 적당히 배분하여 100매 분량의 글을 쓰면 자신이 얼핏 괜찮은 소설을 쓴 듯한 착각이 일 정도다. 소설가를 지망하는 습작생 중에서 열에 아홉이 단편 십수백 편을 읽곤 이와 같은 규칙을 암암리에 눈치 챈 다음 엇비슷하게 시간과 인물과 갈등라인을 구축해서는 단편 합평을 요구한다.

이런 경우, 글쓰기의 기본은커녕, 밑줄 그을 만한 씨앗 문장 하나 없는 글이기 십상이다. 그런데도 자기 딴엔 십수 일 동안 몰입하고 공상하여 쓴 글이기 때문에 잔뜩 기대하는 표정이다(사실 기성작가조차 이 세상 최고의 명작은 밤새 정신없이 쓰고 나서 아직 아무에게도 보여 주지 않은 자신의 작품이기는 하다). 아마도 미술이나 음악 분야에서는 이런 습작생들이 없을 것이다. 곧바로 소나타를 연주하려 한다거나 전시회 그림을 그리지는 않을 것이다.

대부분의 습작생이, 낙서와 메모로부터 시작해서 시적 표현과 아포리즘 문장을 구사하는 훈련, 산문정신과 낯설게 바라보기의 훈련, 단락과 단락장 만들기 훈련 등의 기초적 기술을 충분히 습득하지 않은 상태에서, 단지 단편 장르규칙만 발 빠르게 흉내 내어 단편을 먼저 만든다. 이렇다 보니 단편이 제대로 만들어질 리도 만무하고, 수많은 결점만 발견되고, 결국 스스로의 재능을 문제 삼는 자학으로 비하하기 일쑤다. 단편 하나 완성하는 데 한두 달이 걸리게 마련이고, 합평받은 후에 다음 단편을 완성하기까지는 사오 개월이 걸리게 마련이다. 부지런한 습작생도 결국 일 년에 단편 두세 편을 탈고하여 합평받기 빠듯하다. 그런데 말한 대로, 씨앗 문장과 낙서로부터 시작되는 기초훈련을 충분히 쌓아 두지 않은 상태에서 단편만 열심히 써 보았자 글이 좋아질 수 없기에, 몇 년씩 헛물만 켜다 만다.

.18.
글쓰기 기본훈련

다소 거칠게나마, 분량에 따라 문학적 글쓰기의 장르 특성을 살펴보았다. 특히 시, 소설, 에세이 등과 같은 중심 장르들이 서로 어떻게 연관되어 있는지 알아보고자 하는 의도에서 하이쿠, 시, 아포리즘, 산문, 일기문, 기행문, 서간문 등과 같은 하위 장르 및 단락과 단락장, 낯설게 하기, 서술방식 등과 같은 문장 형식을 중심으로, 장르별 특성을 일별해 보았다.

시, 소설, 희곡, 에세이 등과 같은 중심 장르 혹은 상위 장르는 각각 독특한 장르규칙을 갖고 있다. 그렇기 때문에 중심 장르의 작품을 쓰려면 먼저 해당 장르의 좋은 작품들을 충분히 탐독하여 그 장르의 전통과 규칙을 익혀 두는 선행 학습이 필수적이다. 하지만 모든 장르는 그 자체로 독립 장르가 아닐뿐더러, 각 장르는 자기 전통과 규칙을 새로운 형태로 끝없이 변주·갱신하고 있다. 그저 특정 장르의 전통 및 규칙만 익힌다면 그것 자체로 살아 있는 글쓰기 공부라 할 수 없다. 특정 장르규칙만 열심히 익히면 특정 장르 분야에서는 솜씨를 인정받을지 모르지만, 장르에 구애받지 않는 자유로운 글쓰기는 불가능해지고, 강렬했던 사무사한 씨앗 문장들의 생명력은 이내 시들어 버려, 결국은 실험과 자유정신을 상실한 일개 직업 종사자로서의 문학도나 글쟁이로 전락할 우려가 다분하다.

글쓰기 공부는 단순히 직업적 글쓰기 기술을 익히는 과정이 아니다. 한결 본질적이고 다층적이고 활용적인 훈련이다. 실질적 정직을 통해 기존의 입장과는 다른 시각과 강도로 자신과 세상을 바라보는 일이다. 기성질서 및 일상감각을 전복하고 자기만의 새롭고 자유로운 감각·사유·상상을 펼치는 일이다. 언제나 인식적이고 언제나 실천적인 행위이다. 쓰기를 중심으로 자신의 말하기·읽기·듣기 등의 언어수행 전반을 수정하고 훈련하는 일인 동시에, 언어 및 사유의 변화를 통해 이제까지와는 다른 새로운 형태의 관계망을 만들어 나가는 일이다. 언제나 자신의 다양한 잠재성, 혹은 다양한 측면들이 서로 관계맺고 있는 매우 중요하고도 예민한 센서 지점을 촉발시키는 공부이고, 공부여야 하고, 공부일 수밖에 없다.

언어는 너무나 다양하고 너무나 섬세하고 너무나 예민해서 단 한 글자도 허투루 나오지 않으며, 단 한 글자도 속일 수 없다. 한 문장 한 문장의 변화가 곧 내 삶의 한순간 한순간의 변화일 수밖에 없다. 언어에 대한 이와 같은 온전한 믿음을 갖고 있다면, 우리의 글쓰기는 너무나 정밀한 공부이자 무척이나 원대한 공부가 될 것이다.

에필로그

본질적 감수성

우리의 글쓰기 역시 결코 늦은 것이 아니다. 늦은 것일 수 없다. 다가올 미래에 대해서는. 지금 읽고 쓰고 성찰하는 우리 각자의 행동이 언제나 가장 빠른 길이다. "모든 행동은 그것이 가져올 미래에 대해서는 늦지 않습니다. 언제나 후회만이 늦을 뿐, 행동은 결코 늦지 않습니다." 인간이 취할 수 있는 가장 빠른 첫번째 행동은 아마 꿈을 꾸는 것이리라. 가장 빠른 첫번째 변화는 마음의 실질적 상태를 바꾸는 것이리라. 그리고 가장 빠른 첫걸음은 이제 읽고 쓰고 생각하는 공부를 시작하는 것이리라.

.1.
좌충우돌의 글쓰기

좋은 글을 쓰고 싶다. 별다르게 빼어난 글이 아니더라도, 스스로 만족하고 읽는 이에게도 얼마간 좋은 공감을 일으키는 그런 글을 쓸 수만 있다면, 더는 바랄 게 없을 것이다. 하지만 쉬운 일이 아니다. 그러기에 많은 이들이 차분히 더듬어 글쓰기를 배운다. '열심히 익히고 열심히 쓰다 보면 결국은 그만큼 좋아지겠지' 하는 너무 고지식하지만 가장 곧은 믿음을 품고 글공부에 열중한다.

우선은 대개 독서에 열중한다. 반드시 독서에 열중해야 하지만, 독서에 열중하는 것만으로는 부족하다는 것을 직감하곤, 좋은 선생을 찾아가 배우거나 좋은 친구들과 함께 토론하고 합평한다. 또한 이것만으로도 부족한 듯싶어, 독한 술기운을 빌려 무의식 속 깊은 화두를 끄집어내 본다든가, 격정적인 애증을 통해 감각과 감정을 고양시킨다든가, 혼자만의 오랜 여행을 통해 치열하게 자기 자신과 대면한다든가, 이런저런 힘겹고 고된 사회 경험을 통해 몸으로 직접 깨우친다든가, 현실참여를 통해 감각과 양심을 더욱 예리하게 벼린다.

그렇게 자기가 해볼 수 있는 모색과 방황을, 혹은 자기가 하지 않으면 안 되는 모든 방황과 공부를 하다 보면, 어느날 문득 이제까지와는 다른 글쓰기가 이루어진다. 나름 좋은 작품을 발표한다. 그러한 순간에도 그러나 어떻게 그런 작품이 만들어졌는지 자기 자신도 정확히는 알지 못한다. 마치, 불치병 환자가 다급한 마음에 온갖 처방과 요법과 약재를 정성을 다해 쓰다 보니 문득 치료가 이루어지는 경우처럼, 종당에 좋은 글이 나오니 나온 줄 알 뿐이다.

.2.
호흡지간의 글쓰기

결국 좋은 글을 쓰기 위해서는 다만 적극적인 좌충우돌의 방황과 온몸으로의 탐색을 멈추지 말아야 하며, 또한 그 자체를 즐겨야 한다. 다른 방법이 없다. 많이 읽고 쓰고 생각하고, 그럼에도 좋은 글이 쉽게 나와 주지는 않지만, 또 다시 열심히 읽고, 계속해서 써 보고, 혼자만의 시간을 보내는 한편으로 두루 학인들을 만나 배우고, 격정적 열애나 혼자만의 칩거를 해보기도 하고, 혹은 힘겹고 고된 경험을 해보거나 현실참여를 하는 등과 같은, 글쓰기 훈련의 가장 기초적이고도 정석에 가까운 방법들을 통해, 자기 삶에 대한 강도 높은 애정을 꾸준히 실천하는 길밖에 없다.

물론 이들 방법이 별다른 효과를 보이지 않을(정확히 말하면, 효과가 보이지 않는 듯할) 때가 적지 않다. 빠르게 성장하는 경우도 있지만, 남다르게 열심히 하는데도 별다른 변화를 보이지 않는 경우도 심심찮게 발견된다. 혹은 처음엔 조금 좋아지는 듯도 싶고 최종심도 오르는 듯하더니 어느 순간부터는 글이 도리어 더욱 나빠지는 학생들도 허다하다. 나 자신부터 어떻게 해야 보다 좋은 글을 쓸 수 있는지 도무지 오리무중이어서 책 한 쪽을 읽어도 우주미아의 기분으로 헤매곤 하는데, 학생까지도 우주미아로 헤매는 걸 보게 되면 글쓰기를 가르치겠다는 내 의욕이 참으로 의심스러워지고 맥이 빠진다.

이렇게 나름대로 글쓰기 훈련의 가장 기초적이고도 정석에 가까운 방법들을 실천하는데도 글이 좋아지지 않는다면, 그러면 어떡해야 하나? 아마 이러한 의심과 불안이야말로 (재능이나 나이나 경제적 형편보다도) 글쓰기를 힘겹게 하는, 글쓰기에 전념치 못하게 하는 실질적인 이유 중의 하나일 것이다. 하지만 나는 정말로 그렇게 열심히 했다면, 열심히 한 만큼 글 역시도 좋아질 게 틀림없다고 확신한다. 정말로 예전과 달리 보다 강도 높은 노력을 기울였다면, 노력한 만큼 글뿐 아니라 사람 역시도 달라질 것이 틀림없다고 믿어 의심치 않는다.

하지만 만약 그렇게 했는데도 좋아지지 않는다면? 그렇다면 그 사람은 틀림없이 그렇게 한 것이 아니다. 딴엔 그렇게 했다고 생각하지만, 실제로는 그렇게 하지 않은 것이 분명하다. 겉으로는 그렇게 한 듯하지만, 실질적으로는 그렇게 하지 못한 것이다.

도로주행 운전을 처음 배울 때 나는 몹시 당황한 경험이 있다. 빨리 가라고 해서 빨리 가면 너무 빨리 간다 하고, 천천히 가라고 해서 천천히 가면 너무 천천히 간다며 나무라는 것이었다. 천천히 가면 너무 늦게 간다고, 빨리 가면 너무 서두른다며 강사가 줄곧 불안해했다. 하지만 어떤 순간에는 느리게 달려도 개의치 않고 빨리 달려도 불안해하지 않았다.

똑같이 저속으로 달린다 해도, 겁을 먹고 달리는 것과 여유를 가지고 달리는 것은 다르다. 고속으로 달려도 조급하게 달리는 것과 신속하게 달리는 것은 서로 다르다. 하지만 초보 운전자인 나는 이것을 제대로 가늠하지 못했다. 차분하게 운전하는 것은 괜찮지만 겁을 집어먹고 운전하는 것은 곤란하고, 신속하게 달리는 것은 나쁘지 않지만 조급하게 운전하는 것은 위험하다는 사실을 나중에야 알았다.

이렇듯, 겉모양으로는 잘 구분되지 않는 내적인 실질적 상태가 중요하다. 겉으로는 열심히 치열하게 읽고 쓰고 고민하는 듯하지만, 그것이 결코 열심히 치열하게 읽고 쓰고 고민한 것이 아닌 경우가 얼마든지 많다. 열심히 읽은 것이 아니라 조급하게 읽었거나, 많이 읽은 것이 아니라 방만하게 읽었거나, 성의껏 쓴 것이 아니라 욕심껏 쓴 것이거나, 자기 도약을 추구한 것이 아니라 자기 도취에 빠져 쓴 것이거나, 치열하게 고민한 것이 아니라 치졸하게 고민한 것이거나, 다양하게 고민한 것이 아니라 산만하게 고민한 것이거나, 혼자만의 시간을 가진 것이 아니라 혼자뿐인 시간을 가진 경우, 그러한 노력은 허사다.

문제는 천천히 운전하는 것과 여유있게 운전하는 것, 신속하게 운전하는 것과 조급하게 운전하는 것, 열심히 읽는 것과 초조하게 읽는 것, 깐깐하게 공부하는 것과 소심하게 공부하는 것, 치열하게 쓰는 것과 욕심을 부려 쓰는 것, 진지하게 고민하는 것과 고지식하게 고민하는 것, 자부심을 갖고 행동하는 것과 자만심을 갖고 행동하는 것, 게으르게 시간을 지체하는 것과 여유롭게 때를 기다리는 것…… 등을 나누어 분별하기가 좀체 만만치 않다는 사실이다.

호흡지간(呼吸之間)에 생사가 갈린다고 했다. 숨 한 번 돌리자 사랑이 욕정으로 바뀌는가 하면 욕심이 노력으로 바뀌기도 한다. 숨 한 번 돌리는 사이에 무욕이 게으름으로 변하는가 하면 순정이 맹목으로 변하기도 한다. 딴엔 의식적으로 치열하게 열심히 읽고 썼지만, 그것이 다만 조급한 욕심에 불과한 것일 수가 있어서, 마치 「잠입사」의 '고슴도치' 처럼, 스스로 속는 경우가 얼마든지 가능하다.

경험으로 미루어 보건대, 참으로 많은 학생들이, 그리고 나 자신조차도 참으로 자주, '열심히'와 '조급히'를 혼동하고, '최선을 다해'와 '욕심을 다해'를 혼동한다. '자기만의 생각'과 '자기만의 고집'을 혼동하고 '독창적인 글쓰기'와 '독선적인 글쓰기'를 혼동한다. '고독한 창작생활'과 '고립된 창작생활'을 혼동한다.

급기야 자기 딴에는 나름 괜찮은 글을 쓴 것만 같은데 남들은 결코 인정해 주지 않는, 참으로 억울한──남이 알아주지 않아서 억울한 듯하지만 실상은 자신조차 자기 글에 속아서 그야말로 대책없이 억울한——경험을, 수없이 겪는다.

.3.
개인적이면서 사무사한 글쓰기

마치 교회 나가는 사실만으로 자신들은 하느님을 알고 있으며 믿고 있다는 착각을 일삼는 기독교인처럼, 혹은 결과부좌로 앉아 욕심을 비우는 각오만으로 자기가 정말로 욕심을 다 비운 듯한 착각에 빠져 있는 수행승처럼, 글쓰는 사람들은 자신이 정말로 좋은 글을 쓰고 있다는 착각에, 가장 지독하게, 그리고 가장 빈번하게 빠져드는 것 같다.

어찌 보면 당연한 노릇이다. 쓴 사람 입장에서는, 자기가 온갖 노력을 기울여 쓴 글이다 보니 좋은 글로 느껴질 수밖에. 그렇게 느껴지지 않았다면 그렇게 수고로이 글로 쓰지도 않고 발표도 안 했을 것이다. 탈고를 끝내고 발표한다는 것은, 그 자체로 자기 글에 대해서 더 이상 비판적 거리를 유지하지 않는다는 뜻이 내포되어 있다. 딴엔 뭔가 그럴듯하다 싶으니까 다른 사람들에게까지 읽힌다.

하지만 독자로서 읽어 보면 결점이 쉽게 눈에 띄게 마련이다. 어휘선택이 적절한지, 문장 의미가 명료한지, 논리전개가 타당한지, 사유가 참신한지 등을 통해, 작품 자체의 완성도를 어느 정도 가늠할 수 있다. 그러기에 글을 쓰고 나서는 읽고 평가해 줄 믿을 만한 지인들과의 합평회를 여는 과정이 반드시 필요하다. 어떤 의미에서 글쓰기란, 글쓴이의 느낌만 좋으면 그만인 상태에서 출발하여, 읽는 이가 공감하지 않으면 아무것도 아닌 상태로 옮겨 가는 과정인 것이다.

설령 평가가 좋지 않더라도, 엄밀한 의미에서, 무의미한 혹은 실패한 글쓰기란 존재하지 않는다. 합평 시간을 가져 보면, 독자의 평가나 반응에 끝내 수긍하지 않고 자기 주관대로 자기 작품을 평가하는 참으로 우물 안 개구리 같은 친구들이 있다. 답답한 노릇이다. 하지만, 지인들의 평가나 반응에 수긍하며 일희일비하는 태도 역시 문제다. 작가 자신이 볼 때 잘 쓴 글이라고 해서 독자들이 읽어도 그러할 거라는 보장이 없듯, 독자들이 좋은 글이라고 평가한다고 해서 작가 자신에게도 좋은 글이라는 근거도 없다.

독자들에게 칭찬받는 순간부터 글쓴이는 자기 확신에 빠지거나 안주하게 된다. 반대로 독자들이 보기엔 문제점 투성이지만, 그러한 글을 통해 창작자는 가혹한 자기 성찰의 기회를 만난다. 딴에는 최종심까지 올랐다거나 등단했다는, 어줍잖은 자의식에 갇혀 발전 없는 학생들도 적지 않다. 오늘 쓴 좋지 못한 작품이 내일 좋은 작품을 탄생시키는 거름이고, 반대로 오늘 칭찬받은 문장이 내일엔 집착을 낳는 원인으로 작용한다. 이런저런 탐색 과정에서 글을 쓴 것이기 때문에 당장은 완성도가 떨어져도 치열함이 높은 쪽이 더 바람직하다.

좋은 글은 좋은 글대로 기쁘지만, 그렇지 못한 글은 그렇지 못한 대로 스스로에게 무척이나 의미심장한 거울이다. 글쓴이의 느낌만 좋으면 그만인 상태에서 읽는 이의 공감 상태로 옮겨 가는 과정이 글쓰기지만, 읽는 이가 공감하든 않든 정직하고 치열한 글쓰기는 글쓴이 자신에게 어떤 의미로든 도움이 된다는 의미에서 좋은 글일 수밖에 없다. 이러한 역동적 자세만 견지한다면, 우물 안 개구리처럼 굴 일도 없고, 자기 글에 대해 일희일비할 것도 없다. 아니 얼마든지 일희일비해도 좋다. 적극적으로 일희일비할수록 좋고, 스스로 더욱 강렬하게 일희일비하고 싶어진다.

앞서 말한 대로, 좋은 글이란 씨앗 문장 혹은 씨앗 단락이 많이 들어 있는 글이다. 그리고 씨앗 문장은 언제나 독창적이면서 동시에 언제나 사무사(思無邪)하다. 글쓴이 특유의 감각이 묻어나는 동시에 읽는 이 누구나 공감하게 만든다. 좋은 문장은 언제나 이러한 지점에서 탄생한다. 독특하면서도 누구나 공감하는, 그러니까 가령 자신이 외롭고 힘겨울 때, 다른 누군가가 도와주어서 우리가 하나라는 것을 체감하는 것이 아니라, 자신이 외롭고 힘겨울 때, 다른 이들도 마찬가지로 외롭고 힘겹겠구나 하는 인식으로서 하나라는 사실을 체감하는 식이랄까.

씨앗 문장을 접하면, '어떻게 이렇게 좋은 문장을 구사할 수 있을까' 하는 겸허한 경탄과 더불어, '나 역시도 바로 이러한 문장, 이러한 사유를 펼치고 싶었는데' 하는 즐거운 시기심을 동시에 겪는다. 그런 점에서 씨앗 문장에는 쓴 사람이나 읽는 사람이나 '나'가 있으면서 동시에 '나'가 없는 상태가 된다. 좋은 글쓰기의 자세 역시도 이러한 접경 지대에서 탄생한다. 앞서, 우리 모두가 곧잘, '열심히'와 '조급히'를 혼동하고, '최선을 다해'와 '욕심을 다해'를 혼동하며, '독창적인 글쓰기'와 '독선적인 글쓰기'를 혼동하고, '고독한 창작생활'과 '고립된 창작생활'을 혼동한다고 비판했지만, 기실은 이러한 두 가지가 어느 쪽으로도 치우치지 않고 동시에 하나로 맞배를 대고 있을 때, 좋은 글쓰기는 가능해지는 듯하다.

아마도 오래 글쓰기를 해온 글쟁이들이라면 너나없이 경험하고 있겠지만, 글을 써 오는 동안 공정하지만은 않은 현실을 원망하고, 스스로의 잠재성을 의심하며 괴로워하고, 차라리 글쓰기 고민 없이 살아가는 사람들을 부러워도 한다. 더는 따라잡기 어려운 듯한 공부량에 자책하거나, 글감은 바닥난 듯싶은데 생활고와 건강 문제까지 겹치면서, 글쓰기가 다만 불운의 측정계처럼 느껴질 때도 있다. 자책과 모멸이 뒤따르고, 이런저런 탈출구를 찾아 휘번득거려 본다. 읽었던 책을 묵묵히 다시 읽어 보거나, 택시기사의 근무시간과 조건을 알아보거나, 경전에 밑줄 그으며 명상이나 기도에도 빠진다.

하지만 나의 경우, 이러한 끝에서 다시금 일어나게 하는 것은, 어떤 대단한 진리나 믿음이 아니라, '그냥 좀더 해보자. 내가 언제는 어떤 대단한 호의호식을 바라고 이 길을 택했나!' 싶은, 그저 '다시금 허심탄회해지는 마음'이었다. 좀더 명료히 서술한다면, '그냥 열심히 살아 보는, 자유롭게 살아 보는 그 자체로 즐거운 상태'라고나 할까. 씨앗 문장의 사무사, 성철의 일여, 김수영의 정직, 전태일의 일기 등을 비롯하여, 내게 좋은 영향을 끼친 모든 좋은 문장과 좋은 저서에는, 그 독창성에도 불구하고 사사로운 소유에 갇히지 않고, 누구나 공감하고 공명하게 만드는, 무한히 열린 힘이 들어 있다.

이러한 힘이 내재하지 않는 글쓰기는 죽은 글쓰기다. 단지 사적인 이야기여서도 곤란하고, 일반진리를 떠벌이는 글 또한 곤란하다. 사사로운 욕심이 있어야 하지만, 마침내는 누구나 공감하는 열린 상태에 이르러야 한다. 그런 점에서 글쓰기는 또한 사사로운 개인으로 출발하여 누구나 공감하고 공명하는 열린 개인으로 접속하는 과정이 틀림없다.

.4.
전도몽상의 연쇄작용

좋은 글을 쓰고 싶다는 강렬한 욕망이 필요하긴 하지만, 사사로운 자의식이나 욕심에만 갇혀서는 좋은 글쓰기가 불가능하다. 적잖은 사람들이(혹은, 나를 포함한 모든 사람들이 곧잘) 개인적 자의식과 욕심으로 글을 쓰곤 한다. 거친 일상언어로 인해 '언어적 감수성' 역시 거칠게 마모되어 있듯이, 살아오는 동안의 트라우마나 사회적 관습이나 통념의 훈습 등에 의해 '본질적 감수성'으로서의 감각 역시도 상당 부분 마모되어 있거나 왜곡되어 있다. 자기가 겪는 세계를 있는 그대로 바라보지 못하고, 있는 그대로 서술하지 못하고 여러 심리적 왜곡·억압·부정·동일시·투사·강박·고착·자동연상·합리화 등을 통해 느끼고 서술한다.

이러한 왜곡은 누구에게나 어느 정도 내재해 있지만, 다소 심하게 억압되거나 투사되거나 고착된 사람에게는 다독·다작·다상량의 글쓰기 공부가 소용없다. 아무리 많이 읽고 쓰고 생각해도, 그러한 공부 과정이 자기 확장으로 이어지지 않고, 자의식이나 욕심만 강화하는 방식으로 소유·고착되어 버린다. 안타깝게도(아니, 다행스럽게도) 이런 폐쇄적 욕심에 갇힌 글은 끝내 꽃을 피우지 못한다. 오히려 다양한 잠재성을, 마치 시공간마저 휘게 하는 블랙홀처럼 언제나 자기 쪽으로 휘어지게 만들면서 증발해 버린다.

이러한 왜곡과 고착은, 자의식이나 욕심이 유달리 심한 사람에게서만 발견되는 것은 아니다. 누구에게나 정도의 차이가 있지만, 나름의 왜곡과 고착으로 인해 책을 읽어도 있는 그대로 읽지 못하고, 글을 써도 쓰고 싶은 그대로 쓰지를 못하고, 생각을 해도 겪은 그대로 생각하지를 못한다.

우리 마음은 쉬지 않고 느끼고 생각하고 감정을 만들어 내고 상상을 이어 간다. 월악산에서 위파사나 명상을 연습한 적이 있는데, 처음엔 한 시간을 앉아 있기도 쉽지 않았다. 그러다 여러 차례 템플스테이 등에 참여하다 보니 나중에는 종일, 하루 열두 시간쯤 위파사나 명상에만 집중한 적도 있다. 일주일씩 보름씩 자고 먹는 시간만 빼고는 꼬박, 반가부좌로 앉아 있거나 천천히 걷는 경행을 번갈아 하며 보내기도 했다. 이렇게 말하니 나름대로 수련이라도 한 것 같지만, 실상은 그렇지 않았다. 시간은 채웠으나, 창피하게시리, 단 한순간도 제대로 고요한 상태에 들지 못했다. 그래도 남들 앞에서 명상 좀 해봤다고 말하려면 사념 없이 평온한 초보 삼매쯤은 들어 봤어야 하는데, 한심하게도 끝도 없이 망상에만 빠져드는 것이었다.

도가(道家)연하는 대개의 인간들도 마찬가지겠지만, "나는 매일 명상을 해요"라는 말이 적어도 내게는 "나는 매일 망상을 해요"라는 말과 동의어였다. 그래서 한번은 내가 얼마나 심하게 망상을 즐기는지 손수 시간을 재 보기까지 했다. 아예 스톱워치를 손에 쥐고 위파사나를 하는 것이다. 눈을 지그시 감고 아무 생각 없이, 그저 고요히 느껴지는 그대로 주시하기! 그러나 나는 이미 어느 순간 어떤 미망이나 생각이나 상상을 떠올리고 있었다. 그러다가 정신이 번쩍 들면 스톱워치를 눌러 메모지에 기재했다. 그러기까지 번번이 2분에서 2분 30초가 걸렸다. 그러니까 아마도 2, 30초쯤 무념무상한 마음가짐을 가까스로 유지하다가 나머지 1, 2분쯤은 나도 모르는 사이 이미 망상을 시작하고 있었을 것이다.

이러한 명상습관 아닌 망상습관은 이후에도 조금도 고쳐지지 않았지만, 그러면서 내게 일정하게 반복되는 망상 패턴이 있다는 것쯤은 인정하게 되었다. 가장 빈번하고 강력한 망상 패턴은 돈, 성, 권력을 주제로 하는 망상들이었다. 그중 돈에 대한 내 망상 흐름을 보면 이렇다.

차분히 반가부좌로 앉아 있는데, 문득 새소리가 들린다. 고요히 눈을 감고 듣자니 맑고 고요한 아침 새소리가, 문밖에서 들리는 듯도 하고 내 귓속에서 들리는 듯도 하다. 사실 모든 소리는 밖에서 들리지만 귓속 달팽이관 안에서 울리는 진동이기에 귀 기울여 보면 몸뚱이 안팎으로 들리는 듯하다. 아니 몸뚱이조차 없이 그저 새소리만 현현하는 듯하다. 아무튼 듣기에 너무나 청명하고 상쾌하고 기분까지 좋아진다. 물론 위파사나 방식대로 신수심법(身受心法)을 주시해야 하기에, 나는 새소리가 들리면 '새소리가 들린다' 하고 주시한다. 새소리가 맑게 울린다, 싶으면 '새소리가 맑게 울린다' 하고 주시한다. 새소리가 맑게 울리니 기분이 상쾌하다, 싶으면 '새소리가 맑게 울리니 기분이 상쾌하다' 하고 주시한다. 그런데 그러다 보면 문득 새소리에 따른 자유연상이 자연스레 이어진다. 새소리가 좋으니 사랑하는 아이와 함께 듣고 싶어지고, 아이와 함께 들으려면 아무래도 조그마한 전원주택이라도 있었으면 싶고, 그러려면 우선 돈을 벌어야지 싶다.

이러한 연상 과정을 일반화하여 서술해 보면 대체로 다음과 같다.

① 아침 새소리가 유난히 청량하다. 마치 방안에서 우는 것처럼 선명할 뿐만 아니라 능숙한 피리 연주자가 악보에도 없는 멋을 부리는 듯이 현란했다. ② 이렇게 새소리를 듣고 있자니 마음이 너무나 평화롭고 좋다. ③ 매일아침마다 아이와도 함께 새소리를 들으며 잠을 깰 수 있다면 얼마나 좋을까.

④ 그러자면 조그마한 채마밭이 딸린 내 소유의 시골집이 한 채 있다면 좋을 것이다. 그러면 가족들이 아무 때나 수시로 다녀갈 수 있고, 아이도 쉽게 자연에 익숙해질 수 있지 않을까. 가족들이 수시로 다녀갈 오붓한 전원주택이 하나 있었으면 싶다.

⑤ 어쨌든 전원주택은커녕 가족과 함께 여행이라도 자주하려면 돈부터 벌고 볼 일이다. ⑥ 일도 열심히 하고, 믿을 만한 정보가 생기면 내 딴엔 주식도 매입하고, 꿈에 개만 등장하지 않으면 다음 날 반드시 로또도 구입해 보곤 하지만, 이만한 요행수가 따라줄 리 만무하다. 욕심만큼 돈이 쥐어지지 않으니 그만큼 스트레스가 늘어난다.

⑦ 하지만 비록 돈 욕심이 없는 건 아니지만, 김 선배나 처남네처럼 주변사람들에게 불편을 끼치면서까지 악착을 떨고 싶지는 않다. 김 선배는 주식과 부동산에 일찌감치 눈을 돌린 덕분에 챙긴 차익금만도 평생 월급에 달한다.

그러나 틈만 나면 뻐기며 자랑할 줄만 알지 밥 한 번 제대로 사지 않는 얌체다. 주변의 채근에 밀려 울며 겨자 먹기로 식사를 대접한 적이 있기는 한데, 그런대로 정갈하고 맛있는 고급스런 식당임에도 불구하고 식사하는 내내, 나는 구경조차 해본 적이 없는 한결 값비싼 고급식당과 비교하면서 서비스를 깎아내리는 평을 하는 바람에 음식맛을 제대로 느낄 수가 없었다. 또 한 번 술을 샀을 때는 여직원들이 보는 앞에서 접대 아가씨에게 지분거리는 추행을 떨어 짜증이 났다.

김 선배가 하는 짓이란 언제나 그 모양이어서 항시 뒷말이 무성하고 길다. 매번 눈치 없이 안하무인으로 행동하여 끝내 주변 사람들로부터 빈축을 사는 그의 모습을 보면서, 모든 사람에게 일장일단이 있듯이 신은 나름대로 공평해서 그에게 경제적 풍요를 허락하고 그에 못지않은 정서적 빈곤을 남겨 놓은 것인가 싶기도 했다. 또 다른 한편으로 세상이 너무 만만해 보이다 보니 그렇겠지만 어쨌든 그렇게 주변 사람들 심기도 파악하지 못한 채 제멋에 겨워 사느니보다는 나처럼 서민으로 살더라도 사람들과 무난히 어울리며 사는 것이 더 낫지 않을까 싶은 위로를 받기도 했다.

반면 처남네는 어려운 형편에도 다만 검소하게 저축하여 재테크를 시작한 편인데, 부동산 재테크로 한 번 재미를 본 뒤로는 지나치다 싶을 만큼 호들갑이었다. 소유하고 있는 자산으로 보자면 결코 다른 형제들보다 못한 것도 아닌데 자신이 운전하여 처갓집에 함께 다녀오는 경우조차 번번이, 사양하지 않고 기름값을 우리 쪽에 미루는 식으로 사소한 쏨쏨이까지 얌체짓을 할 뿐 아니라, 언제 어디서든 입을 열면 부동산 시세가 어떻고 코스닥이 어떻고 하는 돈 얘기뿐이어서 어쩌다 함께 모여도 반가움은 금세 가시고 자리가 공허하고 불편하게 느껴질 정도다.

⑧정치 얘기를 할 때도 언제부턴가 그 판단기준을 경제적 가치에만 두는

듯하더니 이제는 아예 노골적으로 한나라당 편역이다. 다양한 현실 정보 운운하면서 조선일보 구독을 고집할 때부터 싹수를 알아보았지만, 이제 함께 세상 얘기를 하고 나면 번번이 입맛이 썼다. 강남의 평수 넓은 아파트에 살면서 이미 부유한 중산층 생활을 영위하고 있는 김 선배가 그 같은 보수적 태도를 취하는 것은 차라리 이해가 갔지만, 이제 겨우 신도시에 아파트 하나를 구입해서 그나마 전세 놓고 전세로 사는 형편에 매번 보수적인 정치견해에 동조하는 모양새를 보자니 더욱 떨떠름했다.

이러한 연상 흐름은 우리 모두가 일상에서 흔히 겪는 마음 상태다. 하지만 단계별로 살펴보면, 하나의 생각과 그 다음에 잇따르는 생각 사이에는 깊은 간극 아니 심연이 존재한다. 우선 ① '새소리=좋다' 라는 생각 자체가 매우 작위적 판단일 수 있다. 울음 우는 새 자신에게 그 소리는 단지 배고파 먹이를 찾는 신호이거나, 울음 우는 소리이거나, 위험 경고를 알리는 메시지거나, 짝짓기 하려는 외로운 노력일 수도 있다.

②그것을 '좋다' 라고 판단하는 것은 순전히 듣는 사람의 마음일 뿐이다. 설령 새 역시 즐거이 노래하고 있는 것일지라도 그 소리가 맑고 평화롭게 들리는 까닭은, (단지 새소리 그 자체로 그러한 것이 아니라) 간밤의 충분한 숙면과 적절한 건강 상태, 그리고 '시골의 아침은 평화롭다' 라고 하는 내 안의 통념과 선입견 등이 일조한 결과일 수 있다. 뿐만 아니라, 전쟁 같은 악재가 일어나지 않았고, 옆방 사람들이 조용하게 잠을 자고 있고, 날씨가 유달리 맑고, 보일러가 따뜻하게 돌아가는…… 등의 온갖 조건들이 적절히 배치되어 있기 때문에 가능한 인식이기도 하다.

그런데도 나는 '아침 새소리는 맑고 평화롭고 좋다' 라고 인식하고, 곧바로 ③ '이렇게 맑고 평화롭고 좋은 새소리를 사랑하는 아이와 함께 매일 아침 들을 수 있다면 얼마나 좋을까' 하는 희망 혹은 욕심으로 이어 간다. 그러나 아이와 함께 새소리를 들으면 과연 행복할까? 아이와 함께 일어난다면 조용하고 평화롭게 새소리를 감상할 수 있을까? 아이 입장에서는 아빠와 함께 새소리를 듣고 싶기보다는 인형놀이나 TV시청을 하고 싶지 않을까? 새가 울든 말든 인형놀이나 「뽀뽀뽀」를 시청하며 즐거이 노는 것이 아이에겐 더욱 아이답고 평화로운 시간 아닐까?

그럼에도 나의 욕망은 거침없이 연상을 이어 가며 ④아무래도 전원주택 같은 시골집이 필요하다고 단정한다. 그러나 시골집을 소유하는 것이 새소리를 새소리로서 즐기는 전제조건일 수 있을까? 시골집을 마련하는 수고와 새소리를 즐기는 감성은 서로 밀접하기보다는 도리어 이질적인 욕망이 아닐까?

그런데도 이러한 단정은 더욱 가파르게 전도몽상을 이어 감으로써, ⑤평화로운 시골집 마련을 위해 돈을 벌고 싶어 한다. 돈을 벌어야만 노후가 행복하거나 시골 전원생활을 즐길 수 있다는 생각은 요즘 사람들에겐 일종의 상식처럼 굳어진 듯하다. 하지만 평화, 사랑, 자유, 행복 등과 같은 본질적 가치가 돈과 밀접한 상관관계를 갖는 일례가 과연 있기는 있었던가? 오히려 그 반대였지 않았나?

하지만 돈에 대한 집착으로 굳어져서, 돈 벌 궁리를 해보지만 현실은 만만치 않고, ⑥스트레스만 쌓인다.

⑦이제 공정한 정의감이 아니라, 이러한 스트레스를 밑천으로 삼아서 사람들과 세상을 평가한다. 그나마 처음에는 돈에 집착하는 인물이나 언론이나 권력자들을 비난하는 방식으로 평가하지만, ⑧차츰 자기보다 못한 인물이나 세력을 비난하는 한편으로, 돈 욕심에 사로잡혀 자신도 앞장 서서 재테크만을 능사로 여기고, 보수적이라기보다는 실상은 이기적이고도

도착적인 논리로 무장한 꼴통이 되어 버린다.

　이렇게 맑고 아름다운 새소리로 촉발된 연상이 놀랍게도 이기적인(실제로는 자기 파괴적인) 집착을 낳고 있었다. 그것이 새소리로 시작되든 맑은 구름을 바라보며 시작되든 혹은 등산객을 구경하며 시작되든, 어떤 외부자극이 시작되면, 2,30초 내에 위와 같은 자유연상이 이어지곤 하는 것이었다. 특히나 ①의 자극에서 ⑤의 돈욕심으로 이어지는 연상은 때로, 단계조차 거치지도 않고 아주 당연한 상식처럼 순식간에 곧바로 이어졌다. 깐에 명상한다고 앉아 있을 때도 이러니, 나의 평소 모습은 알조다. 모든 문제를 돈과 연관지어 판단하고, ⑥의 스트레스 상태를 일상의 자연스러운 정신상태로 유지하며 살아간다. 그러다 보니 새로운 감각·사유·상상은 불가능해진다. 모든 자극은 곧바로 돈과 스트레스로 이어지고, ⑦진보정당을 지지하든 ⑧보수정당을 지지하든, 우리가 행복하고 자유롭게 살기 위해서는 돈이 제일로 중요하다는 도착에 대해서는 의심하지 못한다.

　평소 사람들이 돈에만 지나치게 집착하는 것을 얼마간 비아냥조로 바라보곤 했던 나로서는 이러한 나의 우스꽝스러운 연상작용을 확인하곤 참으로 실소하지 않을 수 없었다. 문득 좋은 글쓰기가 잘 되지 않아서 괴로운 게 아니라, 좋은 글쓰기로 돈을 벌어야 하는데 그것이 잘 되지 못해서 괴로운 것이 아닐까? 의심하곤 난망해하지 않을 수 없었다.

　아마도 작금의 대한민국에서 살고 있는 사람들이라면 누구나 얼마간 이러한 심리적 왜곡과 고착에 시달리며 살고 있지 않을까. 가진 이들일수록 더욱 살천스러운 이기심에 시달려 법을 개정하거나 초월하면서까지 자기이익만 추구하고, 없는 사람일수록 더욱 살천스러운 무관심과 단속에 방기되는 시대풍조 속에서, 돈의 위력은 더욱 실감 있게 다가오고, 자기 미래에 대해 허심탄회하게 논의할 때조차, 경제만 우선시하는 태도에서 벗어나지를 못하는 전도몽상에 갇혀 사는 게 아닐까.

　어쩌면 바로 이러한 현실 때문에라도, 모든 것을 돈으로 환산하고 자본으로 계산하고 경제 중심으로만 코드화하는 획일화로부터 우리 스스로를 해방시키기 위해서라도, 우리의 감각·사유·상상을 다른 방향으로 재배치함으로써 새소리를 새소리로 듣는 자유를 확보하기 위해서라도, 글쓰기 공부는 기초적인 생존싸움과도 같은 절박한 탈주 방편일 수밖에 없다.

　글쓰기 공부는 언제나 몸 전체로 걸어가야 하는 환유동물의 걸음만큼이나 느리고 더딘 과정으로 진행되지만, 그럼에도 우리가 여전히 읽고 쓰고 생각하며 걸음을 내딛어야 하는 이유는, 언제나 우리 자신의 가장 내밀하고도 절박한, (제도의 문제 이전에) 자기 내면의 자유의 문제와 직결되어 있는 때문이다. 또한 다시금 읽고 쓰고 공부하는 글쓰기를 통해 우리 스스로가 곧바로 얻을 수 있는 혜택 역시도 바로 이러한 지점일 것이다. 돈, 경제력, 학벌, 외모, 직급, 아파트 평수나 자동차 배기량 등과 같은 특정 가치에만 고착되는, 고착되어 쉼없이 제자리걸음하고 있는, 혹은 고착되어 있지 않은 척하느라 자기 기만에 시달리고 있는 스스로를 들여다보고, 다시금 새소리를 새소리로 즐기고 구름을 구름으로 바라보는 한편으로 자기 안의 실질적 욕망을 발견하기 위해 어떤 형태로든 읽고 쓰고 생각하는 공부는 긴요하다.

.5.
본질적 감수성

물론 굳이 다시 읽고 쓰고 생각하는 글 공부가 아닐지라도, 우리는 다양하고도 독특한 여러 방법으로 폐쇄적 왜곡과 고착 상태에서 문득문득 벗어나곤 한다. 등산을 통해 운동을 통해 유달리 상쾌한 공기를 맛볼 때, 음악이나 미술이나 영화를 통해 새로운 감성으로 세상을 바라볼 때, 노동과 생계에 지쳐 잠드는 것 자체만으로도 너무나 달고 고마운 마음이 되어 쪽잠에 들 때, 실연이나 사별 등을 통해 삶이 얼마든지 죽느니만 못하다는 사실을 인식할 때, 남다른 헌신을 하거나 남달리 억울한 일을 당했는데도 무시당하는 위치에 놓이는 바람에 세상을 다시 바라보게 될 때, 라면을 끓여먹고 나자 이내 다시 기운이 날 때, 혹은 다만 지하철에서 졸다가 깨어 보니 어느새 지상으로 올라와 차창 너머로 한없이 맑고 푸른 하늘을 펼쳐 보이고 있을 때, 문득 천진한 아기 눈과 마주쳤을 때, 아니 천진한 아기와 눈이 마주치자 남다르게 천진한 표정을 지어 보이는 어떤 어른을 목도하는 찰나에…… 우리는 스스로 이기적 욕심에 고착되어 있던 팩터로부터 벗어나 홀연히 너나들이 없는 생명체로 존재하는 즐거움 자체와 맞닥뜨린다.

오늘날 천민자본의 횡포는 주도면밀하지만, 이러한 맞닥뜨림 역시 크고 작게 수도 없이 우리 일상에서 명멸하며 우리를 폐쇄적 욕망으로부터 탈주시켜 주고 있다. 생각해 보면 우리 신체가 겪는 가장 기초적이고도 본질적인 감수성은 언제나 무언가를 욕망하기 이전에, 무언가를 욕망하려 한다는 사실 그 자체가 아닐까 싶다. 나와 세상이, 다른 어떤 형식도 아닌, 지금 이와 같은 모양새로 존재한다는 사실. 무언가를 욕망하기 전에, 내가 이렇게 살아 있고 세상이 이렇게 역동하고 있다는 사실 그 자체야말로 우리가 우리 감각을 오롯이 주시할 때 겪는 첫번째 인식이자 충격이다. 희로애락을 비롯한 우리가 겪는 숱한 감수성 중에서 가장 본질적이고도 초보적인 감수성은 존재하는 자체에 대한 경이와 신비감이다.

캄캄한 밤하늘 속에서 가물거리며 반짝이는 무수한 별빛들 중에 가장 먼

거리에 존재하는 별 하나, 그 뒤 그 너머에는 무엇이 존재하는가? 하는 경외에 가까운 호기심…….

새소리, 별빛, 바람결 하나하나를 처음 접하는 어린 아기처럼, 혹은 오래 앓다 살아난 회복기의 환자처럼 소중하고 애틋하게 체감할 때의 살아 있음 그 자체, 살아서 이러한 것들을 평화롭게 느끼는 행위 그 자체가 더할 수 없는 하나의 신비한 기적처럼 느껴지는 감성…….

시작도 끝도 알 수 없는 무한한 시간의 흐름과 그 틈바구니에서 무한히 생멸·증식하는 만화경 같은 세상의 변화를 의식하면서, 그중 너무나 보잘것없는 공간과 시간을 점유했다가 사라져야 할 자기 자신의, 존재하는 것 같지도 않은 존재감에 대해 생각할 때 갖게 되는 위안받을 수 없는 외로움…….

존경할 만한 위인들의 삶과 비교해 볼 때, 너무나 한심스럽기 짝이 없는, 너무나 이기적이고 편협하고 비좁은 고집과 고민과 자의식에 갇혀 사는 나란 존재에 대한 참담한 반성과 겸허…….

진정으로 훌륭한 사람들을 존경하고, 혹은 훌륭한 사람으로서 존경받고자 할 때 품었던 대가와 보상을 바라지 않는 순수한 초발심으로서의 의욕. 혹은 자기 분야에서 성공해서 인터뷰하면서 역경과 고생담을 담담히 말하고 있는 사람들을 볼 때 느껴지는 순수한 각오…….

모든 사람들이, 부유해 보이는 중년 남자도, 허름한 옷차림으로 지나가는 아저씨도, 유치한 짝퉁으로 치장하고 걸어가고 있는 아주머니도, 철없어 보이는 눈빛으로 사방을 산만하게 뒤룩거리며 걸어가는 젊은이도, 절대적으로 나보다 낫지도 나보다 못하지도 않다는, 각각의 존재를 존재 자체로 인정할 때야 비로소 느껴지는 해방감…….

자신보다 한결 가난한데도 자신보다 한결 정직하며 사사로이 계산하지 않으면서 살아가는 사람들이나, 혹은 자신보다 더 능력 있고 부유한데도 더욱 성실하고 겸손하게 살아가는 사람들을 대할 때 생겨나는 인간에 대한 기본적 신뢰와 자기 반성······.

스스로를 공평하고 허심탄회하게 만드는 이러한 진솔한 느낌들, 그리하여 새소리를 새소리로 만끽하는 일이야말로, 우리가 살면서 체험하는, 체험해야 하는, 체험할 수밖에 없는, 가장 본질적 감수성일 것이다. 보다 좋은 글을 써서 문학상에 당선하고 싶고, 좋은 저서를 출간해 돈도 벌고 널리 이름을 알리고 싶은 사사로운 욕심에서 출발할지라도, 이러한 본질적 감수성을 놓치지 않는다면, 아니 이러한 본질적 감수성을 놓치지 않는 한에서, 우리는 매우 좋은, 누구나 공감하는 글을 쓸 수 있을 것이다. 반대로 어떤 명분으로 출발하든 이러한 감수성을 놓치면, 글쓰기 공부를 않고도 이러한 감수성을 지니고 사는 사람들보다 못한 노릇일 수밖에 없다.

그런 점에서 어쩌면 글쓰기는 개인적 욕망과 본질적 감수성을 혼동하는 지점에서부터 시작된다. 호흡지간을 혼동하다가, 문득 이러한 구분을 넘어서는 상승작용이 이루어질 때, 글쓰기는 씨앗 문장들로 반짝거린다. 모든 것을 개인적 소유와 욕심으로만 고착시키는 살천스러운 논리로부터 벗어나 새로운 방향으로 자기 연상을 이어갈 때, 비로소 글쓰기는 씨앗 문장들로 명멸할 것이다.

.6.
지금·여기에서의 글쓰기

이제까지 글쓰기에 대해 나 자신조차 아무것도 알지 못한다는 겸허한 태도로 위장해서, 어느 순간부턴가 결국은 뭔가를 좀더 알고 있는 듯이 강의를 진행해 보았다. 이렇게 좀 아는 척하며 말하다 보니, 글쓰기가 생각보다 치밀한 내면 싸움이며, 정말로 중요한 훈련이며, 요긴하고 긴급한 공부라는 사실을 나 스스로도 조금은 더 확실하게 인지하게 되었다.

또한 글을 잘 쓰지 못하더라도, 학생들보다 열심히 글쓰기를 배우는 자세를 유지하면 얼마든지 좋은 글쓰기 선생이 될 수 있다는 합리화로 시작하여, 나름대로 글쓰기 공부의 방향을 제시해 보았다. 하지만 글쓰기 공부 방향을 제시했다고 해서 곧바로 좋은 글쓰기가 가능할지는 마찬가지로 알 수가 없다. 나 자신을 비롯하여 학생들 글쓰기의 미래에 대해 나는 아무것도 자신할 수 없다. 무엇보다 한순간 한순간 나름대로 최선을 다한다 해서 그 다음 순간이 되면 축적적으로 성장한다는 보장도 없다. 시간과 인생은 단일한 연속선상에서 축적적으로 이어지는 것만은 아니어서 노력한 과정이 노력한 결과로 반드시 이어지지는 않는다.

하지만 단일한 연속선이 아니라 단속적 순간순간으로 세상이 존재한다 할지라도, 아니 그렇다면 더욱더 우리는 우리 노력을 주저할 필요가 없다. 왜냐하면 우리가 지금 이 순간 '노력하는 사람', 혹은 '시인과 같은 감성', 혹은 '자기 에너지를 치열하게 만끽하는 상태'에 놓여 있다면, 그 자체로 우리는 적어도 그 순간만큼은, 그러한 상태에 놓인 사람으로 영원토록 존재하는 것이다. 2009년 2월 7일 새벽 6시 11분 현재 내 마음이 행복한 글 공부에 미쳐 있다면, 세월이 아무리 흘러도, 2009년 2월 7일 새벽 6시 11분 현재의 내 마음은 행복한 글 공부에 미쳐 있었다는 사실을 결코 아무도 부인하지 못할 것이다.

그런 점에서 이제 열심히 치열하게 허심탄회하게 글쓰기 공부에 전념할 일만 우리에게 남아 있다. 그럼에도 아직 망설이거나 늦은 게 아닐까 회의하는 분들을 위해 마지막으로 고병권 선생님의 문장 하나를 소개하고 싶다. 다음은 2007년에 <연구공간 수유+너머>에서 진행한 '새만금 대장정'의 선언문에 들어 있는 문구 일부이다.

새만금 물막이 공사가 끝난 지금, 우리의 행진은 너무 늦었는지도 모릅니다. 대추리가 군사시설보호구역으로 지정되어 군대의 투입을 앞두고 있는 지금, 우리의 행진은 한발 늦었는지도 모릅니다. 무엇보다 한미FTA 협정문 초안이 이미 작성되었다고 하는 지금, 우리의 행진은 이미 늦었는지도 모릅니다. 하지만 모든 행동은 그것이 가져올 미래에 대해서는 늦지 않습니다. 언제나 후회만이 늦을 뿐, 행동은 결코 늦지 않습니다. 그래서 지금 걷겠습니다.

(고병권, 『추방과 탈주』, 그린비, 2009, 194쪽)

모든 행동은, 모든 시작은, 그것이 가져올 미래에 대해서는 늦지 않다. 나는 이 구절을 읽으면서, '행동은 결코 늦는 법을 모른다'는 놀라운 진리와 마주쳤다. 사십여 년을 엉거주춤 살면서, 내 행동은 늘 뒤늦게 후회하는 반응의 일종일 뿐이라고 생각하는 버릇이 있었는데, 이 구절을 통해, 사십여 년 동안을 내가 행동에 대해서 적절치 않은, 검증되지 않은, 통념적 상식에 갇혀 살고 있었다는 것을 알았다.

미안한 사람에게 미안하다고 말하는 것, 잘못한 것에 대해 잘못을 인정하는 것, 가장 사랑하는 사람에게 가장 깊은 사랑을 실천하는 것, 자신이 하고 싶은 일, 자기가 좋아하는 일을 시작하는 것…….

이 모든 소중함을 우리는 뒤늦은 후회로 깨닫고 알게 된다. 그래서 행동을 하고 싶을 때는 이미 때늦어 버린 듯이 느낀다. 그러나 실상은 '그 순간이야말로, 현실적으로 가능한 가장 유일하고 빠른 변화의 시작'이라는 놀라운 아이러니를 위 구절은 가르쳐 준다.

정말이지, 미안한 사람에게 미안하다고 말하고, 잘못한 일에 대해서 스스로에게 잘못했다고 인정하고, 사랑하는 사람에게 사랑을 실천하고, 이제라도 자신이 좋아하는 일을 시작하는 것…… 만큼 더 빠른 다른 변화 방법이 세상에 있을까?

그런 점에서 놀랍게도 행동은 언제나 가장 빠르다. 행동은 결코 늦는 법을 모른다! 다가올 미래에 대해서 가장 빠른 길은 자신이 원하는 바로 그것을 실천하는 것이다. 어쩌면 늦었을지도 모르는 행동이, 그러나 지금 여기에서는 반드시 가장 빠른 길이다.

더구나 이제라도 공부를 시작하는 행동은, 잠시 후에 또 다시 저지를 후회를 막아 준다. 공부를 시작하는 순간, 자신의 모든 느낌과 생각이 이미 다른 계열, 다른 방향으로 전개되기 시작한다. 이렇듯 이제라도 시작하는 모든 행동은 언제나 가장 빠른 행동이기에, 행동은 또한 언제나 즐거울 수밖에 없다. 변화를 꿈꾸는 사람에게 모든 행동은, 언제나 가장 빠른 미래이기에 책상에 앉아 책을 읽고, 혼자 외로이 여행을 떠나고, 어제와는 달리 진지하게 사람을 만나고, 미칠 듯이 자신을 볶아 대고, 술에 만취해서 자기 안의 또 다른 자신을 끄집어내 보는, 일체의 행동들이 즐거울 수밖에 없고 짜릿할 수밖에 없다. 마치 최선의 지름길을 알고 시작하는 탐험가처럼, 자기 행동이 가장 빠른 길임을 확신하고 있으니 즐겁지 않을 수가 없다.

사실 무엇인가를 후회한다는 것은, 혹은 무엇인가를 아쉬워한다는 것은, 엄밀히 말하면, 사실 지금·여기 현실에 대해서 결핍을 느끼는 것이 아니라, 지금·여기보다 더 나은 현실을 욕망하는 것이다. 지금·여기보다 더 나은 현실을 욕망하기 때문에 지금·여기의 현실의 무언가가 결핍된 듯이 느껴지는 것일 뿐이다. 그런 점에서 무엇인가를 후회한다는 것은, 무엇인가를 아쉬워할 수 있다는 것은, 무엇인가를 욕망하는 힘이 잉여적으로 존재한다는 것이어서, 후회와 아쉬움은, 욕망과 희망의 첫 느낌일 뿐 절망할 근거가 될 수 없다. 그래서 이런 망상까지 해보았다.

이 막막한 우주에서, 이 엄청난 인구수 중에서, 나라는 미약한 존재는 없어도 되는 개체이지만 그러나 없어도 되는 허무한 존재가 아니라, 없어도 되는데 생겨난 '잉여'에서 오는 자유로운 존재임을, 어떤 책임이 부여되기보다 내 마음대로 살아도 되는 자유로운 존재임을, 마치 자식 많은 집의 없어도 되는 막내자식처럼 어쩌면 자기 마음껏 자기를 찾아가는 것만이 우리에게 주어진 유일한 의무가 아닐까.

국가나 기업이나 제도, 관습이나 이념이, 그리고 무엇보다 천민자본의 논리가 우리를 뭔가 '결핍'된 존재로 여기고 우리를 관리하고 규율하려 하지만, 사실 우리는 이 우주의 남아도는 '잉여'로서 존재하기에 자기 멋대로 살아도 되는, 자기 멋대로 살아야만 즐거운, 이 우주의, 저 안드로메다의, 막내공주와 막내왕자들이 아닐까.

우리의 글쓰기 역시 결코 늦은 것이 아니다. 늦은 것일 수 없다. 다가올 미래에 대해서는, 지금 읽고 쓰고 성찰하는 우리 각자의 행동이 언제나 가장 빠른 길이다. 나는 나를 이런저런 망상에 빠트리는 이 문구가 너무 좋다. "**모든 행동은 그것이 가져올 미래에 대해서는 늦지 않습니다. 언제나 후회만이 늦을 뿐, 행동은 결코 늦지 않습니다.**" 인간이 취할 수 있는 가장 빠른 첫번째 행동은 아마 꿈을 꾸는 것이리라. 가장 빠른 첫번째 변화는 마음의 실질적 상태를 바꾸는 것이리라. 그리고 가장 빠른 첫걸음은 이제 읽고 쓰고 생각하는 공부를 시작하는 것이리라.